全国高职高专道桥与市政工程专业规划教材

公路工程检测技术

主 编 周广宇 林 晖
主 审 潘 威 刘 羽

黄河水利出版社
·郑 州·

内 容 提 要

本书是全国高职高专道桥与市政工程专业规划教材，是根据教育部对高职高专教育的教学基本要求及全国水利水电高职教研会制定的公路工程检测技术课程标准编写完成的。全书依据最新标准、规程及规范，校企合作编写，结合公路工程检测相关执业资格考试内容和典型检测工程案例，对公路工程检测基础、路基路面工程检测、桥梁工程检测等3个学习情境（共计14个典型学习任务）的内容进行了系统阐述。书末附有教学参考意见，仅供参考，同时为了满足实训需要，编写了与之配套的实训教材《公路工程检测技术项目实训》（黄河水利出版社出版，周广宇、李清华主编）。

本书可作为道路桥梁工程技术、市政工程、公路监理、高等级公路维护与管理等专业的教材，也可作为公路工程施工、监理及试验检测人员执业资格考试的培训教材和参考书。

图书在版编目（CIP）数据

公路工程检测技术/周广宇，林晖主编．—郑州：黄河水利出版社，2014.5

全国高职高专道桥与市政工程专业规划教材

ISBN 978-7-5509-0743-0

Ⅰ.①公…　Ⅱ.①周…②林…　Ⅲ.①道路工程-检测-高等职业教育-教材　Ⅳ.①U41

中国版本图书馆CIP数据核字（2014）第045137号

策划编辑：王路平　电话：0371-66022212　E-mail：hhslwlp@163.com

　　　　　路夷坦　　　　66022111　　　　hhsllyt@126.com

出 版 社：黄河水利出版社

地址：河南省郑州市顺河路黄委会综合楼14层　邮政编码：450003

发行单位：黄河水利出版社

发行部电话：0371-66026940、66020550、66028024、66022620（传真）

E-mail：hhslcbs@126.com

承印单位：河南地质彩色印刷厂

开本：787 mm×1 092 mm　1/16

印张：19

字数：440千字　　印数：1—4 100

版次：2013年5月第1版　　印次：2013年5月第1次印刷

定价：38.00元

前言

本书是根据《教育部关于全面提高高等职业教育教学质量的若干意见》(教高〔2006〕16号)、《教育部关于推进高等职业教育改革创新引领职业教育科学发展的若干意见》(教职成〔2011〕12号)等文件精神,由全国水利水电高职教研会拟定的教材编写规划,在中国水利教育协会指导下,由全国水利水电高职教研会组织编写的道桥与市政工程专业规划教材。该套规划教材是在近年来我国高职高专院校专业建设和课程建设不断深化改革和探索的基础上组织编写的,内容上力求体现高职教育理念,注重对学生应用能力和实践能力的培养;形式上力求做到基于工作任务和工作过程编写,便于"教、学、练、做"一体化。该套规划教材是一套理论联系实际、教学面向生产的高职高专教育精品规划教材。

本书以"校企合作,工学结合"为切入点,在充分调研公路工程检测领域和职业岗位(群)对知识、技能、能力和素质等要求的基础上,基于公路工程检测项目工作过程构建了课程体系和教学内容,积极推行项目导向、任务驱动、课堂与实习地点一体化等行动导向的教学模式,对课程体系、教学内容和教学方法进行了改革与探索,实现课程体系、教学内容与人才培养模式的高度匹配。

在编写理念方面,紧紧把握公路工程相关专业的人才培养目标,始终坚持理论"必需、够用"的准则,注重实践性环节,以案例为引导,详实写入实训内容;依据新标准、新规程及新规范,满足社会与经济发展需要,与生产、建设、管理和社会服务第一线的实际需求相适应;吸纳行业企业专家参与教材编写,将企业建设理念、企业文化、职业道德和职业素质直接融入教材之中,将理论教学内容与生产实践"无缝对接",形成了"校企合作,工学结合"开发模式的特色教材。

全书依据最新标准、规程及规范,校企合作编写,结合公路工程检测相关执业资格考试内容和典型检测工程案例,对公路工程检测基础、路基路面工程检测、桥梁工程检测等3个学习情境(共计14个典型学习任务)的内容进行了系统阐述。为强化公路工程现场检测技能设计了典型案例、情境导入、应用案例、知识拓展及友情提示等系列模块,设计了以单选题、多选题、判断题和简答题为主的实训项目一"基本知识训练",创新了以公路工程现场检测项目为载体的实训项目二"职业能力与素质综合训练",突出职业道德与职业素质培养融入职业能力培养的全过程。通过本书的学习,可以掌握公路工程检测的基本技能,提升自身的职业道德和职业素质修养。

本书编写人员及编写分工如下:山东水利职业学院周广宇编写学习任务1.1、学习任务1.2和学习任务2.5,青岛路桥建设集团有限公司林晖编写学习任务2.4和学习任务3.5,安徽水利水电职业技术学院龙丽丽编写学习任务2.6、学习任务2.7、学习任务3.1

和学习任务3.2，黑龙江交通职业技术学院陈学玲编写学习任务3.3和学习任务3.4，黑龙江交通职业技术学院张博辉编写学习任务2.1、学习任务2.2和学习任务2.3。全书由周广宇、林晖担任主编，周广宇负责全书统稿；由河南交通职业技术学院潘威、济宁市公路局刘羽担任主审。两位审稿人认真审阅后，从理论教学与社会实践两个方面提出了重大修改意见，将理论与实践相衔接，使得本书更加适合培养公路工程检测一线人员。另外，本书还配有《公路工程检测技术项目实训》（黄河水利出版社出版，周广宇、李清华主编），以供学生使用。

由于编者水平有限及时间仓促，错误和遗漏在所难免，敬请广大读者批评指正。

编　者

2013年12月

目　录

学习情境1　公路工程检测基础

能力要求

通过本学习情境内容的学习，要求学生了解公路工程试验检测的目的和意义；熟悉公路工程试验检测依据，国家统一的试验标准、规程及规范；掌握公路工程检测机构和检测人员相关规定；熟悉公路工程建设项目的划分、工程质量评分及等级的评定；掌握公路工程交工验收和竣工验收的条件、程序、内容；了解检测中抽样检验的基础知识；掌握质量数据的修约规则、统计特征、表达方法以及检测数据报告的相关规定。

知识要求

知识目标	知识要点	权重
了解公路工程试验检测的目的和意义，熟悉公路工程试验标准、规程及规范	公路工程试验检测的定义、目的及意义，公路工程试验检测相关标准、规程及规范	5%
掌握公路工程试验检测机构、人员基础知识	试验检测机构和人员等级、专业、类别划分	10%
掌握公路工程质量评定和竣（交）工验收	公路工程建设项目划分、工程质量评分方法及等级评定方法，公路工程竣（交）工验收条件、程序、内容等	40%
掌握公路工程试验检测中抽样检验、数据修约规则、统计特征及常用表达方法	抽样检验的概念、类型及随机抽样的方法，数据修约规则，数据统计特征，数据常用表达方法	35%
掌握公路工程检测数据报告规定及编制	检测数据报告分类、格式与要素、编制要求	10%

素质要求

培养坚持原则、忠于职守、作风正派、秉公办事的作风，要以数据说话；形成科学、严谨、规范、实事求是的工作作风；树立质量第一的工程意识。

典型案例

公路工程施工常见质量通病与防治措施

2012年某省交通基本建设工程质量监督站共对全省28个在建高速公路项目的实体

质量进行了各类监督抽检79次,抽检数据22 854点(组),监督抽查合格率为89.7%。

图1、图2中显示:原材料关键指标抽检合格率达到了100%,路基工程和交通安全设施的关键指标合格率在95%以上,桥梁工程及隧道工程的关键指标合格率相对较低,分别为85.8%、90.3%。交通安全设施一般指标合格率不到80%,该省公路工程质量均低于全国平均水平。

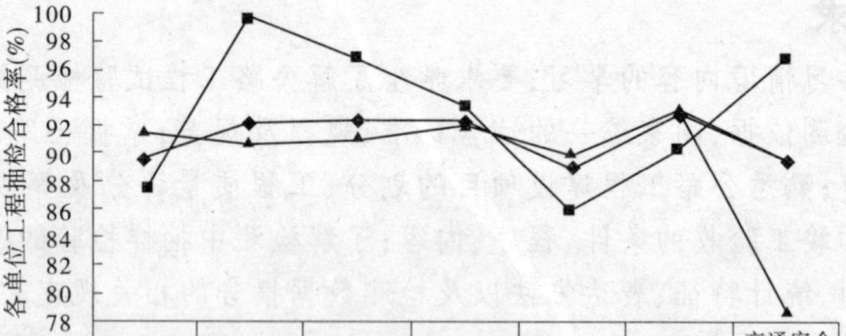

	总合格率	原材料	路基工程	路面工程	桥梁工程	隧道工程	交通安全设施
监督抽检总数据	89.7	92.2	92.3	92.2	88.9	92.8	89.5
关键指标	87.3	100	96.9	93.5	85.8	90.3	97
一般指标	91.4	90.6	90.9	92	89.8	93.2	78.4

图1　某省在建高速公路项目实体质量抽检总图

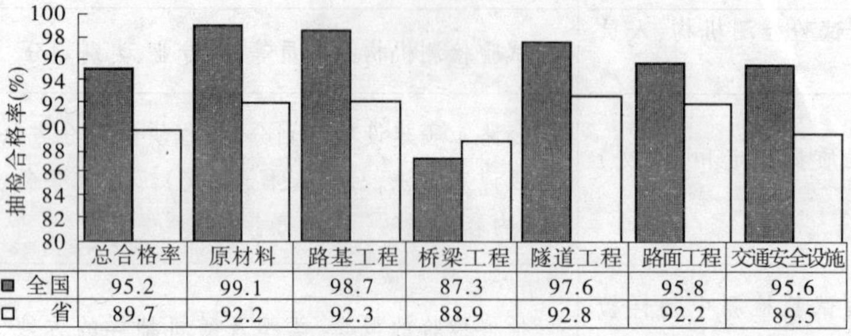

	总合格率	原材料	路基工程	桥梁工程	隧道工程	路面工程	交通安全设施
全国	95.2	99.1	98.7	87.3	97.6	95.8	95.6
省	89.7	92.2	92.3	88.9	92.8	92.2	89.5

图2　某省高速公路质量状况与全国对比图

交通部召开了全国交通基本建设质量监督工作会议,会上提出"加强工程质量通病的研究治理,适时推广质量通病治理示范项目",要求找准质量通病,分析产生原因,加大治理力度,优化治理方法。根据上述要求,部质监总站在广泛调查和征求专家意见的基础上,向全国下发了"三类30项"常见公路工程质量通病(见表1)。

而公路工程施工常见质量通病实用控制方法就是质量管理人员的工作经验、方法、责任心,工程质量管理人员的工作质量对工程的顺利进行和工程质量的控制起到关键作用,严格执行"三检"制度,落到实处,质检工作要严谨,要有数据作支撑,切忌拍脑袋,这样才有说服力。

通过该公路工程质量统计分析报告,目前公路工程质量状况如何?公路工程质量检测作为有效的控制措施能够控制哪些影响因素?对今后从事公路工程施工、监理、维护等相关岗位将如何控制工程质量?应该注意哪些事项?

表1　常见公路工程质量通病

类别	公路质量通病
管理通病	①盲目赶工;②指定分包、指定采购;③监理独立检测频率不足;④施工自检体系不健全;⑤原始资料真实性差;⑥材料质量源头控制不严;⑦以包代管、质量责任不清;⑧设计变更多、质量控制难度大、工程变更多;⑨监理、施工人员、设计文件及规范掌握不准确;⑩标准试验数据失真、规模生产条件变异
实体通病	①沥青路面早期破损、有车辙;②水泥路面早期断板、开裂;③半刚性基层过度开裂;④结构物端部深陷;⑤隧道衬砌不实、渗水;⑥桥面铺装早期破损;⑦桥梁支座安装质量缺陷;⑧小型预制构件粗糙;⑨埋置部位混凝土防水不到位;⑩预应力结构张拉、锚固、压浆控制不严
工艺通病	①混合料计量不准确、级配不合格、拌和不均匀;②各类外掺剂品种选用、计量、掺配方法掌握不准;③体积法、流量法计量误差;④路面层间控制不严格,粘层油、透层油施工方法不当;⑤预留构件、预埋件、钢筋定位;⑥各类结构养生方法不当、养生时间不足;⑦圬工砌筑方法、人工砂浆、勾缝方式不妥;⑧路基碾压设备不足,填前处理、分层压实不够;⑨路面碾压设备不配套,沥青路面碾压密实度不足;⑩合同段、工作面、工序衔接不当

情境导入

随着公路交通建设的不断发展,质量问题越来越成为人们关注的焦点,特别是质量终身制的施行,对公路质量的关注已经深入到施工的各阶段。但是近年出现的公路沉陷、桥梁垮塌质量事故直接对人民群众生命财产安全造成了重大威胁,而且有些事故的直接原因是对质量通病的不重视引起的。因此,关注质量通病的分析及防治措施对于在建项目极其重要。

学习任务1.1　公路工程检测简介

知识目标

1. 了解公路工程检测的目的和意义。
2. 熟悉公路工程试验检测中国家统一的试验标准、规程及规范。
3. 掌握《公路水运工程试验检测管理办法》中对检测机构和检测人员的相关规定。
4. 掌握公路工程质量评定和竣(交)工验收。

岗位任务

工作任务表

能力目标	主讲内容	学生完成任务	评价标准	
能够熟练地划分单位工程、分部工程、分项工程	单位、分部、分项工程的概念及划分方法	划分某公路工程建设项目为单位工程、分部工程和分项工程	优秀	具有认真、严谨和科学的态度,团队意识强;熟练掌握各知识点,能够正确划分建设项目,合理性好
			良好	具有认真、严谨和科学的态度,团队意识强;熟练掌握各知识点,能够正确划分建设项目,合理性较好,但工作不够完善
			合格	具有较认真的态度,但工作不够严谨,团队意识一般;各知识点掌握欠熟练,建设项目划分基本正确,合理性较差,需完善
能够进行公路工程质量检验评定	《公路工程质量检验评定标准》(JTG F80/1—2012)的施工范围,公路工程质量评分,公路工程质量等级评定	评定某公路工程建设项目的工程质量等级	优秀	具有认真、严谨和科学的态度,团队意识强;熟练掌握各知识点,能够正确进行工程质量检验评定,可靠度高
			良好	具有认真、严谨和科学的态度,团队意识强;熟练掌握各知识点,能够正确进行工程质量检验评定,可靠度较高,但工作不够完善
			合格	具有较认真的态度,但工作不够严谨,团队意识一般;各知识点掌握欠熟练,工程质量检验评定基本符合要求,可靠度较差,需完善

1.1.1　公路工程试验检测的目的和意义

公路工程检测是公路工程施工技术管理中的一个重要组成部分,也是公路工程施工质量控制和竣工验收评定工作中不可缺少的一个主要环节。通过试验检测能充分地利用当地原材料,迅速推广应用新材料、新技术和新工艺;能用定量的方法科学地评定各种材料和构件的质量;能合理地控制并科学地评定公路工程质量。公路工程检测对提高工程质量、加快工程进度、降低工程造价、推动公路工程施工技术进步,起到极为重要的作用,它融试验检测基本理论和测试操作技能及公路工程相关学科基础知识于一体,是工程设计参数、施工质量控制、施工验收评定、养护管理决策及各种技术规范和规程修订的主要依据。

实践证明:不重视施工检测和施工现场质量控制管理工作,而仅靠经验评估是造成工程出现早期破坏的重要原因之一。因此,在建立健全工程质量控制检查制度的同时必须配备一定数量的试验检测设备和相应的专职试验检测技术人员。

试验检测技术人员必须掌握试验检测的基本理论、基本知识和基本技能,熟悉各种试验检测的作用及其局限性，使试验检测正确地反映材料或工程的实际性质。

1.1.2 公路工程试验检测依据国家统一的试验标准、规程及规范

1.1.2.1 技术标准

(1)《公路工程技术标准》(JTG B01—2003)。

(2)《公路工程质量检验评定标准》(JTG F80/1—2012)。

(3)《公路技术状况评定标准》(JTG H20—2007)。

(4)《公路桥梁技术状况评定标准》(JTG/T H21—2011)。

(5)《公路工程竣(交)工验收办法》(JTG/T F50—2011)。

1.1.2.2 技术规程

(1)《公路路基路面现场测试规程》(JTG E60—2008)。

(2)《公路土工试验规程》(JTG E40—2007)。

(3)《公路工程沥青及沥青混合料试验规程》(JTG E20—2011)。

(4)《公路工程水泥及水泥混凝土试验规程》(JTG E30—2005)。

(5)《公路工程集料试验规程》(JTG E42—2005)。

(6)《公路工程岩石试验规程》(JTG E41—2005)。

(7)《公路工程无机结合料稳定材料试验规程》(JTG E51—2009)。

(8)《公路工程土工合成材料试验规程》(JTG E50—2006)。

1.1.2.3 设计规范

(1)《公路桥涵设计通用规范》(JTG D60—2004)。

(2)《公路钢筋混凝土及预应力混凝土桥涵设计规范》(JTG D62—2004)。

(3)《公路砖石及混凝土桥涵设计规范》(JTJ 022—85)。

(4)《公路桥涵地基与基础设计规范》(JTG D63—2007)。

1.1.2.4 施工技术规范

(1)《公路路基施工技术规范》(JTG F10—2006)。

(2)《公路路面基层施工技术规范》(JTJ 034—2000)。

(3)《公路沥青路面施工技术规范》(JTG F40—2004)。

(4)《公路水泥混凝土路面施工技术规范》(JTG F30—2003)。

(5)《公路工程地质勘察规范》(JTG C20—2011)。

(6)《公路桥涵施工技术规范》(JTG/T F50—2011)。

1.1.3 公路工程试验检测机构

公路工程检测是指根据国家有关法律、法规的规定，依据工程建设技术标准、规范、规程，对公路工程所用材料、构件、工程制品、工程实体的质量和技术指标等进行的试验检测活动。

公路工程试验检测机构(简称检测机构)是指承担公路工程检测业务并对检测结果承担责任的机构。

检测机构等级是依据检测机构的公路工程试验检测水平、主要试验检测仪器设备及

检测人员的配备情况、试验检测环境等基本条件对检测机构进行的能力划分。

检测机构按从事专业分为公路工程和水运工程两个专业。

公路工程专业分为综合类和专项类两个类别。公路工程综合类设甲、乙、丙三个等级。公路工程专项类分为交通工程和桥梁隧道工程。

交通运输部质监总站负责公路工程综合类甲级、公路工程专项类等级评定工作。省质监站负责公路工程综合类乙、丙级等级评定工作。

知识拓展

检测机构在检测活动中应遵守以下规定：

(1)取得"公路工程试验检测机构等级证书"且通过计量认证的检测机构，在其注明的项目范围内出具的试验检测报告，可以作为公路工程质量评定和工程验收的依据。可设立工地临时试验室，承担相应公路工程的试验检测业务，并对其试验检测结果承担责任。工程所在地省站应当对工地临时试验室进行监督。

(2)公路工程质量事故鉴定和高速公路项目验收的质量鉴定检测，质监机构应当委托通过计量认证并具有甲级或者相应专项能力等级的检测机构承担。

(3)检测机构应当严格按照现行有效的国家和行业标准、规范和规程独立开展检测工作，不受任何干扰和影响，保证试验检测数据客观、公正、准确。

(4)检测机构应当建立严密、完善、运行有效的质量保证体系，应当按照有关规定对仪器设备进行正常维护，定期检定与校准。

(5)检测机构应当建立健全档案制度，保证档案齐备，原始记录和试验检测报告内容必须清晰、完整、规范。

(6)检测机构在同一公路工程项目标段中不得同时接受业主、监理、施工等多方的试验检测委托。依据合同承担公路工程试验检测业务，不得转包、违规分包。

详见《公路水运工程试验检测管理办法》

1.1.4 公路工程试验检测人员

公路工程试验检测人员(简称检测人员)，是指经考试合格，具备相应公路工程试验检测知识、能力，并承担相应公路工程试验检测业务的专业技术人员。

检测人员应当通过公路水运工程试验检测业务考试。检测人员考试的组织、实施由质监总站统一管理。

检测人员分为试验检测工程师和试验检测员。检测机构的技术负责人应当由试验检测工程师担任。试验检测报告应当由试验检测工程师审核、签发。

作为公路工程试验检测人员，应具备的综合素质有：

(1)具备基本的专业技术素质，能够依据检测任务、内容及项目合理选择检测仪器，正确使用和维护检测仪器，经考核合格后持证上岗。

(2)具备持续学习的素质能力，要有强烈的学习意识，在掌握与所检测项目有关的技术标准的基础上，了解本行业出现的新材料、规范及检测方法等最新发展方向，做一个永不落后的试验检测人员。

(3)具备严谨认真的工作态度，应对检测数据如实正确地记录、统计和整理，为公路工程施工验收提供真实、可靠和完整的数据报告。

(4)具备良好的沟通能力,一是与试验室人员、领导的沟通,培养团队精神,使团队成员相互信任;二是与工程监管人员的沟通,更好地保障试验工作和整个项目的顺利进行。

(5)具备一定的科研能力,能够对现有试验方法和试验数据进行有条理的认识、分析、处理和总结,形成自己的科技理论,更好地进行技术改进和推广,达到以科技为支撑来获取经济效益的目的。

知识拓展

检测人员在检测活动中应遵守以下规定:

(1)检测人员应当重视知识更新,不断提高试验检测业务水平。

(2)检测人员应当严守职业道德和工作程序,独立开展检测工作,保证试验检测数据科学、客观、公正,并对试验检测结果承担法律责任。

(3)检测人员不得同时受聘于两家以上检测机构,不得借工作之便推销建设材料、构配件和设备。

详见《公路水运工程试验检测管理办法》

1.1.5 公路工程质量检验评定

为了加强公路工程质量管理,统一公路工程质量检验标准和评定标准,保证工程质量,制定《公路工程质量检验评定标准》(JTG F80/1—2012)。

《公路工程质量检验评定标准》(JTG F80/1—2012)适用于施工单位、工程监理单位、建设单位、质量检测机构和质量监督部门对四级及四级以上新建或改建公路工程的质量管理、监控和检验评定。

检验是对检验项目中的性能进行量测、检查、试验等,并将结果与标准规定要求进行比较,以确定每项性能是否合格所进行的活动。

评定是依据检验结果对工程质量进行评分并确定其等级的活动。

友情提示

公路工程质量检验评定应以《公路工程质量检验评定标准》(JTG F80/1—2012)为准,与其他规范不一致时,宜以颁布年份最新者为准。在公路施工、质量管理和工程质量检验评定中,除应符合本标准外,尚应符合现行国家、交通部颁布的相关规范的规定。

1.1.5.1 一般规定

根据建设任务、施工管理和质量检验评定的需要,应在施工准备阶段,按《公路工程质量检验评定标准》(JTG F80/1—2012)将建设项目划分为单位工程、分部工程和分项工程。

单位工程是在建设项目中,根据签订的合同,具有独立施工条件的工程。

分部工程是在单位工程中,应按结构部位、路段长度及施工特点或施工任务划分为若干个分部工程。

分项工程是在分部工程中,应按不同的施工方法、材料、工序及路段长度等划分为若干个分项工程。

施工单位、工程监理单位和建设单位应按相同的工程项目划分进行工程质量的监控与管理。一般建设项目的工程划分如表1-1所示。

表1-1 一般建设项目的工程划分

单位工程	分部工程	分项工程
路基工程（每10 km或每标段）	路基土石方工程*（1～3 km路段）	土方路基*，石方路基*，软土地基*，土工合成材料处治层*等
	排水工程（1～3 km路段）	管节预制，管道基础及管节安装*，检查（雨水）井砌筑*，土沟，浆砌排水沟*，盲沟，跌水，急流槽*，水簸箕，排水泵站等
	小桥及符合小桥标准的通道*，人行天桥，渡槽（每座）	基础及下部构造*，上部构造预制、安装或浇筑*，桥面*，栏杆，人行道等
	涵洞、通道（1～3 km路段）	基础及下部构造*，主要构件预制、安装或浇筑*，填土，总体等
	砌筑防护工程（1～3 km路段）	挡土墙*，墙背填土，抗滑桩*，锚喷防护*，锥、护坡，导流工程，石笼防护等
	大型挡土墙*，组合式挡土墙*（每处）	基础*，墙身*，墙背填土，构件预制*，构件安装*，筋带，锚杆、拉杆，总体*等
路面工程（每10 km或每标段）	路面工程*（1～3 km路段）	底基层，基层*，面层*，垫层，联结层，路缘石，人行道，路肩，路面边缘排水系统等
桥梁工程（特大、大中桥）	基础及下部构造*（每桥或每墩、台）	扩大基础，桩基*，地下连续墙*，承台，沉井*，桩的制作*，钢筋加工及安装，墩台身（砌体）浇筑*，墩台身安装，墩台帽*，组合桥台*，台背填土，支座垫石和挡块等
	上部构造预制和安装*	主要构件预制*，其他构件预制，钢筋加工及安装，预应力筋的加工和张拉*，梁板安装，悬臂拼装*，顶推施工梁*，拱圈节段预制，拱的安装，转体施工拱*，劲性骨架拱肋安装*，钢管拱肋制作*，钢管拱肋安装*，吊杆制作和安装*，钢梁制作*，钢梁安装，钢梁防护*等
	上部构造现场浇筑*	钢筋加工及安装，预应力筋的加工和张拉*，主要构件浇筑*，其他构件浇筑，悬臂浇筑*，劲性骨架混凝土*，钢管混凝土拱*等
	总体、桥面系和附属工程	桥梁总体*，桥面防水层施工，桥面铺装*，钢桥面铺装*，支座安装，搭板，伸缩缝安装，大型伸缩缝安装*，栏杆安装，混凝土护栏，人行道铺设，灯柱安装等
	防护工程	护坡，护岸*，导流工程*，石笼防护，砌石工程等
	引道工程	路基*，路面*，挡土墙*，小桥*，涵洞*，护栏等
互通立交工程	桥梁工程*（每座）	桥梁总体，基础及下部构造*，上部构造预制、安装或浇筑*，支座安装，支座垫石，桥面铺装*，护栏，人行道等
	主线路基路面工程*（1～3 km路段）	见路基、路面等分项工程
	匝道工程（每条）	路基*，路面*，通道*，护坡，挡土墙*，护栏等

续表 1-1

单位工程	分部工程	分项工程
隧道工程	总体	隧道总体*等
	明洞	明洞浇筑，明洞防水层，明洞回填*等
	洞口工程	洞口开挖，洞口边仰坡防护，洞门和翼墙的浇（砌）筑，截水沟、洞口排水沟等
	洞身开挖	洞身开挖*，（分段）等
	洞身衬砌	（钢纤维）喷射混凝土支护，锚杆支护，钢筋网支护，仰拱，混凝土衬砌*，钢支撑，衬砌钢筋等
	防、排水	防水层，止水带、排水沟等
	隧道路面	基层*，面层*等
	装饰	装饰工程
	辅助施工措施	超前锚杆，超前钢管等
环保工程	声屏障（每处）	声屏障
	绿化工程（1~3 km 路段或每处）	中央分隔带绿化，路侧绿化，互通立交绿化，服务区绿化，取弃土场绿化等
交通安全设施（每 20 km 或每路段）	标志*（5~10 km 路段）	标志*
	标线、突起路标（5~10 km 路段）	标线*，突起路标等
	护栏*、轮廓标（5~10 km 路段）	波形梁护栏*，缆索护栏*，混凝土护栏*，轮廓标等
	防眩设施（5~10 km 路段）	防眩板、网等
	隔离栅、防落网（5~10 km 路段）	隔离栅、防落网等
机电工程	监控设施	车辆检测器，气象检测器，闭路电视监视系统，可变标志，光电缆线路，监控（分）中心设备安装及软件调测，大屏幕投影系统，地图板，计算机监控软件与网络等
	通信设施	通信管道与光电缆线路，光纤数字传输系统，数字程控交换系统，紧急电话系统，无线移动通信系统，通信电源等
	收费设施	入口车道设备，出口车道设备，收费站设备及软件，收费中心设备及软件，IC 卡及发卡编码系统，闭路电视监视系统，内部有线对讲及紧急报警系统，收费站内光、电缆及塑料管道，收费系统计算机网络等
	低压配电设施	中心（站）内低压配电设备，外场设备电力、电缆线路
	照明设施	照明设施
	隧道机电设施	车辆检测器，气象检测器，闭路电视监视系统，紧急电话系统，环境检测设备，报警与诱导设施，可变标志，通风设施，照明设施，消防设施，本地控制器，隧道监控中心计算机控制系统，隧道监控中心计算机网络，低压供配电等
房屋建筑工程	按其专业工程质量检验标准评定	

注：表内标注 * 者为主要工程，评分时给以 2 的权值；不带 * 者为一般工程，权值为 1。

施工单位应对各分项工程按《公路工程质量检验评定标准》(JTG F80/1—2012)所列基本要求、实测项目和外观鉴定进行自检,按“分项工程质量检验评定表”及相关施工技术规范提交真实、完整的自检资料,对工程质量进行自我评定。

工程监理单位应按规定要求对工程质量进行独立抽检,对施工单位检评资料进行签认,对工程质量进行评定。

建设单位根据对工程质量的检查及平时掌握的情况,对工程监理单位所做的工程质量评分及等级进行审定。

质量监督部门、质量检测机构可依据《公路工程质量检验评定标准》(JTG F80/1—2012)对公路工程质量进行检测评定。

1.1.5.2 工程质量评分

工程质量检验评分以分项工程为单元,采用100分制进行。在分项工程评分的基础上,逐级计算各相应分部工程、单位工程、合同段和建设项目评分值。

1. 分项工程质量评分

分项工程质量检验内容包括基本要求、实测项目、外观鉴定和质量保证资料四个部分。只有其使用的原材料、半成品、成品及施工工艺符合基本要求,且无严重外观缺陷和质量保证资料真实并基本齐全时,才能对分项工程质量进行检验评定。外观鉴定是对工程外在质量进行观察和必要的量测。

分项工程中,涉及结构安全和使用功能,对安全、卫生、环境保护和公众利益起决定性作用的重要实测项目为关键项目(在文中以“△”标识),其合格率不得低于90%(属于工厂加工制造的交通工程安全设施及桥梁金属构件不低于95%,机电工程为100%),且检测值不得超过规定极值,否则必须进行返工处理。

分项工程中,除关键项目外的实测项目为一般项目。

实测项目的规定极值是指任一单个检测值都不能突破的极限值,不符合要求时该实测项目为不合格。

采用数理统计方法进行评定的关键项目,不符合要求时则该分项工程评为不合格。

分项工程的评分值满分为100分,按实测项目采用加权平均法计算。存在外观缺陷或资料不全时,须予减分。

$$\text{分项工程得分} = \frac{\sum(\text{检查项目得分} \times \text{权值})}{\sum \text{检查项目权值}} \tag{1-1}$$

$$\text{分项工程评分值} = \text{分项工程得分} - \text{外观缺陷减分} - \text{资料不全减分} \tag{1-2}$$

1)基本要求检查

分项工程所列基本要求,对施工质量优劣具有关键作用,应按基本要求对工程进行认真检查。

经检查不符合基本要求规定时,不得进行工程质量的检验和评定。

2)实测项目计分

对规定的检查项目采用现场抽样方法,按照规定频率和下列计分方法对分项工程的施工质量直接进行检测计分。

检查项目除按数理统计方法评定的项目外,均应按单点(组)测定值是否符合标准要求进行评定，并按合格率计分。

$$\text{检查项目合格率}(\%)=\frac{\text{检查合格的点(组)数}}{\text{该检查项目的全部检查点(组)数}}\times 100\% \tag{1-3}$$

$$\text{检查项目得分}=\text{检查项目合格率}\times 100 \tag{1-4}$$

3）外观缺陷减分

对工程外表状况应逐项进行全面检查，如发现外观缺陷，应进行减分。对于较严重的外观缺陷，施工单位须采取措施进行整修处理。

4）资料不全减分

分项工程的施工资料和图表残缺，缺乏最基本的数据，或有伪造涂改者，不予检验和评定。资料不全者应予减分，减分幅度可按《公路工程质量检验评定标准》（JTG F80/1—2012）所列各款逐款检查，视资料不全情况，每款减1～3分。

2. 分部工程和单位工程质量评分

分项工程和分部工程区分为一般工程和主要（主体）工程，分别给以1和2的权值。进行分部工程和单位工程评分时，采用加权平均值计算法确定相应的评分值。

$$\text{分部(单位)工程评分值}=\frac{\sum[\text{分项(分部)工程评分值}\times\text{相应权值}]}{\sum\text{分项(分部)工程权值}} \tag{1-5}$$

3. 合同段和建设项目工程质量评分

合同段和建设项目工程质量评分值按《公路工程竣（交）工验收办法》进行计算。

4. 质量保证资料

施工单位应有完整的施工原始记录、试验数据、分项工程自查数据等质量保证资料，并进行整理分析，负责提交齐全、真实和系统的施工资料与图表。工程监理单位负责提交齐全、真实和系统的监理资料。质量保证资料应包括以下六个方面：

（1）所用原材料、半成品和成品质量检验结果。

（2）材料配合比、拌和加工控制检验和试验数据。

（3）地基处理、隐蔽工程施工记录和大桥、隧道施工监控资料。

（4）各项质量控制指标的试验记录和质量检验汇总图表。

（5）施工过程中遇到的非正常情况记录及其对工程质量的影响分析。

（6）施工过程中如发生质量事故，经处理补救后，达到设计要求的认可证明文件等。

1.1.5.3　工程质量等级评定

工程质量评定等级定为合格与不合格，应按分项工程、分部工程、单位工程、合同段和建设项目逐级评定。

1. 分项工程质量等级评定

分项工程评分值不小于75分者为合格，小于75分者为不合格；机电工程、属于工厂加工制造的桥梁金属构件不小于90分者为合格，小于90分者为不合格。

评定为不合格的分项工程，经加固、补强或返工、调测，满足设计要求后，可以重新评定其质量等级，但计算分部工程评分值时按其复评分值的90%计算。

2. 分部工程质量等级评定

所属各分项工程全部合格，则该分部工程评为合格；所属任一分项工程不合格，则该分部工程为不合格。

3. 单位工程质量等级评定

所属各分部工程全部合格，则该单位工程评为合格；所属任一分部工程不合格，则该单位工程为不合格。

4. 合同段和建设项目质量等级评定

合同段和建设项目所含单位工程全部合格，其工程质量等级为合格；所属任一单位工程不合格，则合同段和建设项目为不合格。

应用案例 1-1

某高速公路 C11 合同段（起讫桩号：K110 +600 ~ K150 +600）为路面标，共划分为 4 个单位工程。请对 C11 合同段施工工程进行工程质量评分和工程质量等级评定。（说明：以分项工程沥青混凝土面层（K111 +600 ~ K112 +600）为例说明分项工程质量检验评定，以分部工程路面工程（K111 +600 ~ K112 +600）为例说明分部工程质量检验评定，以单位工程路面工程（K111 +600 ~ K121 +600）为例说明单位工程质量检验评定）

【案例解析】

依据《公路工程质量检验评定标准》（JTG F80/1—2012）对沥青混凝土面层的检测规定。

1. 沥青混凝土面层基本要求

(1) 沥青混合料的矿料质量及矿料级配应符合设计要求和施工规范的规定。

(2) 严格控制各种矿料和沥青用量及各种材料和沥青混合料的加热温度，沥青材料及混合料的各项指标应符合设计和施工规范要求。沥青混合料的生产，每日应做抽提试验、马歇尔稳定度试验。矿料级配、沥青含量、马歇尔稳定度等结果的合格率应不小于 90%。

(3) 拌和后的沥青混合料应均匀一致，无花白、粗细料分离和结团成块现象。

(4) 基层必须碾压密实，表面干燥、清洁、无浮土，其平整度和路拱度应符合要求。

(5) 摊铺时应严格控制摊铺厚度和平整度，避免离析。注意控制摊铺和碾压温度，碾压至要求的密实度。

2. 沥青混凝土面层实测项目

沥青混凝土面层和沥青碎（砾）石面层实测项目见表 1-2。

3. 沥青混凝土面层外观鉴定

(1) 表面应平整密实，不应有泛油、松散、裂缝和明显离析等现象，对于高速公路和一级公路，有上述缺陷的面积（凡属单条的裂缝，则按其实际长度乘以 0.2 m 宽度，折算成面积）之和不得超过受检面积的 0.03%，其他公路不得超过 0.05%。不符合要求时每超过 0.03% 或 0.05% 减 2 分。半刚性基层的反射裂缝可不计作施工缺陷，但应及时进行灌缝处理。

(2) 搭接处应紧密、平顺，烫缝不应枯焦。不符合要求时，累计每 10 m 长减 1 分。

面层与路缘石及其他构筑物应密贴接顺，不得有积水或漏水现象。不符合要求时，每一处减 1 ~2 分。

表1-2　沥青混凝土面层和沥青碎(砾)石面层实测项目

项次	检查项目		规定值或允许偏差：高速公路、一级公路	规定值或允许偏差：其他公路	检查方法和频率	权值
1	压实度(%)		试验室标准密度的96%(98%*) 最大理论密度的92%(94%*) 试验段密度的98%(99%*)		每200 m测1处	3
2	平整度	σ(mm)	1.2	2.5	平整度仪:全线每车道连续按每100 m计算*IRI*或σ	2
		IRI(m/km)	2.0	4.2		
		最大间隙h(mm)	—	5	3 m直尺:每200 m测2处×10尺	
3	弯沉值(0.01 mm)		符合设计要求		双车道(不超过1 km)检查80~100个点,多车道相应增加测点	2
4	渗水系数		SMA路面200 mL/min,其他沥青混凝土路面300 mL/min	—	渗水仪:每200 m测1处	2
5	抗滑	摩擦系数	符合设计要求		摆式仪:每200 m测1处;摩擦系数测定车:全线连续	2
		构造深度			铺砂法:每200 m测1处	
6	厚度(mm)	代表值	总厚度:设计值的-8% 上面层:设计值的-10%	-8%H	双车道每200 m测1处	3
		合格值	总厚度:设计值的-10% 上面层:设计值的-20%	-15%H		
7	中线平面偏位(mm)		20	30	经纬仪:每200 m测4点	1
8	纵断高程(mm)		±10	±15	水准仪:每200 m测4断面	1
9	宽度(mm)	有侧石	±20	±30	尺量:每200 m测4断面	1
		无侧石	不小于设计			
10	横坡(%)		±0.3	±0.5	水准仪:每200 m测4处	1

注:①表内压实度可选用其中的1个或2个标准,并以合格率低的作为评定结果。带*号者是指SMA路面,其他为普通沥青混凝土路面。②表列厚度仅规定负允许偏差。其他公路的厚度代表值和极值允许偏差按总厚度计,当总厚度≤60 mm时,允许偏差分别为-5 mm和-10 mm;总厚度>60 mm时,允许偏差分别为-8%和-15%的总厚度。H为总厚度(mm)。

(3)分项工程、分部工程、单位工程、合同段的工程质量评分及工程质量等级评定分别见表1-3~表1-6。

表1-3　分项工程质量检验评定表

分项工程名称:沥青混凝土面层	所属分部工程名称:路面工程	所属建设项目:××高速公路
工程部位:K111 +600 ~ K112 +600	施工单位:××公司	监理单位:××监理公司

基本要求	经检查:沥青混合料质量、矿料级配符合要求,加热温度、马歇尔稳定度符合要求,沥青混合料拌和均匀,碾压温度、摊铺、接缝均能满足要求

	项次	检查项目		规定值或允许偏差	实测值或实测偏差（分）	质量评定：平均值、代表值	质量评定：合格率（%）	权值	得分
实测项目	1	压实度(%)		最大理论密度的95%	99		99	3	297
	2	平整度(mm)	σ(mm)	1.2	99		99	2	198
			IRI(m/km)	2.0					
	3	弯沉值(0.01 mm)		符合设计要求	100		100	2	200
	4	渗水系数		300 mL/min	100		100	2	200
	5	抗滑	摩擦系数	符合设计要求	100		100	2	200
			构造深度		100		100		
	6	厚度(mm)	代表值	总厚度：$-5\%H$ 上面层：$-10\%H$	100		100	3	300
			合格值	总厚度：$-10\%H$ 上面层：$-20\%H$	100		100		
	7	中线平面偏位(mm)		20	100		100	1	100
	8	纵断高程(mm)		±15	100		100	1	100
	9	宽度(mm)		±20	100		100	1	100
	10	横坡(%)		±0.3	98		98	1	98
	合计					99.6			

外观鉴定	平整、密实、完整性好	减分	0	监理意见	评定合格
质量保证资料	齐全、完整	减分	0		
工程质量等级评定	合格	评分	99.6	质量等级	合格

检验负责人:×××　　检测:×××　　记录:×××　　复核:×××　　××××年××月××日

表1-4　分部工程质量检验评定表

分部工程名称:路面工程		所属单位工程名称:路面工程		所属建设项目:××高速公路		
工程部位:K111+600~K112+600		施工单位:××公司		监理单位:××监理公司		
施工单位	分项工程					说明
	工程名称	质量工程				
		实得分	权值	加权得分	等级	
××公司	K111+600~K112+600 底基层	99.20	1	99.20	合格	
	K111+600~K112+600 下基层	98.80	2	197.60	合格	
	K111+600~K112+600 中基层	98.50	2	197	合格	
	K111+600~K112+600 面层	99.30	2	198.60	合格	
	K111+600~K112+600 路缘石	98.40	1	98.40	合格	
	K111+600~K112+600 过渡板	98.10	1	98.10	合格	
	K111+600~K112+600 路肩干砌石	98.80	1	98.80	合格	
	K111+600~K112+600 雨水井预制	97.80	1	97.80	合格	
	K111+600~K112+600 雨水井安装	98.70	1	98.70	合格	
	K111+600~K112+600 桥面防水层	99.10	1	99.10	合格	
	K111+600~K112+600 路肩	98.80	1	98.80	合格	
加权平均分	98.72	质量等级		合格		
评定意见	本分部工程所属的各分项工程质量全部合格					

检验负责人:×××　　计算:×××　　复核:×××　　××××年××月××日

表1-5　单位工程质量检验评定表

单位工程名称:路面工程		所属建设项目:××高速公路		路线名称:××高速公路 C11 合同段		
工程地点、桩号:K111+600~K121+600		施工单位:××公司		监理单位:××监理公司		
施工单位	分项工程					说明
	工程名称	质量工程				
		实得分	权值	加权得分	等级	
××公司	K111+600~K112+600	96.36	2	192.72	合格	
	K112+600~K113+600	99.18	2	198.36	合格	
	K115+100~K117+800	97.46	2	194.92	合格	
	K117+800~K118+800	96.88	2	193.76	合格	
	K119+000~K121+600	97.96	2	195.92	合格	
加权平均分	98.17	质量等级		合格		
评定意见	本单位工程所属的各分部工程质量全部合格					

检验负责人:×××　　计算:×××　　复核:×××　　××××年××月××日

表 1-6　建设项目(合同段)质量检验评定表

项目名称：××高速公路			路线名称：××高速公路 C11 合同段	
起讫桩号：K110+600~K150+600			完工日期：××××年××月××日	
施工单位	单位工程			说明
	工程名称	实得分	投资额(万元)	
××公司	K110+600~K120+600	99.6		
	K120+600~K130+600	98.8		
	K130+600~K140+600	99.3		
	K140+600~K150+600	97.9		
质量等级	合格	加权平均分		98.90
评定意见	本合同段所属的各单位工程质量全部合格			

检验负责人：×××　　计算：×××　　复核：×××　　××××年××月××日

1.1.6　公路工程竣(交)工验收

公路工程竣(交)工验收应按《公路工程竣(交)工验收办法》执行，对验收不合格或未经验收的，不得交付使用。

公路工程验收分为交工验收和竣工验收两个阶段。

交工验收主要是检查施工合同的执行情况，评价工程质量，对各参建单位工作进行初步评价。

竣工验收主要是对工程质量、参建单位和建设项目进行综合评价，并对工程建设项目作出整体性综合评价。

公路工程竣(交)工验收的依据是：

(1)批准的项目建议书、工程可行性研究报告。

(2)批准的工程初步设计、施工图设计及设计变更文件。

(3)施工许可。

(4)招标文件及合同文本。

(5)行政主管部门的有关批复、批示文件。

(6)公路工程技术标准、规范、规程及国家有关部门的相关规定。

1.1.6.1　公路工程交工验收

1. 公路工程交工验收的条件

公路工程交工验收工作一般按合同段进行，应具备以下条件：

(1)合同约定的各项内容已全部完成。

(2)施工单位按《公路工程质量检验评定标准》(JTG F80/1—2012)及相关规定对工程质量自检合格。

(3)监理单位对工程质量评定合格。

(4)质量监督机构按公路工程质量鉴定办法对工程质量进行检测并出具检测意见。

(5)竣工文件按公路工程档案管理的有关要求编制完成。

(6)施工单位、监理单位完成本合同段的工作总结报告。

2. 交工验收程序

(1)施工单位完成合同约定的全部工程内容,且经施工自检和监理检验评定均合格后,提出合同段交工验收申请报监理单位审查。交工验收申请应附自检评定资料和施工总结报告。

(2)监理单位根据工程实际情况、抽检资料以及对合同段工程质量的评定结果,对施工单位交工验收申请及其所附资料进行审查并签署意见。监理单位审查同意后,应同时向项目法人提交独立抽检资料、质量评定资料和监理工作报告。

(3)项目法人对施工单位的交工验收申请、监理单位的质量评定资料进行核查,必要时可委托有相应资质的检测机构进行重点抽查检测,认为合同段满足交工验收条件时应及时组织交工验收。

(4)对若干合同段完工时间相近的,项目法人可合并组织交工验收。对分段通车的项目,项目法人可按合同约定分段组织交工验收。

(5)通过交工验收的合同段,项目法人应及时颁发"公路工程交工验收证书"。

(6)各合同段全部验收合格后,项目法人应及时完成"公路工程交工验收报告"。

3. 交工验收的主要工作内容

(1)检查合同执行情况。

(2)检查施工自检报告、施工总结报告及施工资料。

(3)检查监理单位独立抽检资料、监理工作报告及质量评定资料。

(4)检查工程实体,审查有关资料,包括主要产品质量的抽(检)测报告。

(5)核查工程完工数量是否与批准的设计文件相符,是否与工程计量数量一致。

(6)对合同是否全面执行、工程质量是否合格作出结论,按交通主管部门规定的格式签署合同段交工验收证书。

(7)按交通部规定的办法对设计单位、监理单位、施工单位的工作进行初步评价。

4. 交工验收公路工程质量评分及质量等级评定

施工合同段工程质量评分采用所含各单位工程质量评分的加权平均值

$$\text{合同段工程质量评分值}=\frac{\sum(\text{单位工程质量评分值}\times\text{该单位工程投资额})}{\text{合同段总投资额}}\tag{1-6}$$

工程各施工合同段交工验收结束后,由项目法人对整个工程项目进行工程质量评定,工程质量评分采用各合同段工程质量评分的加权平均值

$$\text{工程项目质量评分值}=\frac{\sum(\text{合同段工程质量评分值}\times\text{该合同段投资额})}{\sum\text{施工合同段投资额}}\tag{1-7}$$

项目投资额原则上使用结算价,当结算价暂时未确定时,可使用招标合同价,但在评分计算时应统一。

5. 交工验收公路工程质量等级评定

交工验收工程质量等级评定分为合格和不合格,工程质量评分值大于等于75分的为合格,小于75分的为不合格。

友情提示

按照《公路工程竣(交)工验收办法》规定:①交工验收不合格的工程应返工整改,直至合格。②交工验收提出的工程质量缺陷等遗留问题,由项目法人责成施工单位限期完成整改。③对通过交工验收的工程,应及时安排养护管理。

1.1.6.2 公路工程竣工验收

1. 公路工程竣工验收的条件

(1)通车试运营2年后。

(2)交工验收提出的工程质量缺陷等遗留问题已处理完毕,并经项目法人验收合格。

(3)工程决算已按交通部规定的办法编制完成,竣工决算已经审计,并经交通主管部门或其授权单位认定。

(4)竣工文件已按交通部规定的内容完成。

(5)对需进行档案、环保等单项验收的项目,已经有关部门验收合格。

(6)各参建单位已按交通部规定的内容完成各自的工作报告。

(7)质量监督机构已按交通部规定的公路工程质量鉴定办法对工程质量检测,鉴定合格,并形成工程质量鉴定报告。

2. 竣工验收准备工作程序

(1)公路工程符合竣工验收条件后,项目法人应按照公路工程管理权限及时向相关交通运输主管部门提出验收申请。

(2)相关交通运输主管部门对验收申请进行审查,必要时可组织现场核查。审查同意后报负责竣工验收的交通运输主管部门。

(3)以上文件齐全且符合条件的项目,由负责竣工验收的交通运输主管部门通知所属的质量监督机构开展质量鉴定工作。

(4)质量监督机构按要求完成质量鉴定工作,出具工程质量鉴定报告,并审核交工验收对设计、施工、监理的初步评价结果,报送交通运输主管部门。

(5)工程质量鉴定等级为合格及以上的项目,负责竣工验收的交通运输主管部门应及时组织竣工验收。

3. 竣工验收的主要工作内容

(1)成立竣工验收委员会。

(2)听取公路工程项目执行、设计、施工、监理及使用情况报告。

(3)听取质量监督机构的工作报告及工程质量鉴定报告。

(4)竣工验收委员会成立专业检查组检查工程实体质量,审阅有关资料,形成书面检查意见。

(5)对项目法人建设管理工作进行综合评价。审定交工验收对设计单位、施工单位、监理单位的初步评价。

(6)对工程质量进行评分,确定工程质量等级,并综合评价建设项目。

(7)形成并通过“公路工程竣工验收鉴定书”。

(8)负责竣工验收的交通运输主管部门印发“公路工程竣工验收鉴定书”。

(9)质量监督机构依据竣工验收结论，对各参建单位签发“公路工程参建单位工作综合评价等级证书”。

4.竣工验收工程质量评分及质量等级评定

竣工验收工程质量评分采取加权平均法计算，其中交工验收工程质量得分权值为0.2，质量监督机构工程质量鉴定得分权值为0.6，竣工验收工程质量得分权值为0.2。

工程质量评定得分大于等于90分为优良，小于90分但大于等于75分为合格，小于75分为不合格。

友情提示

对于交工验收和竣工验收合并进行的小型项目，质量监督机构对工程质量鉴定得分权值为0.6，监理单位对工程质量评定得分权值为0.1，竣工验收委员会对工程质量的评分权值为0.3。

5.竣工验收建设项目综合评分及等级评定

竣工验收委员会对项目法人及设计、施工、监理单位工作进行综合评价。评定得分大于等于90分但工程质量等级优良的为好，小于90分但大于等于75分的为中，小于75分的为差。

竣工验收建设项目综合评分采取加权平均法计算，其中竣工验收工程质量得分权值为0.7，参建单位工作评价得分权值为0.3(项目法人占0.15，设计、施工、监理各占0.05)。

评定得分大于等于90分且工程质量等级优良的为优良，大于等于75分的为合格，小于75分的为不合格。

友情提示

竣工验收建设项目等级评定时：对于发生过重大及以上生产安全事故的建设项目，综合评定等级不得评为优良。

项目实训

实训项目一　基本知识训练

一、单选题

1.公路工程质量检验评定的依据为(　　)。

A.设计规范　　B.施工规范　　C.质量检验评定标准　　D.试验规程

2.公路工程质量检验评分的评定单元为(　　)。

A.单位工程　　B.分部工程　　C.单项工程　　D.分项工程

3.分项工程评分值与(　　)无关。

A. 实测项目数量　　　　　　　B. 实测项目的合格率和规定值
C. 外观缺陷数量和程度　　　　D. 质量保证资料的完整性和真实性

4. 根据"评定标准"规定，某一级公路土基压实度标准为95%，当某测点的压实度为92.5%时，评定结果为(　　)。

A. 优良　　B. 合格　　C. 不合格并扣分　　D. 不合格并返工

5. 当分项工程加固、补强后，评分值为86分，该分项工程可评为(　　)。

A. 优良　　B. 合格　　C. 不合格　　D. 无法评定

二、多选题

1. 依据《公路水运工程试验检测管理办法》，公路工程综合类设(　　)等级。

A. 甲级　　B. 乙级　　C. 丙级　　D. 丁级

2. 考虑建设任务、施工管理和质量控制需要，建设项目划分为(　　)三级。

A. 单位工程　　B. 分部工程　　C. 单项工程　　D. 分项工程

3. 下列项目中属于分项工程的有(　　)。

A. 桥面　　B. 涵洞　　C. 砌筑工程　　D. 软土地基

4. 分部工程须具备(　　)条件才可评为优良。

A. 各分项工程全部合格　　　　　B. 主要分项工程全部评为优良
C. 各分项工程加权平均分不小于85分　　D. 分项工程全部优良

5. 分项工程质量检验内容包括(　　)。

A. 基本要求　　B. 实测项目　　C. 外观鉴定　　D. 质量保证资料

三、简答题

1. 简述《公路水运工程试验检测管理办法》中检测人员的定义、等级、专业以及相应要求。

2. 简述公路工程质量评分方法及等级评定方法。

3. 简述公路工程交工验收的程序、工程质量评分及质量等级评定方法。

实训项目二　职业能力与素质综合训练

由授课教师提供某高速公路某合同段工程资料，依据《公路工程质量检验评定标准》(JTG F80/1—2012)拟对该合同段路面工程或路基工程质量进行检测与评定，组织学生分组讨论并完成以下任务：

1. 将该合同段划分成单位工程、分部工程和分项工程。

2. 在给出该合同段假定的检测数据的条件下，对该合同段进行工程质量评分和工程质量等级评定。

【实训要求】

能力目标：

1. 能够熟练地划分单位工程、分部工程、分项工程。

2. 能够进行公路工程质量检验评定。

素质目标：

培养坚持原则、忠于职守、作风正派、秉公办事的作风，要以数据说话；形成认真、严谨和科学的态度，具有较强的团队意识；树立质量第一的工程意识。

学习任务1.2　公路工程检测数据处理

知识目标

1. 了解抽样检验中的基本概念、类型及方法。
2. 熟悉质量数据统计特征及常用表达方法。
3. 掌握数值修约规则及可疑数据的取舍方法。
4. 掌握公路试验检测数据报告格式、要素及编制要求。

岗位任务

工作任务表

能力目标	主讲内容	学生完成任务	评价标准	
能够进行样品的几种抽样方法及现场测试随机选点	总体与样本等基本概念，抽样检验的类型和评定方法，随机抽样的方法	运用几种抽样方法获取检验样品，并结合检测项目选取现场测试位置	优秀	具有认真、严谨和科学的态度，团队意识强；熟练掌握各知识点，能够正确抽取样品，合理选择
			良好	具有认真、严谨和科学的态度，团队意识强；熟练掌握各知识点，能够正确抽取样品，合理选择现场测点，但工作不够完善
			合格	具有较认真的态度，但工作不够严谨，团队意识一般；各知识点掌握欠熟练，样品抽取基本正确，现场测点基本合理，需完善
能够进行检测数据修约并对可疑数据进行取舍	质量数据本身的特性，质量数据的修约规则，数据的统计特征，可疑数据的取舍方法	对工程质量检测数据进行修约并舍弃可疑质量数据	优秀	具有认真、严谨和科学的态度，团队意识强；熟练掌握各知识点，能够对检测数据进行正确修约和舍弃可疑值
			良好	具有认真、严谨和科学的态度，团队意识强；熟练掌握各知识点，能够对检测数据进行正确修约和舍弃可疑值，但工作不够完善
			合格	具有较认真的态度，但工作不够严谨，团队意识一般；各知识点掌握欠熟练，对检测数据进行正确修约和舍弃可疑值基本正确，需完善

1.2.1 抽样检验

1.2.1.1 总体与样本

在工程质量检验中,通过抽取总体中的一小部分个体加以检验,以了解和分析总体质量状况,这是工程质量检验的主要方法。除特殊项目外,大多采用抽样检验,这就涉及总体与样本的概念。

总体又称母体,是统计分析中所研究对象的全体,而组成总体的每个单元称为个体。

从总体中抽取一部分个体就是样本(又称子样),而组成样本的每一个个体,即为样品。例如,在沥青混合料拌和工地上需要确定某公司运来的一批沥青质量是否合格,从每一桶沥青中取 2 个试样,该批沥青有 10 桶,一共抽查了 20 个试样做试验,则这 100 桶沥青就称为总体,20 个试样就是样本,上述 20 个试样中的某一个,就是该样本中的一个样品。其相互关系如图 1-1 所示。

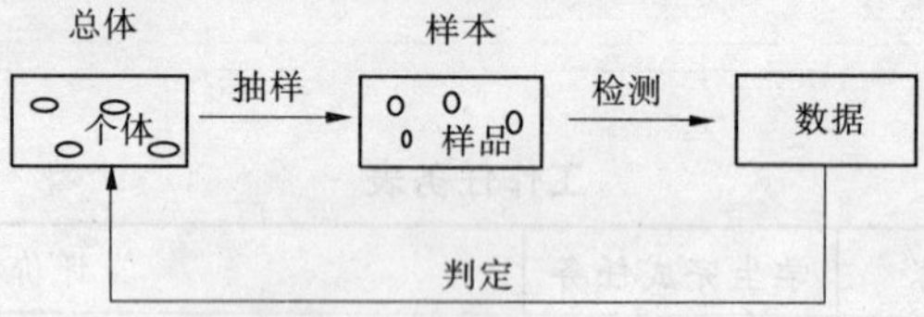

图 1-1 总体与样本的关系

检验的基本意义在于:将用某种方法检验物品的结果与质量判定标准相比较,判断出各个物品是优良品还是不良品,或者与产品批的判定标准作比较,判断出批是合格批还是不合格批。从此意义上说,检验分为对各个产品的检验和对批的检验两种情况,其检验过程如图 1-2 所示。

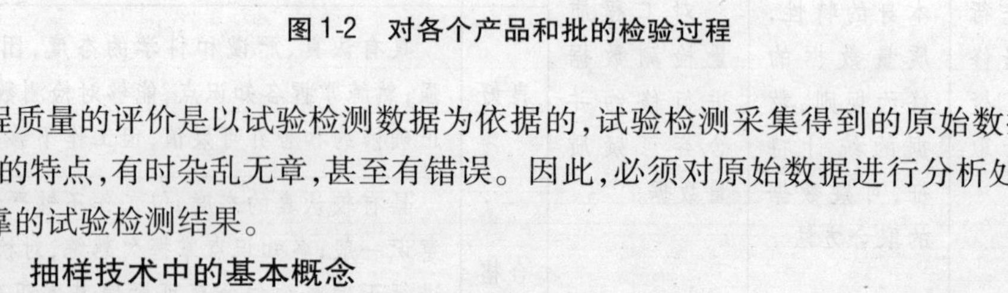

图 1-2 对各个产品和批的检验过程

工程质量的评价是以试验检测数据为依据的,试验检测采集得到的原始数据具有类多、量大的特点,有时杂乱无章,甚至有错误。因此,必须对原始数据进行分析处理,才能得到可靠的试验检测结果。

1.2.1.2 抽样技术中的基本概念

1. 单位产品

单位产品是为实施抽样检查的需要而划分的基本单位。它有时可以自然划分,例如:

一只灯泡、一台电视机可以作为一个单位产品。有些则不可能自然划分，而根据抽样检查的需要划分，例如：连续体的棉布，可以一尺布、一丈布甚至一匹布作为单位。对液态产品（如沥青）和散状产品（如水泥），则可按包装单位划分，如一桶沥青等。

2. 批

为实施抽样检查聚集起来的单位产品，称为检查批或批，它是抽样检查和判定的对象。一个批通常是由在基本稳定的生产条件下，在同一生产周期内生产出来的同形式、同等级、同尺寸以及同成分的单位产品构成的。该批包含的单位产品数称为批量，通常用符号 N 表示。

3. 样本

从批中抽取用于检查的单位产品称为样本单位，有时也称为样品。样本单位的全体称为样本。样本中所包含的样本单位数称为样本大小，通常用符号 n 表示。

1.2.1.3　抽样检验的类型和评定方法

抽样检验的类型有两种：计数抽样和计量抽样。

1. 计数抽样检验

计数抽样检验包括计件（统计不合格品数）的抽样和计点（统计不合格数）的抽样。当以样本的不合格品数作为批合格的判定依据时，称为计件抽样检验；当以样本的不合格数作为判定依据时，称为计点抽样检验。

2. 计量抽样检验

当以样本单位的计量特性值为判定依据时，称为计量抽样检验。它只适合于单位产品的质量特性是以计量的方式表示的场合，且对每个质量特性要分别检查。计量抽样检验可以对批的平均值提出要求，也可以对批的不合格品率提出要求。对于后者，批的质量以计数的方法表示，但样本的质量仍以计量的方法表示。

1.2.1.4　随机抽样的方法

从检验批中抽取样本的方法称为抽样方法。抽样方法的正确性是指抽样的代表性和随机性。代表性反映样本与批质量的接近程度，而随机性反映检验批中单位产品被抽入样本纯属偶然，即由随机因素所决定。为使所抽取的样本能成为批的可靠代表，常采用如下方法。

1. 单纯随机取样

单纯随机取样是一种完全随机化的取样，它适用于对总体缺乏基本了解的场合。“随机”取样不同于“随便”取样。随机取样是利用随机表或随机数骰子等工具进行的取样，它可以保证总体每个单位出现的概率相同。

2. 分层取样

当批量或工序被分为若干层时，可从所有分层中按一定比例取样。例如有两台拌和机同时拌制原材料相同的同强度等级混凝土，为了检验生产混凝土的质量特性，采用抽样方法时，应注意对两台拌和机分别取样（见图 1-3），这样便于了解不同层的产品质量特性，研究各层造成不良品率的原因，也可将甲、乙样品混合进行试验，了解混合产品的质量特性。

3. 两级取样

当物品堆积在一起构成批量时，由许多货箱堆积在一起，按单纯随机取样相当麻烦。此时，可先在若干箱中进行第一级随机取样，挑出部分箱物品，然后从已挑选出的箱中对物品进行随机取样（见图 1-4）。

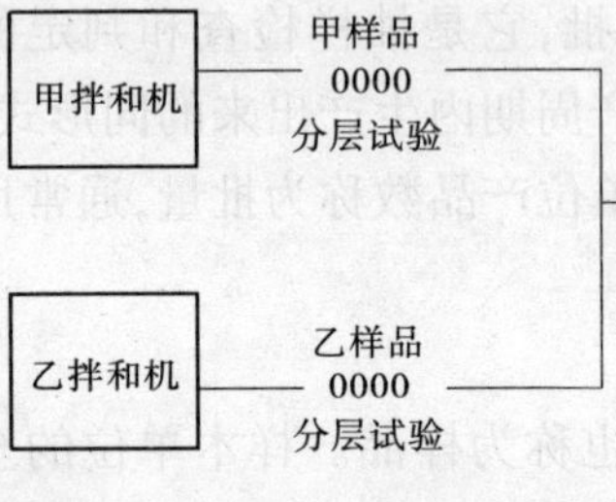

图 1-3　分层取样示意图

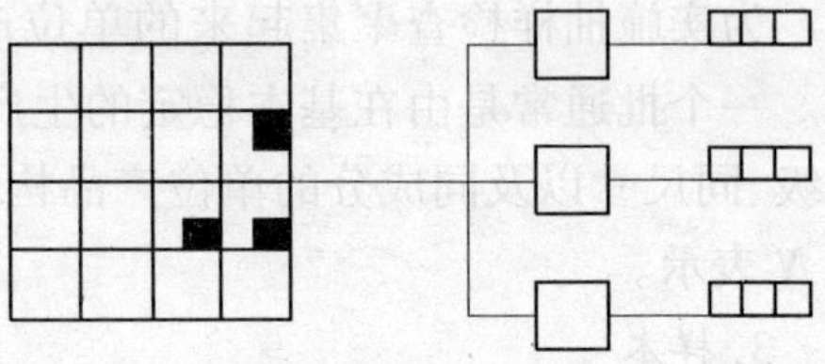

图 1-4　两级取样示意图

4. 系统取样

当对总体实行单纯随机抽样有困难时，如连续作业时抽样、产品为连续体时的抽样（如测定公路路基的弯沉值）等，可采用一定间隔进行抽取的抽样方法，称为系统抽样或等距抽样。

例如，现要求测定 1 km 路基的弯沉值，由于路基是连续体，可采取每 20 m 或 50 m 测定一点（或两点）的办法，作抽样测定。这时可用掷骰子或其他随机方法确定起点位置，如从 K10 +000 开始，然后分别测定 K10 +020、K10 +040、…或 K10 +100、K10 +150、…位置的弯沉值。

1.2.2　数据的修约规则

工程质量控制、评价是以数据为依据的，质量控制中常说的“一切用数据说话”，就是要用数据来反映工序质量状况及判断质量效果。

质量数据的来源，主要是工程建设过程中的各种检验，即材料检验、工序检验、竣工验收检验，也包括使用过程中的必要检验。质量数据就其本身的特性来说，可以分为计量值数据和计数值数据。

1.2.2.1　计量值数据

计量值数据是可以连续取值的数据，表现形式是连续型的。如长度、厚度、直径、强度、化学成分等质量特征，一般都是可以用检测工具或仪器等测量（或试验）的。类似这些质量特征的测量数据，一般都带有小数，如长度为 2.40 m、11.08 m 等。

友情提示

在工程质量检验中得出的原始检验数据大部分是计量值数据。

1.2.2.2　计数值数据

有些反映质量状况的数据是不能用测量器具来度量的。为了反映或描述属于这类型内容的质量状况，而又必须用数据来表示时，便采用计数的办法，即用 1、2、3…数出个数或次数，凡属于这样性质的数据即为计数值数据。

知识拓展

计数值数据的特点是不连续，并只能出现0、1、2…等非负的整数，不可能有小数。如不合格品数、不合格的构件数、缺陷的点数等。一般来说，以断定方法得出的数据和以感觉性检验方法得出的数据大多属于计数值数据。

计数值数据有两种表示方法。一种是直接用计数出来的次数、点数来表示（称 P_n 数据）；另一种是把它们（P_n 数据）与总检查次（点）数相比，用百分数表示（称 P 数据）。P 数据在工程检验中是经常使用的，如某分项工程的质量合格率为95%，即是表示经检查为合格的点（次）数与总检查点（次）数的比值为95%。但也应注意，不是所有的百分数表示的数据都是计数值数据，因为当分子为计量值数据时，则计算出来的百分数也应是计量值数据。

一般可以这样说，在用百分数表示数据时，当分子、分母为计量值数据时，分数值为计量值数据；当分子、分母为计数值数据时，分数值为计数值数据。

1.2.2.3 质量数据的修约规则

数据获得后，还涉及数据的定位问题。也就是出现了对规定精确程度范围之外的数字如何取舍的问题。在统计中常用的数值修约规则如下：

（1）拟舍去的数字中，其最左面的第一位数字小于5时，则舍去，留下的数字不变。

例如，将65.3446修约只留一位小数时，其拟舍去的数字中最左面的第一位数字是4，则可舍去，结果为65.3。

（2）拟舍去的数字中，其最左面的第一位数字大于5时，则进1，即所留下的末位数字加1。

例如，将96.4863修约只留一位小数时，其拟舍去的数字中最左面的第一位数字是8，则进1，结果为96.5。

（3）拟舍去的数字中，其最左面的第一位数字等于5，而后面的数字并非全部为0时，则进1，即所留下的末位数字加1。

例如，将51.4506修约只留一位小数时，其拟舍去的数字中最左面的第一位数字是5，5后面的数字还有06，故应进1，结果为51.5。

（4）拟舍去的数字中，其最左面的第一位数字等于5，而后面无数字或全部为0时，所保留的数字末位数为奇数（1、3、5、7、9）则进1，如为偶数（0、2、4、6、8）则舍去。

例如，将下列各数字修约只留一位小数时，其拟舍去的数字中最左面的第一位数字是5，5后面无数字，根据所留末位数的奇偶关系，结果为：

修约前	修约后
41.05	41.0（因为“0”是偶数）
41.15	41.2（因为“1”是奇数）
41.25	41.2（因为“2”是偶数）
41.55	41.6（因为“5”是奇数）

（5）拟舍去的数字并非单独的一个数字时，不得对该数值连续进行修约，其最左面的

第一位数字的大小，照上述各条一次修约完成。

例如，将 25.4648 修约成整数时，不应按 25.4648→25.465→25.47→25.5→26 进行，而应按 25.4648→25 进行修约。

为便于记忆，将上述规则归纳为以下几句口诀：四舍六入五考虑，五后非零则进一，五后为零视奇偶，奇升偶舍要注意，修约一次要到位。

友情提示

上述数值修约规则（称为“奇升偶合法”）与以往用的“四舍五入”的方法区别在于，用“四舍五入”法对数值进行修约，很多修约后的数值均值偏大，用上述修约规则进舍的状况具有平衡性，进舍误差也具有平衡性，若干数值经过这种修约后，修约值之和变大的可能性与变小的可能性是一样的。

1.2.3 数据的统计特征

工程质量数据的统计特征分为两类：一类表示统计数据的差异性，即工程质量的波动性，主要有极差、标准偏差、变异系数等；另一类是表示统计数据的规律性，主要有算术平均值、加权平均值、中位数等。

1.2.3.1 算术平均值

算术平均值是表示一组数据集中位置最有用的统计特征量，经常用样本的算术平均值来代表总体的平均水平。样本的算术平均值则用 $\bar{x}$ 表示。如果 n 个样本数据为 $x_1, x_2, \cdots, x_n$，那么，样本的算术平均值为

$$\bar{x} = \frac{1}{n}(x_1 + x_2 + \cdots + x_n) = \frac{1}{n}\sum_{i=1}^{n} x_i \tag{1-8}$$

1.2.3.2 加权平均值

加权平均值是各个数据和它的对应数的算术平均值，计算公式为

$$m = \frac{x_1 g_1 + x_2 g_2 + \cdots + x_n g_n}{g_1 + g_2 + \cdots g_n} = \frac{\sum_{i=1}^{n} x_i g_i}{\sum_{i=1}^{n} g_i} \tag{1-9}$$

式中 m——加权平均值；

$x_1, x_2, \cdots, x_n$——各试验数据值；

$\sum_{i=1}^{n} x_i g_i$——各试验数据和它对应数的乘积的总和；

$\sum_{i=1}^{n} g_i$——各对应数据的总和。

1.2.3.3 中位数

在一组数据 $x_1, x_2, \cdots, x_n$ 中，按其大小次序排序，以排在正中间的一个数表示总体的平均水平，称之为中位数，或称中值，用 $\tilde{x}$ 表示。n 为奇数时，正中间的数只有一个；n 为偶数时，正中间的数有两个，取这两个数的平均值作为中位数，即

$$\tilde{x} = \begin{cases} \dfrac{x_{n+1}}{2} & (n \text{ 为奇数}) \\ \dfrac{x_{\frac{n}{2}} + x_{\frac{n}{2}+1}}{2} & (n \text{ 为偶数}) \end{cases} \tag{1-10}$$

1.2.3.4　**极差**

在一组数据中最大值与最小值之差,称为极差,记作 R。

$$R = x_{\max} - x_{\min} \tag{1-11}$$

1.2.3.5　**标准偏差**

标准偏差有时也称标准离差、标准差或均方差,它是衡量样本数据波动性(离散程度)的指标。在质量检验中,总体的标准偏差(σ)一般不易求得。样本的标准偏差 S 按式(1-12)计算

$$S = \sqrt{\frac{(x_1 - \bar{x})^2 + (x_2 - \bar{x})^2 + \cdots + (x_n - \bar{x})^2}{n - 1}} = \sqrt{\frac{\sum_{i=1}^{n}(x_i - \bar{x})^2}{n - 1}} \tag{1-12}$$

1.2.3.6　**变异系数**

标准偏差反映样本数据的绝对波动状况。当测量较大的量值时,绝对误差一般较大;测量较小的量值时,绝对误差一般较小,因此用相对波动的大小即变异系数更能反映样本数据的波动性。

变异系数用 C_v 表示,是标准偏差 S 与算术平均值 $\bar{x}$ 的比值,即

$$C_v(\%) = \frac{S}{\bar{x}} \times 100\% \tag{1-13}$$

1.2.4　可疑数据的取舍方法

工程质量常会发生波动,会引起质量检测数据参差不齐,有时还会发现一些明显过大或过小的数据,这些数据为可疑数据。因此,在进行数据分析之前应用数理统计法判别其真伪,并决定取舍。常用的方法如下。

1.2.4.1　**拉依达法**

当试验次数较多时,可简单地用 3 倍标准偏差($3S$)作为确定可疑数据取舍的标准。当某一测量数据(x_i)与其测量结果的算术平均值($\bar{x}$)之差的绝对值大于 3 倍标准偏差时,用公式表示为

$$|x_i - \bar{x}| > 3S \tag{1-14}$$

则该测量数据应舍弃。

知识拓展

该方法是以 3 倍标准偏差为判别标准,所以亦称 3 倍标准偏差法,简称 3S 法,是根据随机变量的正态分布规律,在多次试验中,测量值落在 $\bar{x} - 3S$ 和 $\bar{x} + 3S$ 之间的概率为 99.73%,此范围之外的概率为 0.27%,也就是在近 400 次试验中才能遇到一次,这种事件为小概率事件,出现的可能性很小,几乎是不可能的,因而在实际试验中,一旦出现,就认为该测量数据是不可靠的,应将其舍弃。

应用案例 1-2

某公路工程试验室进行同配比的混凝土强度试验，其试验结果为($n=10$)：25.8、25.4、31.0、25.5、27.0、24.8、25.0、26.0、24.5、23.0(MPa)，试用3S法判别其取舍。

【案例解析】

分析上述10个测量数据，$x_{min}=23.0$ MPa 和 $x_{max}=31.0$ MPa 最为可疑，故应首先判别 x_{min} 和 x_{max}。

经计算：$\bar{x}=25.8$ MPa，$S=2.1$ MPa

因

$$|x_{max}-\bar{x}|=|31.0-25.8|=5.2(\text{MPa})<3S=6.3 \text{ MPa}$$

$$|x_{min}-\bar{x}|=|23.0-25.8|=2.8(\text{MPa})<3S=6.3 \text{ MPa}$$

故上述测量数据均不能舍弃。

拉依达法简单方便，不需查表，但要求较宽，当试验检测次数较多或要求不高时可以应用，当试验检测次数较少时(如 $n<10$)，在一组测量值中即使混有异常值，也无法舍弃。

1.2.4.2 肖维纳特法

进行 n 次试验，其测量值服从正态分布，以概率 $1/2n$ 设定一个判别范围 $(-K_n \cdot S, K_n \cdot S)$，当偏差(测量值 x_i 与其算术平均值 $\bar{x}$ 之差)超出该范围时，就意味着该测量值 x_i 是可疑的，应予舍弃。因此，肖维纳特法可疑数据舍弃的标准为

$$\frac{|x_i-\bar{x}|}{S} \geqslant K_n \tag{1-15}$$

式中 K_n——肖维纳特系数，与试验次数 n 有关，如表1-7所示。

表1-7 肖维纳特系数 K_n

n	K_n	n	K_n	n	K_n	n	K_n	n	K_n	n	K_n
3	1.38	8	1.86	13	2.07	18	2.20	23	2.30	50	2.58
4	1.53	9	1.92	14	2.12	19	2.22	24	2.31	75	2.71
5	1.65	10	1.96	15	2.13	20	2.24	25	2.33	100	2.81
6	1.73	11	2.00	16	2.15	21	2.26	30	2.39	200	3.02
7	1.80	12	2.03	17	2.17	22	2.28	40	2.49	500	3.20

应用案例 1-3

某公路工程试验结果同应用案例1-2，试用肖维纳特法进行判别。

【案例解析】

查表1-7，当 $n=10$ 时，$K_n=1.96$。

对于测量值31.0，则有

$$\frac{|x_i-\bar{x}|}{S}=\frac{|31.0-25.8|}{2.1}=2.48>K_n=1.96$$

说明测量数据库31.0是异常的，应予舍弃。这一结论与拉依达法的结果是不一致的。

对于测量值23.0，则有

$$\frac{|x_i-\bar{x}|}{S}=\frac{|23.0-25.8|}{2.1}=1.33<K_n=1.96$$

说明测量数据库23.0是正常的，应予保留。这一结论与拉依达法的结果是一致的。

其他数据以此类推进行取舍。

肖维纳特法改善了拉依达法，但从理论上分析，当 $n\to\infty$，$K_n\to\infty$，此时所有异常值都无法舍弃。此外，肖维纳特系数与置信水平之间无明确联系，已逐渐被格拉布斯法所代替。

1.2.4.3 **格拉布斯法**

格拉布斯法假定测量结果服从正态分布，根据顺序统计量来确定可疑数据的取舍。例如做 n 次重复试验，测得结果为 $x_1, x_2, \cdots, x_n$，而且 x_i 服从正态分布。

为了检验 x_i（$i=1,2,\cdots,n$）中是否有可疑值，可将 x_i 按其值由小到大顺序重新排列，得：$x_{(1)}\leqslant x_{(2)}\leqslant\cdots\leqslant x_{(n)}$。

根据顺序统计原则，得出标准化顺序统计量 g

当最小值 $x_{(1)}$ 可疑时，则 $g_{(1)}=\dfrac{\bar{x}-x_{(1)}}{S}$

当最大值 $x_{(n)}$ 可疑时，则 $g_{(n)}=\dfrac{x_{(n)}-\bar{x}}{S}$ (1-16)

式中 $\bar{x}$——测量值的算术平均值；

S——测量值的标准偏差。

根据格拉布斯统计量的分布，在指定的显著性水平 β（一般 $\beta=0.05$）下，求得临界值 $g_0(\beta,n)$，格拉布斯法的判别标准为

$$g\geqslant g_0(\beta,n) \tag{1-17}$$

则可疑值 $x_{(i)}$ 是异常的，应予舍去。其中 $g_0(\beta,n)$ 值列于表1-8中。

利用格拉布斯法每次只能舍弃一个可疑值，若有两个以上的可疑数据，应该一个一个数据舍弃。舍弃第一个数据后，检测次数由 n 变为 $n-1$，以此为基础再判别第二个可疑数据是否应舍去。每次均值和均方差要重新计算，再决定取舍。

表 1-8　格拉布斯系数 $g_0(\beta,n)$

n	β		n	β		n	β	
	0.01	0.05		0.01	0.05		0.01	0.05
3	1.15	1.15	12	2.55	2.29	21	2.91	2.58
4	1.49	1.46	13	2.61	2.33	22	2.94	2.60
5	1.75	1.67	14	2.66	2.37	23	2.96	2.62
6	1.94	1.82	15	2.70	2.41	24	2.99	2.64
7	2.10	1.94	16	2.74	2.44	25	3.01	2.66
8	2.22	2.03	17	2.78	2.47	30	3.10	2.74
9	2.32	2.11	18	2.82	2.50	40	3.24	2.87
10	2.41	2.18	19	2.85	2.53	50	3.34	2.96
11	2.48	2.24	20	2.88	2.56	100	3.59	3.17

应用案例 1-4

某公路工程试验数据如同应用案例 1-2，试用格拉布斯法判别测量数据的真伪。

【案例解析】

(1) 测量数据按从小到大次序排列如下：

23.0，24.5，24.8，25.0，25.4，25.5，25.8，26.0，27.0，31.0

(2) 计算数据特征量：

$$\bar{x} = 25.8\ \text{MPa} \qquad S = 2.1\ \text{MPa}$$

(3) 计算统计量：

$$g_{(1)} = \frac{\bar{x} - x_{(1)}}{S} = \frac{25.8 - 23.0}{2.1} = 1.33$$

$$g_{(10)} = \frac{x_{(10)} - \bar{x}}{S} = \frac{31.0 - 25.8}{2.1} = 2.48$$

由于 $g_{(10)} > g_{(1)}$，首先判别 $x_{(10)} = 31.0$。

(4) 选定显著性水平 $\beta = 0.05$，并根据 $\beta = 0.05$ 和 $n = 10$，由表 1-8 查得，$g_0(0.05, 10) = 2.18$。

(5) 判别：由于 $g_{(10)} = 2.48 > g_0(0.05,10) = 2.18$，所以 $g_{(10)} = 31.0$ 为异常值，应予舍弃。与肖维纳特法结论是一致的。

仿照上述方法继续对余下的 9 个数据进行判别，经计算没有异常值。

1.2.5　测量数据常用表达方法

通过试验检测获得一系列数据,如何对这些数据进行深入的分析,以便得到各参数之间的关系,甚至用数学解析的方法导出各参数之间的函数关系,这是数据处理的任务之一。

测量数据的表达方法通常有表格法、图示法和经验公式法等三种。

1.2.5.1　表格法

用表格来表示函数的方法,在自然科学和工程技术上用得特别多。在科学试验中一系列测量数据都是首先列成表格,然后进行其他的处理。列成表格是为了表示出测量结果,或是为了以后的计算方便,同时也是图示法和经验公式法的基础。

表格有两种:一种是试验检测数据记录表,另一种是试验检测结果表。

试验检测数据记录表是该项试验检测的原始记录表,它包括的内容应有试验检测目的、内容摘要、试验日期、环境条件、检测仪器设备、原始数据、测量数据、结果分析以及参加人员和负责人等。

试验检测结果表只反映试验检测结果的最后结论,一般只有几个变量之间的对应关系。试验检测结果表应力求简明扼要,能说明问题。

1.2.5.2　图示法

在自然科学和工程技术中用图形来表示测量数据是最普遍的一种方法。图示法的最大优点是一目了然,即从图形中可非常直观地看出函数的变化规律,如递增性或递减性,最大值或最小值,是否具有周期性变化规律等。但是,从图形上只能得到函数变化关系而不能进行数学分析。

图示法的基本要点为:

(1)在直角坐标系中绘制测量数据的图形时,应以横坐标为自变量、纵坐标为对应的函数量。

(2)坐标纸的大小与分度的选择应与测量数据的精度相适应。分度过粗时,影响原始数据的有效数字,绘图精度将低于试验中参数测量的精度,分度过细时会高于原始数据的内精度。

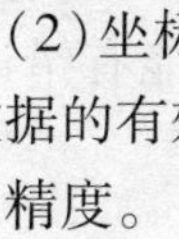

友情提示

坐标分度值不一定自零起,可用低于试验数据的某数值作起点和高于试验数据的某数值作终点,曲线以基本占满全幅坐标纸为宜。

(3)坐标轴应注明分度值的有效数字和名称、单位,必要时还应标明试验条件,坐标的文字书写方向应与该坐标轴平行,在同一图上表示不同数据时应该用不同的符号加以区别。

(4)曲线平滑方法。测量数据往往是分散的,如果用短线连接各点得到的就不是光滑的曲线,而是折线。根据足够多的材料数据,完全有可能作出一光滑曲线,决定曲线的走向应考虑曲线尽可能通过或接近所有的点，但曲线不必强求通过所有的点，尤其是两端的点。当不可能时，则应移动曲线，顾及所绘制的曲线与实测值之间的误差的平方和最小，此时曲线两边的点数接近于相等。

1.2.5.3 经验公式法

测量数据不仅可用图形表示出函数之间的关系，而且可用与图形对应的一个公式来表示所有的测量数据，当然这个公式不可能完全准确地表达全部数据。因此，常把与曲线对应的公式称为经验公式，在回归分析中则称之为回归方程。

把全部测量数据用一个公式代替，不仅有紧凑扼要的优点，而且可以对公式进行必要的数学运算，以研究各自变量与函数之间的关系。

所建立的公式能正确表达测量数据的函数关系，在很大程度上取决于试验人员的经验和判断能力，建立公式的步骤大致可归纳如下：

(1)描绘曲线。以自变量为横坐标，函数量为纵坐标，将测量数据描绘在坐标纸上，并把数据点描绘成测量曲线。

(2)对所描绘的曲线进行分析，确定公式的基本形式。

如果数据点描绘的基本上是直线，则可用一元线性回归方法确定直线方程。如果数据点描绘的是曲线，则要根据曲线的特点判断曲线属于何种类型。判断时可参考现成的数学曲线形状加以选择，对选择的曲线则按一元线性回归方法处理。如果测量曲线很难判断属于何种类型，则可按多项式回归处理。

(3)曲线化直。如果测量数据描绘的曲线被确定为某种类型的曲线，则可先将该曲线方程变换为直线方程，然后按一元线性回归方法处理。

(4)确定公式中的常量。代表测量数据的直线方程或经曲线化直后的直线方程表达式为 $y = ax + b$，可根据一系列测量数据确定方程中的常量 a 和 b，其方法一般有图解法、端值法、平均法和最小二乘法等。

(5)检验所确定的公式的准确性，即用测量数据中自变量值代入公式计算出函数值，看它与实际测量值是否一致，如果差别很大，说明所确定的公式基本形式可能有错误，则应建立另外形式的公式。

1.2.6 公路试验检测数据报告编制

公路试验检测数据报告格式的标准化，不仅推动试验检测管理规范化和科学化，还有效提高质量控制水平，为试验检测数据信息化管理创造基础条件。

1.2.6.1 公路试验检测数据报告分类

公路试验检测数据报告分为公路试验检测试验记录表(简称“试验记录表”)和公路试验检测报告(简称“检测报告”)两种表格类型。

1.2.6.2 公路试验检测数据报告格式

公路试验检测数据报告格式由标题区、表格区、落款区三部分内容组成，其中表格区按内容又可分为检验对象信息区、检验对象属性区(仅用于检测报告)、检验数据区和附加声明区等。典型的试验记录与检测报告的格式如图 1-5 和图 1-6 所示。

1.2.6.3　公路试验检测数据报告要素与编制要求

公路试验检测数据报告按内容属性，由管理要素和技术要素构成，其中管理要素包括标题区、落款区、检验对象信息区、附加声明区等内容，技术要素包括检验对象属性区、检验数据区等内容。检测数据报告各要素内容与编制要求详见表1-9。

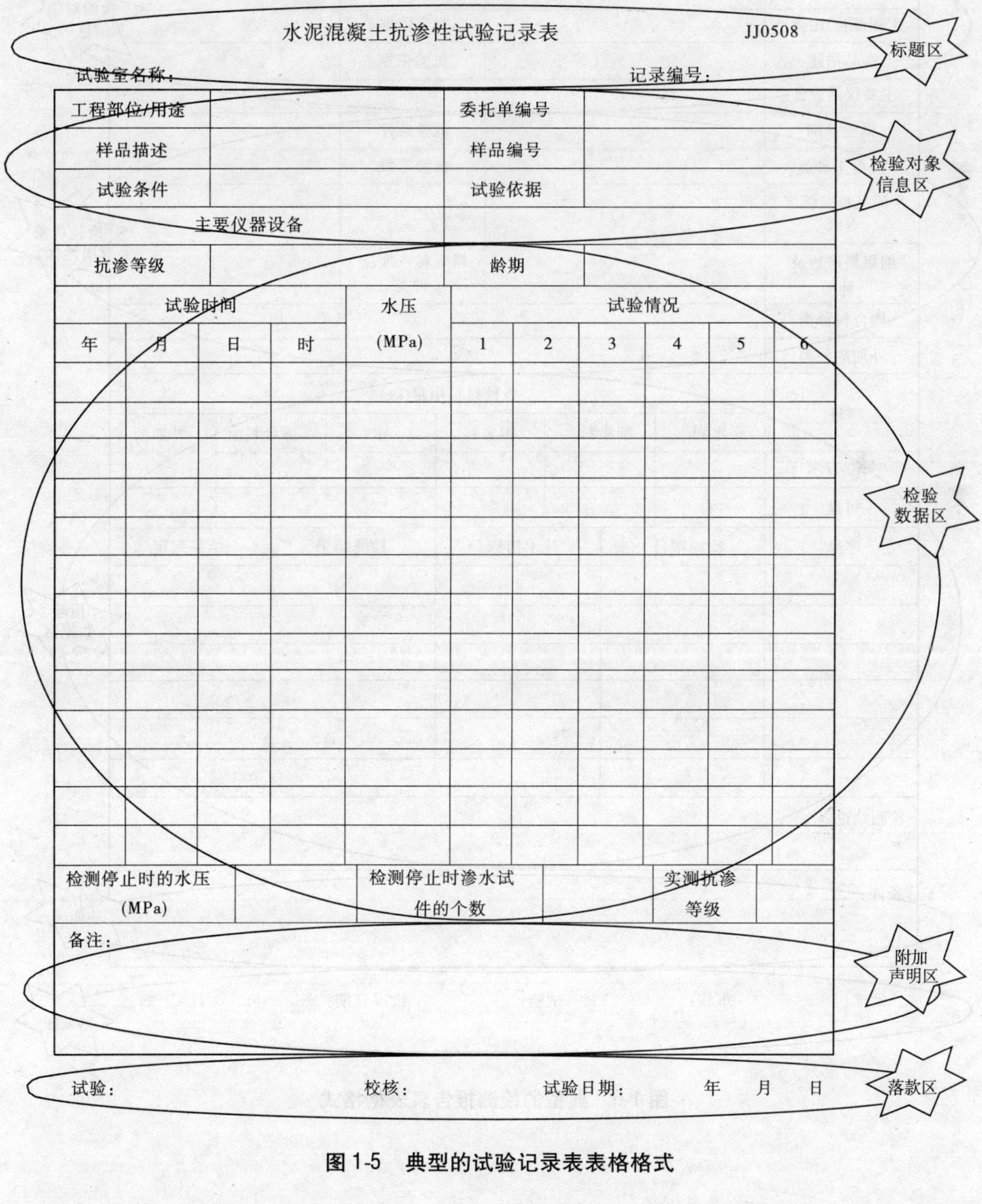
水泥混凝土抗渗性试验记录表　　JJ0508

试验室名称：　　记录编号：

工程部位/用途				委托单编号					
样品描述				样品编号					
试验条件				试验依据					
主要仪器设备									
抗渗等级				龄期					
试验时间				水压 (MPa)	试验情况					
年	月	日	时		1	2	3	4	5	6
检测停止时的水压 (MPa)		检测停止时渗水试件的个数		实测抗渗等级					
备注：									

试验：　　校核：　　试验日期：　　年　月　日

图1-5　典型的试验记录表表格格式

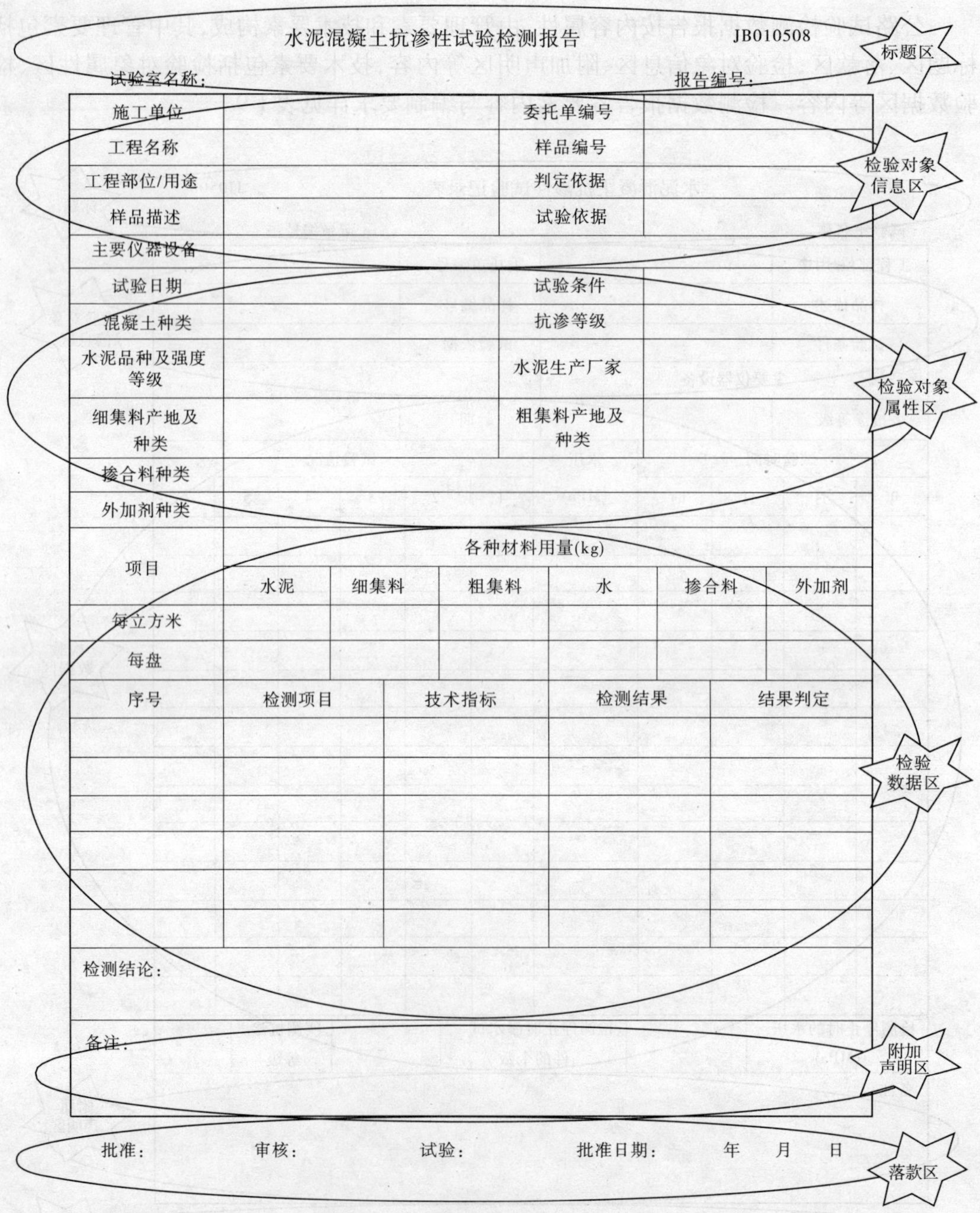

水泥混凝土抗渗性试验检测报告　　JB010508

试验室名称：　　报告编号：

施工单位		委托单编号	
工程名称		样品编号	
工程部位/用途		判定依据	
样品描述		试验依据	
主要仪器设备			
试验日期		试验条件	
混凝土种类		抗渗等级	
水泥品种及强度等级		水泥生产厂家	
细集料产地及种类		粗集料产地及种类	
掺合料种类			
外加剂种类			

项目	各种材料用量(kg)					
	水泥	细集料	粗集料	水	掺合料	外加剂
每立方米						
每盘						

序号	检测项目	技术指标	检测结果	结果判定

检测结论：

备注：

批准：　　审核：　　试验：　　批准日期：　　年　　月　　日

图1-6　典型的检测报告表表格格式

表1-9　检测数据报告各要素内容与编制要求

要素分区	信息描述	分区内容	编制要求
标题区	又称表头,位于试验记录表/检测报告表格区外部上方,用于表征试验记录表/检测报告表格的属性信息	表格名称	由单一记录表导出的检测报告,其命名方式同记录表,仅将试验记录表变更为试验检测报告;由多个记录表导出的检测报告,优先以项目名称命名检测报告,宜采用项目名称+试验检测报告的形式
		唯一性标识编码	采用2+2+2+2四段位的编码形式,即用专业编码+分类编码+项目编码+流水编号的形式
		试验室名称	应能反映出其母体试验室及工程项目的信息
		报告编号	试验室自行制定,用于试验检测报告的识别
		页码	位于表格的页眉处,靠右对齐,以"第×页,共×页"的形式表示
落款区	位于试验记录表/检测报告表格区外部下方,用于表征试验记录表/检测报告的签署信息	试验、审核、批准	报告签署人信息
		批准日期	报告批准日期
附加声明区	又称备注,位于试验记录表/检测报告表格区的下部,用于描述整个试验过程中需补充说明的信息	备注	可用于对试验检测的依据、方法、条件等偏离情况的声明,可用于其他需要补充说明的事项
检验对象信息区	位于试验记录表/检测报告表格区的上部,用于表征被检对象信息及试验检测条件信息	施工单位	实施工程建造或安装的单位名称
		工程名称	本检测报告测试范围内建设项目的名称
		工程部位/用途	为二选一填写项,当可以明确被检对象在工程中的具体位置时,宜填写工程部位的桩号;当指明数据报告结果的具体用途时,宜填写相关信息
		委托单编号	由试验室自行编制,用于表示委托任务的唯一性编号,一般为流水号或台账形式
		样品描述	描述样品的状态,如样品的结构、形状、颜色、数量等信息
		样品编号	由试验室自行编制,用于区分每件独立样品的唯一性编号

续表 1-9

要素分区	信息描述	分区内容	编制要求
检验对象信息区	位于试验记录表/检测报告表格区的上部，用于表征被检对象信息及试验检测条件信息	试验依据	试验依据的现行有效的标准、规程或其他技术文件。标准、规程宜直接填写完整的编号，如JTG E42—2005
		主要仪器设备	试验所用主要仪器设备的信息，宜包括仪器设备名称、型号规格及唯一性标识
		判定依据	与试验结果相关的试验规程、判定标准或其他技术文件
检验数据区	位于试验记录表/检测报告表格区中部偏下位置，附加声明区上方	检测项目	检测报告所含的检测项目
		技术要求	判定依据中相应检测项目的要求
		检测结果	检测项目的测试结果
		结果判定	检测项目依据结果的符合性判定
		检测结论	所含检测项目的检测结果，应包含合格与不合格的判定

项目实训

实训项目一　基本知识训练

一、单选题

1. 2.515 修约成两位有效数字后，其修约值为(　　)。

A. 2.51　　B. 2.52　　C. 2.510　　D. 2.5

2. 同一参数检测数据个数少于(　　)时，用算术平均值法。

A. 3　　B. 4　　C. 5　　D. 6

3. 根据数字修约规则，当 23.5 和 24.5 修约至“个”数位时，分别为(　　)。

A. 24,24　　B. 23,24　　C. 23,25　　D. 24,25

4. (　　)是反映样本数据的绝对波动状况的。

A. 中位数　　B. 变异系数　　C. 极差　　D. 加权平均值

5. 下面哪一项不属于公路试验检测数据报告格式内容组成(　　)。

A. 标题区　　B. 表格区　　C. 检验对象属性区　　D. 落款区

二、多选题

1. 适用于公路工程的随机抽样的方法主要有(　　)。

A. 分段抽样　　B. 分层抽样　　C. 单纯随机抽样　　D. 系统抽样

2. 质量数据就其本身特性而言，主要分为(　　)数据。

A. P 数据　　B. 计量值数据　　C. 计数值数据　　D. P_n 数据

3. 工程质量数的统计特征量中反映统计数据规律性的有(　　)。

A. 算术平均值　　B. 中位数　　C. 加权平均值　　D. 标准偏差

4. 常用的可疑数据的取舍方法主要有(　　)。

A. 3 倍标准偏差法　B. 肖维纳特法　　C. 变异系数法　　D. 格拉布斯法

5. 检测报告中"唯一性标识编码"采用的四段位编码示意结构为(　　)。

A. 专业编码　　B. 分类编码　　C. 流水编码　　D. 项目编码

三、简答题

1. 抽样检验的类型有哪些？各自是如何进行测试结果评定的？

2. 随机抽样的方法有哪些？

3. 质量数据的统计特征值有哪些？其物理意义是什么？

4. 公路工程试验检测数据报告编制有何要求？

实训项目二　职业能力与素质综合训练

某高速公路施工质量验收时，抽取 K100 + 100 ~ K110 + 100、K145 + 000 ~ K146 + 000 两个路段沥青混凝土面层进行抗滑性能检测，两路段摩擦系数的检测值(共 10 个测点)分别为:57、61、63、55、48、59、52、64、56、51。根据所学知识分组讨论并完成以下任务：

1. 计算抽检两路段沥青混凝土面层摩擦系数的平均值、中位数、极差、标准偏差、变异系数。

2. 依据抽检工程质量数据统计特征，分析检测数据的差异性和规律性。

3. 分别用拉依达法、肖维纳特法和格拉布斯法对上述检测数据进行取舍判别。

4. 依据不同方法对可疑数据的取舍情况分别说明三种方法的优缺点。

【实训要求】

能力目标：

1. 能够熟练地进行检测数据的统计特征值计算。

2. 能够根据检测数据选择合理的方法舍弃工程质量检验数据中的可疑数据。

素质目标：

培养坚持原则、忠于职守、作风正派、秉公办事的作风，要以数据说话；形成认真、严谨和科学的态度，具有较强的团队意识；树立质量第一的工程意识。

学习情境2　路基路面工程检测

能力要求

通过本学习情境内容的学习，要求学生了解路基路面现场测试随机选点方法、路基路面取样方法和路基路面现场检测项目及其相关评定指标；熟悉路基路面工程中几何尺寸、压实度、强度与承载力、平整度、抗滑性能及路面外观等现场检测项目的方法、原理及其步骤；掌握现行公路工程试验检测技术标准、规程和规范对路基路面工程现场检测项目指标评定的具体规定与要求，能够进行公路工程施工质量相关指标的现场检测，并依据相关规定对检测结果进行数据处理，准确地给出评定结果。

知识要求

知识目标	知识要点	权重
了解现场测试随机选点方法和路基路面取样方法，掌握路基路面几何尺寸测试与评定	现场测试随机选点方法，路基路面取样方法；路基路面几何尺寸测试方法、原理、步骤与评定原则	10%
了解压实度基本概念及土力学相关知识，掌握路基路面压实度测试与评定	压实度基本概念及土力学相关知识；路基路面压实度检测方法及其特点；路基路面压实度现场检测原理、步骤与评定原则	25%
了解弯沉值基本概念及路基路面弯沉值测定的方法及原理，掌握路基路面回弹弯沉值测试与土基现场 *CBR* 值测定	弯沉值相关基本概念，贝克曼梁法、自动弯沉仪和落锤式弯沉仪测定路基路面弯沉值的方法、原理及步骤，土基现场 *CBR* 值测定方法、原理及步骤	25%
了解平整度检测的测试方法、原理及其步骤，掌握平整度测试与评定	3 m 直尺、连续式平整度仪和车载颠簸累积仪检测平整度的测试方法及原理，3 m 直尺、连续式平整度仪和车载颠簸累积仪测试平整度步骤，平整度检测数据的处理方法与评定原则	15%
了解构造深度和摩擦系数等基本概念及相关知识，掌握路面抗滑性能测试与评定	构造深度和摩擦系数等基本概念及相关知识，手电动铺砂法、摆式仪等各种路面抗滑性能测试的方法、原理，手动铺砂法、摆式仪测定路面抗滑性能的步骤及其评定原则	15%
了解沥青路面渗水系数测试方法、原理与步骤，掌握沥青路面渗水系数测试与数据处理	沥青路面渗水系数测试方法、原理及步骤，沥青路面渗水系数测试数据处理	5%
了解沥青、水泥路面常见破损类型及错台、车辙相关知识，掌握路面错台、车辙检测步骤及数据处理	沥青、水泥路面常见破损类型及错台、车辙相关知识，沥青、水泥路面破损类型统计方法及错台、车辙检测方法、原理与步骤，错台、车辙检测数据处理	5%

素质要求

培养坚持原则、忠于职守、作风正派、秉公办事的作风，要以数据说话；形成科学、严谨、规范、实事求是的工作作风；树立质量第一的工程意识。

典型案例

G327 某段桥涵路面工程竣工质量鉴定检测

1　前言

1.1　任务来源及具体任务

受某市公路管理局委托，由某公路检测中心对 G327 某段桥涵路面工程进行竣工质量鉴定检测，形成质量鉴定报告。

1.2　项目概述

(1)建设规模及主要技术指标。

G327 某段桥涵路面工程路线全长 10.752 km，共计两个桥段部分。一级公路标准，设计速度：80 km/h，设计荷载：公路－Ⅰ级，路面宽 20 m，路基宽 21.5～23.5 m，横坡度 2%，新建段路基设计弯沉：159.2 mm，新建段路面设计弯沉：18.1 mm，补强段路基设计弯沉：58.2 mm，补强段路面设计弯沉：20.6 mm。路面结构为：①K0＋000～K4＋300 左半幅补强部分：4 cm 沥青玛𤧛脂碎石＋黏层＋6 cm 沥青混凝土＋封层＋2×16 cm 水泥稳定碎石＋18 cm 冷再生二灰碎石；加宽新建部分：4 cm 沥青玛𤧛脂碎石＋黏层＋6 cm 沥青混凝土＋封层＋2×16 cm 水泥稳定碎石＋18 cm 二灰土＋18 cm 石灰土。②新建段：K0＋000～K4＋300 右半幅、K4＋300～K8＋254.091 全幅：4 cm 沥青玛𤧛脂碎石＋黏层＋6 cm 沥青混凝土＋封层＋2×18 cm 水泥稳定碎石＋18 cm 二灰土＋18 cm 石灰土。③K8＋254.091～K10＋752 补强部分：4 cm 改性沥青混凝土＋黏层＋6 cm 沥青混凝土＋封层＋16 cm 水泥稳定碎石；加宽新建部分：4 cm 改性沥青混凝土＋黏层＋6 cm 沥青混凝土＋封层＋2×16 cm 水泥稳定碎石＋16 cm 二灰土＋16 cm 石灰土。一桥段：新建，1～20 m 先张法预应力板；东风桥：右侧加宽 4～16 m 先张法预应力混凝土空心板；二桥段：右侧加宽 8～20 m 先张法预应力混凝土空心板。均为桩基，柱式墩台，利用涵洞 11 道。

(2)参建单位。

各参建单位见表 1。

表 1　参建单位

单位	单位名称	工作内容
建设单位	某省交通厅公路局	负责工程建设管理
监督单位	某市交通工程质量监督站	负责工程监督
设计单位	某勘察设计院有限公司	负责工程设计
监理单位	某公路工程监理咨询中心	负责工程监理
施工单位	某公路工程有限公司	施工合同段

1.3 竣工质量鉴定检测依据

(1)交通部《公路工程竣(交)工验收办法》(交通部令2004年第3号)。

(2)交通部《公路工程竣(交)工验收办法实施细则》。

(3)《公路工程质量检验评定标准》(JTG F80/1—2012)。

(4)《公路路基路面现场测试规程》(JTG E60—2008)。

(5)G327某段桥涵路面工程有关招标文件及技术规范、规定。

2 质量鉴定得分

本次公路工程质量检测工作包括工程实体检测、外观检查和内业资料的审查等三个方面。在建设期间监理、设计、施工单位对工程质量进行了较好的控制,工程质量满足设计和技术规范要求,施工自检、监理抽检及质量保证资料基本齐全,符合施工的实际情况。经竣工验收质量鉴定检测,该建设项目工程质量检测鉴定得分为94.86分,工程质量检测鉴定等级为优良。

3 检测组织情况

根据交通部2004年10月1日施行的《公路工程竣(交)工验收办法》及交通部2010年5月1日施行的《公路工程竣(交)工验收办法实施细则》的规定,由某公路管理局组织、某公路检测中心具体实施对本工程的质量鉴定检测工作。

(1)检测人员。在G327某段桥涵路面工程竣工质量鉴定检测工作中,该公路检测中心共有8名专业技术人员参加,其中高级工程师2人,工程师6人。

(2)检测仪器。本次检测主要所用仪器见表2。

表2 主要检测仪器一览表

序号	仪器名称	产地	型号	台数	测试指标
1	多功能道路检测测试车	西安		1	路面平整度、车辙
2	激光自动弯沉车	北京	JG-2005	1	弯沉
3	30 m钢卷尺	河南	30 m/ST-4	4	尺寸
4	3 m直尺	天津	QH-23	2	平整度
5	沥青路面压实度所用仪器	北京	LD-127	4	压实度
6	摆式仪	沭阳	BM-1	1	摩擦系数
7	自动构造深度仪	山东	TA-20	1	构造深度
8	5 m钢卷尺			2	
9	塞尺			2	
10	30 cm钢板尺			2	

4 检测项目、频率及方法

4.1 检测项目及频率

根据交通部《公路工程竣(交)工验收办法实施细则》及《公路工程质量检验评定标准》(JTG F80/1—2012)的规定,确定的本次竣工质量鉴定的项目及频率见表3。

表3　公路工程质量鉴定抽查项目

单位工程	分部工程类别	抽查项目	权值	备注	权值
路基工程	路基土石方	压实度	3	每处每车道不少于1点	3
		弯沉	3	每评定单元检测不少于40点，各车道交替检测	
		边坡	1	每处两侧各测不少于2个坡面	
	排水工程	断面尺寸	1	每处抽不少于2个断面	1
		铺砌厚度	3	每处开挖检查不少于1个断面	
	小桥	混凝土强度	3	每座用回弹仪或超声波测上、下部结构各不少于10个测区	2
		主要结构尺寸	1	每座抽10~20个	
	涵洞	混凝土强度	3	每处用回弹仪或超声波测不少于10个测区	1
		结构尺寸	2	每道5~10个	
	支挡工程	混凝土强度	3	每处用回弹仪或超声波测不少于10个测区	2
		断面尺寸	3	每处开挖检查不少于1个断面	
路面工程	路面面层	沥青路面压实度	3	每处不少于1点	1
		沥青路面弯沉	3	每评定单元检测不少于40点，各车道交替检测	
		沥青路面车辙	1	允许偏差：≤10 mm，每处每车道至少测1个断面	
		沥青路面渗水系数	2	每处不少于1点	
		混凝土路面强度	3	每处不少于1点	
		混凝土路面相邻板高差	1	每处测膨胀缝位置相邻板高差不少于3点	
		平整度	2	高速、一级公路连续检测	
		抗滑	2	高速、一级公路检测摩擦系数、构造深度	
		厚度	3	每处不少于1点	
		横坡	1	每处1~2个断面	

注：表中“支挡工程”指挡土墙、抗滑桩、铺砌式坡面防护、喷锚等防护工程。

4.2　检测方法

根据交通部《公路工程竣（交）工验收办法实施细则》规定的公路工程竣工质量鉴定办法，对G327某段桥涵路面工程进行了工程实体检测、外观检查和内业资料的审查。

(1)工程实体检测项目按《公路工程竣（交）工验收办法实施细则》中规定的抽查项目、频率及方法进行检测。抽查项目的规定值或允许偏差按照《公路工程质量检验评定标准》(JTG F80/1—2012)执行。

(2)外观检查按《公路工程竣(交)工验收办法实施细则》中规定的检查内容进行了全面检查。

(3)检测项目中其他不能实测的项目查阅监理认可的自检评定资料和监理抽检资料。对内业资料的审查采取抽查方式,包括各合同段施工和监理单位的关键工序、关键指标及复测指标。

5　检测结果评定

(1)建设项目质量检验鉴定表。

(2)合同段工程质量检验鉴定表。

(3)内业资料扣分表。

(4)单位工程质量检验鉴定表。

(5)分部工程质量检验鉴定表。

(6)路面厚度、压实度检测记录表。

(7)路面弯沉汇总表。

(8)沥青路面车辙或水泥混凝土路面相邻板高差汇总表。

(9)路面平整度汇总表。

(10)摩擦系数汇总表。

(11)构造深度汇总表。

(12)外观检查扣分表。

通过本典型案例,你觉得公路工程路面状况检测与评定有哪些实测项目及其标准?需要哪些仪器设备?如何进行相关实测项目的检测及数据处理?应该注意哪些事项?

情境导入

近年来,随着国家经济建设的加速和人民生活水平的提高,对交通运输的需求越来越大,公路等交通运输基础设置所承担的负荷也越来越高,这对公路的质量也提出了更高的要求。在实际应用中,常见的有公路路面开裂、沉陷等病害,其产生的原因大多是路基路面施工质量不达标。

试验检测工作是进行工程质量管理的一种有效手段,该项工作是通过对各种材料的试验、在建或运营工程项目的检测结果判定原材料或工程项目质量是否符合现行有关技术标准的规定。通过对原材料或工程项目进行试验检测,不仅可以提高公路工程的质量,同时也可以加快工程进度、降低工程造价、推动工程施工技术进步。

学习任务 2.1　路基路面几何尺寸检测

知识目标

1. 了解现场测试随机选点方法和路基路面取样方法。

2. 掌握路基路面几何尺寸测试方法及其原理。

3. 熟悉路面厚度检测方法及其原理，并进行评定。

岗位任务

工作任务表

能力目标	主讲内容	学生完成任务	评价标准	
随机选择测试地点	路基路面现场测试随机选点方法	随机选择测试路段和测点	优秀	路段和测点选择正确无误、快速
			良好	路段和测点选择比较正确、速度适中
			合格	路段和测点选择基本正确、速度适中
能操作仪器进行现场取样	路基路面取样方法	路基路面取样	优秀	快速完整地取得试样，标识正确
			良好	取得较完整的试样，标识较正确
			合格	试样基本完整，标识基本正确
能够测定路基路面几何尺寸	路基路面几何尺寸测试方法	完成某路段的路基路面纵断面高程、横坡、宽度及中线偏位的测定	优秀	纵断面高程、横坡、宽度及中线偏位测定准确、快速，填表完整无误
			良好	纵断面高程、横坡、宽度及中线偏位测定较准确、较快，填表基本无误
			合格	纵断面高程、横坡、宽度及中线偏位测定较准确
能够测定路面厚度	路面厚度检测	完成某路段路面厚度测定	优秀	厚度测定准确、快速，填表正确无误
			良好	厚度测定较准确、较快，填表正确
			合格	厚度测定较准确，填表较完整

2.1.1　公路路基路面现场测试随机选点方法

对公路路基路面各个层次进行各种测定时，为采取代表性试验数据，往往用随机取样选点的方法确定测定区间、测定断面、测点位置。随机取样选点法是按照数理统计原理，在路基路面现场测定时决定测定区间、测定断面、测点位置的方法。

随机取样选点法需要的工具有：

(1)钢尺。

(2)皮尺。

(3)硬纸片(编号1～28，共28块，每块大小2.5 cm×2.5 cm，装在一个布袋内)。

(4)骰子(2个)、毛刷、粉笔等。

2.1.1.1　确定测定断面或测定区间

测定区间或称为检测路段，可以是一个作业段、一个完成的路段或路线全程。在路基、路面工程检查验收时，通常取1 km为一个检测路段。下面主要介绍测定断面的确定步骤，检测路段的确定与此相同。

(1)将检测路段按桩号间距(一般为20 m)分成若干个断面，依次编号为1，2，…，T，

总的断面数为 T。

(2)从布袋中随机摸出一块硬纸片,硬纸片上的号数即为表 2-1 中的栏号。从 1~28 栏中选出该栏号对应的一栏。

表 2-1　一般取样的随机数

栏号 1			栏号 2			栏号 3			栏号 4			栏号 5		
A	*B*	*C*	*A*	*B*	*C*	*A*	*B*	*C*	*A*	*B*	*C*	*A*	*B*	*C*
15	0.033	0.578	05	0.048	0.879	21	0.013	0.220	18	0.089	0.716	17	0.024	0.863
21	0.101	0.300	17	0.074	0.156	30	0.036	0.853	10	0.102	0.330	24	0.060	0.032
23	0.129	0.916	18	0.102	0.191	10	0.052	0.746	14	0.111	0.925	26	0.074	0.639
30	0.158	0.434	06	0.105	0.257	25	0.061	0.954	28	0.127	0.840	07	0.167	0.512
24	0.177	0.397	28	0.179	0.447	29	0.062	0.507	24	0.132	0.271	28	0.194	0.776
11	0.202	0.271	26	0.187	0.844	18	0.087	0.877	19	0.285	0.089	03	0.219	0.166
16	0.204	0.012	04	0.188	0.482	24	0.105	0.849	01	0.326	0.037	29	0.264	0.284
08	0.208	0.418	02	0.208	0.577	07	0.139	0.159	30	0.334	0.938	11	0.282	0.262
19	0.211	0.798	03	0.214	0.402	01	0.175	0.647	22	0.405	0.295	14	0.379	0.994
29	0.233	0.070	07	0.245	0.080	23	0.196	0.873	05	0.421	0.282	13	0.394	0.405
07	0.260	0.073	15	0.248	0.831	26	0.240	0.981	13	0.451	0.212	06	0.410	0.157
17	0.262	0.308	29	0.261	0.037	14	0.255	0.374	02	0.461	0.023	15	0.428	0.700
25	0.271	0.180	30	0.302	0.883	06	0.310	0.043	06	0.487	0.539	22	0.453	0.635
06	0.302	0.672	21	0.318	0.088	11	0.316	0.653	08	0.497	0.396	21	0.472	0.824
01	0.409	0.406	11	0.376	0.936	13	0.324	0.585	25	0.503	0.893	05	0.488	0.118
13	0.507	0.693	14	0.430	0.814	12	0.351	0.275	15	0.594	0.603	01	0.525	0.222
02	0.575	0.654	27	0.438	0.676	20	0.371	0.535	27	0.620	0.894	12	0.561	0.980
18	0.591	0.318	08	0.467	0.205	08	0.409	0.495	21	0.629	0.841	08	0.652	0.508
20	0.610	0.821	09	0.474	0.138	16	0.445	0.740	17	0.691	0.583	18	0.668	0.271
12	0.631	0.597	10	0.492	0.474	03	0.494	0.929	09	0.708	0.689	30	0.736	0.634
27	0.651	0.281	13	0.498	0.892	27	0.543	0.387	07	0.709	0.012	02	0.763	0.253
04	0.661	0.953	19	0.511	0.520	17	0.625	0.171	11	0.714	0.049	23	0.804	0.140
22	0.692	0.089	23	0.591	0.770	02	0.699	0.073	23	0.720	0.695	25	0.828	0.425
05	0.779	0.346	20	0.604	0.730	19	0.702	0.934	03	0.748	0.413	10	0.843	0.627
09	0.787	0.173	24	0.654	0.330	22	0.816	0.802	20	0.781	0.603	16	0.858	0.849
10	0.818	0.837	12	0.728	0.523	04	0.838	0.166	26	0.830	0.384	04	0.903	0.327

续表 2-1

栏号1			栏号2			栏号3			栏号4			栏号5		
A	*B*	*C*	*A*	*B*	*C*	*A*	*B*	*C*	*A*	*B*	*C*	*A*	*B*	*C*
14	0.905	0.631	16	0.753	0.344	15	0.904	0.116	04	0.843	0.002	09	0.912	0.382
26	0.912	0.376	01	0.806	0.134	28	0.969	0.742	12	0.884	0.582	27	0.935	0.162
28	0.920	0.163	22	0.878	0.884	09	0.974	0.046	29	0.926	0.700	20	0.970	0.582
03	0.945	0.140	25	0.930	0.162	05	0.977	0.494	16	0.951	0.601	19	0.975	0.327

注：此表共28个栏号，第6～28栏中的 *A*、*B*、*C* 值可参照有关规程、规范或标准。

(3)按照检测频率的要求，确定测定断面的取样总数 *n*。依次找出与 *A* 列中01，02，…，*n* 对应的 *B* 列中的值，共 *n* 对对应的 *A*、*B* 值。当 *n* 大于30时，应分次进行。

(4)将 *n* 个 *B* 值与总的断面数 *T* 相乘，乘积四舍五入取整数后即得到 *n* 个断面的编号，与 *A* 列的01，02，…，*n* 对应。

(5)查断面编号对应的桩号，即为拟检测的断面。

应用案例2-1

拟从 K18＋000～K19＋000 的检测路段中选择20个断面测定路面宽度、高程、横坡度等外形尺寸，试确定测定断面桩号。

【案例解析】

依据现场测试随机选点方法及其确定测定断面或测定区间的相关规定，测定断面桩号的确定步骤如下：

(1)1 km 总长的断面数 $T=1\,000/20=50$(个)，编号为1，2，…，50。

(2)从布袋中摸出一块硬纸片，其编号为5，即采用表2-1中的第5栏。

从第5栏中 *A* 列挑出小于20所对应的 *B* 列数值，将 *B* 与 *T* 相乘，四舍五入得到20个编号，并得到20个断面的桩号。

其计算过程列于表2-2。

表 2-2　路面宽度、高程、横坡度检测断面随机选点计算

断面序号	5栏 *A* 列	*B* 列	*B*×*T*	断面编号	桩号
1	17	0.024	1.20	1	K18＋020
2	07	0.167	8.35	8	K18＋160
3	03	0.219	10.95	11	K18＋220
4	11	0.282	14.10	14	K18＋280
5	14	0.379	18.95	19	K18＋380
6	13	0.394	19.70	20	K18＋400
7	06	0.410	20.50	21	K18＋420
8	15	0.438	21.90	22	K18＋440

续表 2-2

断面序号	5 栏 A 列	B 列	B×T	断面编号	桩号
9	05	0.488	24.40	24	K18 +480
10	01	0.525	26.25	26	K18 +520
11	12	0.561	28.05	28	K18 +560
12	08	0.652	32.60	33	K18 +660
13	18	0.668	33.40	33	K18 +680
14	02	0.763	38.15	38	K18 +760
15	10	0.843	42.15	42	K18 +840
16	16	0.858	42.90	43	K18 +860
17	04	0.903	45.15	45	K18 +900
18	09	0.912	45.60	46	K18 +920
19	20	0.970	48.50	49	K18 +980
20	19	0.975	48.75	49	K19 +000

2.1.1.2 确定测点位置

确定测点位置的步骤如下：

(1)从布袋中任意取出一块硬纸片,纸片上号数即为表 2-1 中的栏号。从 1 ~28 栏中选出该栏号的一栏。

(2)按照测点数的频数要求,确定测点的取样总数 n。根据检测数量 n 在所定栏号的 A 列找出所需取字段置数的全部数,如 1,2,…,n。当 $n>30$ 时,应分次进行。

(3)确定取样位置的纵向距离。找出与 A 列中相对应的 B 列中数值,以此数乘以检测区间的总长度,并加上该段的起点桩号,即得出取样位置距该段起点的距离桩号。

(4)确定取点位置的横向距离。找出与 A 列中相对应的 C 列中数值,以此数乘以检测路面(路基)的宽度,再减去宽度的一半,即得出取样位置距路中心线的距离。如差值是正值,表示在中心线的右侧;如差值是负值,表示在中心线的左侧。

应用案例 2-2

拟从 K18 +000 ~ K19 +000 的检测路段中选择 6 个点检测压实度、结构层厚度等,试确定测点位置。

【案例解析】

测点位置的确定步骤如下：

(1)从布袋中摸出一块硬纸片,其编号为 2,即采用表 2-1 中的第 2 栏。

(2)从第 2 栏 A 列中挑出小于等于 6 的数为:05,06,04,02,03,01。

(3)从 B 列中挑出与这 6 个数对应的 6 个数为:0.048,0.105,0.188,0.208,0.214,0.806。

(4)取样路段长度为1 000 m,计算出6个乘积分别为:48 m,105 m,188 m,208 m,214 m,806 m。

(5)从C列中挑出与B列对应的数为:0.879,0.257,0.482,0.577,0.402,0.134。

(6)路面宽度为10 m,计算出6个乘积分别为:8.79 m,2.57 m,4.82 m,5.77 m,4.02 m,1.34 m,分别再减去宽度的一半即得测点的位置。

其计算结果列于表2-3。

表2-3　压实度、结构层厚度等随机选点计算

测点编号	*A*列	*B*列	距测点距离(m)	桩号	*C*列	距测点距离(m)	距中线距离(m)
1	05	0.048	48	K18+048	0.879	8.79	右3.79
2	06	0.105	105	K18+105	0.257	2.57	左2.43
3	04	0.188	188	K18+188	0.482	4.82	左0.18
4	02	0.208	208	K18+208	0.577	5.77	右0.77
5	03	0.214	214	K18+214	0.402	4.02	左0.98
6	01	0.806	806	K18+806	0.134	1.34	左3.66

2.1.2　路基路面取样方法

2.1.2.1　目的与适用范围

本方法适用于路面取芯钻机或路面切割机在现场钻取或切割路面的代表性试样。

本方法适用于水泥混凝土面层、沥青混合料面层或水泥、石灰、粉煤灰等无机结合料稳定基层取样,以测定其密度或其他物理力学性质。

本方法钻孔采取芯样的直径不宜小于最大集料粒径的3倍。

2.1.2.2　仪具与材料

(1)路面取芯钻机:牵引式或车载式,钻机由发动机或电力驱动,钻头直径根据需要决定,选用100 mm或150 mm钻头,均有淋水冷却装置。

(2)路面切割机:手推式或牵引式,由发动机或电力驱动,也可利用汽车动力由液压泵驱动,附金刚石锯片,有淋水冷却装置。

(3)台秤。

(4)盛样器(袋)或铁盘等。

(5)干冰。

(6)试样标签。

(7)其他:镐、铁锹、量尺、毛刷、硬纸、棉纱等。

2.1.2.3　方法与步骤

1.准备工作

(1)确定路段。可以是一个作业段,一天完成的路段,或按相关规范的规定选取一定长度的检查路段。

(2)按规程确定取样的位置。

(3)将取样位置清扫干净。

2. 取样步骤

(1)在选取采样地点的路面上,先用粉笔对钻孔位置作出标记或画出切割路面的大致面积。切割路面的面积根据目的和需要确定。

(2)用钻机取样的,在取样地点垂直对准路面放下钻头,牢固安放钻机,使其在转动过程中不得移动。

(3)开放冷却水,启动电动机,徐徐压下钻杆,钻取芯样,但不得使劲下压钻头。待钻透全厚后,上抬钻杆,拔出钻头,停止转动,不使芯样损坏,取出芯样。沥青混合料芯样及水泥混凝土芯样可用清水漂洗干净备用。

(4)用切割机切割时,将锯片对准切割位置,开放冷却水,启动电动机,徐徐压下锯片到要求深度(厚度),仔细向前推进,到需要长度后抬起锯片,四面全部锯毕后,用镐或铁锹仔细取出试样。取得的路面试块应保持边角完整,颗粒不得散失。

(5)采取的路面混合料试样应整层取样,试样不得破碎。

(6)将钻取的芯样或切割的试块,妥善盛放于盛样器中,必要时用塑料袋封装。

(7)填写样品标签,一式两份,一份粘贴在试样上,另一份作为记录备查。试样标签的示例如图 2-1 所示。

试样编号:______

路线或工程名称:______

材料品种:______

施工日期:______

取样日期:______

取样位置:桩号______ 中心线左______m 右______m

取样人:______

试样保管人:______

备注:______

(注明试样用途或试验结果等)

图 2-1 样品标签示例

(8)对钻孔或被切割的路面坑洞,应采用同类型材料填补压实,但取样时留下的水分应用棉纱等吸走,待干燥后再补坑。

2.1.3 路基路面几何尺寸检测

2.1.3.1 检测项目与要求

在公路路基路面施工过程中、交工验收期间及旧路调查时,都需要检测路基路面各部分的宽度、高程、横坡、边坡及中线偏位等几何尺寸,以保证各组成部分的尺寸符合规定的要求。几何尺寸检测所用的仪器与材料有:钢尺、经纬仪、全站仪、精密水平仪、塔尺、粉笔等。土方路基、水泥土基层及沥青混凝土面层各检测项目的要求见表 2-4，其他结构层检测项目的要求参见《公路工程质量检验评定标准》（JTG F80/1—2012）。

表 2-4　几何尺寸检测要求

结构名称	检测项目	规定值或允许偏差		检测频率
		高速、一级公路	其他公路	
土方路基	纵断面高程（mm）	+10，-15	+10，-20	每 200 m 测 4 点
	中线偏位（mm）	50	100	每 200 m 测 4 点 弯道加 *HY*、*YH* 2 点
	宽度（mm）	不小于设计值		每 200 m 测 4 处
	横坡（‰）	±0.5	±0.5	每 200 m 测 4 个断面
	边坡	不陡于设计值		每 200 m 测 4 处
水泥土基层	纵断面高程（mm）	—	+5，-15	每 200 m 测 4 处
	宽度（mm）	不小于设计值		每 200 m 测 4 处
	横坡（‰）	—	±0.5	每 200 m 测 4 个断面
沥青混凝土面层	纵断面高程（mm）	±10	±15	每 200 m 测 4 处
	中线偏位（mm）	20	20	每 200 m 测 4 点 弯道加 *HY*、*YH* 2 点
	宽度（mm）	±20	±30	每 200 m 测 4 处
	横坡（‰）	±0.3	±0.5	每 200 m 测 4 个断面

2.1.3.2　准备工作

（1）在路基或路面上准确恢复桩号。

（2）按随机取样的方法，一个检测路段内选取测定的断面位置及里程桩号，在测定断面做上记号。通常将路面宽度、横坡、高程及中线偏位选在同一断面位置，且宜在整数桩号上。

（3）根据道路设计的要求，确定路基路面各部分的设计宽度的边界位置，在测定位置上用粉笔做上记号。

（4）根据道路设计的要求，确定设计高程的纵断面位置，在测定位置上用粉笔做上记号。

（5）根据道路设计的要求，在与中线垂直的横断面上确定成型后的路面的实际中线位置。

（6）根据道路设计的路拱形状，确定曲线与直线部分的交界位置及路面与路肩（或硬路肩）的交界处，作为横坡检验的标准；当有路缘石或中央分隔带时，以两侧路缘石边缘为横坡测定的基准点，用粉笔做上记号。

2.1.3.3　纵断面高程测定

（1）将精密的水准仪架设在路面平顺处调平，将塔尺竖立在中线的测定位置上，以路线附近的水准点高程为基准。测记测定点的高程读数，以 m 计，精确至 0.001 m。

(2)连续测定全部测点，并与水平点闭合。

各测点的实测高程 H_{1i} 与设计高程 H_{0i} 之差为

$$\Delta H_i = H_{1i} - H_{0i} \tag{2-1}$$

其中 H_{1i}——各断面的纵断面实测高程，m；

H_{0i}——各断面的纵断面设计高程，m；

ΔH_i——各断面的实测高程和设计高程的差值，m。

2.1.3.4 路面横坡测定

(1)对设有中央分隔带的路面，测定横坡时，将水平仪架设在路面平顺处整平，将塔尺分别竖立在路面与中央分隔带分界的路缘带边缘 d_1 处以及路面与路肩交界(或外侧路缘石边缘)的标记 d_2 处，d_1 和 d_2 测点必须在同一横断面上。测量 d_1 与 d_2 处的高程，记录高程读数，以 m 计，精确至 0.001 m。

(2)对无中央分隔带的路面，测定横坡时，将水平仪架设在路面平顺处整平，将塔尺分别竖立在路拱曲线与直线部分的交界位置 d_1 处以及路面与路肩交界位置 d_2 处，d_1 和 d_2 测点必须在同一横断面上。测量 d_1 与 d_2 处的高程，记录高程读数，以 m 计，精确至 0.001 m。

(3)用钢尺测量两测点的水平距离 B_i，以 m 计。对于高速公路及一级公路，精确至 0.005 m；对于其他等级公路，精确至 0.01 m。

各测点断面的横坡度 i_{1i} 按式(2-2)计算，精确至一位小数。按式(2-3)计算实测横坡 i_{1i} 与设计横坡 i_{0i} 之差 Δi_i

$$i_{1i} = \frac{h_{d_1} - h_{d_2}}{B_i} \times 100\% \tag{2-2}$$

$$\Delta i_i = i_{1i} - i_{0i} \tag{2-3}$$

式中 i_{1i}——各测定断面的横坡(%)；

h_{d_1}，h_{d_2}——各断面测点 d_1 与 d_2 处的高程读数，m；

B_i——断面测点 d_1 与 d_2 之间的水平距离，m；

i_{0i}——各断面的设计横坡(%)。

知识拓展

路面横坡：对于无中央分隔带的公路，路面横坡是指路拱两侧直线部分的坡度；对于有中央分隔带的公路，路面横坡是指路面与中央分隔带交界处及路面边缘与路肩交界处两点的高程差与水平距离的比值，以%表示。

2.1.3.5 路基路面各部分宽度及总宽度测定

1. 路基路面宽度测定

用钢尺沿中心线垂直方向水平量取路基路面各部分的宽度，以 m 计。对于高速公路及一级公路，精确至 0.005 m；对于其他公路，精确至 0.01 m。

测量时量尺应保持水平，不得将尺紧贴路面量取，也不得使用皮尺。各测定断面的实

测宽度 B_{1i} 与设计宽度 B_{0i} 之差 ΔB_i 为

$$\Delta B_i = B_{1i} - B_{0i} \tag{2-4}$$

式中　B_{1i}——各断面的实测宽度，m；

B_{0i}——各断面的设计宽度，m；

ΔB_i——各断面的实测宽度和设计宽度的差值，m。

2.路基路面总宽度测定

路基路面总宽度为路基路面各部分宽度之和。

知识拓展

路基宽度是指行车道与路肩宽度之和，以 m 计；路面宽度包括行车道、路缘带、变速车道、爬坡车道、硬路肩和紧急停车带的宽度，以 m 计。

2.1.3.6　路基路面中线偏位测定

路面中线偏位是指路面实际中心线偏离设计中心线的距离，以 mm 计。中线偏位的测试方法如下：

(1)对于有中线坐标的道路：首先从设计资料中查出待测点 P 的设计坐标，用经纬仪对该设计坐标进行放样，并对放样点 P' 做好标记，量取 PP' 的长度，即为中线平面偏位 Δ_{CL}，以 mm 表示。对高速公路及一级公路，精确至 5 mm；对其他等级公路，精确至 10 mm。

(2)对于无中线坐标的低等级道路：应首先恢复交点或转点，实测偏角和距离，然后采用链距法、切线支距法或偏角法等传统方法敷设道路中线的设计位置，量取设计位置与施工位置之间的距离，即为中线平面偏位 Δ_{CL}，以 mm 表示，精确至 10 mm。

2.1.3.7　检测路段资料整理

将路基路面几何尺寸检测结果汇总，然后根据相关规范的规定计算一个评定路段内测定值的平均值、标准差、变异系数，按照数理统计原理计算一个评定路段测定值的代表值。

2.1.3.8　检测报告

(1)以评定路段为单位列出桩号及宽度、高程、横坡以及中线偏位测定的记录，记录平均值、标准差、变异系数，注明不符合规范及设计要求的断面。

(2)纵断面高程测试报告中应报告实测高程与设计高程的差值，低于设计高程为负值，高于设计高程为正值。

(3)路面横坡测试报告中应报告实测横坡与设计横坡的差值，小于设计横坡为负值，大于设计横坡为正值。

2.1.4　路面厚度检测

2.1.4.1　路面厚度代表值与极值的允许偏差

路面各结构层厚度的检测方法与结构层的层位和种类有关，基层和砂石路面的厚度可用挖坑法测定，沥青面层及水泥混凝土路面板的厚度应用钻孔法测定。几种常用的路面结构层厚度的代表值与极值的允许偏差见表2-5。

表2-5　几种常用的路面结构层厚度代表值与极值的允许偏差

类型与层次	厚度(mm)			
	代表值		极值	
	高速、一级公路	其他公路	高速、一级公路	其他公路
水泥混凝土面层	-5	-5	-10	-10
沥青混凝土、沥青碎石面层	总厚度,-8; 上面层,-4	总厚度≤60,-5; >60时,-8%H	总厚度,-15; 上面层,-8	总厚度≤60,-10; >60时,-15%H
沥青贯入式面层		-8%H或-5		-15%H或-10
水泥稳定粒料基层	-8	-10	-15	-20
石灰稳定土底基层	-10	-12	-25	-30

注:1. 水泥混凝土面层,每200 m每车道检查2处。

2. 沥青混凝土、沥青碎石及沥青贯入式面层,每200 m每车道检查1处。

3. 水泥稳定粒料基层及石灰稳定土底基层,每200 m每车道检查1处。

2.1.4.2　仪具与材料

(1)挖坑用镐、铲、凿子、锤子、毛刷。

(2)取样用路面芯样钻机及钻头,冷却水,钻头直径为50 mm、100 mm或150 mm。

(3)量尺:钢卷尺、钢板尺、卡尺。

(4)补坑材料:与检查层位的材料相同。

(5)补坑用具:夯、热夯、水等。

(6)其他:搪瓷盘、棉纱等。

2.1.4.3　挖坑法测定路面厚度

挖坑法主要适用于路面各层施工过程中的厚度检验及工程交工验收检查。

(1)按随机选点法确定挖坑检查的位置。如为旧路,测点有坑洞等显著缺陷或处于接缝处时,可在其旁边检测。

(2)选一块约40 cm×40 cm的平坦表面作为试验地点,用毛刷将其清扫干净。

(3)根据材料坚硬程度,选择镐、铲、凿子等适当的工具开挖这一层材料,直至层位底面。在便于开挖的前提下,开挖面积应尽量缩小,坑洞大体呈圆形,边开挖边将材料铲出,置于搪瓷盘内。

(4)用毛刷清扫坑底,确认为下一层的顶面。

(5)将一把钢板尺平放横跨于坑的两边,用另一把钢尺或卡尺等量具在坑的中部位置垂直伸至坑底,测量坑底至钢板尺底面的距离,即为检查层的厚度,以cm计,精确至0.1 cm。

(6)用与取样层相同的材料填补试坑。对有机结合料稳定类结构层,应按相同配比用新拌的材料分层填补,并用小锤夯实整平;对无机结合粒料结构层,可用挖坑时取出的材料,适当加水拌和后分层填补,并用小锤夯实整平。

2.1.4.4　钻孔取样法测定路面厚度

(1)根据现行规范的要求,随机取样决定挖坑检查的位置。如为旧路,该点有坑洞等显著缺陷或接缝时,可在其旁边检测。

(2)用路面取芯钻孔机钻孔,芯样的直径应为 100 mm。如芯样仅供测量厚度,不作其他试验,对沥青面层与水泥混凝土板也可用直径 50 mm 的钻头,对基层材料有可能损坏试件时,也可用直径 150 mm 的钻头,但钻孔深度必须达到层厚。

(3)仔细取出芯样,清除底面灰尘,找出与下层的分界面。

(4)用钢板尺或卡尺沿圆周对称的十字方向四处量取表面至上下层界面的高度,取其平均值,即为该层的厚度,精确至 1 mm。

(5)用钻孔取芯法检测路面面层厚度时,对面层有一定的破坏作用。

友情提示

应用取样层相同的材料填补钻孔:对正在施工的沥青路面,用相同级配的热拌沥青混合料分层填补,并用热的铁锤或热夯夯实整平;旧路钻孔也可用乳化沥青混合料修补;对水泥混凝土面板,应按相同配比用新拌的材料分层填补并用小锤夯实,新拌材料中宜掺加快凝早强的外掺剂。所有补坑结束时,宜比原面层略鼓出少许,用重锤或压路机压实平整。

2.1.4.5　短脉冲雷达测定路面厚度

目前,我国公路常采用钻孔取芯法测定路面厚度,其对路面面层有一定的破坏作用,给路面造成损坏或留下隐患。而短脉冲雷达检测技术是一种先进、高效、不损坏路面、连续的检测路面面层厚度的方法。

短脉冲雷达检测技术适用于新建、改建路基路面工程质量验收和旧路加铺路面设计的厚度及各结构层布置情况调查。雷达发射的电磁波在路基路面层传播过程中会逐渐削弱、消散、层面反射。雷达最人探测深度是由雷达系统的参数以及路面材料的电磁属性决定的。对于材料过度潮湿或饱和以及有高含铁矿渣集料的路面,不适合用短脉冲雷达检测技术。

1. 设备主要组成

雷达测试系统由承载车、天线、雷达发射接收器和控制系统组成,设备部分如图 2-2 所示。

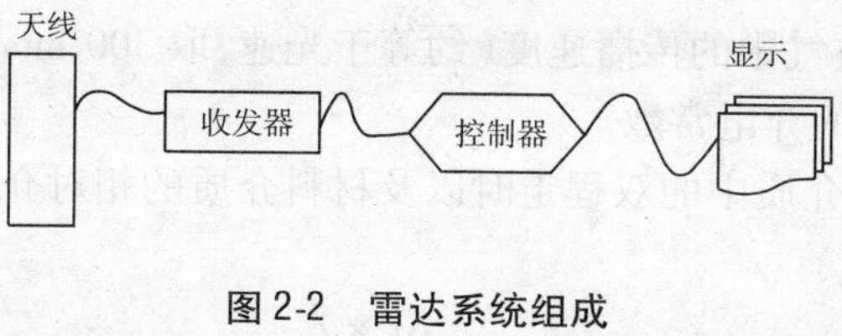

图 2-2　雷达系统组成

2. 测试系统技术要求和参数

(1)距离标定误差:≤0.1%。

(2)设备工作温度:0 ~40 ℃。

(3)最小分辨层厚:≤40 mm。

(4)系统测量精度要求：见表2-6。

(5)天线：喇叭形空气耦合天线，带宽能适应所选择的发射脉冲频率。

(6)收发器：脉冲宽度≤1.0 ns，时间信号处理能力可以适应所需的测试深度。

表2-6　系统测量精度技术要求

测量深度(cm)	测量误差(mm)	测量深度(cm)	测量误差(mm)
<10	±3	>25	±10
10~25	±5		

3. 雷达检测厚度的基本原理

雷达检测公路路面面层厚度属于反射探测法。其基本原理是，不同的介质具有不同的介电常数，雷达向地下发射一定强度的高频电磁脉冲波，电磁波在地下传播的过程中遇到不同介电常数的界面时，一部分能量产生反射波，一部分能量继续向地下传播，如图2-3所示，雷达接收并记录这些反射信息。

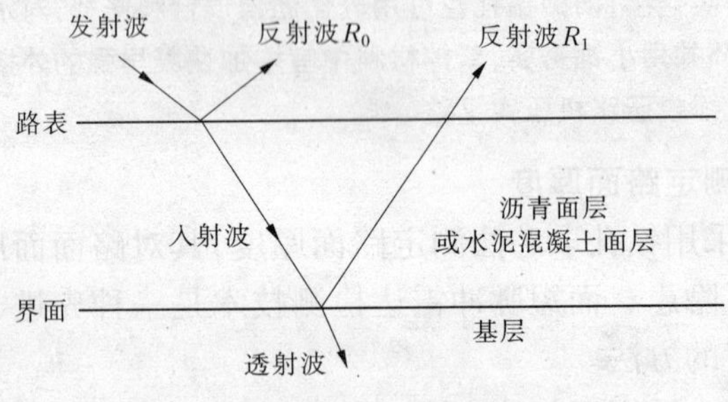

图2-3　电磁波在路面面层中的反射

4. 计算原理

由于地下材料介质具有不同的介电常数，造成各种材料介质具有不同的电导性，电导性的差异影响了电磁波的传播速度。一般用式(2-5)计算电磁波在材料介质中的传播速度

$$v = \frac{c}{\sqrt{\varepsilon_r}} \tag{2-5}$$

式中　v——电磁波在材料介质中的传播速度；

c——电磁波在空气中的传播速度(约等于光速，取300 mm/ns)；

ε_r——材料介质的介电常数。

根据电磁波在材料介质中的双程走时以及材料介质的相对介电常数，用式(2-6)确定面层厚度T。

$$T = \frac{\Delta t \times c}{2\sqrt{\varepsilon_r}} \tag{2-6}$$

式中　T——面层厚度，mm；

Δt——雷达所发射的电磁波在材料介质中的双程走时，ns。

为了准确反算出路面厚度，必须知道路面材料的介电常数，通常采用在路面上钻芯取样的方法以获取路面材料的介电常数。其方法是首先令雷达天线在需要标定芯样点的上方采样，然后钻芯，最后将芯样的真实厚度数据输入计算机程序中，反算出路面材料的介电常数或者雷达波在材料中的传播速度；路面材料的介电常数会随集料类型、沥青产地、密度、湿度等而不同。测试过程中应根据实际情况增加芯样数量，以保证测试厚度的准确性。

知识拓展

短脉冲雷达是目前国内已普遍用于测试路面结构层厚度的一种无损检测设备，其沥青面层的测试误差一般可控制在 3 mm 内，其测试效率是传统方法无法相比的。测试路面厚度小于 10 cm 时，宜选用频率大于 2 GHz 的雷达天线；路面厚度为 10 ~ 25 cm 时，宜选用频率大于 1.5 GHz 的雷达天线；路面厚度大于 25 cm 时，宜选用频率大于 1 GHz 的雷达天线。

2.1.4.6　路面结构层厚度评定

路面结构层厚度是关系公路工程质量和造价的重要指标，既不能给承包商提供偷工减料的可能机会，又要考虑正常施工条件下的厚度偏差情况，以确保公路工程质量合格和工程造价的合理。因此，常采用平均值的置信下限作为否决指标，单点极值作为扣分指标。

对路段内路面结构层厚度按代表值的允许偏差和单个测定值的允许偏差进行评定。厚度代表值为厚度的算术平均值的下置信界限值，即

$$h_L = \bar{h} - S \cdot \frac{t_\alpha}{\sqrt{n}} \tag{2-7}$$

式中　h_L——厚度代表值；

$\bar{h}$——厚度平均值；

S——标准差；

n——检查数量；

t_α——t 分布中随测点数和保证率（置信度 α）而变的系数。

知识拓展

采用的保证率：高速、一级公路基层与底基层为 99%，面层为 95%；其他公路基层、底基层为 95%，面层为 90%。$t_\alpha/\sqrt{n}$ 值见表 2-7。

当厚度代表值大于等于设计厚度减代表值允许偏差时，则按单个检查值的偏差是否超过极值来评定合格率和计算应得分数。

当厚度代表值小于设计厚度减去代表值允许偏差时，则厚度指标评为零分，即不合格。

沥青面层一般按沥青铺筑层总厚度进行评定，但高速公路和一级公路多分为 2 ~ 3 层

铺筑，应进行上面层厚度的检查与评定。

表 2-7　$t_\alpha/\sqrt{n}$值

测点数 n	保证率 α			测点数	保证率 α		
	99%	95%	90%		99%	95%	90%
2	22.501	4.465	2.176	20	0.568	0.387	0.297
3	4.021	1.686	1.084	21	0.552	0.376	0.289
4	2.270	1.177	0.819	22	0.537	0.367	0.282
5	1.676	0.953	0.686	23	0.523	0.358	0.275
6	1.374	0.823	0.603	24	0.510	0.350	0.269
7	1.188	0.734	0.544	25	0.498	0.342	0.264
8	1.060	0.670	0.500	26	0.487	0.335	0.258
9	0.966	0.620	0.466	27	0.477	0.328	0.253
10	0.892	0.580	0.437	28	0.467	0.322	0.248
11	0.833	0.546	0.414	29	0.456	0.316	0.244
12	0.785	0.518	0.393	30	0.449	0.310	0.239
13	0.744	0.494	0.376	40	0.383	0.266	0.206
14	0.708	0.473	0.361	50	0.340	0.237	0.184
15	0.678	0.455	0.347	60	0.308	0.216	0.167
16	0.651	0.438	0.335	70	0.285	0.199	0.199
17	0.605	0.410	0.314	80	0.266	0.186	0.145
18	0.605	0.410	0.314	90	0.249	0.175	0.136
19	0.586	0.398	0.305	100	0.236	0.166	0.129

应用案例 2-3

某高速公路水泥稳定粒料底基层设计厚度为 25 cm。评定路段厚度检测结果(20 个测点)分别为 24.8、25.1、24.6、24.7、25.4、25.2、25.3、24.7、24.9、25.4、25.2、25.0、24.9、25.0、25.4、25.5、25.1、25.0、25.2、25.0(cm)，试按保证率 99% 评定该路段的厚度是否合格，并计算实际得分(注：规定分为 10 分)。

【案例解析】

判定厚度是否合格的主要依据是厚度代表值和设计厚度之差与代表值允许偏差大小关系，两者之差小于代表值允许偏差为合格，否则为零分；而实际得分取决于厚度代表值和设计厚度之差与极值允许偏差大小关系，两者之差小于极值允许偏差为合格，否则为不合格，实际得分等于合格率×规定分值。因此，应依次确定厚度代表值、代表值允许偏差和极值允许偏差。

解　经计算得：

厚度平均值：$\overline{h}=25.07$ cm。

标准差：$S=0.26$ cm。

查表2-7得：$t_\alpha/\sqrt{n}=0.568$。

厚度代表值 h_L：

$$h_L=\overline{h}-S\cdot t_\alpha/\sqrt{n}=25.07-0.26\times0.568=24.92(\text{cm})$$

查表2-5得：代表值允许偏差为−8 mm，极值允许偏差为−15 mm。

因为

$$h_L=24.92\text{ cm}>25-0.8=24.2(\text{cm})$$

所以，该路段厚度代表值符合要求。

由于各检测值 $h_i>25-1.5=23.5(\text{cm})$。

故合格率为100%，实际得分为10分。

项目实训

实训项目一　基本知识训练

一、单选题

1. 厚度代表值 h 按(　　)公式计算。

A. $h=\overline{h}-Z_\alpha S$　　B. $h=\overline{h}+Z_\alpha S$

C. $h=h-t_\alpha/\sqrt{n}S$　　D. $h=\overline{h}+t_\alpha/\sqrt{n}S$

2. 对于结构层厚度评定，下列说法中正确的是(　　)。

A. 厚度代表值应大于等于设计厚度

B. 厚度代表值应小于等于设计厚度

C. 厚度代表值应大于等于设计厚度减代表值允许偏差

D. 厚度代表值应小于等于设计厚度减代表值允许偏差

3. 路面结构层厚度的评定采用(　　)作为否决指标。

A. 平均值　　B. 平均值的置信下限　　C. 平均值的置信上限　　D. 单点极值

4. 路面结构层厚度的评定是采用(　　)作为扣分的指标。

A. 平均值　　B. 平均值的置信下限　　C. 平均值的置信上限　　D. 单点极值

5. 某半刚性基层设计厚度为20 cm，允许偏差为−8 mm，则结构层厚度合格标准为(　　)cm。

A. ≥19.2　　B. ≥20.8　　C. ≤19.2　　D. ≤20.8

二、多选题

1. 公路工程质量检验的随机抽样方式常采用(　　)。

A. 单纯随机抽样　B. 密集群抽样　C. 系统抽样　D. 分层抽样

2. 公路横断面设计线由(　　)组成。

A. 行车道　B. 宽度　C. 边坡坡度　D. 超高

3. 中线偏位的检测方法有(　　)。

A. 角度交会法　B. 距离交会法　C. 极坐标法　D. 后方交会法

4. 公路路基路面现场测试随机选点方法,适用于决定(　　)。

A. 测定区间　B. 测定断面　C. 测点位置　D. 区间长度

5. 路面结构层厚度常用测定方法有(　　)。

A. 钻芯取样法　B. 挖坑法　C. 环刀法　D. 核子密湿度仪法

三、简答题

1. 公路路基路面现场测试随机选点方法是一种什么原理？确定测点位置的方法是怎样的?

2. 确定测点断面或测定区间的步骤是什么?

3. 简述路面厚度检测方法及其特点。

实训项目二　职业能力与素质综合训练

由授课教师提供某高速公路某合同段工程资料,依据《公路工程质量检验评定标准》(JTG F80/1—2012)拟对该合同段范围内基层厚度进行检测与评定,组织学生分组讨论并完成以下任务:

1. 依据评定标准,根据随机选点方法确定该合同段内测定的区间及测定断面位置。

2. 依据评定标准,根据随机选点方法确定测定断面测点的位置。

3. 虚拟该高速公路基层为水泥稳定粒料,测定的基层厚度分别为 21.5 cm,22.6 cm,20.3 cm,19.7 cm,18.2 cm,20.6 cm,21.3 cm,21.8 cm,22.0 cm,20.3 cm,23.1 cm,22.4 cm,19.0 cm,19.2 cm,17.6 cm,22.6 cm,完成以下子任务:

(1)依据评定标准,查阅并确定该高速公路基层代表值允许偏差与极值允许偏差。

(2)假设该高速公路基层设计厚度为 22 cm,计算保证率为 99% 对应厚度的代表值,并进行评定。

【实训要求】

能力目标:

1. 能够熟练地运用随机选点方法确定测定区间、测定断面及测定断面测点的位置。

2. 能够进行公路路基路面厚度的评定。

素质目标:

培养坚持原则、忠于职守、作风正派、秉公办事的作风,要以数据说话;形成认真、严谨和科学的态度，具有较强的团队意识；树立质量第一的工程意识。

学习任务2.2　路基路面压实度检测

知识目标

1. 了解压实度基本概念及土力学相关知识。
2. 熟悉路基路面压实度检测方法及其特点。
3. 掌握路基路面压实度现场检测原理、步骤及其数据处理。

岗位任务

工作任务表

能力目标	主讲内容	学生完成任务	评价标准	
用灌砂法测定路基路面的压实度	灌砂法测定路基路面压实度方法、原理及步骤	采用灌砂筒现场测定路基路面的压实度	优秀	操作正确，数据完整、填表处理正确
			良好	操作正确，数据较完整、填表处理较正确
			合格	操作正确，数据较完整、填表处理基本正确
用环刀法测定路基路面的压实度	环刀法测定路基路面压实度方法、原理及步骤	采用环刀法现场测定路基路面的压实度	优秀	操作正确，数据完整、填表处理正确
			良好	操作正确，数据较完整、填表处理较正确
			合格	操作正确，数据较完整、填表处理基本正确
用核子密湿度仪测定路基路面的压实度	核子密湿度仪测定路基路面压实度方法、原理及步骤	用核子密湿度仪现场测定路基路面的压实度	优秀	操作正确，数据完整、填表处理正确
			良好	操作正确，数据较完整、填表处理较正确
			合格	操作正确，数据较完整、填表处理基本正确
用钻芯法测定沥青面层的压实度	钻芯法测定沥青面层压实度方法、原理及步骤	用钻芯法现场测定沥青面层的压实度	优秀	操作正确，数据完整、填表处理正确
			良好	操作正确，数据较完整、填表处理较正确
			合格	操作正确，数据较完整、填表处理基本正确
正确进行路基路面压实度评定	路基路面压实度评定的要点及方法	正确地进行路基路面测定数据处理及评定	优秀	数据完整、填表及数据处理正确
			良好	数据较完整、填表及数据处理较正确
			合格	数据较完整、填表及数据处理基本正确

大量的室内试验和工程实践表明：压实使路基土和路面材料的强度大大增加，使土基和路面结构层的塑性变形明显减少；压实使土基和路面结构的透水性大大降低。

为了便于检查和控制压实质量，土基和多数路面结构层的压实标准用压实度来表示。土基和路面基层的压实度是指压实层材料压实后的干密度与该材料的标准最大干密度之比，用百分数表示；沥青混合料面层的压实度是指按规定方法采取的混合料试件毛体积密度与标准密度之比，亦用百分数表示，代号均为 K。

路基和路面基层、底基层的压实度以重型击实标准为准，沥青混凝土面层压实度以马歇尔稳定度击实成型标准或试验路密实度为准。对于特殊干旱、潮湿地区或过湿土以及铺筑中、低级路面的三、四级公路路基，则以路基设计施工规范规定的击实试验方法和压实度标准进行评定。

材料的标准最大干密度和最佳含水率应做平行试验，求其平均值作为现场检验的标准。对于路基土的详见《公路土工试验规程》(JTG E40—2007)，对于路面基层混合料的详见《公路工程无机结合料稳定材料试验规程》(JTG E51—2009)，对于沥青混合料的详见《公路工程沥青及沥青混合料试验规程》(JTG E20—2011)。本部分的学习任务主要是完成现场压实材料密度的测定。

2.2.1 灌砂法测定压实度

灌砂法适用于在现场测定基层(或底基层)、砂石路面及路基土的各种材料压实层的密度和压实度，但不适用于填石路堤等有大孔洞或大孔隙材料的压实度检测。

用挖坑灌砂法测定密度和压实度时，应符合下列规定：

(1)当集料的最大粒径小于13.2 mm、测定层的厚度不超过150 mm时，宜采用ϕ100 mm的小型灌砂筒测试。

(2)当集料的最大粒径等于或大于13.2 mm，但不大于31.5 mm，测定层的厚度不超过200 mm时，应用ϕ150 mm的大型灌砂筒测试。

2.2.1.1 仪具与材料

(1)灌砂筒：有大、小两种，根据需要采用，形式和主要尺寸见图2-4、图2-5及表2-8。当尺寸与表中不一致，但不影响使用时，亦可使用。上部为储砂筒，储砂筒筒底中心有一圆孔，下部装一倒置的圆锥形漏斗，漏斗上端开口，直径与储砂筒的圆孔相同，漏斗焊接在一块铁板上，铁板中心有一圆孔与漏斗上开口相接。在储砂筒筒底与漏斗顶端铁板之间设有开关。开关为一薄铁板，一端与筒底及漏斗铁板铰接在一起，另一端伸出筒身外。开关铁板上也有一个相同直径的圆孔。

图2-4 灌砂筒、标定罐和基板实物图

(2)金属标定罐：用薄铁板制作的金属罐，上端周围有一罐缘。

(3)基板：用薄铁板制作的金属方盘，盘的中心有一圆孔。

(4)玻璃板：边长为500~600 mm的方形板。

(5)试样盘：小筒挖出的试样可用饭盒存放，大筒挖出的试样可用300 mm×500 mm×40 mm的搪瓷盘存放。

(6)天平或台秤：称量10~15 kg，感量不大于1 g，用于含水率测定的天平精度，对细粒土、中粒土、粗粒土宜分别为0.01 g、0.1 g、1.0 g。

(7)含水率测定器具：如铝盒、烘箱等。

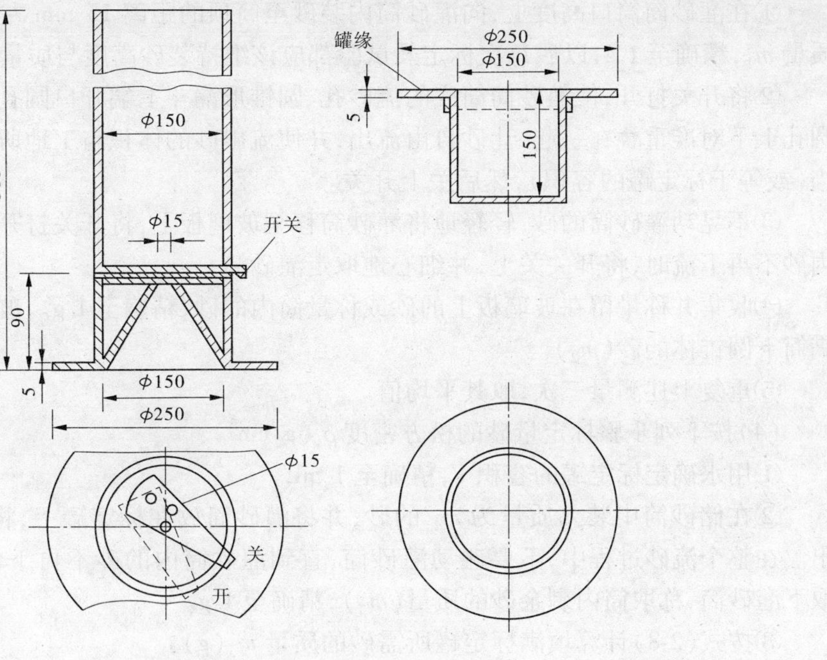

图2-5　灌砂筒和标定罐　（单位:mm）

表2-8　灌砂筒的主要尺寸要求

结构		小型灌砂筒	大型灌砂筒
储砂筒	直径(mm)	100	150
	容积(cm^3)	2 120	4 600
流砂孔	直径(mm)	10	15
金属标定罐	内径(mm)	100	150
	外径(mm)	150	200
金属方盘基板	边长(mm)	350	400
	深(mm)	40	50
	中孔直径(mm)	100	150

注:如集料的最大粒径超过31.5 mm,则相应地增大灌砂筒和标定罐的尺寸;如集料的最大粒径超过53 mm,灌砂筒和现场试洞的直径应为200 mm。

(8)量砂:粒径0.30～0.60 mm清洁干燥的均匀砂,20～40 kg,使用前须洗净、烘干,并放置足够长的时间,使其与空气的湿度达到平衡。

(9)盛砂的容器:塑料桶等。

(10)其他:凿子、螺丝刀、铁锤、长把勺、长把小簸箕、毛刷等。

2.2.1.2　方法与步骤

(1)按现行试验方法对检测对象试样用同种材料进行击实试验,得到最大干密度ρ_c及最佳含水率。

(2)按规定选用适宜的灌砂筒。

(3)按下列步骤标定灌砂筒下部圆锥体内砂的质量:

①在灌砂筒筒口高度上，向灌砂筒内装砂至筒顶的距离 15 mm 左右。称取筒内砂的质量 m_1，精确至 1 g，以后每次标定及试验都应该维持装砂高度与质量不变。

②将开关打开，使灌砂筒筒底的流砂孔、圆锥形漏斗上端开口圆孔及开关铁板中心的圆孔上下对准重叠在一起，让砂自由流出，并使流出砂的体积与工地所挖试坑内的体积相当（或等于标定罐的容积），然后关上开关。

③不晃动灌砂筒的砂，轻轻地将灌砂筒移至玻璃板上，将开关打开，让砂流出，直到筒内砂不再下流时，将开关关上，并细心地取走灌砂筒。

④收集并称量留在玻璃板上的砂或称量筒内的砂，精确至 1 g。玻璃板上的砂就是填满筒下圆锥体的砂（m_2）。

⑤重复上述测量三次，取其平均值。

（4）按下列步骤标定量砂的松方密度 ρ_s（g/cm^3）：

①用水确定标定罐的容积 V，精确至 1 mL。

②在储砂筒中装入质量为 m_1 的砂，并将灌砂筒放在标定罐上，将开关打开，让砂流出。在整个流砂过程中，不要碰动灌砂筒，直到灌砂筒内的砂不再下流时，将开关关闭。取下灌砂筒，称取筒内剩余砂的质量（m_3），精确至 1 g。

③按式（2-8）计算填满标定罐所需砂的质量 m_a（g）

$$m_a = m_1 - m_2 - m_3 \tag{2-8}$$

式中 m_a——标定罐中砂的质量，g；

m_1——装入灌砂筒内的砂的总质量，g；

m_2——灌砂筒下部圆锥体内砂的质量，g；

m_3——灌砂入标定罐后，筒内剩余砂的质量，g。

④重复上述测量三次，取其平均值。

⑤按式（2-9）计算量砂的松方密度 ρ_s

$$\rho_s = \frac{m_a}{V} \tag{2-9}$$

式中 ρ_s——量砂的松方密度，g/cm^3；

V——标定罐的体积，cm^3。

（5）试验步骤。

①在试验地点选一块平坦表面，并将其清扫干净，其面积不小于基板面积。

②将基板放在平坦表面上。当表面粗糙度较大时，则将盛有量砂（m_5）的灌砂筒放在基板中间圆孔上。将灌砂筒的开关打开，让砂流入基板的中孔内，直到储砂筒内的砂不再下流时关闭开关。取下灌砂筒，并称量筒内砂的质量（m_6），精确至 1 g。

③取走基板，并将留在试验地点的量砂收回，重新将表面清扫干净。

④将基板放回清扫干净的表面上（尽量放在原处），沿基板中孔凿洞（洞的直径与灌砂筒一致）。在凿洞的过程中，应注意不使凿出的材料丢失，并随时将凿松的材料取出装入塑料袋中，使水分蒸发，也可放在大试样盆内。试洞的深度应等于测定层厚度，但不得有下层材料混入，最后将洞内的全部凿松材料取出。对土基或基层，为防止试样盘内材料的水分蒸发，可分几次称取材料的质量，全部称出材料的总质量为 m_W，精确至 1 g。

友情提示

当需要检测厚度时,应先测量厚度后再进行这一步骤。

⑤从挖出的全部材料中取有代表性的样品,放在铝盒或洁净的搪瓷盘中,测定其含水率(ω,以%计)。样品的数量如下:用小灌砂筒测定时,对于细粒土,不少于 100 g;对于各种中粒土,不少于 500 g。用大灌砂筒测定时,对于细粒土,不少于 200 g;对于各种中粒土,不少于 1 000 g;对于粗粒土或水泥、石灰、粉煤灰等无机结合料稳定材料,宜将取出的全部材料烘干,且不少于 2 000 g,称其质量(m_d),精确至 1 g。

⑥将基板安放在试坑上,将灌砂筒安放在基板中间(储砂筒内放满砂到要求质量 m_1),使灌砂筒的下口对准基板的中孔及试洞,打开灌砂筒的开关,让砂流入试坑内,在此期间,应注意勿碰动灌砂筒。直到储砂筒内的砂不再下流时,关闭开关,仔细取走灌砂筒,并称量筒内剩余砂的质量(m_4),精确至 1 g。

⑦如清扫干净的平坦表面的粗糙度不大,也可省去(2)和(3)的操作。在试洞挖好后,将灌砂筒直接对准放在试坑上,中间不需要放基板,打开筒开关,让砂流入试坑内,在此期间,应注意勿碰动灌砂筒。直到储砂筒内的砂不再下流时,关闭开关。仔细取走灌砂筒,并称量筒内剩余砂的质量(m'_4),精确至 1 g。

⑧仔细取出试筒内的量砂,以备下次试验时再用。若量砂的湿度已发生变化或量砂中混有杂质,则应该重新烘干、过筛,并放置一段时间,使其与空气的湿度达到平衡后再用。

2.2.1.3　计算

按式(2-10)或式(2-11)计算填满试坑所用的砂的质量 m_b(g)。

灌砂时,试坑上放有基板时

$$m_b = m_1 - m_4 - (m_5 - m_6) \tag{2-10}$$

灌砂时,试坑上不放基板时

$$m_b = m_1 - m'_4 - m_2 \tag{2-11}$$

式中　m_b——填满试坑的砂的质量,g;

m_1——灌砂前灌砂筒内砂的质量,g;

m_2——灌砂筒下部圆锥体内砂的质量,g;

m_4、m'_4——灌砂后,灌砂筒内剩余砂的质量,g;

$m_5 - m_6$——灌砂筒下部圆锥体内及基板和粗糙表面间砂的合计质量,g。

按式(2-12)计算试坑材料的湿密度 ρ_W

$$\rho_W = \frac{m_W}{m_b} \times \rho_s \tag{2-12}$$

式中　m_W——试坑中取出的全部材料的质量,g;

ρ_s——量砂的松方密度,g/cm³。

按式(2-13)计算试坑材料的干密度 ρ_d(g/cm³)

$$\rho_d = \frac{\rho_W}{1 + 0.01\omega} \tag{2-13}$$

式中　ω——试坑材料的含水率(%)。

当为水泥、石灰、粉煤灰等无机结合料稳定土的场合,可按式(2-14)计算干密度 ρ_d (g/cm^3)

$$\rho_d = \frac{m_d}{m_b} \times \rho_s \tag{2-14}$$

式中　m_d——试坑中取出的稳定土的烘干质量,g。

按式(2-15)计算施工压实度

$$K = \frac{\rho_d}{\rho_c} \times 100\% \tag{2-15}$$

式中　K——测试地点的施工压实度(%);

ρ_d——试样的干密度,g/cm^3;

ρ_c——由击实试验得到的试样的最大干密度,g/cm^3。

友情提示

当试坑材料组成与击实试验的材料有较大差异时,可以试坑材料作标准击实,求取实际的最大干密度。

2.2.1.4　操作时应注意事项

灌砂法是施工过程中最常用的试验方法之一,为使试验做得准确,应注意以下几个环节:

(1)量砂要规则。量砂如果重复使用,一定要注意晾干,处理一致,否则影响量砂的松方密度。每换一次量砂,必须重测其松方密度。

(2)地表面处理要平整。只要表面凸出一点,就会使表面高出一个薄层,其体积就算到试坑中去。

(3)在挖坑时试坑周壁应竖直,避免出现上大下小或上小下大的情形,这样就会使检测密度偏大或偏小。

(4)灌砂时检测厚度应为整个碾压层厚,不能只取上部或者取到下一个碾压层中。

2.2.2　环刀法测定压实度

环刀法适用于公路工程现场测定细粒土及无机结合料稳定细粒土的密度。对于无机结合料稳定细粒土,其龄期不宜超过 2 d,并且最好用于施工过程中的压实度检验。由于取样深度较浅,故测得的密度偏大。

2.2.2.1　仪器与材料

1. 人工取土器

人工取土器如图 2-6 所示,包括环刀、环盖、定向筒和击实锤系统(导杆、落锤、手柄)。环刀内径 6 ~ 8 cm,高 2 ~ 3 cm,壁厚 1.5 ~ 2 mm。

2. 电动取土器

电动取土器如图2-7所示，由底座、行走轮、立柱、齿轮箱、升降机构、取芯头等组成。

(1)底座：由底座平台16、定位销15、行走轮14组成。平台是整个仪器的支撑基础；定位销供操作时仪器定位用；行走轮供换点取芯时仪器近距离移动用，当定位时四只轮子可扳起离开地表。

(2)立柱：由立柱1与立柱套11组成，装在底座平台上，作为升降机构、取芯机构、动力和传动机构的支架。

(3)升降机构：由升降手轮9、锁紧手柄8组成，供调整取芯机构高低用。松开锁紧手柄，转动升降手轮，取芯机构即可升降，到所需位置时拧紧手柄定位。

(4)取芯机构：由取芯头10、升降轴2组成。取芯头为金属圆筒，下口对称焊接两个合金钢切削刀头，上端面焊有平盖，其上焊螺母，靠螺旋接于升降轴上。取芯头有三种规格，即50 mm×50 mm、70 mm×70 mm、100 mm×100 mm，取芯头为可换式，另配有相应的取芯套筒、扳手、铝盒等。

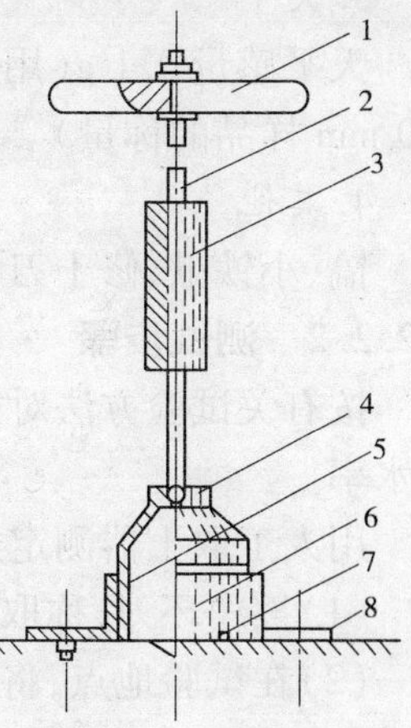

1—手柄；2—导杆；3—落锤；
4—环盖；5—环刀；6—定向筒；
7—定向筒齿钉；8—试验地面

图2-6　人工取土器

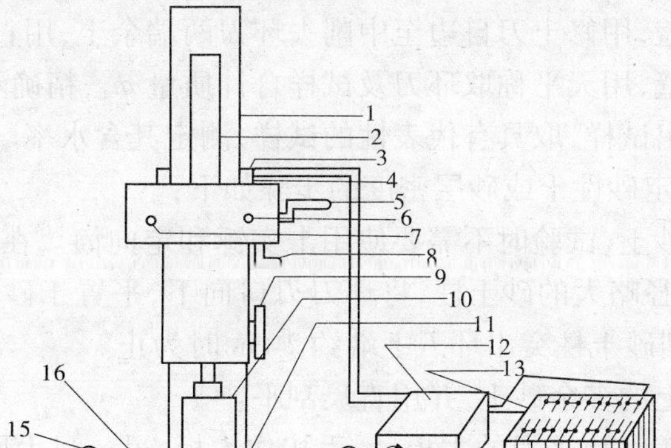

1—立柱；2—升降轴；3—电源输入；4—直流电机；5—升降手柄；
6、7—电源指示；8—锁紧手柄；9—升降手轮；10—取芯头；11—立柱套；
12—调速器；13—电瓶；14—行走轮；15—定位销；16—底座平台

图2-7　电动取土器

(5)动力和传动机构：主要由直流电机4、调速器12、齿轮箱组成，另配电瓶13和充电器。当电机工作时，通过齿轮箱的齿轮将动力传给取芯机构，升降轴旋转，取芯头进入旋切工作状态。

(6)电动取土器主要技术参数为：工作电压DC24 V(36 A·h)；转速50～70 r/min，无级调速；整机质量约35 kg。

3. 天平

天平感量0.1 g(用于取芯头内径小于70 mm样品的称量)或1.0 g(用于取芯头内径100 mm样品的称量)。

4. 其他

镐、小铁锹、修土刀、毛刷、直尺、钢丝锯、凡士林、木板及测定含水率设备等。

2.2.2.2 测试步骤

按有关试验方法对检测对象试样用同种材料进行击实试验,得到最大干密度及最佳含水率。

用人工取土器测定黏性土及无机结合料稳定细粒土密度的步骤如下:

(1)擦净环刀,称取环刀质量 m_2,精确至0.1 g。

(2)在试验地点,将面积约30 cm×30 cm的地面清扫干净,并将压实层铲去表面浮动及不平整的部分,达到一定深度,使环刀打下后,能达到要求的取土深度,但不得扰动下层。

(3)将定向筒齿钉固定于铲平的地面上,顺次将环刀、环盖放入定向筒内与地面垂直。

(4)将导杆保持垂直状态,用取土器落锤将环刀打入压实层中,至环盖顶面与定向筒上口齐平为止。

(5)去掉击实锤和定向筒,用镐将环刀及试样挖出。

(6)轻轻取下环盖,用修土刀自边至中削去环刀两端余土,用直尺检测直至修平。

(7)擦净环刀外壁,用天平称取环刀及试样合计质量 m_1,精确至0.1 g。

(8)自环刀中取出试样,取具有代表性的试样,测定其含水率。

用人工取土器测定砂性土或砂层密度的步骤如下:

(1)如为湿润的砂土,试验时不需要使用击实锤和定向筒。在铲平的地面上,细心挖出一个直径较环刀外径略大的砂土柱,将环刀刃口向下,平置于砂土柱上,用两手平稳地将环刀垂直压下,直到砂土柱突出环刀上端约2 cm时为止。

(2)削掉环刀口上的多余砂土,并用直尺刮平。

(3)在环刀上口盖一块平滑的木板,一手按住木板,另一只手用小铁锹将试样从环刀底部切断,然后将装满试样的环刀转过来,削去环刀刃口上部的多余砂土,并用直尺刮平。

(4)擦净环刀外壁,称环刀与试样合计质量 m_1,精确至0.1 g。

(5)自环刀中取具有代表性的试样测定其含水率 ω。

(6)干燥的砂土不能挖成砂土柱时,可直接将环刀压入或打入土中。

用电动取土器测定无机结合料细粒土和硬塑土密度的步骤如下:

(1)装上所需规格的取芯头。在施工现场取芯前,选择一块平整的路段,将四只行走轮打起,四根定位销钉采用人工加压的方法,压入路基土层中。松开锁紧手柄,旋动升降手轮,使取芯头刚好与土层接触,锁紧手柄。

(2)将电瓶与调速器接通,调整器的输出端接入取芯机电源插口。指示灯亮,显示电路已通;启动开关,电动机工作,带动取芯机构转动。根据土层含水率调节转速,操作升降手柄,上提取芯机构,停机,移开机器。由于取芯头圆筒外表有几条螺旋状突起,切下的土屑排在筒外顺螺纹上旋抛出地表,因此将取芯套筒套在切削好的土芯立柱上,摇动即可取出样品。

(3)取出样品,立即按取芯套筒长度用修土刀或钢丝锯修平两端,制成所需规格土芯,如拟进行其他试验项目,装入铝盒,送试验室备用。

(4)用天平称量土芯带套筒质量 m_1,从土芯中心部分取试样测定含水率 ω。

2.2.2.3　计算

按式(2-16)、式(2-17)分别计算试样的湿密度 ρ 及干密度 ρ_d

$$\rho = \frac{4 \times (m_1 - m_2)}{\pi d^2 h} \tag{2-16}$$

$$\rho_d = \frac{\rho}{1 + 0.01\omega} \tag{2-17}$$

式中　ρ——试样的湿密度,g/cm³;

ρ_d——试样的干密度,g/cm³;

m_1——环刀或取芯套筒与试样合计质量,g;

m_2——环刀或取芯套筒质量,g;

d——环刀或取芯套筒直径,cm;

h——环刀或取芯套筒高度,cm;

ω——试样的含水率(%)。

按式(2-18)计算施工压实度

$$K = \frac{\rho_d}{\rho_c} \times 100\% \tag{2-18}$$

式中　K——测试地点的施工压实度(%);

ρ_d——试样的干密度,g/cm³;

ρ_c——由击实试验得到的试样的最大干密度,g/cm³。

2.2.2.4　报告

试验报告应报告土的鉴别分类、含水率、湿密度、干密度、最大干密度、压实度等。

2.2.3　核子密湿度仪测定压实度

核子密湿度仪法是现场检测压实度常用的一种方法,现场用核子密湿度仪以散射法或直接透射法测定路基或路面材料的密度和含水率,并计算施工压实度。仪器按规定方法标定后,其检测结果可作为工程质量评定与验收的依据,该方法可检测土壤、碎石、土石混合物、沥青混合料和非硬化水泥混凝土等材料。

2.2.3.1　仪具与材料

(1)核子密湿度仪:符合国家规定的关于健康保护和安全使用的标准,密度的测定范围为 1.12 ~ 2.73 g/cm³,测定误差不超过 ±0.03 g/cm³,含水率测量范围为 0 ~ 0.64 g/cm³,测定误差不超过 ±0.015 g/cm³,它主要包括下列部件:

①γ 射线源:双层密封的同位素放射源,如铯—137、钴—60 或镭—226 等。

②中子源:如镅(241)—铍等。

③探测器:γ 射线探测器,如 G－M 计数管;热中子探测器,如氦－3 管。

④读数显示设备:如液晶显示器、脉冲计数器、数率表或直接计数表。

⑤标准计数块:密度和含氢量都均匀不变的材料块,用于标验仪器运行状况和提供检验计数的参考标准。

⑥钻杆:用于打测试孔以便插入探测杆。

⑦安全防护设备:符合国家规定要求的设备。

⑧刮平板、钻杆、接线等。

(2)细砂:0.15～0.3 mm。

(3)天平或台秤。

(4)其他:毛刷等。

2.2.3.2　方法与步骤

1. 测试方法

核子密湿度仪法用于测定沥青混合料面层的压实度或硬化水泥混凝土等难以打孔材料的密度时宜使用散射法;用于测定土基、基层材料或非硬化水泥混凝土等可以打孔材料的密度及含水率时,应使用直接透射法。

在表面用散射法测定时,所测定沥青面层的层厚应根据仪器性能确定的最大厚度。用于测定土基或基层材料的压实度及含水率时,打洞后用直接透射法所测定的层厚度不宜大于 30 cm。

2. 准备工作

每天使用前或者对测试结果有怀疑的时候,按下列步骤用标准计数块测定仪器的标准值:

(1)进行标准值测定时的地点至少离开其他放射源 10 m 的距离,地面必须经压实而且平整。

(2)接通电源,按照仪器使用说明书建议的预热时间,预热测定仪。

(3)在测定前,应检查仪器性能是否正常。将仪器在标准计数块上放置平稳,按照仪器使用说明的要求进行标准化计数并判定仪器标准化计数值必须符合要求。标准读数超过仪器使用说明书规定的限界时,应重复此项标准的测量,若第二次标准计数仍超出规定的限界,需视作故障并进行仪器检查。

在进行沥青混合料压实层密度测定前,应用核子仪对钻孔取样的试件进行标定;测定其他材料密度时,宜与挖坑灌砂法的结果进行标定。标定的步骤如下:

(1)选择压实的路表面,与试验段测定时的条件一致,对纹理较大的路面必须用细砂填平,然后将仪器放置在测点上转动几下,或者在测试点上用刮平板平刮几下,以达到测试条件。按要求的测定步骤用核子密湿度仪测定密度,读数。

(2)在测定的同一位置用钻机钻孔法或挖坑灌砂法取样,量测厚度,按相关规定的标准方法测定材料的密度。

(3)对同一种路面厚度及材料类型,在使用前至少测定 15 处,求取两种不同方法测定的密度的相关关系,其相关系数 R 应不小于 0.95。

选择测试位置的步骤如下:

(1)按照随机取样的方法确定测试位置,但距路面边缘或其他物体的最小距离不得小于 30 cm。核子密湿度仪距其他射线源不得少于 10 m。

(2)当用散射法测定时,应按图 2-8 的方法用细砂填平测试位置路表结构凹凸不平的空隙,使路表面平整,能与仪器紧密接触。

(3)当使用直接透射法测定时,应按图 2-9 的方法在表面上用钻杆打孔。在拟测试材料的表面打一个垂直的测试孔,测试孔要以插进探测杆后仪器在测点表面上不倾斜为准。孔深必须大于探测杆达到的测试深度,再按图 2-9 的方法将探测杆放下,插入已打好的测试孔内,前后或左右移动仪器,使之安放稳固。

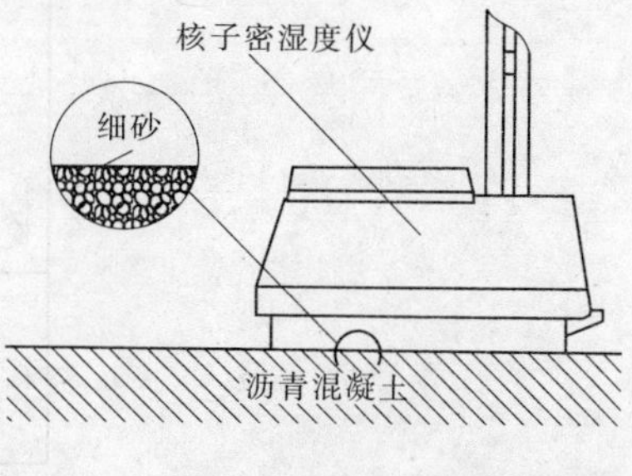

图 2-8　用细砂填平测试位置的方法

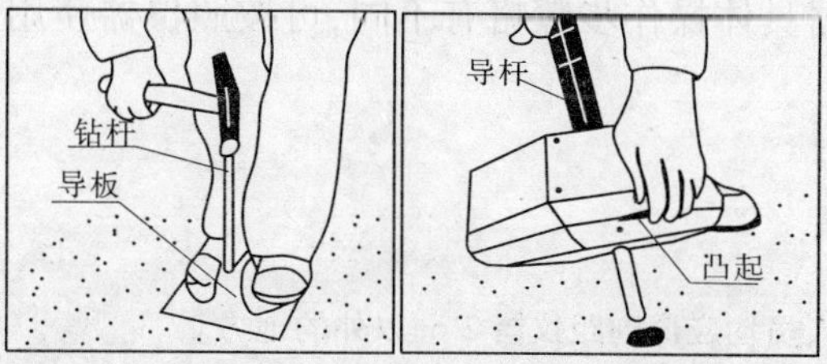

图 2-9　在路表面上打孔的方法

(4)按照规定的时间预热仪器。

3. 测定步骤

(1)如用散射法测定,应按图 2-10 的方法将核子密湿度仪平稳地置于测试位置上。测点应随机选择,测定温度应与试验段测定时一致,一组不少于 13 点,取平均值,检测精度通过试验路段与钻孔试件比较评定。

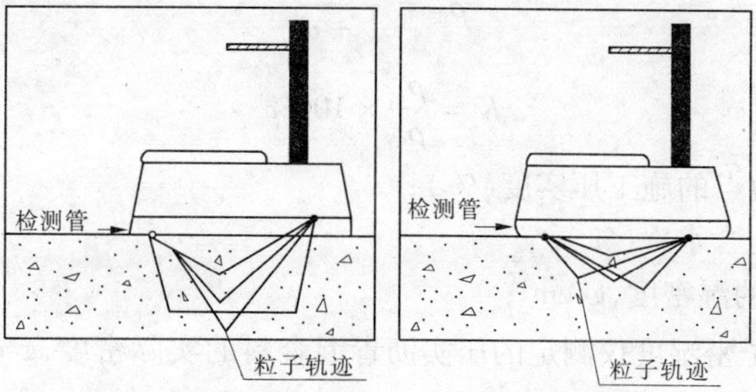

图 2-10　用散射法测定的方法

(2)用直接透射法测定时,应按图 2-11 的方法将放射源棒放下,插入已预先打好的孔内。

(3)打开仪器,测试员退出仪器 2 m 以外,按照选定的测定时间进行测量,到达测定时间后,读取显示的各项数值并迅速关机。

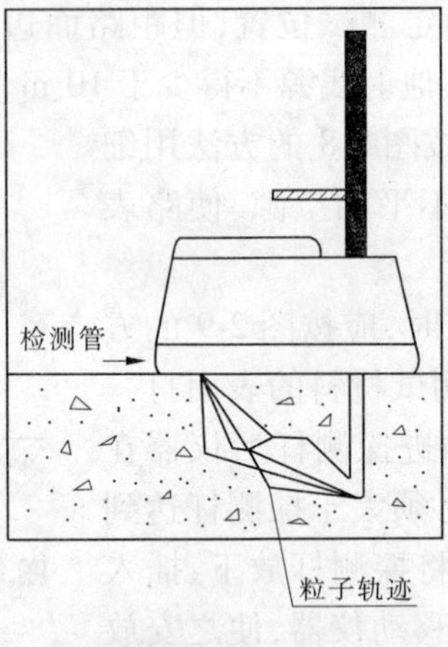

图 2-11　用直接透射法测定的方法

注:各种型号的仪器具体操作步骤略有不同,可按照仪器使用说明书进行。

友情提示

使用安全注意事项:

(1)仪器工作时,所有人员均应退到距仪器 2 m 以外的地方。

(2)仪器不使用时,应将手柄置于安全位置,仪器应装入专用的仪器箱内,放置在符合核辐射安全规定的地方。

(3)仪器应由经有在部门审查合格的专人保管,专门使用,对从事仪器保管及使用的人员,应遵照有关核辐射检测的规定,不符合核防护规定的人员,不宜从事此项工作。

2.2.3.3　计算

施工干密度和压实度计算式如下

$$\rho_d = \frac{\rho_W}{1+\omega} \tag{2-19}$$

$$K = \frac{\rho_d}{\rho_0} \times 100\% \tag{2-20}$$

式中　K——测试地点的施工压实度(%);

ω——试材的含水率(%);

ρ_W——试样的湿密度,g/cm^3;

ρ_d——由核子密湿度仪测定的压实沥青混合料的实际密度,g/cm^3,一组不少于 13 个点,取平均值;

ρ_0——沥青混合料的标准密度,g/cm^3,按照《公路沥青路面施工技术规范》(JTG F40—2004)的规定选用。

2.2.3.4　报告

测定路面密度及压实度的同时,应记录温度、材料类型、路面的结构层厚度及测试深度等数据和资料。

2.2.4　钻芯法测定沥青面层压实度

沥青混合料面层的施工压实度是指按规定方法采取的混合料试样的毛体积密度与标准密度之比,以百分率表示。对沥青混合料,国内外检验均以从压实的沥青路面上钻取的沥青混合料芯样试件的密度,以评定沥青面层的施工压实度。

2.2.4.1　仪具与材料

(1)路面取芯钻机。

(2)天平:感量不大于 0.1 g。

(3)水槽。

(4)吊篮。

(5)石蜡。

(6)其他:卡尺、毛刷、小勺、取样袋(容器)、电风扇。

2.2.4.2　方法与步骤

1. 钻取芯样

按“路面钻孔及切割取样方法”钻取路面芯样,芯样直径不宜小于ϕ 100 mm。当一次钻孔取得的芯样包含有不同层位的沥青混合料时,应根据结构组合情况用切割机将芯样沿各层结合面锯开,分层进行测定。

钻孔取样应在路面完全冷却后进行,对普通沥青路面通常在第 2 天取样,对改性沥青及 SMA 路面宜在第 3 天以后取样。

2. 测定试件密度

(1)将钻取的试件在水中用毛刷轻轻刷净黏附的粉尘。如试件边角有松散粒料,应仔细清除。

(2)将试件晾干或用电风扇吹干不少于 24 h,直到恒重。

(3)按现行《公路工程沥青及沥青混合料试验规程》(JTC E20—2011)的沥青混合料试件密度试验方法测定试件密度 ρ_s。

知识拓展

通常情况下采用表干法测定试件的毛体积相对密度;对吸水率小于 0.5% 特别致密的沥青混合料,在施工质量检验时,允许采用水中重法测定表观相对密度;当试件的吸水率大于 2% 时,宜采用蜡封法测定试件的毛体积相对密度。

2.2.4.3　计算

(1)当计算压实度的标准密度采用每天试验室实测的马歇尔击实试件成型密度或试验路段钻孔取样密度时,沥青面层的压实度按式(2-21)计算:

$$K = \frac{\rho_s}{\rho_0} \times 100\% \tag{2-21}$$

式中　K——沥青面层某一测定部位的压实度(%);

ρ_s——沥青混合料芯样试件的实际密度,g/cm^3;

ρ_0——沥青混合料的标准密度,g/cm^3。

（2）当计算压实度的标准密度采用最大理论密度时，沥青面层的压实度应按式（2-22）计算

$$K = \frac{\rho_s}{\rho_t} \times 100\% \tag{2-22}$$

式中　ρ_s——沥青混合料芯样试件的实际密度，g/cm^3；

　　　ρ_t——沥青混合料的最大理论密度，g/cm^3。

友情提示

试验检测中应注意的问题：压实度的大小取决于实测的压实密度，同样也与标准密度的大小有关。但原来对标准密度的规定并不统一，有些工程在压实度达不到要求时便重新进行马歇尔试验，调整标准密度，只要把标准密度做小一些，压实度马上就高了，使压实度达到要求。如果再把不合格的数据随意舍弃，那么钻孔试件的压实度数据将失去价值。这样实际上是弄虚作假。为防止这种情况，在进行检测时，应结合工程实际情况，采用相应的标准密度。

2.2.5　路基、路面压实度评定

路基、路面压实度以 1 ~ 3 km 长的路段为检验评定单元，按要求的检测频率（见表 2-9）及方法进行现场压实度抽样检查，求算每一测点的压实度 K_i。

表 2-9　压实度检验评定要求

工程项目			规定值：高速公路、一级公路	规定值：其他公路：二级公路	规定值：其他公路：三、四级公路	检查方法和频率
土方路基	零填及挖方（cm）	0 ~ 30	—	—	94	密度法：每 200 m 每压实层测 4 处
		0 ~ 80	≥96	≥95	—	
	填方（cm）	0 ~ 80	≥96	≥95	≥94	
		80 ~ 150	≥94	≥94	≥93	
		>150	≥93	≥92	≥90	
石灰、粉煤灰稳定粒料	基层	代表值	—	97		每 200 m 每车道 2 处
		极值	—	93		
	底基层	代表值	96	95		
		极值	92	93		
水泥稳定粒料	基层	代表值	98	97		每 200 m 每车道 2 处
		极值	94	93		
	底基层	代表值	96	95		
		极值	92	91		

续表 2-9

<table>
<tr><th colspan="3" rowspan="3">工程项目</th><th colspan="3">规定值</th><th rowspan="3">检查方法和频率</th></tr>
<tr><th rowspan="2">高速公路、一级公路</th><th colspan="2">其他公路</th></tr>
<tr><th>二级公路</th><th>三、四级公路</th></tr>
<tr><td rowspan="4">级配碎(砾)石</td><td rowspan="2">基层</td><td>代表值</td><td>98</td><td colspan="2">98</td><td rowspan="4">每 200 m 每车道 2 处</td></tr>
<tr><td>极值</td><td>94</td><td colspan="2">94</td></tr>
<tr><td rowspan="2">底基层</td><td>代表值</td><td>96</td><td colspan="2">96</td></tr>
<tr><td>极值</td><td>92</td><td colspan="2">92</td></tr>
<tr><td rowspan="4">填隙碎石</td><td rowspan="2">基层</td><td>代表值</td><td>—</td><td colspan="2">85</td><td rowspan="4">灌砂法：每 200 m 每车道 2 处</td></tr>
<tr><td>极值</td><td>—</td><td colspan="2">82</td></tr>
<tr><td rowspan="2">底基层</td><td>代表值</td><td>85</td><td colspan="2">83</td></tr>
<tr><td>极值</td><td>82</td><td colspan="2">80</td></tr>
<tr><td rowspan="4">石灰土、石灰、粉煤灰土</td><td rowspan="2">基层</td><td>代表值</td><td>—</td><td colspan="2">95</td><td rowspan="4">每 200 m 每车道 2 处</td></tr>
<tr><td>极值</td><td>—</td><td colspan="2">91</td></tr>
<tr><td rowspan="2">底基层</td><td>代表值</td><td>95</td><td colspan="2">93</td></tr>
<tr><td>极值</td><td>91</td><td colspan="2">89</td></tr>
<tr><td colspan="3">沥青混凝土面层和沥青碎(砾)石面层</td><td colspan="3">试验室标准密度的 96%(98% *)；
最大理论密度的 92%(94% *)；
试验段密度的 98%(99% *)</td><td>每 200 m 测 1 处</td></tr>
</table>

注：带 * 号者是指 SMA 路面，其他为普通沥青混凝土路面。

压实度评定要点是：

(1)控制平均压实度的置信下限，以保证总体水平。

(2)规定单点极值不得超出规定值，防止局部隐患。

(3)规定扣分界限以区分质量优劣。

检验评定路段的压实度代表值 K_L(算术平均值的下置信界限)计算式为

$$K_L = \overline{K} - S \cdot \frac{t_\alpha}{\sqrt{n}} \geq K_0 \tag{2-23}$$

式中　$\overline{K}$——检验评定路段内各测点压实度的平均值；

t_α——t 分布表中随测点数和保证率(或置信度 α)而变的系数，高速、一级公路：基层、底基层为 99%，路基、路面面层为 95%，其他公路：基层、底基层为 95%，路基、路面面层为 90%，详见表 2-7；

S——检测值的均方差；

n——检测点数；

K_0——压实度标准值。

知识拓展

压实度评分方法如下：

(1)路基、基层和底基层。

当 $K \geqslant K_0$ 且单点压实度全部大于或等于规定值减 2 个百分点时，评定路段的压实度可得规定满分；当 $K \geqslant K_0$ 且单点压实度全部大于或等于规定极值时，对于测定值低于规定值减 2 个百分点的测点，按其占总检查点数的百分率计算扣分值。

当 $K < K_0$ 或某一单点压实度 K_i 小于规定极值时，该评定路段压实度为不合格，评分为零。

路堤施工段落短时，分层压实度要每点都符合要求，且实际样本数不少于 6 个。

(2)沥青面层。

当 $K \geqslant K_0$ 且全部测点大于或等于规定值减 1 个百分点时，评定路段的压实度可得规定的满分；当 $K \geqslant K_0$ 时，对于测点值低于规定值减 1 个百分点的测点，按其占总检查点数的百分率计算扣分值。

当 $K < K_0$ 时，该评定路段压实度为不合格，评分为零。

应用案例 2-4

某高速公路石灰稳定粒料基层进行交工验收，现测得某段的压实度值为：98.6%、97.2%、97.3%、97.1%、97.3%、96.4%、98.6%、97.8%、96.8%、98.5%、97.9%、96.8%、97.1%、98.0%、96.9%、97.0%、97.3%、96.7%、97.8%、97.5%，试评定该现场检测结果是否合格，并计算其得分值。（注：$K_0 = 97\%$，规定极值为 93%，规定分为 20 分，保证率为 99%）

【案例解析】

判定检测结果是否合格主要依据压实度代表值与压实度标准值的大小关系，若代表值大于等于标准值则合格，代表值小于标准值或单点压实度值小于规定极值则不合格；而实际得分取决于单点压实度与标准值降低2%之值的大小关系，计算合格率，实际得分等于合格率 × 规定分值。因此，应依次确定压实度代表值、合格率。

解 经计算得：

压实度平均值：$\overline{K} = 97.43\%$。

标准差：$S = 0.64\%$。

查表 2-8 得：$t_\alpha / \sqrt{n} = 0.568$。

压实度代表值 K_L：

$$K_L = \overline{K} - S \cdot \frac{t_\alpha}{\sqrt{n}} = 97.43\% - 0.64\% \times 0.568 = 97.07\%$$

判断压实质量：

因为 $K_L = 97.07\% > K_0 = 97\%$，$K_{i\min} = 96.4\% > K_{极值} = 93\%$

所以，该段压实质量是合格的。

计算合格率：

因为：$K_{i\min}=96.4\%>K_0-2\%=95\%$

所以，合格率为100%。

计算得分值：

得分 $=20\times100\%=20$（分）

项目实训

实训项目一　基本知识训练

一、单选题

1. 根据“评定标准”规定，某一级公路土基压实度标准为95%，当某测点的压实度为92.5%时，评定结果为（　　）。

A. 优良　　B. 合格　　C. 不合格并扣分　　D. 不合格并返工

2. 沥青混凝土标准密度，应由（　　）得到。

A. 马歇尔试验　　B. 击实试验　　C. 无侧限抗压强度试验　　D. 钻芯取样试验

3. 某路段压实度检测结果为：平均值 $\overline{K}=96.3\%$，标准差 $S=2.2\%$，则压实度代表值 K_L 为（　　）。（注：$Z_\alpha=1.645$，$t_\alpha/\sqrt{n}=0.518$）

A. 92.7　　B. 99.9　　C. 95.2　　D. 97.4

4. 对土方路基质量评定影响最大的指标是（　　）。

A. 压实度　　B. 平整度　　C. 宽度　　D. 纵断面高程

5. 当压实度代表值小于压实度标准时，其得分为（　　）。

A. 100分　　B. 规定的满分　　C. 合格率×规定分　　D. 零分

二、多选题

1. 一般来说，测定沥青面层压实度的方法有（　　）。

A. 灌砂法　　B. 环刀法　　C. 水袋法　　D. 钻芯取样法

2. 关于环刀法测定压实度，下列说法正确的是（　　）。

A. 环刀法可用于测定水泥稳定砂砾基层的压实度

B. 环刀法适用于细粒土

C. 环刀法检测比较方便

D. 环刀法检测结果比灌砂法的精确

3. 关于土基压实度的评定，下列说法正确的是（　　）。

A. 用压实度代表值控制路段的总体压实水平

B. 单点压实度不得小于极值标准

C. 根据合格率，计算评分值

D. 分层检测压实度,但只按上路床的检测值进行评定计分

4. 路面结构层厚度测定可以与压实度的(　　)测定方法一起进行。

A. 灌砂法　　B. 钻芯取样法　　C. 环刀法　　D. 核子密湿度仪法

5. 应用核子密湿度仪测定压实度,下列说法正确的是(　　)。

A. 核子密湿度仪法可以作为仲裁试验

B. 核子密湿度仪法可以测定粗粒料土的压实度

C. 核子密湿度仪使用前应进行标定

D. 核子密湿度仪法适用于施工质量的现场快速评定

三、简答题

1. 压实度的测试方法有几种? 各自的适用条件是什么?

2. 灌砂法测定压实度的主要步骤是什么?

3. 测定沥青混合料面层压实度采用什么方法? 测定试件密度的主要步骤是什么?

4. 简述路基路面压实度评定方法。各类公路基层面层等的代表值的保证率应符合什么要求?

实训项目二　职业能力与素质综合训练

由授课教师提供某高速公路某合同段工程资料,依据《公路工程质量检验评定标准》(JTG F80/1—2012)对该合同段范围内路基基层或底基层压实度进行检测与评定,组织学生分组讨论并完成以下任务:

1. 依据评定标准,根据随机选点方法确定该合同段内测定的区间及测定断面位置。

2. 依据评定标准,根据随机选点方法确定测定断面测点的位置。

3. 虚拟在某新建高速公路水泥混凝土路基施工中,要对其中某一路段上路基基层的压实质量进行检查自检,压实度检测结果为:98.6%、95.4%、93.0%、99.2%、96.2%、92.8%、95.9%、96.8%、96.3%、95.9%、92.6%、95.6%、99.2%、95.8%、94.6%、99.5%,完成以下子任务:

(1)依据评定标准,查阅并确定该高速公路路基基层压实度的标准值与极值各为何值?

(2)试按99%的保证率计算该路段的压实度代表值,并进行分析评定(规定分值为20分)。

【实训要求】

能力目标:

1. 能够熟练地运用随机选点方法确定测定区间、测定断面及测定断面测点的位置。

2. 能够进行公路路基路面压实度的评定。

素质目标:

培养坚持原则、忠于职守、作风正派、秉公办事的作风,要以数据说话;形成认真、严谨和科学的态度,具有较强的团队意识;树立质量第一的工程意识。

学习任务 2.3　路基路面承载力和强度检测

知识目标

1. 了解弯沉值基本概念及自动弯沉仪和落锤式弯沉仪测定路基路面弯沉值的基本原理。

2. 熟悉土基现场 *CBR* 值测定。

3. 掌握贝克曼梁法测定路基路面回弹弯沉值。

岗位任务

工作任务表

能力目标	主讲内容	学生完成任务	评价标准	
运用贝克曼梁法测定路基路面的回弹弯沉值	贝克曼梁法测定路基路面回弹弯沉的方法、原理及步骤	用贝克曼梁法测定路基路面的回弹弯沉值	优秀	操作正确，数据完整、填表处理正确
			良好	操作正确，数据较完整、填表处理较正确
			合格	操作正确，数据较完整、填表处理基本正确
现场测定土基的 *CBR* 值	土基现场 *CBR* 值测试的方法、原理及步骤	现场测试土基的 *CBR* 值	优秀	操作正确，数据完整、填表处理正确
			良好	操作正确，数据较完整、填表处理较正确
			合格	试样基本完整，标识基本正确
测试路段弯沉值计算与评定	弯沉值的计算方法、评定原则	正确地计算、测试弯沉值并进行质量评定	优秀	过程完整，计算正确，结论合理
			良好	过程较完整，计算正确，结论较合理
			合格	过程基本完整，计算及结论基本正确

国内外普遍采用回弹弯沉值来表示路基路面的承载能力，回弹弯沉值越大，承载能力越小；反之则越大。回弹弯沉值在我国已广泛使用且有很多试验和研究成果，它不仅用于路面结构的设计（设计回弹弯沉值）、施工控制及施工验收中（竣工验收弯沉值），还用在旧路补强设计中。它是公路工程的一个基本参数。

2.3.1　基本概念

2.3.1.1　弯沉值

弯沉值是指在规定的标准轴载作用下，路基或路面表面轮隙中心处产生的总垂直变形（总弯沉值），或垂直回弹变形值（回弹弯沉值），以 0.01 mm 为单位。通常所说的回弹弯沉值是指标准后轴载双轮组轮隙中心处的最大回弹弯沉值，在路表测试的回弹弯沉值可以反映路基、路面的综合承载能力。

2.3.1.2　设计弯沉值

设计弯沉值是指根据设计年限内一个车道上预测通过的累计当量轴次、公路等级、面层和基层类型而确定的路面弯沉设计值。

2.3.1.3　**竣工验收弯沉值**

当路面厚度计算以设计弯沉值为控制指标时，则验收弯沉值小于或等于设计弯沉值；当厚度计算以层底拉应力为控制指标时，应根据拉应力计算所得的结构厚度，重新计算路面弯沉值，该弯沉值即为竣工验收弯沉值。

2.3.2　弯沉值的测试方法

弯沉值的测试方法较多，目前使用最多的是贝克曼梁法，在我国已有成熟的经验，但由于受测试速度等因素的限制，各国都对快速连续或动态测定进行了研究。现在用的比较普遍的有法国洛克鲁瓦式自动弯沉仪、丹麦等国家发明并几经改进形成的落锤式弯沉仪（FWD）、美国的振动弯沉仪等。现将常用的几种方法、各自的特点作简单的比较，如表2-10所示。

表2-10　常用几种弯沉测试方法比较

方法	特点
贝克曼梁法	传统方法，速度慢，静态测试，技术成熟，目前属于标准方法
自动弯沉仪法	利用贝克曼梁原理快速连续，属于静态测试范畴，但测定的是总弯沉值，因此使用时应用贝克曼梁法进行标定换算
落锤式弯沉仪法	利用重锤自由落下的瞬间产生的冲击荷载测定弯沉，属于动态弯沉，并能反算路面的回弹模量，快速连续，使用时应用贝克曼梁法进行标定换算

2.3.2.1　**贝克曼梁法测定路基路面回弹弯沉值**

贝克曼梁法利用杠杆原理制成杠杆式弯沉仪测定轮隙弯沉值。它适用于测定各类路基、路面的回弹弯沉值，用以评定其整体承载能力，供路面结构设计使用；测定的路基、柔性路面的回弹弯沉值可供交工和竣工验收使用；测定的路面回弹弯沉值可为公路养护管理部门制定养路、修路计划提供依据；沥青路面的弯沉值以标准温度20 ℃时为准，在其他温度（超过（20±2）℃范围）测试时，对厚度大于5 cm的沥青路面，弯沉值应予温度修正。

1. 仪具与材料

1）标准车

双轴、后轴双侧4轮的载重车，其标准轴荷载、轮胎尺寸、轮胎间隙及轮胎气压等主要参数应符合表2-11的要求。测试车采用后轴10 t的BZZ－100的汽车。

表2-11　测定弯沉用的标准车参数

标准轴重等级	BZZ－100
后轴标准轴载 P(kN)	100±1
一侧双轮荷载（kN）	50±0.5
轮胎充气压力（MPa）	0.70±0.05
单轮传压面当量圆直径（cm）	21.30±0.5
轮隙宽度	应能满足自由插入弯沉仪测头的测试要求

2）路面弯沉仪

路面弯沉仪由贝克曼梁、百分表及表架组成。贝克曼梁由合金铝制成，上有水准泡，其前臂（接触路面）与后臂（装百分表）长度比为2∶1。

弯沉仪长度有两种：一种长3.6 m，前后臂分别为2.4 m和1.2 m；另一种加长的弯沉仪长5.4 m，前后臂分别为3.6 m和1.8 m。其构造如图2-12所示。当在半刚性基层沥青路面或水泥混凝土路面上测定时，宜采用长度为5.4 m的贝克曼梁弯沉仪，并采用BZZ－100标准车。弯沉值采用百分表量得，也可用自动记录装置进行测量。

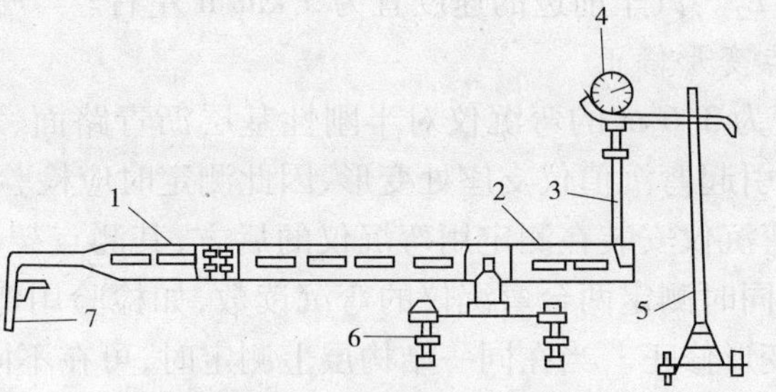

1、2—前后杠杆；3—立杆；4—百分表；5—表架；6—支座；7—测头

图2-12　路面弯沉仪的构造

3）接触式路表温度计

接触式路表温度计端部为平头，分度不大于1 ℃。

4）其他

其他仪具与材料包括皮尺、口哨、白油漆或粉笔、指挥旗等。

2.方法与步骤

1）准备工作

（1）检查并保持测定用标准车的车况及刹车性能良好、轮胎符合规定充气压力。

（2）向汽车车槽中装载铁块等集料，并在地磅上称量后轴质量，符合要求的轴重规定。汽车行驶及测定过程中，轴重不得变化。

（3）测定轮胎接地面积：在平整光滑的硬质路面上用千斤顶将汽车后轴顶起，在轮胎下方铺一张新的复写纸，轻轻落下千斤顶，即在方格纸上印上轮胎印痕，用求积仪或数方格的方法测算轮胎接地面积，精确至0.1 cm^2。

（4）检查弯沉仪百分表测量灵敏情况。

（5）当在沥青路面上测定时，用路表温度计测定试验时气温及路表温度（一天中气温不断变化，应随时测定），并通过气象台了解前5 d的平均气温（日最高气温与最低气温的平均值）。

（6）记录沥青路面修建或改建时材料、结构、厚度、施工及养护等情况。

2）测试步骤

（1）在测试路段布置测点，其距离随测试需要而定。测点应在路面行车车道的轮迹带上，并用白漆或粉笔画上标记。

（2）将试验车后轮轮隙对准测点后3～5 cm的位置上。

(3)将弯沉仪插入汽车后轮之间的缝隙处,与汽车方向一致,梁臂不得碰到轮胎,弯沉仪测头置于测点上(轮隙中心前方 3 ~5 cm 处),并安装百分表于弯沉仪的测定杆上。百分表调零,用手指轻轻叩打弯沉仪,检查百分表是否稳定回零。弯沉仪可以是单侧测定,也可以是双侧同时测定。

(4)测定者吹哨发令指挥汽车缓缓前进,百分表随路面变形的增加而持续向前转动。当表针转动到最大值时,迅速读取初读数 L_1。汽车仍在继续前进,表针反向回转,待汽车驶出弯沉影响半径(约 3 m 以上)后,吹口哨或挥动指挥旗,汽车停止。待表针回转稳定后,再次读取终读数 L_2。汽车前进的速度宜为 5 km/h 左右。

3)弯沉仪的支点变形修正

(1)当采用长度为 3.6 m 的弯沉仪对半刚性基层沥青路面、水泥混凝土路面等进行弯沉测定时,有可能引起弯沉值仪支座处变形,因此测定时应检验支点有无变形。此时应用另一台检验用的弯沉仪安装在测定用弯沉仪的后方,其测点架于测定用弯沉仪的支点旁。当汽车开出时,同时测定两台弯沉仪的弯沉读数,如检验用弯沉百分表有读数,即应该记录并进行支点变形修正。当在同一结构层上测定时,可在不同位置测定 5 次,求取平均值,以后每次测定时以此作为修正值。支点变形修正的原理如图 2-13 所示。

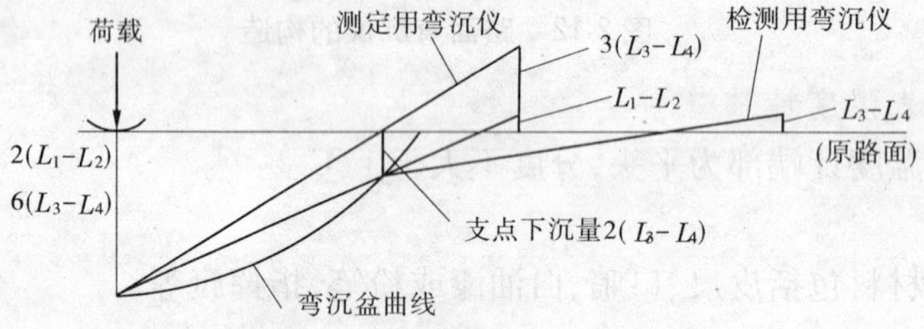

图 2-13　弯沉仪支点变形修正原理

(2)当采用长度为 5.4 m 的弯沉仪测定时,可不进行支点变形修正。

3. 结果计算及温度修正

路面测点的回弹弯沉值计算式为

$$L_T = (L_1 - L_2) \times 2 \tag{2-24}$$

式中　L_T——在路面温度 T 时的回弹弯沉值,0.01 mm;

L_1——车轮胎中心临近弯沉仪测头时百分表的最大读数,0.01 mm;

L_2——汽车驶出弯沉影响半径后百分表的终读数,0.01 mm。

当需要进行弯沉仪支点变形修正时,路面测点的回弹弯沉值按式(2-25)计算(适用于测定弯沉仪支座处有变形,但百分表架处路面已无变形的情况)

$$L_T = (L_1 - L_2) \times 2 + (L_3 - L_4) \times 6 \tag{2-25}$$

式中　L_1——车轮胎中心临近弯沉仪测头时百分表的最大读数,0.01 mm;

L_2——汽车驶出弯沉影响半径后百分表的终读数,0.01 mm。

L_3——车轮中心临近弯沉仪测头时检测用弯沉仪的最大读数,0.01 mm;

L_4——汽车驶出弯沉影响半径后检验用弯沉仪的最终读数,0.01 mm。

沥青面层厚度大于 5 cm 的沥青路面,回弹弯沉值应进行温度修正,当沥青层厚度小于或等于 50 mm 或路表温度在(20±2)℃范围内时,可不进行温度修正。温度修正及回弹弯沉值的计算宜按下列步骤进行:

(1)测定时的沥青层平均温度按式(2-26)计算

$$T=\frac{T_{25}+T_m+T_e}{3} \tag{2-26}$$

式中　T——测定时沥青层平均温度,℃;

T_{25}——根据 T_0 由图 2-14 确定的路表下 25 mm 处的温度,℃;

T_m——根据 T_0 由图 2-14 确定的沥青中间深度的温度,℃;

T_e——根据 T_0 由图 2-14 确定的沥青层底面处的温度,℃。

图 2-14 中 T_0 为测定时路表温度与测定前 5 d 平均气温的平均值之和(℃),日平均气温为日最高气温与日最低气温的平均值。

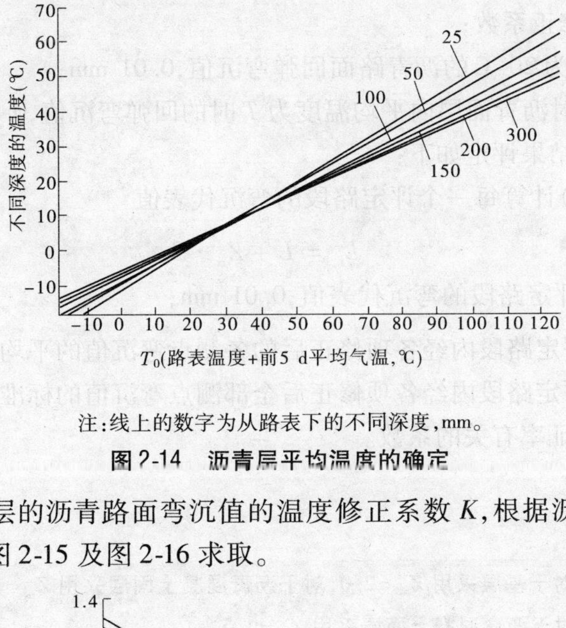

注:线上的数字为从路表下的不同深度,mm。

图 2-14　沥青层平均温度的确定

(2)采用不同基层的沥青路面弯沉值的温度修正系数 K,根据沥青层平均温度 T 及沥青层厚度,分别由图 2-15 及图 2-16 求取。

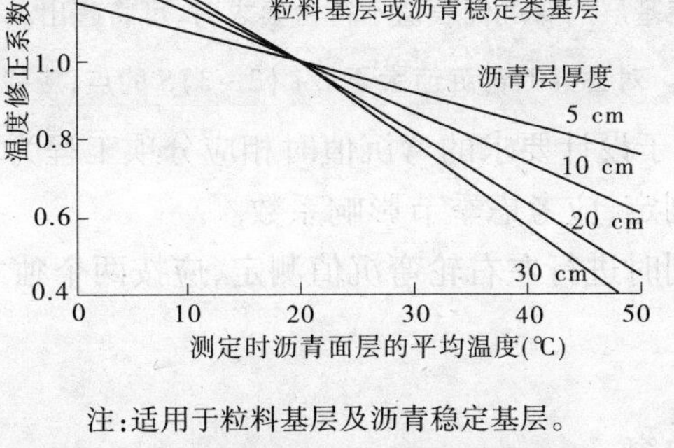

注:适用于粒料基层及沥青稳定基层。

图 2-15　路面弯沉温度修正系数曲线

(3)沥青路面回弹弯沉按式(2-27)计算

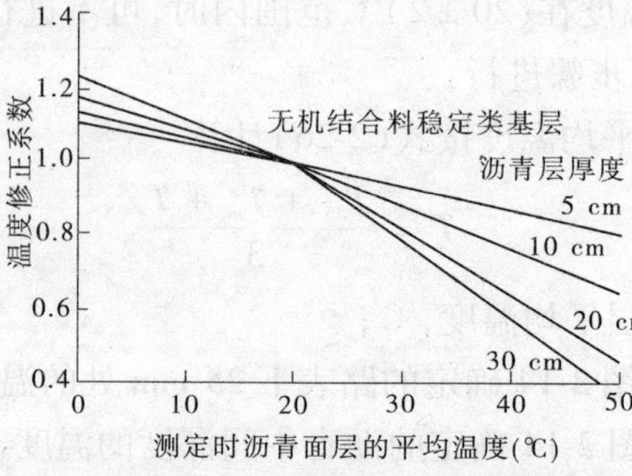

注:适用于无机结合料稳定的半刚性基层。

图 2-16　路面弯沉温度修正系数曲线

$$L_{20} = L_T \times K \tag{2-27}$$

式中　K——温度修正系数;

L_{20}——换算为 20 ℃的沥青路面回弹弯沉值,0.01 mm;

L_T——测定时沥青面层内平均温度为 T 时的回弹弯沉值,0.01 mm。

测定结束后的结果评定如下:

(1)按式(2-28)计算每一个评定路段的弯沉代表值

$$L_r = \overline{L} + Z_\alpha \cdot S \tag{2-28}$$

式中　L_r——一个评定路段的弯沉代表值,0.01 mm;

$\overline{L}$——一个评定路段内经各项修正后的各测点弯沉值的平均值,0.01 mm;

S——一个评定路段内经各项修正后全部测点弯沉值的标准差,0.01 mm;

Z_α——与保证率有关的系数。

知识拓展

高速、一级公路,对于基层采用 $Z_\alpha = 2.0$,对于沥青混凝土面层采用 $Z_\alpha = 1.645$;二、三级公路,对于路基采用 $Z_\alpha = 1.645$,对于沥青混凝土面层采用 $Z_\alpha = 1.5$。

当路基和柔性基层、底基层的弯沉代表值不符合要求时,可将超出 $\overline{L} \pm (2 \sim 3)S$ 的弯沉特异值舍弃,重新计算平均值和标准差。对舍弃的弯沉值大于 $\overline{L} + (2 \sim 3)S$ 的点,应找出其周围界限,进行局部处理。

(2)弯沉代表值大于设计要求的弯沉值时相应分项工程为不合格。

若在非不利季节测定,应考虑季节影响系数。

若用两台弯沉仪同时进行左右轮弯沉值测定,应按两个独立测点计,不能采用左右两点平均值。

4. 检测报告

报告应包括下列内容:

(1)弯沉测定表、支点变形修正值、测试时的路面温度及温度修正值。

(2)每一个评定路段的各测点弯沉的平均值、标准差及弯沉代表值。

应用案例 2-5

某新建高速公路竣工后，在不利季节测得某段路面的弯沉值如表 2-12 所示，路面设计弯沉值为 40(0.01 mm)，试判断该路段的弯沉值是否符合要求。(保证率系数 $Z_{\alpha}=1.645$)

表 2-12　弯沉值检测结果　　(单位:0.01 mm)

序号	1	2	3	4	5	6	7	8	9	10
L_i	29	30	28	32	31	30	29	31	30	28
序号	11	12	13	14	15	16	17	18	19	20
L_i	30	32	31	30	28	30	27	33	32	29

【案例解析】

弯沉值评定判定是否合格的主要依据是弯沉代表值与弯沉设计值的大小关系，若代表值小于等于设计值则合格，否则不合格。因此，应确定弯沉代表值。

解　经计算

弯沉算术平均值为：$\overline{L}=30(0.01\ \text{mm})$

标准差：$S=1.59(0.01\ \text{mm})$

弯沉代表值为弯沉检测值的上波动界限，即

$$L_r=\overline{L}+Z_{\alpha}\cdot S=30+1.645\times1.59=32.6<L_d=40(0.01\ \text{mm})$$

所以该路段的弯沉值是满足要求的。

2.3.2.2　自动弯沉仪测定路面弯沉值

用自动弯沉仪在标准条件下每隔一定距离连续测试路面的总弯沉值，并计算总弯沉值的平均值，以此作为尚无坑洞等严重破坏的道路验收检查及旧路面强度的评价指标，可为路面养护管理系统提供数据。经过与贝克曼梁法测定值进行换算后，也可以进行路面结构设计。

1. 仪具与材料

自动弯沉仪测定车由承载车、测量机架及控制系统，位移、温度和距离传感器，数据采集和处理系统等基本部分组成，如图 2-17 所示。

自动弯沉仪的承载车辆应为单后轴、单侧双轮组的载重车，其标准条件参考贝克曼梁法测定路基路面回弹弯沉试验方法中 BZZ－100 车型的标准参数(见表 2-11)。

自动弯沉仪测试系统基本技术要求和参数如下：

(1)位移传感器分辨率：0.01 mm。

(2)位移传感器有效量程：≥3 mm。

(3)设备工作环境温度：0～60 ℃。

(4)距离标定误差：≤1%。

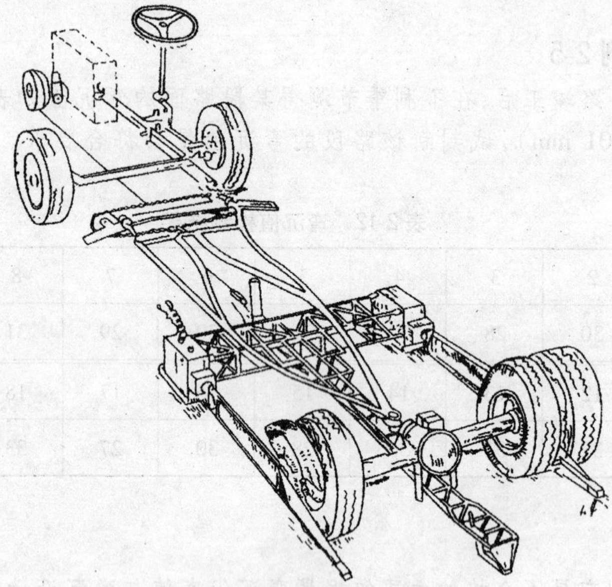

图 2-17　自动弯沉仪的测量机构

2. 方法与步骤

1) 准备工作

(1) 位移传感器标定。每次测试之前必须按照设备使用手册规定的方法进行位移传感器的标定，记录标定数据并存档。

(2) 检查承载车轮胎气压。每次测试之前都必须检查后轴轮胎气压，应满足(0.70±0.05)MPa的要求。

(3) 检测承载车轮载。一般每年检查一次，如果承载车因改装等改变了后轴载，也必须进行此项工作，后轴载满足(100±1)kN的要求。

(4) 检查测量架的易损部件情况，及时更换损坏部件。

(5) 打开设备电源进行检查，控制面板功能键、指示灯、显示器等应正常。

(6) 开动承载车试测2~3个步距，观察测试机构，测试机构应正常，否则需要调整。

2) 测试步骤

(1) 测试系统在开始测试前需要通电预热，时间不少于设备操作手册的要求，并开启工程警灯和导向标等警告标志。

(2) 在测试路段前20 m处将测量架放落在路面上，并检查各机构的部件情况。

(3) 操作人员按照设备使用手册的规定和测试路段的现场技术要求设置完毕所需的测试状态。

(4) 驾驶员缓慢加速承载车到正常测试速度，沿正常行车轨迹驶入测试路段。

(5) 测试人员将测试路段起终点、桥涵等特殊位置的桩号输入记录数据中。

(6) 当测试车辆驶出测试路段后，操作人员停止数据采集和记录，并恢复仪器各部分至初始状态，驾驶员缓慢停止承载车，提起测量架。

(7)操作人员检查数据文件,文件应完整,内容应正常,否则需要重新测试。

(8)关闭测试系统电源,结束测试。

3. 计算

(1)采用自动弯沉仪采集路面弯沉盆峰值数据。

(2)数据组中左臂测值、右臂测值按单独弯沉处理。

(3)对原始弯沉测试数据进行温度、坡度、相关性等修正。

4. 弯沉值的横坡修正

当路面横坡不超过 4% 时,不进行超高影响修正;当横坡超过 4% 时,超高影响的修正按照表 2-13 规定进行。

表 2-13　弯沉值横坡修正

横坡范围	高位修正系数	低位修正系数
>4%	$\frac{1}{1-i}$	$\frac{1}{1+i}$

注:i 是路面横坡(%)。

5. 检测报告

检测报告中应该包括以下内容:

(1)弯沉的平均值、标准差、代表值,测试时的路面温度及温度修正值。

(2)自动弯沉仪测值与贝克曼梁测值的相关关系式及相关系数。

2.3.2.3　落锤式弯沉仪测定路基路面弯沉

在标准质量的重锤落下一定高度发生的冲击荷载的作用下,用落锤式弯沉仪(FWD)测定路基或路面表面所产生的瞬时变形,即测定在动态荷载作用下产生的动态弯沉值及弯沉盆,并可由此反算路基路面各层材料的动态弹性模量,作为设计参数使用。所测结果也可用于评定道路承载能力、调查水泥混凝土路面接缝的传力效果和探查路面板下的空洞等。

1. 仪具与材料

落锤式弯沉仪,由荷载发生装置、弯沉检测装置、运算控制系统与车辆牵引系统等组成。其结构示意如图 2-18 所示。

(1)荷载发生装置:重锤的质量及落高根据使用目的与道路等级选择,荷载由传感器测定,如无特殊需要,重锤的质量为(200 ± 10)kg,可采用(50 ± 2.5)kN 的冲击荷载。承载板宜为十字对称分开成 4 部分且底部固定有橡胶片的承载板。承载板的直径为 300 mm。

(2)弯沉检测装置:由一组高精度位移传感器组成,如图 2-19 所示,传感器可为差动变压器式位移计(LVDT)。自中心开始,承载板沿道路纵向设置,隔开一定距离布设一组传感器,传感器总数不少于 7 个,建议布置在 0 ~ 250 cm 范围内,必须包括 0 cm、30 cm、60 cm、90 cm 4 点,其他根据需要及设备性能决定。

(3)运算及控制装置:能在冲击荷载作用的瞬间,记录冲击荷载及各个传感器所在位置测点的动态变形。

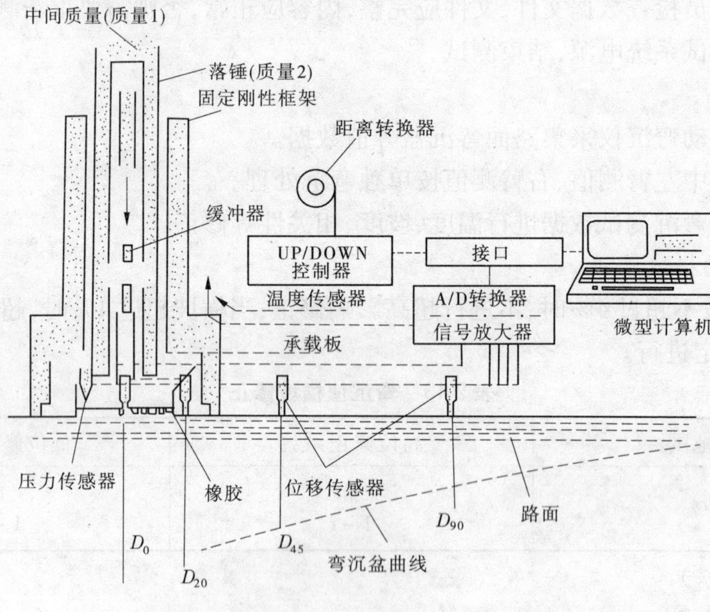

图 2-18　落锤式弯沉仪测量系统示意图

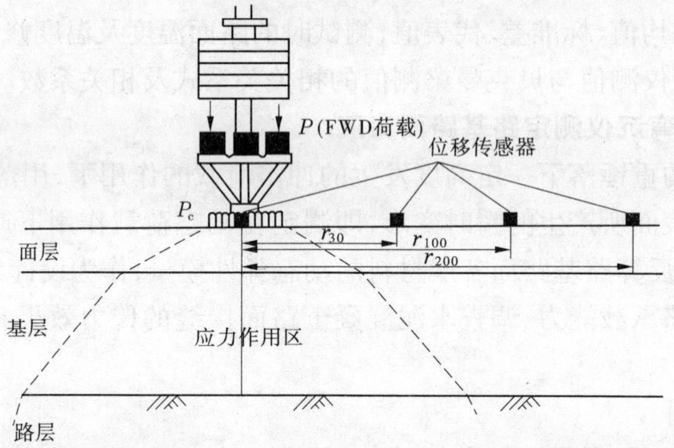

图 2-19　落锤式弯沉仪传感器布置及应力作用范围实例

(4)牵引装置:牵引 FWD 并安装有运算及控制装置的车辆。

2. 方法与步骤

1)准备工作

(1)调整重锤的质量及落高,使重锤的质量及产生的冲击荷载符合前述仪器的要求。

(2)在测试路段的路基或路面各层表面布置测点,其位置或距离随测试需要而定。当在路面表面测定时,测点宜布置在行车车道的轮迹带上。测试时,还可利用距离传感器定位。

(3)检查 FWD 的车况及使用性能,用手动操作检查,各项标准符合仪器规定要求。

(4)将 FWD 牵引至测定地点,并将仪器打开,进入工作状态。牵引 FWD 行驶的速度不宜超过 50 km/h。

(5)对位移传感器按仪器使用说明书进行标定,使之达到规定精度要求。

2)测定方法

(1)承载板中心位置对准测点,承载板自动落下,放下弯沉装置的各个传感器。

(2)启动落锤装置,落锤瞬间自由落下,冲击力作用于承载板上,又立即自动提升至原来位置固定。同时,各个传感器检测结构层表面变形,记录系统将位移信号输入计算机,并得到路面弯沉峰值,同时得到弯沉盆。每一测点重复测定应不少于3次,除去第一个测定值,取以后几次测定值的平均值作为计算依据。

(3)提起传感器及承载板,牵引车向前移动至下一个测点,重复上述步骤,进行测定。

3. 数据处理

(1)按桩号记录各测点的弯沉值及弯沉盆数据,计算一个评定路段的平均值、标准差、变异系数。

(2)当为调查水泥混凝土路面接缝的传力效果时,利用在接缝两边布置的位移传感器测定值的差异及弯沉盆的形状,进行判断。

(3)当为探查路面板下的空洞时,利用在不同位置测定的测值差异及弯沉盆的形状进行判断。

4. 检测报告

(1)各测点的最大弯沉值及弯沉盆测定数据。

(2)每一个评定路段全部测点弯沉的平均值、标准差、变异系数及弯沉代表值。

(3)如与贝克曼梁弯沉仪进行了对比试验,尚应列出相关关系式、相关系数和换算的回弹弯沉值。

2.3.3　土基现场 *CBR* 试验

CBR 试验又称加州承载比,是评定土基及路面基层材料强度的一种方法。由于该法简便,试验数据稳定,因而被许多国家采用。

所谓 *CBR* 值,是指试料贯入量达2.5 mm时,单位压力对标准碎石压入相同贯入量时标准荷载强度的比值。标准荷载强度是用高质量碎石材料由试验求得的。*CBR* 是表征路基土、粒料、稳定土强度的一种指标,以标准碎石的承载能力为标准,以相对值的百分数表示 *CBR* 值。

土基现场 *CBR* 测试所用试样的最大集料粒径宜小于19.0 mm,最大不得超过31.5 mm。它适用于在公路现场测定各种土基材料的现场 *CBR* 值,同时也适合于基层、底基层砂类土、天然砂砾、级配碎石等材料 *CBR* 值的测定。

2.3.3.1　仪具与材料

(1)荷重装置:装载有铁块或集料等重物的载重汽车,后轴重不小于60 kN,在汽车大梁的后轴之后设有一加劲横梁作反力架用。

(2)现场测试装置:如图2-20所示,由千斤顶(机械或液压)、测力计(测力环或压力表)及球座组成。千斤顶可使贯入杆的贯入速度调节成1 mm/min。测力计的容量不小于土基强度，测定精度不少于测力计量程的 1/100。

(3)贯入杆：直径 50 mm，长约 200 mm 的金属圆柱体。

(4)承载板：每块 1.25 kg，直径 150 mm，中心孔眼直径 52 mm，不少于 4 块，并沿直径分为两个半圆块，如图 2-21 所示。

(5)贯入量测定装置：由图 2-20 中所示的平台及百分表组成，百分表量程 20 mm，精度 0.01 mm，数量 2 个，对称固定于贯入杆上，端部与平台接触，平台跨度不小于 50 cm。此设备也可用两台贝克曼梁弯沉仪代替。

(6)细砂：洁净干燥的细干砂，粒径为 0.3 ~ 0.6 mm。

(7)其他：铁铲、盘、直尺、毛刷、天平等。

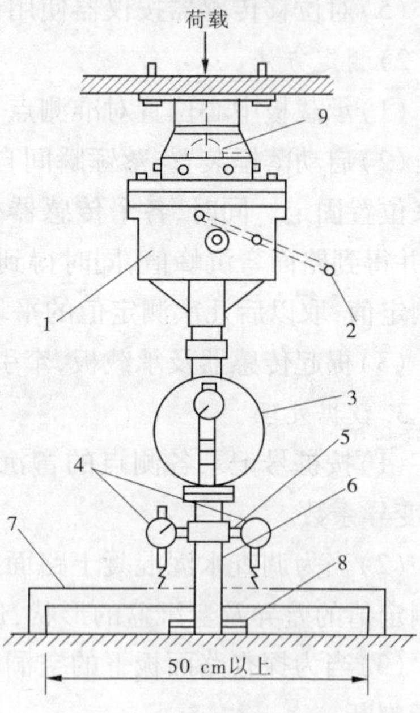

1—加载千斤顶；2—手柄；3—测力计；
4—贯入量测定装置(百分表)；
5—百分表夹持具；6—贯入杆；7—平台；
8—承载板；9—球座

图 2-20　土基 *CBR* 现场测试装置

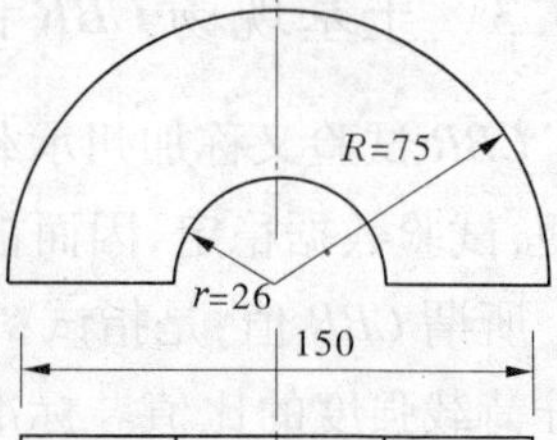

图 2-21　承载板　(单位：mm)

2.3.3.2　方法与步骤

1. 准备工作

(1)将试验地点直径约 30 cm 范围的表面找平，用毛刷刷净浮土。如表面为粗粒土，应撒布少许洁净的干砂填平，但不能覆盖全部土基避免形成夹层。

(2)装置测试设备，按图 2-20 设置贯入杆及千斤顶，千斤顶顶在汽车后轴上且调节至高度适中，贯入杆应与土基表面紧密接触。

(3)安装贯入量测定装置，将支架平台、百分表(或两台贝克曼梁弯沉仪)按图 2-20 安装好。

2. 测试步骤

(1)在贯入杆位置安放 4 块 1.25 kg 的分开成半圆的承载板(共 5 kg)。

(2)试验贯入前，先在贯入杆上施加 45 N 荷载后，将测力计及贯入量百分表调零，记录初始读数。

(3)启动千斤顶，使贯入杆以 1 mm/min 的速度压入土基，当相应贯入量为 0.5 mm、1.0 mm、1.5 mm、2.0 mm、2.5 mm、3.0 mm、4.0 mm、5.0 mm、6.5 mm、10.0 mm 及 11.5 mm 时，分别读取测力计读数。根据情况，也可在贯入量达 6.5 mm 时结束试验。

用千斤顶连续加载，两个贯入量百分表及测力计均应在同一时刻读数。当两个百分表读数差值不超过平均值的 30% 时，以其平均值作为贯入量；当两个百分表读数差值超过平均值的 30% 时，应停止试验。

(4)卸除荷载,移去测定装置。

(5)在试验点下取样,测定材料含水率。取样数量如下:最大粒径不大于 4.75 mm,试样数量约 120 g;最大粒径不大于 19.0 mm,试样数量约 250 g;最大粒径不大于 31.5 mm,试样数量约 500 g。

(6)在紧靠试验点旁边的适当位置,用灌砂法或环刀法等测定土基的密度。

2.3.3.3　**计算**

(1)用贯入试验得到的等级荷重数除以贯入断面面积(19.625 cm^2),得到各级压强(MPa),绘制荷载压强—贯入量关系曲线,如图 2-22 所示。当图中曲线(如 2 所示)在起点有明显凹凸的情况时,应在曲线的拐弯处作切线延长进行修正,以与坐标轴相交的点 O' 作原点,得到修正后的压强—贯入量曲线。

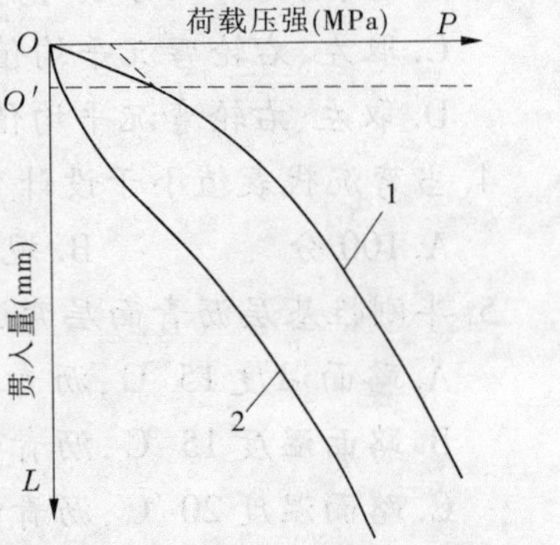

图 2-22　荷载压强—贯入量关系曲线

(2)从压强—贯入量曲线上读取贯入量为 2.5 mm 及 5.0 mm 时的荷载压强 P_1,按式(2-29)计算现场 *CBR* 值。*CBR* 一般以贯入量 2.5 mm 时的测定值为准,当贯入量 5.0 mm 时的 *CBR* 值大于 2.5 mm 时的 *CBR* 值时,应重新试验。如重新试验仍然如此,则以贯入量 5.0 mm 的 *CBR* 为准。

$$CBR = \frac{P_1}{P_0} \times 100\% \tag{2-29}$$

式中　P_1——荷载压强,MPa;

P_0——标准压强,当贯入量为 2.5 mm 时为 7 MPa,当贯入量为 5.0 mm 时为 10.5 MPa。

2.3.3.4　**报告**

试验报告应包括的内容有:

(1)土基含水率(%)。

(2)测点的干密度(g/cm^3)。

(3)现场 *CBR* 值及相应的贯入量。

项目实训

实训项目一　基本知识训练

一、单选题

1. 目前,回弹弯沉值最常用的测试方法是(　　)。

A. 承载板法　　B. 贝克曼梁法　　C. 自动弯沉仪法　　D. 落锤式弯沉仪法

2. 贝克曼梁法测定回弹弯沉值,百分表初读数为 49,终读数为 24,那么回弹弯沉值为(　　)。

A. 25(0.01 mm)　B. 25(mm)　C. 50(0.01 mm)　D. 50(mm)

3. 回弹弯沉值测定时,左轮百分表初读数61、终读数47;右轮百分表初读数94、终读数81,则弯沉处理方法和计算结果正确的是(　　)。

A. 左、右轮弯沉分别考虑,其值为14、13(0.01 mm)

B. 左、右轮弯沉分别考虑,其值为28、26(0.01 mm)

C. 取左、右轮弯沉平均值,其值为13.5(0.01 mm)

D. 取左、右轮弯沉平均值,其值为27(0.01 mm)

4. 当弯沉代表值小于设计弯沉值(或竣工验收弯沉值)时,其得分为(　　)。

A. 100分　B. 规定的满分　C. 合格率×规定分　D. 零分

5. 半刚性基层沥青面层弯沉测试中,当(　　)时应进行温度修正。

A. 路面温度15 ℃,沥青面层厚度10 cm

B. 路面温度15 ℃,沥青面层厚度4 cm

C. 路面温度20 ℃,沥青面层厚度10 cm

D. 路面温度20 ℃,沥青面层厚度4 cm

6. 贝克曼梁的杠杆比一般为(　　)。

A. 1∶1　B. 1∶2　C. 1∶3　D. 1∶4

7. 若检测弯沉的平均值为35.2(0.01 mm),标准偏差为9.7(0.01 mm),已知保证率系数为1.645,t分布系数$t_\alpha/\sqrt{n}=0.580$,则弯沉代表值为(　　)(0.01 mm)。

A. 19.2　B. 51.2　C. 29.6　D. 40.8

8. 回弹弯沉测试中,应对测试值进行修正,但不包括(　　)修正。

A. 温度　B. 支点　C. 季节　D. 原点

9. 测试回弹弯沉时,弯沉仪的测头应放置在(　　)位置。

A. 轮隙中心　B. 轮隙中心稍偏前

C. 轮隙中心稍偏后　D. 轮隙中任意位置

10. 用贝克曼梁法测定回弹模量时,各测点的测试值取舍的依据是(　　)。

A. 3倍标准偏差法　B. 拉依达法　C. 肖维纳特法　D. 格拉布斯法

二、多选题

1. 在沥青面层弯沉检测中,下列4种情况应进行温度修正的有(　　)。

A. 路面温度15 ℃,沥青面层厚度10 cm

B. 路面温度15 ℃,沥青面层厚度4 cm

C. 路面温度25 ℃,沥青面层厚度10 cm

D. 路面温度25 ℃,沥青面层厚度4 cm

2. 弯沉测试车的主要技术参数为(　　)。

A. 后轴轴载　B. 后轴一侧双轮组　C. 前轴轴载　D. 前轴一侧双组

3. 有关沥青混凝土面层弯沉测试评定中,下列情况正确的是(　　)。

A. 弯沉代表值应大于等于弯沉设计值

B. 当路面温度为(20±2)℃或沥青面层厚度小于等于5 cm时,不必进行温度修正

C. 评定结果只有两种情况,即评分值要么得规定的满分,要么得零分

D. 弯沉值应在最不利季节测定,否则应进行季节修正

4. 沥青路面弯沉设计值与(　　)有关。

A. 累计当量轴次　　B. 公路等级　　C. 路面结构总厚度　　D. 面层类型

5. 弯沉测试时,测试车的(　　)会影响弯沉的测试结果。

A. 车型　　B. 后轴重　　C. 轮胎接地压力　　D. 轮胎接地半径

三、简答题

1. 简述贝克曼梁法测定路表回弹弯沉的试验步骤。抽样检验的类型有哪些?各自是如何进行测试结果评定的?

2. 土基现场 *CBR* 值测定,对试样集料有什么要求?主要测定设备有哪些?测试原理是什么?

实训项目二　职业能力与素质综合训练

由授课教师提供某高速公路某合同段工程资料,依据《公路工程质量检验评定标准》(JTG F80/1—2012)对该合同段某路段路基施工质量进行检查与评定,组织学生分组讨论并完成以下任务:

1. 依据评定标准,根据随机选点方法确定该合同段内测定的区间及测定断面位置。

2. 依据评定标准,根据随机选点方法确定测定断面测点的位置。

3. 虚拟在该高速公路某路段路基施工质量进行检查中,用标准轴载测得15个点的弯沉值分别为100(0.01 mm)、101(0.01 mm)、110(0.01 mm)、108(0.01 mm)、98(0.01 mm)、96(0.01 mm)、95(0.01 mm)、102(0.01 mm)、110(0.01 mm)、95(0.01 mm)、98(0.01 mm)、93(0.01 mm)、96(0.01 mm)、103(0.01 mm)、104(0.01 mm),完成以下子任务:

(1)依据规定,计算该结构层弯沉值的算术平均值、中位数、极差、标准差和变异系数。

(2)依据规范要求,查阅并确定该高速公路路基保证率系数。

(3)依据评定标准,试评定该路段路基弯沉值是否符合要求(设计弯沉值为100(0.01 mm))。

【实训要求】

能力目标:

1. 能够熟练地运用随机选点方法确定测定区间、测定断面及测定断面测点的位置。

2. 能够熟练地计算质量数据的统计特征。

3. 能够进行公路路基路面弯沉值的评定。

素质目标:

培养坚持原则、忠于职守、作风正派、秉公办事的作风,要以数据说话;形成认真、严谨和科学的态度,具有较强的团队意识;树立质量第一的工程意识。

学习任务 2.4 路面平整度检测

知识目标

1. 了解平整度检测的方法及其特点。
2. 熟悉平整度检测各种方法的测试要点。
3. 掌握平整度检测数据的处理方法。

岗位任务

工作任务表

能力目标	主讲内容	学生完成任务	评价标准	
能进行 3 m 直尺检测路面平整度	3 m 直尺检测平整度的基本原理及步骤	运用 3 m 直尺测定某路段的路面平整度	优秀	路面平整度测定准确、快速，填表正确无误
			良好	路面平整度测定较准确、较快，填表正确
			合格	路面平整度测定较准确，填表较完整
能进行连续式平整度仪检测路面平整度	连续式平整度仪检测路面平整度的基本原理及步骤	运用连续式平整度仪测定某路段的路面平整度	优秀	路面平整度测定准确、快速，填表正确无误
			良好	路面平整度测定较准确、较快，填表正确
			合格	路面平整度测定较准确，填表较完整
能对检测数据处理与评定	数据处理方法及评定标准	对测定路段路面平整度数据进行处理与评定	优秀	数据完整、填表及数据处理正确
			良好	数据较完整、填表及数据处理较正确
			合格	数据较完整、填表及数据处理基本正确

路面平整度是评定路面质量的主要技术指标之一，它关系到行车的安全性、舒适性以及路面所受冲击力的大小和使用寿命。不平整的路表面会增大行车阻力，并使车辆产生附加的振动作用，这种振动作用会造成行车颠簸，影响行车的速度和安全，影响驾驶的平稳和乘客的舒适。同时，振动作用还会对路面施加冲击力，从而加剧路面和汽车机件的损坏及轮胎的磨损，并增大油料的消耗。因此，为了减少振动冲击力，提高行车速度和增进行车舒适性、安全性，路面应保持一定的平整度。

平整度的测试设备分为断面类及反应类两大类。断面类实际上是测定路面表面凹凸情况的，如最常用的 3 m 直尺及连续式平整度仪，还可用精确测定高程得到；反应类测定路面凹凸引起车辆振动的颠簸情况。反应类指标是司机和乘客直接感受到的平整度指标，因此它实际上是舒适性能指标。最常用的测试设备是车载式颠簸累积仪。现已有更新型的自动化测试设备，如纵断面分析仪、路面平整度数据采集系统测定车等。

常见的平整度测试方法如表 2-14 所示。

表 2-14　平整度测试方法比较

方法	特点	技术指标
3 m 直尺法	设备简单,结果直观,间断检测,工作效率低,反映凹凸程度	最大间隙 h(mm)
连续式平整度仪法	设备复杂,连续测试,工作效率高,反映凹凸程度	标准差 σ(mm)
颠簸累积仪法	设备复杂,连续测试,工作效率高,反映舒适性	单项累计值 VBI(cm/km)

2.4.1　3 m 直尺测定平整度

3 m 直尺测定法有单尺测定最大间隙及等距离(1.5 m)连续测定两种。两种方法测定的路面平整度有较好的相关关系。单尺测定最大间隙常用于施工质量控制与检查验收,单尺测定时要计算出测定段的合格率;等距离连续测定也可用于施工质量检查验收,要算出标准差,用标准差来表示平整程度。

3 m 直尺测定以尺底距离路表面的最大间隙来表示路面的平整度,以 mm 计。它适用于测定压实成型的路基、路面各层表面的平整度,以评定路面的施工质量及使用质量;它也可用于路基表面成型后的施工平整度检测。

2.4.1.1　仪具与材料

(1)3 m 直尺:硬木或铝合金材制,底面平直,长 3 m,如图 2-23 所示。

(2)楔形塞尺:木或金属制的三角形塞尺,有手柄。塞尺的长度与高度之比不小于 10,宽度不大于 15 mm,边部有高度标记,刻度精度不小于 0.2 mm,如图 2-24 所示。

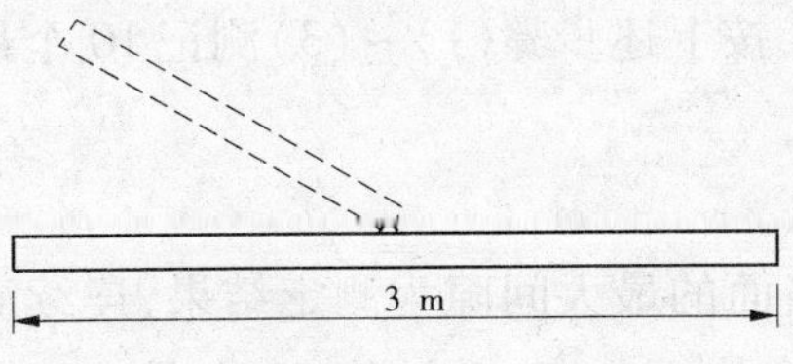

图 2-23　3 m 直尺

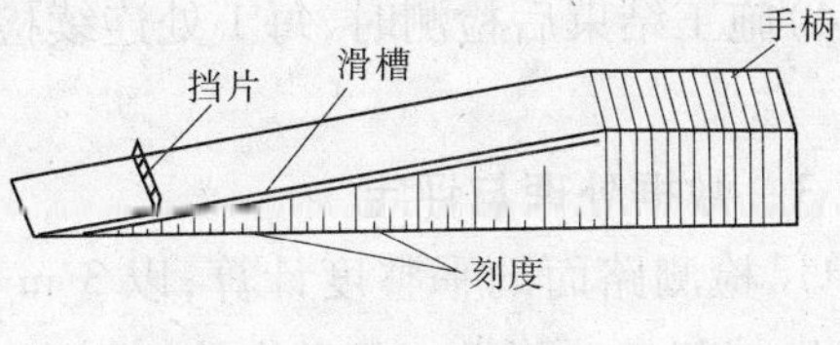

图 2-24　塞尺

(3)其他:皮尺或钢尺、粉笔等。

2.4.1.2　方法与步骤

1. 准备工作

(1)选择测试路段。

(2)在测试路段路面上选择测试地点。

①当为施工过程中质量检测需要时,测试地点根据需要确定,可以单杆检测。

②当为路基、路面工程质量检查验收或进行路况评定需要时,应首尾相接连续测量 10 尺。除特殊需要外,应以行车道一侧车轮轮迹带(距车道线 80 ~ 100 cm)作为连续测定的标准位置。如图 2-25 所示。

③对旧路已形成车辙的路面,应取车辙中间位置为测定位置,用粉笔在路面上做好标记。

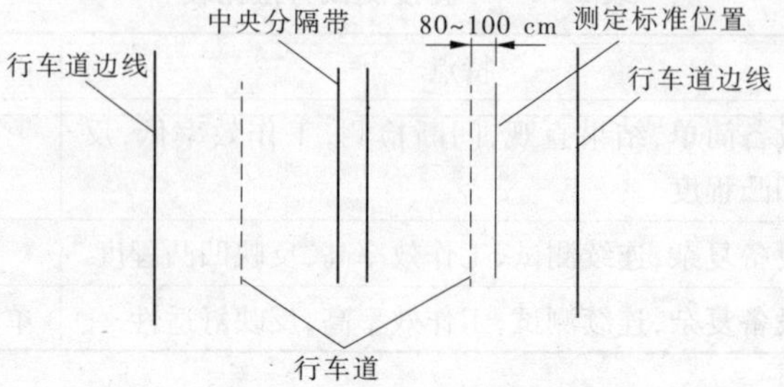

图 2-25　测点位置示意图

2. 测试步骤

(1)在施工过程中检测时,根据需要确定的方向,将 3 m 直尺摆在测试地点的路面上。

(2)目测 3 m 直尺底面与路面之间的间隙情况,确定间隙为最大的位置。

(3)用有高度标线的塞尺塞进间隙处,量记最大间隙的高度(mm),精确至 0.2 mm。如图 2-26 所示。

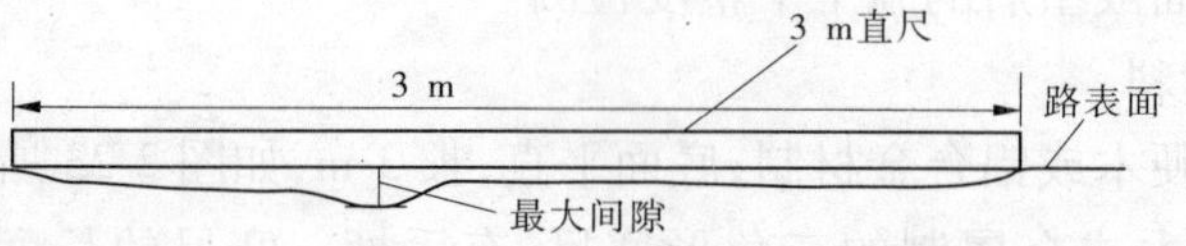

图 2-26　3 m 直尺测平整度示意图

(4)施工结束后检测时,每 1 处连续检测 10 尺,按上述步骤(1)~(3)测记 10 个最大间隙。

2.4.1.3　数据处理与评定

单尺检测路面的平整度计算,以 3 m 直尺与路面的最大间隙为测定结果,连续测定 10 尺时,判断每个测定值是否合格,根据要求计算合格百分率,并计算 10 个最大间隙的平均值。

$$合格率 = 合格尺数 / 总测尺数 \times 100\% \quad (2\text{-}30)$$

单尺检测的结果应随时记录测试位置及检测结果。连续测定 10 尺时,应报告平均值、不合格尺数及合格率。

2.4.2　连续式平整度仪测定平整度

连续式平整度仪是近年来我国测定路面平整度的新型仪器,它通过测量路面的不平整度的标准差 σ 来表示路面的平整度,以 mm 计,主要优点是可以沿路面连续测量。它一般采用先进的微机处理技术,可自动计算、打印、显示路面平整度的标准差、正负超差等各项技术指标,并绘出路面平整度偏差曲线。

连续式平整度仪法适用于测定路表面的平整度,评定路面的施工质量和使用质量;不适用于在已有较多坑槽、破损严重的路面上测定。

2.4.2.1　**仪具与材料**

1. 连续式平整度仪

连续式平整度仪构造及实物图分别如图2-27和图2-28所示。除特殊情况外，连续式平整度仪的标准长度为3 m，其质量应符合仪器标准的要求。中间为一个3 m长的机架，机架可缩短或折叠，前后各有4个行车轮，前后两组轮的轴间距离为3 m。机架中间有一个能起落的测定轮。机架上装有蓄电池电源及可拆卸的检测箱，检测箱可采用显示、记录、打印或绘图等方式输出测试结果。测定轮上装有位移传感器、距离传感器等检测器，自动采集位移数据时，测定间距为10 cm，每一计算区间的长度为100 m。当为人工检测、无自动采集数据及计算功能时，应能记录测试曲线。机架头装有一牵引钩及手拉柄，可用人工或汽车牵引。

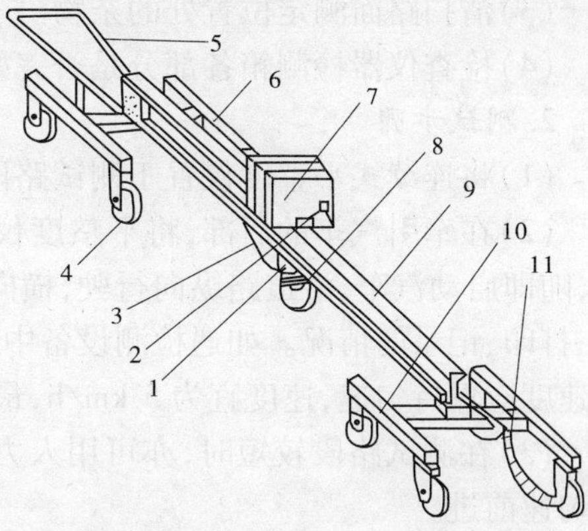

1—测量架；2—离合器；3—拉簧；4—脚轮；5　牵引架，6　前架，7　记录计，8　测定轮，9—纵梁；10—后架；11—软轴

图2-27　连续式平整度仪构造示意图

图2-28　连续式平整度仪实物图

2. 牵引车

牵引车包括小面包车或其他小型牵引汽车。

3. 其他

其他仪具与材料有皮尺或测绳。

2.4.2.2　**方法与步骤**

1. 准备工作

(1)选择测试路段。

(2)当为施工工程中质量检测需要时，测试地点应根据需要确定；当为路面工程质量检查验收或进行路况评定需要时，通常以行车道一侧车轮轮迹带作为连续测定的标准位

置。对旧路已形成车辙的路面,取一侧车辙中间位置为测定位置。

(3)清扫路面测定位置处的杂物。

(4)检查仪器检测箱各部分是否完好、灵敏,并将各连接线接妥,安装记录设备。

2. 测试步骤

(1)将连续式平整度仪置于测试路段路面起点上。

(2)在牵引汽车的后部,将平整度仪的挂钩挂上后,放下测定轮,启动检测器及记录仪,随即启动汽车,沿道路纵向行驶,横向位置保持稳定,并检查平整度仪表上测定数字显示、打印、记录的情况。如遇检测设备中某项仪表发生故障,应停止检测。牵引平整度仪的速度应保持匀速,速度宜为 5 km/h,最大不得超过 12 km/h。

(3)在测试路段较短时,亦可用人力拖拉平整度仪测定路面的平整度,但拖拉时应保持匀速前进。

2.4.2.3 数据处理与评定

(1)连续式平整度仪测定后,按每 10 cm 间距采集的位移值自动计算每 100 m 计算区间的平整度标准差(mm),还可记录测试长度(m)、曲线振幅大于某一定值(如 3 mm、5 mm、8 mm、10 mm 等)的次数、曲线振幅的单向(凸起或凹下)累计值及以 3 m 机架为基准的中点路面偏差曲线图,计算打印。当为人工计算时,在记录曲线上任意设一基准线,每隔一定距离(宜为 1.5 m)读取曲线偏离基准线的偏离位移值 d_i。

(2)每一计算区间的路面平整度以该区间测定结果的标准差表示,按下式计算

$$\sigma_i = \sqrt{\frac{\sum d_i^2 - \frac{(\sum d_i)^2}{N}}{N-1}} \tag{2-31}$$

式中 σ_i——各计算区间的平整度计算值,mm;

d_i——以 100 m 为一个计算区间,每隔一定距离(自动采集间距为 10 cm,人工采集间距为 1.5 m)采集的路面凹凸偏差位移值,mm;

N——计算区间用于计算标准差的测试数据个数。

(3)计算每一个评定路段内各区间平整度标准差的平均值、标准差、变异系数及合格率。

2.4.2.4 检测报告

试验应列表报告每一个评定路段内各测定区间的平整度标准差、各评定路段平整度的平均值、标准差、变异系数及不合格区间数。

2.4.3 车载式颠簸累积仪测定平整度

用车载式颠簸累积仪测量车辆在路面上通行时后轴与车厢之间的单向位移累积值 *VBI*,表示路面的平整度,以 cm/km 计。用于测定路面表面的平整度,评定路面的施工质量和使用期的舒适性,但不适用于在已有较多坑槽、破损严重的路面上测定。

2.4.3.1 仪具与材料

1. 测试系统组成

测试系统由承载车辆、距离测量装置、颠簸累计值测试装置和主控制系统组成,如

图2-29所示。主控制系统对测试装置的操作实施控制，完成数据的采集、传输、存储与计算过程。

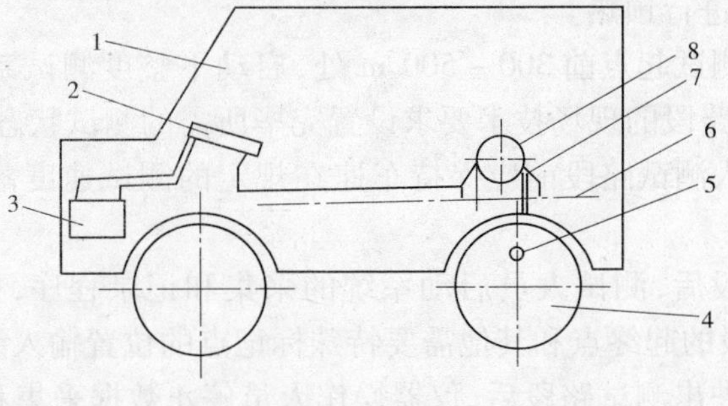

1—测试车；2—数据处理器；3—电瓶；4—后桥；5—挂钩；

6—底板；7—钢丝绳；8—颠簸累积仪传感器

图2-29　车载式颠簸累积仪安装示意图

知识拓展

车载式颠簸累积仪的工作原理是测试车以一定的速度（以32 km/h为宜，一般不超过40 km/h），由于路面凹凸不平，引起汽车的激振，通过机械传感器可测量后轴同车厢之间的单向位移累积值*VBI*。*VBI*越大说明路面的平整度越差，舒适性也越差。

2. 测试系统基本技术要求和参数

（1）测试速度：30～80 km/h。

（2）最大测试幅值：±20 cm。

（3）垂直位移分辨率：1 mm。

（4）距离标定误差：<0.5%。

（5）系统工作环境温度：0～60 ℃。

（6）系统软件能够依据相关关系公式自动对颠簸累计值进行换算，间接输出国际平整度指数*IRI*。

2.4.3.2　方法与步骤

1. 准备工作

（1）测试车辆具备下列条件之一时，都应进行仪器测值与国际平整度指数*IRI*的相关性标定，相关系数*R*应不低于0.99：①在正常状态下行驶超过20 000 km；②标定的时间间隔超过1年；③减震器及轮胎等发生更换、维修。

（2）检查测试车轮胎气压，应达到车辆轮胎规定的标准气压；车胎应清洁，不得黏附杂物；车上载重、人数以及分布应与仪器相关性标定试验时一致。

（3）距离测量系统需要现场安装的，根据设备操作手册说明进行安装，确保紧固装置安装牢固。

（4）检查测试系统，各部分应符合测试要求，不应有明显的可视性破损。

（5）打开系统电源，启动控制程序，检查系统各部分的工作状态。

2. 测试步骤

(1)测试开始之前应让测试车以测试速度行驶 5 ~ 10 km,按照设备操作手册规定的预热时间对测试系统进行预热。

(2)测试车停在测试起点前 300 ~ 500 m 处,启动平整度测试系统程序,按照设备操作手册的规定和测试路段的现场技术要求设置完毕所需的测试状态。

(3)驾驶员在进入测试路段前应保持车速在规定的测试速度范围内,沿正常行车轨迹驶入测试路段。

(4)进入测试路段后,测试人员启动系统的采集和记录程序,在测试过程中必须及时、准确地将测试路段的起终点和其他需要特殊标记点的位置输入测试数据记录中。

(5)当测试车辆驶出测试路段后,仪器操作人员停止数据采集和记录,并恢复仪器各部分至初始状态。

(6)操作人员检查数据文件,文件应完整,内容应正常,否则需要重新测试。

(7)关闭测试系统电源,结束测试。

2.4.3.3　颠簸累积仪测定值与国际平整度指数的相关关系

1. 国际平整度指数

用车载式颠簸累积仪测定的 *VBI* 值需要与其他平整度指标(如国际平整度指数(*IRI*)等)进行换算时,应将车载式颠簸累积仪的测试结果进行标定,即与相关的平整度仪测量结果建立相关关系,相关系数均不得小于 0.99。

国际平整度指数(*IRI*)是一项标准化的平整度指标。它同反应类平整度测定系统类似,但是采用的是数学模型模拟 1/4 车轮(即单轮,类似于拖车)以规定速度行驶在路面断面上,分析行驶距离内动态反应悬挂系的累积竖向位移量。标准的测定速度为 80 km/h,其测定结果的单位为 m/km。

为与其他平整度指标建立相关关系,选择的标定路段应符合下列要求:

(1)按照每段 *IRI* 值变化幅度不小于 1.0 的范围,选择不少于 4 段不同平整度水平的路段,且有足够加速或减速长度的路段。根据实际测试道路 *IRI* 的分布情况,可以增加某些范围内的标定路段。

(2)每路段长度不小于 300 m。

(3)每一段内的平整度应均匀,包括路段前 50 m 的引道。

(4)选择坡度变化较小的直线路段,路段交通量小,便于疏导。

(5)标定选择在车道的正常行驶轮迹上进行,明确标出标定路段的轮迹、起终点。

2. 标定步骤

(1)距离标定。

①依据设备供应商建议的长度,选择坡度变化较小的平坦直线路段,标出起终点和行驶轨迹。

②标定开始之前应让测试车以测试速度行驶 5 ~ 10 km,按照设备操作手册规定的预热时间对测试系统进行预热。

③将测试车的前轮对准起点线,启动距离校准程序,然后令车辆沿着路段轨迹直线行驶,避免突然加速或减速。接近终点时,看指挥人员手势减速停车,确保测试车的前轮对

准终点线，结束距离校准程序。重复此过程，确保距离传感器脉冲当量的准确性在允许误差范围之内。

(2)用颠簸累积仪按选定的测试速度测试每个标定路段的反应值，重复测试至少5次，取其平均值作为该路段的反应值。

(3)*IRI*值的确定：以精密水准仪作为标准仪具，分别测量标定路段两个轮迹的纵断面高程，要求采样间隔为250 mm，高程测试精度为0.5 mm；然后用*IRI*标准计算程序对每个轮迹的纵断面测量值进行模型计算，得到该轮迹的*IRI*值。两个轮迹*IRI*值的平均值即为该路段的*IRI*值。

3. 试验数据处理

用数理统计的方法将各标定路段的*IRI*值和相应的颠簸累积仪测值进行回归分析，建立相关关系方程式，相关系数不得小于0.99。

$$IRI = a + b \cdot VBI_v \tag{2-32}$$

式中 IRI——国际平整度指数，m/km；

VBI_v——测试速度为v(km/h)时颠簸累积仪测得的颠簸累积值，cm/km；

a、b——回归系数。

2.4.3.4 检测报告

(1)报告应列表报告每一个评定路段内各测试区间的颠簸累积值*VBI*、国际平整度指数*IRI*平均值和现场测试速度。

(2)试验结果与国际平整度指数等其他平整度指标建立的相关关系式、参数值、相关系数。

项目实训

实训项目一 基本知识训练

一、单选题

1. 平整度主要反映了路面的(　　)性能。

A. 安全　　B. 舒适　　C. 抗滑　　D. 经济

2. 连续式平整度仪测定平整度时，其技术指标是(　　)。

A. 最大间隙　　B. 标准差　　C. 单向累计值　　D. 国际平整度指标

3. 平整度测试设备有两类，其中(　　)为断面类测试设备。

A. 3 m直尺、连续式平整度仪

B. 3 m直尺、颠簸累积仪

C. 连续式平整度仪、颠簸累积仪

D. 3 m直尺、连续式平整度仪、颠簸累积仪

4. 3 m直尺和连续式平整度仪属于(　　)平整度测试设备。

A. 两者均是断面类

B. 两者均是反应类

C. 前者是断面类,后者是反应类

D. 前者是反应类,后者是断面类

5. 可直接用于高速公路路面面层平整度验收的方法是(　　)。

A. 3 m 直尺　B. 连续式平整度仪　C. 颠簸累积仪　D. 水准仪

二、多选题

1. 关于平整度的下列说法中,正确的是(　　)。

A. 平整度反映了行车的舒适性　B. 最大间隙 h 越小,平整性越好

C. 标准差 σ 越小,平整性越好　D. 国际平整度指数 *IRI* 越小,平整性越好

2. 用连续式平整度仪测定时应注意的问题有(　　)。

A. 测试速度不能过快,以 5 km/h 为宜

B. 不能测定水泥混凝土路面

C. 测试时应保持匀速,并不得左右摆动

D. 不能用于路面有较多坑槽、破坏的情况

3. 可以用于反映平整度的技术指标有(　　)。

A. 最大间隙 h　B. 标准差 σ

C. 单向位移累积值 *VBI*　D. 国际平整度指数 *IRI*

4. 关于连续式平整度仪法检测的说法中,正确的是(　　)。

A. 连续式平整度仪是反应类测试设备

B. 连续式平整度仪的技术指标是标准差

C. 连续式平整度仪可以用于沥青面层的检测

D. 连续式平整度仪检测速度快

三、简答题

1. 常见测试路面平整度的方法有哪几种? 各有何特点?

2. 简述 3 m 直尺法测定路面平整度的主要步骤。

实训项目二　职业能力与素质综合训练

由授课教师提供某高速公路某合同段工程资料,依据《公路工程质量检验评定标准》(JTG F80/1—2012)对该合同段某路段沥青混凝土路面施工质量进行检查与评定,组织学生分组讨论并完成以下任务:

1. 依据评定标准,根据随机选点方法确定该合同段内测定的区间及测定断面位置。

2. 依据评定标准,根据随机选点方法确定测定断面测点的位置。

3. 虚拟某高速公路,用连续式平整度仪对其沥青混凝土路面面层作了测定,测得该路

段的平整度标准差分别为：0.46、0.48、0.49、0.52、0.61、1.84（桥头伸缩缝）、0.66、0.55、1.22（桥头伸缩缝）、0.54、0.57、0.97（mm），试判断路面面层平整度是否合格。（平整度规定值为1.2 mm）

【实训要求】

能力目标：

1. 能够熟练地运用随机选点方法确定测定区间、测定断面及测定断面测点的位置。

2. 能够进行公路路面平整度的评定。

素质目标：

培养坚持原则、忠于职守、作风正派、秉公办事的作风，要以数据说话；形成认真、严谨和科学的态度，具有较强的团队意识；树立质量第一的工程意识。

学习任务2.5　路面抗滑性能检测

知识目标

1. 了解构造深度和摩擦系数等基本概念及相关知识。

2. 熟悉路面抗滑性能各种测试方法、原理及其测试要点。

3. 掌握路面抗滑性能检测步骤及其检测数据的处理方法。

岗位任务

工作任务表

能力目标	主讲内容	学生完成任务	评价标准	
能进行手动、电动铺砂法检测路面构造深度	手动、电动铺砂法检测路面构造深度的基本原理及步骤	运用手动、电动铺砂法测定选定路面的构造深度	优秀	路面构造深度测定准确、快速，填表正确无误
			良好	路面构造深度测定较准确、较快，填表正确
			合格	路面构造深度测定较准确，填表较完整
能进行摆式仪测定路面摩擦系数	摆式仪测定路面摩擦系数的基本原理及步骤	运用摆式仪测定选定路面的摩擦系数	优秀	路面摩擦系数测定准确、快速，填表正确无误
			良好	路面摩擦系数测定较准确、较快，填表正确
			合格	路面摩擦系数测定较准确，填表较完整
熟悉标准测定车测试路面横向力系数	标准测定车测试路面横向力系数的基本原理及步骤	查阅并整理标准测定车测试路面横向力系数案例	优秀	整理案例规范、测定步骤完整、数据处理正确
			良好	整理案例较规范、测定步骤完整、数据处理正确
			合格	整理案例及测定步骤基本符合规范要求，数据处理基本正确

续表

能力目标	主讲内容	学生完成任务	评价标准	
能进行检测数据处理与评定	数据处理方法及评定标准	对测定路段路面抗滑性能数据进行处理与评定	优秀	数据完整、填表及数据处理正确
			良好	数据较完整、填表及数据处理较正确
			合格	数据较完整、填表及数据处理基本正确

路面抗滑性能是指车辆轮胎受到制动时沿表面滑移所产生的力,通常用轮胎与路面间的摩擦系数来表示。影响抗滑性能的因素主要有路表面特性、路面潮湿程度以及行车速度等。

路表面特性包括路表面细构造和粗构造。路表面细构造是指集料表面的构造粗糙程度,随着车轮的反复磨耗而逐渐被磨光,用石料的磨光值(*SPV*)表示,磨光值越高的石料,在轮胎的长期作用下,越能长时间保持其粗糙的构造,路面的抗滑能力也就越好。石料细构造在低速(30~50 km/h以下)时对路表抗滑性能起决定作用。而高速时,粗构造是对路表抗滑性能起作用的主要因素,它是由路表外露集料间形成的构造,功能是使车轮下的路表水迅速排除,以避免形成水膜,由构造深度(*TD*)表征。构造深度越大,则路面抗滑能力越强。

《公路工程质量检验评定标准》(JTG F80/1—2012)中主要通过构造深度和摩擦系数两个方面来判定路面的抗滑性能。《公路路基路面现场测试规程》(JTG E60—2008)中构造深度的测试方法有:手工铺砂法、电动铺砂法以及车载式激光构造深度仪法。摩擦系数的测试方法有:摆式仪法、横向力系数测试法以及动态旋转式摩擦系数测试法。各方法的特点及测试指标如表2-15所示。

表2-15　路面抗滑性能测试方法比较

测试方法	测试指标	原理	特点及适用范围
制动距离法	摩擦系数 f	以一定速度在潮湿路面上行驶的四轮小车或轻货车,当4个轮被制动时,测试车辆减速滑移到停止的距离,运用动力学原理,算出摩擦系数	测试速度快,必须中断交通
摆式仪法	摩擦摆值 *BPN*	摆式仪的摆锤底面装一橡胶滑块,当摆锤从一定高度 h 自由下摆时,滑块同试验表面接触。由于两者间的摩擦作用损耗部分能量,摆锤只能回摆到一定高度。表面摩擦力越大,回摆高度越小(即摆值越大)	定点测量,原理简单,不仅可用于室内测量,而且可用于野外测试沥青路面及混凝土路面的抗滑值
手工铺砂仪法、电动铺砂仪法	构造深度 *TD* (mm)	将已知体积的砂摊铺在所要测试路表面的测点上,量取摊平覆盖的面积。砂的体积与所覆盖平均面积的比值,即为构造深度	定点测量,原理简单,便于携带,结果直观。它适用于测定沥青路面及水泥混凝土路面的构造深度,以及评定路表面的宏观粗糙度、排水性能及抗滑性能

续表 2-15

测试方法	测试指标	原理	特点及适用范围
激光构造深度仪法	构造深度 *TD*(mm)	中子源发射的许多光束,照射到路表面的不同深度处,用 200 多个二极管接收返回的光束,利用二极管被点亮的时间差算出所测路面的构造深度	测试速度快,适用于测定沥青路面干燥表面的构造深度,以及评价路面抗滑及排水能力,但不适用于多坑槽、显著不平整或裂缝过多的路段
摩擦系数测试车测定路面横向力系数	横向力系数 *SFC*	测试车安装有试验轮胎,它们对车辆行驶方向偏转一定的角度,汽车以一定速度在潮湿路面上行驶,试验轮胎受到侧向摩擦力的作用。此摩擦力除以试验轮上的载重,即为横向力系数	测试速度快,用于标准的摩擦系数测试车测定沥青或水泥混凝土路面的横向力系数,结果作为竣工验收或使用期评定路面抗滑能力的依据

知识拓展

对于沥青混凝土路面面层的抗滑性能,在《公路沥青路面设计规范》(JTG D50—2006)中规定:在设计高速公路、一级公路的沥青混凝土路面面层时,应选用抗滑、耐磨石料,其磨光值应大于42。其抗滑性能指标有:

(1)摩擦系数。高速公路、一级公路宜在竣工后第一个夏季采用摩擦系数测定车,以(50 ± 1) km/h 的车速测定横向力系数(*SFC*)。

(2)宏观构造深度。路面在竣工后第一个夏季用铺砂法或激光构造深度仪法测定宏观构造深度。

沥青路面抗滑性能应符合表 2-16 的要求。

表 2-16　沥青路面抗滑性能标准

公路等级	竣工验收值		
	横向力系数 *SFC*	摩擦摆值 *BPN*	构造深度 *TD*(mm)
高速公路、一级公路	≥54	≥45	≥0.55

而水泥混凝土路面抗滑性能主要用构造深度表示,《公路工程质量检验评定标准》(JTG F80/1—2012)中规定:高速公路、一级公路水泥混凝土面层抗滑构造深度一般路段不小于 0.7 且不大于 1.1,特殊路段不小于 0.8 且不大于 1.2;其他公路一般路段不小于 0.5 且不大于 1.0,特殊路段不小于 0.6 且不大于 1.1。

2.5.1　手工铺砂法测定路面构造深度

构造深度以前称纹理深度,指一定面积的路表面上凹凸不平的开口孔隙的平均深度,是路面粗糙度的重要指标。它与路表抗滑性能、排水、噪声等都有一定关系。手工铺砂法是将细砂铺在路面上,计算嵌入凹凸不平的表面空隙中的砂的体积与覆盖面积之比,从而求得构造深度。本方法适用于测定沥青路面及水泥混凝土路面表面构造深度,用以评定路面的宏观粗糙度、路面表面的排水性能及抗滑性能。构造深度的检测频率按每 200 m 一处。

2.5.1.1 仪具与材料

(1)人工铺砂仪:由量砂筒、推平板和刮平尺组成。

①量砂筒:形状尺寸如图 2-30 所示,一端是封闭的,容积为(25 ±0.15)mL,可通过称量砂筒中水的质量以确定其容积 V,并调整其高度,使其容积符合要求。

②推平板:形状尺寸如图 2-31 所示,推平板应为木制或铝制,直径 50 mm,底面粘一层厚 1.5 mm 的橡胶片,上面有一圆柱把手。

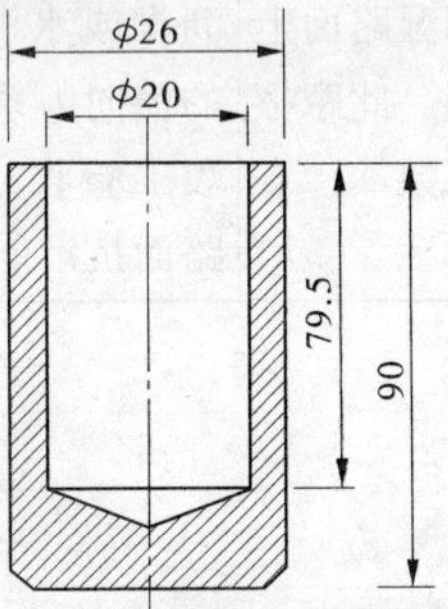

图 2-30 量砂筒 (单位:mm)

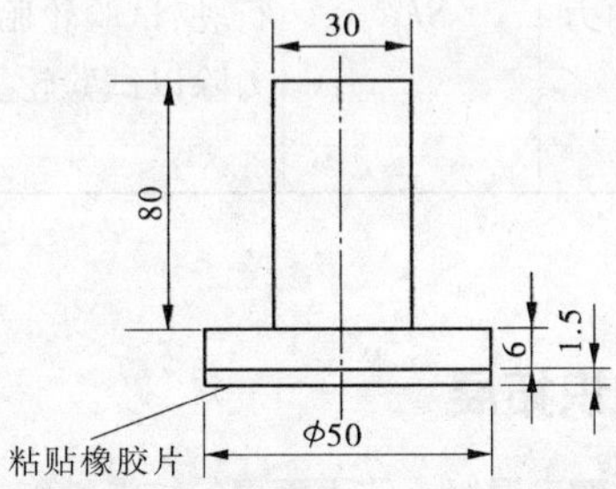

图 2-31 推平板 (单位:mm)

③刮平尺:可用 30 cm 钢尺代替,主要作用是将筒口量砂刮平。

(2)量砂:足够数量的干燥洁净的均匀砂,粒径为 0.15 ~0.3 mm。

(3)量尺:钢板尺、钢卷尺,或采用式(2-33)将直径换算成构造深度作为刻度单位的专用构造深度尺。

(4)其他:装砂容器(小铲)、扫帚或毛刷、挡风板等。

2.5.1.2 方法与步骤

1. 准备工作

(1)量砂准备:取洁净的细砂,晾干过筛,取 0.15 ~0.3 mm 的砂置于适当的容器中备用。量砂只能在路面上使用一次,不宜重复使用。

(2)选择测点:对测试路段按《公路路基路面现场测试规程》(JTG E60—2008)中随机选点的方法,在行车道上随机选取测点所在的横断面位置。测点应选在车道的轮迹带上,距路面边缘不应小于 1 m。

2. 测试步骤

(1)清扫现场:用扫帚或毛刷子将测点附近的路面清扫干净,面积不小于 30 cm × 30 cm。

(2)装砂:用小铲装砂,沿筒壁向圆筒中注满砂,手提圆筒上方,在硬质路表面上轻轻地叩打 3 次,使砂密实,补足砂面,用钢尺一次刮平。

(3)铺砂:将砂倒在路面上,用底面粘有橡胶片的推平板由里向外重复作旋转摊铺运动，稍稍用力将砂细心地、尽可能地向外摊开，使砂填入凹凸不平的路表面的空隙中，尽可能将砂摊成圆形，并不得在表面上留有浮动余砂。

(4)测直径：用钢板尺测量所构成圆的两个垂直方向的直径，取其平均值，精确至5 mm。

(5)按以上方法，同一处平行测定不少于3次，3个测点均位于轮迹带上，测点间距3～5 m。对同一处，应该由同一个试验员进行测定。该处的测定位置以中间测点的位置表示。

友情提示

注意事项：

1. 对于具有较大不规则孔隙或坑槽的沥青路面和具有防滑沟槽结构的水泥路面不适用。
2. 量砂只能在路面上使用一次，不宜重复使用。
3. 不可直接用量砂筒装砂，以免影响量砂密度的均匀性。
4. 摊铺时不可用力过大或向外推挤。

2.5.1.3　计算

(1)路面表面构造深度测定结果计算式为

$$TD = \frac{1\,000V}{\pi D^2/4} = \frac{31\,831}{D^2} \tag{2-33}$$

式中　TD——路面表面的构造深度，mm；

V——砂的体积，25 cm^3；

D——摊平砂的平均直径，mm。

(2)每一处均取3次路面构造深度的测定结果的平均值作为试验结果，精确至0.01 mm。

(3)计算每一个评定区间路面构造深度的平均值、标准差、变异系数。

2.5.1.4　报告

(1)列表逐点报告路面构造深度的测定值及3次测定的平均值，当平均值小于0.2 mm时，试验结果以“<0.2 mm”表示。

(2)每一个评定区间路面构造深度的平均值、标准差、变异系数。

2.5.2　电动铺砂法测定路面构造深度

电动铺砂法主要适用于测定沥青路面及水泥混凝土路面表面的构造深度，用以评定路面表面的宏观构造。

2.5.2.1　仪具与材料

(1)电动铺砂仪：利用可充电的直流电源将量砂通过砂漏铺设成宽5 cm、厚度均匀一致的器具，如图2-32所示。

(2)量砂：足够数量的干燥洁净的匀质砂，粒径为0.15～0.3 mm。

(3)标准量筒：容积50 mL。

(4)玻璃板：面积大于铺砂器，厚5 mm。

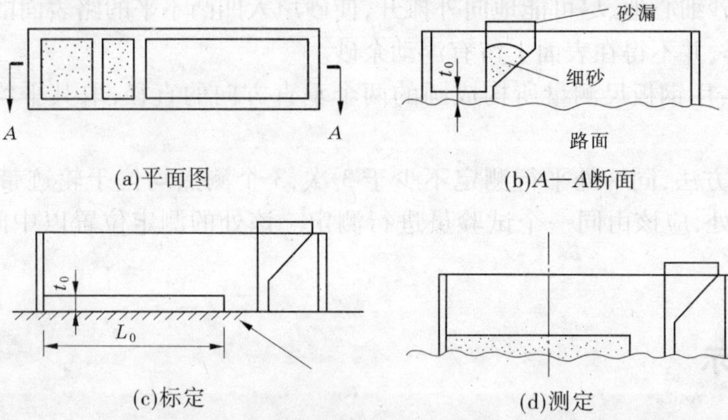

图 2-32　电动铺砂仪

(5)其他:直尺、扫帚、毛刷等。

2.5.2.2　方法与步骤

1. 准备工作

(1)量砂准备:取洁净的细砂,晾干过筛,取 0.15 ~ 0.3 mm 的砂置于适当的容器中备用。

(2)选择测点:对测试路段按《公路路基路面现场测试规程》(JTG E60—2008)中随机选点的方法,在行车道上随机选取测点所在的横断面位置。测点应选在车道的轮迹带上,距路面边缘应不小于 1 m。

2. 电动铺砂器标定

(1)将铺砂器平放在玻璃板上,将砂漏移至铺砂器端部。

(2)使灌砂漏斗口和量筒口大致齐平。通过漏斗向量筒中缓缓注入准备好的量砂至高出量筒成尖顶状,用直尺沿筒口一次刮平,其容积为 50 mL。

(3)使漏斗口与铺砂器砂漏上口大致齐平。将砂通过漏斗均匀倒入砂漏,漏斗前后移动,使砂的表面大致齐平,但不得用任何其他工具刮动砂。

(4)开动电动机,使砂漏向另一端缓缓运动,量砂沿砂漏底部铺成图 2-33 所示的宽 5 cm 的带状,待砂全部漏完后停止。

(5)由 L_1 及 L_2 的平均值确定量砂的摊铺长度 L_0,精确至 1 mm。

$$L_0 = (L_1 + L_2)/2 \tag{2-34}$$

(6)重复标定 3 次,取平均值确定 L_0,精确至 1 mm。

3. 测试步骤

(1)将测试地点用毛刷刷净,面积大于铺砂仪。

(2)将铺砂仪沿道路纵向平稳地放在路面上,将砂漏移至端部。

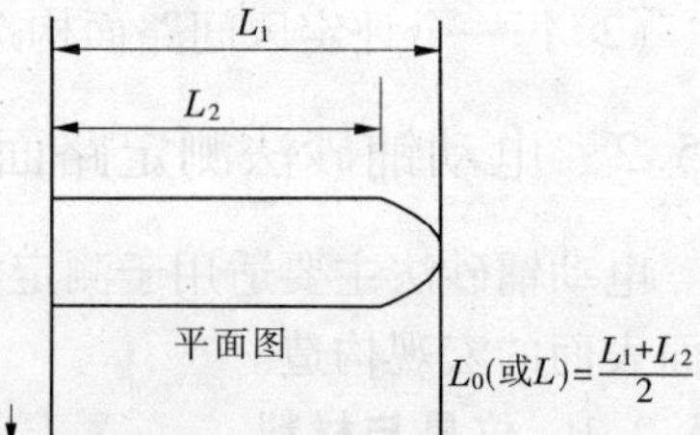

L_0—玻璃板上 50 mL 量砂摊铺的长度(mm);
L—路面上 50 mL 量砂摊铺的长度(mm)

图 2-33　决定 L_0 及 L 的方法

(3)按以上电动铺砂仪标定过程中(2)～(5)相同的步骤,在测试地点摊铺 50 mL 量砂,按图中方法量取摊铺长度 L_1 及 L_2,由式(2-35)计算 L,准确至 1 mm。

$$L = (L_1 + L_2)/2 \tag{2-35}$$

(4)按以上方法,同一处平行测定不少于 3 次,3 个测点均位于轮迹带上,测点间距3～5 m。该处的测定位置以中间测点的位置表示。

友情提示

注意事项:

1. 量砂只能在路面上使用一次,不宜重复使用。
2. 标定应在每次测试前进行,用同一种量砂,由承担测试的同一试验员进行。

2.5.2.3　计算

(1)按式(2-36)计算铺砂仪在玻璃板上摊铺的量砂厚度 t_0

$$t_0 = \frac{V}{BL_0} \times 1\ 000 = \frac{1\ 000}{L_0} \tag{2-36}$$

式中　t_0——量砂在玻璃板上摊铺的标定厚度,mm;

V——量砂体积,$V = 50$ mL;

B——铺砂仪铺砂宽度,$B = 50$ mm;

L_0——玻璃板上 50 mL 量砂摊铺的长度,mm。

(2)按式(2-37)计算路面构造深度 TD

$$TD = \frac{L_0 - L}{L} t_0 = \frac{L_0 - L}{LL_0} \times 1\ 000 \tag{2-37}$$

式中　TD——路面的构造深度,mm;

L——路面上 50 mL 量砂摊铺的长度,mm。

(3)每一处均取 3 次路面构造深度测定结果的平均值作为试验结果,精确至 0.1 mm。

(4)计算每一个评定区间路面构造深度的平均值、标准差、变异系数。

2.5.2.4　报告

(1)列表逐点报告路面构造深度的测定值及 3 次测定的平均值,当平均值小于 0.2 mm 时,试验结果以"<0.2 mm"表示。

(2)每一个评定区间路面构造深度的平均值、标准差、变异系数。

2.5.3　摆式仪测定路面摩擦系数

摆式仪测定路面摩擦系数适用于以摆式摩擦系数测定仪(摆式仪)测定沥青路面及水泥混凝土路面的抗滑值,用以评定路面在潮湿状态下的抗滑能力。

2.5.3.1　仪具与材料

(1)摆式仪(见图 2-34):摆及摆的连接部分总质量为(1 500±30)g,摆动中心至摆的重心距离为(410±5)mm,测定时摆在路面上滑动的长度为(126±1)mm,摆上橡胶片端部距摆动中心的距离为 508 mm,橡胶片对路面的正向静压力为(22.2±0.5)N。

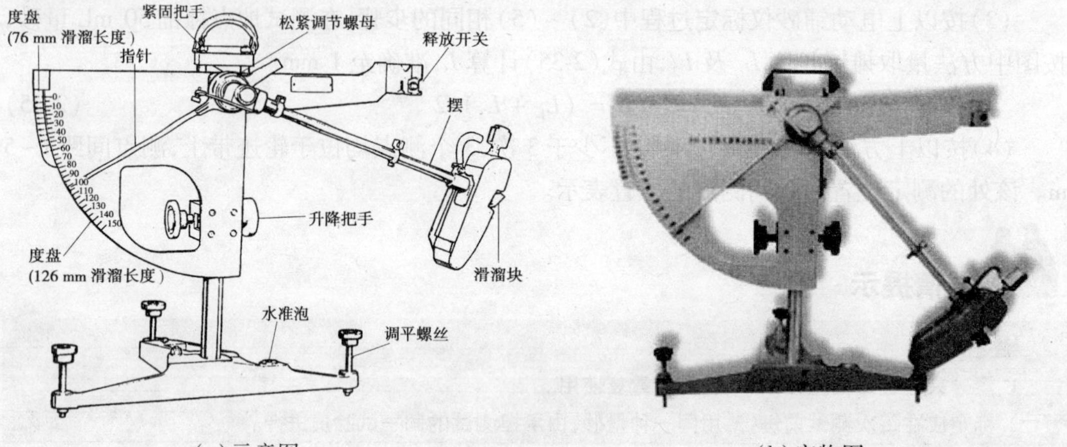

(a)示意图　　(b)实物图

图 2-34　摆式仪构造图

(2)橡胶片:用于测定路面抗滑值时的尺寸为 6.35 mm × 25.4 mm × 76.2 mm,橡胶质量应符合标准的要求。当橡胶片使用后,端部在长度方向上磨损超过 1.6 mm 或边缘在宽度方向上磨耗超过 3.2 mm,或有油污染时,即应更换新橡胶片;新橡胶片应先在干燥路面上测 10 次后再用于测试。橡胶片的有效使用期为 1 年。

(3)标准量尺:长 126 mm。

(4)洒水壶。

(5)橡胶刮板,其物理参数见表 2-17。

表 2-17　橡胶刮板物理性质技术要求

性质指标	温度(℃)				
	0	10	20	30	40
弹性(%)	43 ~ 49	58 ~ 65	66 ~ 75	71 ~ 77	74 ~ 79
硬度(*IR*)			55 ± 5		

(6)路面温度计:分度不大于 1 ℃。

(7)其他:皮尺式钢卷尺、扫帚、粉笔等。

2.5.3.2　方法与步骤

1. 准备工作

(1)检查摆式仪的调零灵敏情况,并定期进行仪器的标定。当用于路面工程检查验收时,仪器必须重新标定。

(2)对测试路段按随机取样方法,确定测点所在横断面位置。测点应选在行车道的轮迹带上,距路面边缘不应小于 1 m,并用粉笔作出标记。测点位置宜紧靠铺砂法测定构造深度的测点位置,并与其对应。

2. 测定步骤

(1)仪器调平。

①将仪器置于路面测点上,并使摆的摆动方向与行车方向一致。

②转动底座上的调平螺栓，使水准泡居中。

(2)调零。

①放松上、下两个紧固把手，转动升降把手，使摆升高并能自由摆动，然后旋紧紧固把手。

②将摆向右运动，按下安装于悬臂上的释放开关，使摆上的卡环进入开关槽，放开释放开关，摆即处于水平位置，并把指针抬至与摆杆平行处。

③按下释放开关，使摆向左带动指针摆动，当摆达到最高位置后下落时，用左手将摆杆接住，此时指针应指向零。若不指零，可稍旋紧或放松摆的调节螺母，重复本项操作，直至指针指零。调零允许误差为±1*BPN*。

(3)校核滑动长度。

①用扫帚扫净路面表面，并用橡胶刮板清除摆动范围内路面上的松散粒料。

②让摆自由悬挂，提起摆头上的举升柄，将底座上垫块置于定位螺丝下面，使摆头上的滑溜块升高，放松紧固把手，转动立柱上升降把手使摆缓缓下降。当滑块上的橡胶片刚刚接触路面时，即将紧固把手旋紧，使摆头固定。

③提起举升柄，取下垫块，使摆向右运动。然后，手提举升柄使摆慢慢向左运动，直至橡胶片的边缘刚刚接触路面。在橡胶片的外边摆动方向设置标准尺，尺的一端正对准该点。再用手提起举升柄，使滑溜块向上抬起，并使摆继续运动至左边，使橡胶片返回落下再一次接触地面，橡胶片两次同路面接触点的距离应在126 mm(即滑动长度)左右。若滑动长度不符合标准，则升高或降低仪器底正面的调平螺丝来校正，但需调平水准泡，重复此项校核直至滑动长度符合要求，而后，将摆和指针置于水平释放位置。

校核滑动长度时应以橡胶片长边刚刚接触路面为准，不可借摆力量向前滑动，以免标定的滑动长度过长。

(4)用喷壶的水浇洒试测路面，并用橡胶刮板刮除表面泥浆。

(5)再次洒水，并按下释放开关，使摆在路面滑过，指针即可指示出路面的摆值。但第一次测定不做记录。当摆杆回落时，用左手接住摆，右手提起举长柄使滑溜块升高，将摆向右运动，并使摆杆和指针重新置于水平释放位置。

(6)重复(5)的操作测定5次，并读记每次测定的摆值，即*BPN*，5次数值中最大值与最小值的差值不得大于3*BPN*。如差数大于3*BPN*，应检查产生的原因，并再次重复上述各项操作，直至符合规定。取5次测定的平均值作为每个测点路面的抗滑值(即摆值*FB*)，取整数，以*BPN*表示。

(7)在测点位置上用路表温度计测记潮湿路面的温度，精确至1 ℃。

(8)按以上方法，同一处平行测定不少于3次，3个测点均位于轮迹带上，测点间距3~5 m。该处的测定位置以中间测点的位置表示。每一处均取3次测定结果的平均值作为试验结果，精确至1*BPN*。

2.5.3.3　数据处理与评定

抗滑值的温度修正：当路面温度为T时测得的值为BPN_T，必须换算成标准温度20 ℃时的摆值BPN_{20}。

$$BPN_{20} = BPN_T + \Delta BPN \tag{2-38}$$

式中 BPN_{20}——换算成标准温度 20 ℃的摆值；

BPN_T——路面温度 T 时测得的摆值；

ΔBPN——温度修正值，按表 2-18 采用。

表 2-18 温度修正值

温度 T(℃)	0	5	10	15	20	25	30	35	40
温度修正值 ΔBPN	-6	-4	-3	-1	0	+2	+3	+5	+7

友情提示

注意事项：

1. 水泥路面不宜采用摆式仪法测定抗滑性能。
2. 按下释放开关后，摆杆回落时用手接住，减少橡胶片与地面的磨损。
3. 路面温度不为 20 ℃时需按表 2-20 进行温度修正，在中间温度时，可用内插法计算。

2.5.3.4 检测报告

(1)路面单点测定值 BPN_T 经温度修正后的 BPN_{20}、现场温度、3 次的平均值。

(2)评定路段路面抗滑值的平均值、标准差、变异系数。

2.5.4 单轮式横向力系数测试系统测定路面摩擦系数

采用标准的摩擦系数测定车测定，当测定轮与行车方向成一定角度且以一定速度行驶时，轮胎和潮湿路段之间摩擦阻力与接触面积的比值，称为路面横向力系数，代号 SFC，无量纲。

以标准的摩擦系数测定车测定沥青路面或水泥混凝土路面的横向力系数，测试结果可作为竣工验收或使用期评定路面抗滑能力的依据。

2.5.4.1 仪具与材料

1. 测试系统构成

测试系统由承载车辆、距离测试装置、横向力测试装置、供水装置和主控制系统组成，如图 2-35 所示。主控制系统除实施对测试装置和供水装置的操作控制外，同时还控制数据的传输、记录与计算等环节。

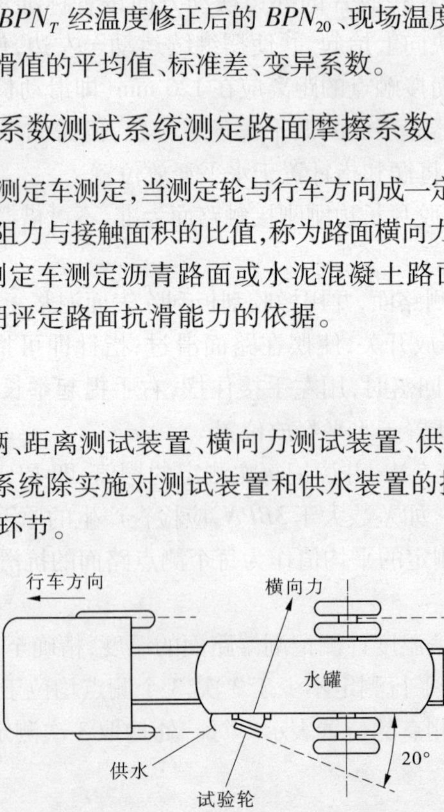

图 2-35 单轮式横向力系数测试系统示意图

2. 设备承载车基本技术要求和参数

横向力系数测试系统的承载车辆应为能够固定和安装测试、储供水、控制和记录等系统的载货车底盘，具有在水罐满载状态下最高车速大于100 km/h 的性能。

3. 测试系统技术要求和参数

(1)测试轮胎类型：光面天然橡胶充气轮胎。

(2)测试轮胎规格：3.00/20。

(3)测试轮胎标准气压：(350 ± 20) kPa。

(4)测试轮偏置角：19.5° ~ 21°。

(5)测试轮静态垂直标准荷载：(2 000 ± 20) N。

(6)拉力传感器非线性误差：< 0.05%。

(7)拉力传感器有效量程：0 ~ 2 000 N。

(8)距离标定误差：< 2%。

2.5.4.2　方法与步骤

1. 准备工作

(1)每个测试项目开始前或连续测试超过1 000 km 后必须按照设备使用手册规定的方法进行测试系统的标定，记录标定数据并存档。

(2)检查测试车轮胎气压，应达到车辆轮胎规定的标准气压。

(3)检查测试轮胎磨损情况，当其直径比新轮胎减小达6 mm(胎面磨损3 mm)以上或有明显磨损破裂时，必须立即更换新轮胎。更换的新轮胎在正式测试前应试测2 km。

(4)检测测试轮气压，应达到(0.35 ± 0.02) MPa 的要求。

(5)检查测试轮固定螺栓应拧紧。将测试轮放到正常测试时的位置，检查其应能够沿两侧滑柱上下自由升降。

(6)根据测试里程的需要向水罐加注清洁测试用水。

(7)检查洒水口出水情况和洒水位置是否正常；洒水位置应在测试轮接触地面中点沿行驶方向前方(400 ± 50) mm 处，洒水宽度为中心线两侧各不小于75 mm。

(8)将控制面板电源打开，检查各项控制功能键、指示灯和技术参数，选择状态应正常。

2. 测定步骤

(1)正式开始测试前，首先应按设备操作手册规定的时间要求对系统进行通电预热。

(2)进入测试路段前应将测试轮胎降至路面上预跑约500 m。

(3)按照设备操作手册的规定和测试路段的现场技术要求设置完毕所需的测试状态。

(4)驾驶员在进入测试路段前应保持车速在规定的测试速度范围内，沿正常行车轨迹驶入测试路段。

(5)进入测试路段后，测试人员启动系统的采集和记录程序。在测试过程中必须及时、准确地将测试路段的起终点和其他需要特殊标记点的位置输入测试数据记录中。

(6)当测试车辆驶出测试路段后,仪器操作人员停止数据采集和记录,提升测量轮并恢复仪器各部分至初始状态。

(7)操作人员检查数据文件应完整,内容应正常,否则需要重新测试。

(8)关闭测试系统电源,结束测试。

2.5.4.3 *SFC* 值的修正

1. *SFC* 值的速度修正

测试系统的标准测试速度范围规定为(50±4)km/h,其他速度条件下测试的 *SFC* 值必须通过式(2-39)转换至标准速度下的等效 *SFC* 值。

$$SFC_{标} = SFC_{测} - 0.22(v_{标} - v_{测}) \tag{2-39}$$

式中 $SFC_{标}$——标准测试速度下的等效 *SFC* 值;

$SFC_{测}$——现场实际测试速度条件下的 *SFC* 测试值;

$v_{标}$——标准测试速度,取值 50 km/h;

$v_{测}$——现场实际测试速度。

2. *SFC* 值的温度修正

测试系统的标准现场测试地面温度范围为(20±5)℃,其他地面温度条件下由于测试轮胎的弹性和路面本身的抗滑性能会发生变化,因而测试的 *SFC* 值必须通过表 2-19 转换至标准温度下的等效 *SFC* 值。系统测试要求地面温度控制在 8~60 ℃范围内。

表 2-19 *SFC* 值温度修正

温度(℃)	10	15	20	25	30	35	40	45	50	55	60
修正	−3	−1	0	+1	+3	+4	+6	+7	+8	+9	+10

2.5.4.4 路面横向力摩擦系数评定

横向力摩擦系数使用代表值进行工程质量评定,按路面 *SFC* 值的设计或验收标准值评定路面抗滑合格与否。

SFC 代表值为 *SFC* 算术平均值的下置信界限值,即

$$SFC_{\gamma} = \overline{SFC} - \frac{t_{\alpha}}{\sqrt{n}}S \tag{2-40}$$

式中 SFC_{γ}——*SFC* 代表值;

$\overline{SFC}$——*SFC* 平均值;

S——标准差;

n——数据个数;

t_{α}——t 分布表中随测点数和保证率(或置信度)而变的系数,采用的保证率高速公路、一级公路为 95%,其他公路为 90%。

当 *SFC* 代表值大于设计值或验收标准时,按单个 *SFC* 值计算合格率;当 *SFC* 代表值小于设计值或标准值时,相应分项工程评为不合格。

项目实训

实训项目一　基本知识训练

一、单选题

1. 测定高速公路沥青混凝土面层抗滑摩擦系数，应优先采用(　　)。

A. 摆式仪法　B. 制动距离法　C. 摩擦系数测试车法　D. 铺砂法

2. 高温条件下用摆式仪测定的沥青面层摩擦系数比低温条件下测得的摩擦系数(　　)。

A. 大　B. 小　C. 一样　D. 不一定

3. 路面表面构造深度的标准值为 0.8 mm，那么测试值应(　　)为合格。

A. ≥0.8 mm　B. ≤0.8 mm　C. >0.8 mm　D. <0.8 mm

4. 水泥混凝土路面在低温条件下测得的构造深度(　　)高温条件下测得的构造深度。

A. 大于　B. 等于　C. 小于　D. 两者无关系

5. 为保证路面的抗滑性能，沥青混凝土应选用(　　)。

A. *PSV* 值较小的石料　B. 构造深度较大的混合料

C. 沥青用量较高的混合料　D. 粒径较小的混合料

6. 用摆式仪测定沥青路面的抗滑性能时，要进行温度修正的原因是(　　)。

A. 高温时测得摆值偏小　B. 低温时测得摆值偏小

C. 高温时沥青混合料强度降低　D. 低温时沥青混合料强度降低

7. 横向力系数 *SFC* 表征的含义为(　　)。

A. 测试车刹车时轮胎与路面的摩擦系数

B. 测试轮侧面测得的横向力与轮荷载大小之比

C. 测试轮在刹车时横向力的大小

D. 测试轮侧面测得的横向力与测试车重量的比值

8. 摆式仪测某点抗滑值，若 5 次读数为 57、58、59、57、57，则该点抗滑值为(　　)摆值。

A. 57　B. 57.8　C. 58　D. 59

9. 用摆式仪法测定路面摩擦系数时，如果标定的滑动长度大于标准值(126 mm)，则 *BPN* 的测定值比实际值(　　)。

A. 偏大　B. 偏小　C. 一样　D. 偏大偏小很难确定

10. 高速公路、一级公路沥青表面层的摩擦系数宜在竣工后的(　　)采用摩擦系数测定车测定。

A. 第一个夏季　B. 第一个冬季　C. 第一个雨季　D. 第一个最不利季节

二、多选题

1. 影响沥青路面抗滑性能的因素有(　　)。

A. 石料的 *PSV* 值　　B. 路面的构造深度

C. 路面潮湿程度　　D. 路面的温度

2. 抗滑性能被看作是路面的表面特性,其表面特性包括(　　)。

A. 微观构造　　B. 整体构造　　C. 宏观构造　　D. 局部构造

3. 下列有关路面抗滑性能的说法中,正确的是(　　)。

A. 摆值越大,抗滑性能越好　　B. 构造深度越大,抗滑性能越好

C. 横向力系数越大,抗滑性能越好　　D. 制动距离越长,抗滑性能越好

4. 采用摆式仪测定路面抗滑值时,当橡胶片(　　)时应该更换新的橡胶片。

A. 端部在长度方向上磨损超过 1.6 mm　　B. 有油污染

C. 边缘在宽度方向上磨损超过 3.2 mm　　D. 有效期超过半年

5. 根据"评定标准"规定,应采用(　　)测定路面的抗滑性能。

A. 制动距离法　　B. 摆式仪法　　C. 铺砂法　　D. 拖车法

三、简答题

1. 根据"评定标准"规定,可以用于沥青混凝土面层抗滑性能测试的方法有哪些? 并简述各方法的测试原理。

2. 试述摆式仪测定路面抗滑值中,滑动长度对结果的影响。

3. 试述摆式仪测定路面抗滑值的测试要点。

实训项目二　职业能力与素质综合训练

由授课教师提供某高速公路某合同段工程资料,依据《公路工程质量检验评定标准》(JTG F80/1—2012)拟对该合同段某路段沥青混凝土路面抗滑性能进行检查与评定,组织学生分组讨论并完成以下任务:

1. 依据评定标准,根据随机选点方法确定该合同段内测定的区间及测定断面位置。

2. 依据评定标准,根据随机选点方法确定测定断面测点的位置。

3. 虚拟某高速公路,用摆式摩擦仪测定沥青路面的摩擦摆值(路面温度为 25 ℃),其测定结果如表 2-20 所示,试计算该处路面的摩擦摆值。(已知温度修正值为 $\Delta BPN = 2$)

表 2-20　摆式摩擦仪测定结果

测点桩号	测定平行值(*BPN*)					
	1	2	3	4	5	6
K2 + 315	49	52	51	53	51	52
K2 + 320	49	48	48	55	50	51
K2 + 325	51	52	51	49	50	50

【实训要求】

能力目标：

1. 能够熟练地运用随机选点方法确定测定区间、测定断面及测定断面测点的位置。

2. 能够运用摆式仪进行公路路面抗滑性能的检测与评定。

素质目标：

培养坚持原则、忠于职守、作风正派、秉公办事的作风，要以数据说话；形成认真、严谨和科学的态度，具有较强的团队意识；树立质量第一的工程意识。

学习任务2.6　沥青路面渗水系数检测

知识目标

1. 了解沥青路面渗水系数测试原理。

2. 熟悉沥青路面渗水系数的测定方法与步骤。

3. 掌握沥青路面渗水系数测试过程。

岗位任务

工作任务表

能力目标	主讲内容	学生完成任务	评价标准	
能进行沥青路面渗水性能测定	沥青路面渗水系数测定的基本原理及步骤	运用渗水仪测定选定沥青路面的渗水系数	优秀	路面渗水系数测定准确、快速，填表正确无误
			良好	路面渗水系数测定较准确、较快，填表正确
			合格	路面渗水系数测定较准确，填表较完整

沥青路面渗水性能是反映路面沥青混合料级配组成的一个间接指标，也是沥青路面水稳定性的一个重要指标。如果整个沥青面层均透水，则水势必进入基层或路基，使路面承载力降低。相反，如果沥青面层中有一层不透水，而表层能很快透水，则不致形成水膜，对抗滑性能有很大好处。所以路面渗水系数是评价路面使用性能的一个重要指标。

路面渗水系数是指在规定的条件下，单位时间内渗入路面结构中水的体积，用 C_w 表示，单位为 mL/min。《公路工程质量检验评定标准》（JTG F80/1—2012）中规定：路面表层渗水系数宜在路面成型后立即测定。高速公路、一级公路渗水系数要求：SMA 路面 200 mL/min，其他沥青混凝土路面 300 mL/min。在路面现场测定沥青路面的渗水系数时，检测频率为每 200 m 测一处。

2.6.1　仪具与材料

（1）路面渗水仪：形状及尺寸如图 2-36 所示，上部盛水量筒由透明有机玻璃制成，容积 600 mL，上有刻度，在 100 mL 及 500 mL 处有粗标线，下方通过 ϕ 10 mm 的细管与底座相接，中间有一开关。量筒通过支架联结，底座下方开口内径 150 mm，外径 220 mm，仪器附不锈钢圈压重两个，每个质量约 5 kg，内径 160 mm。

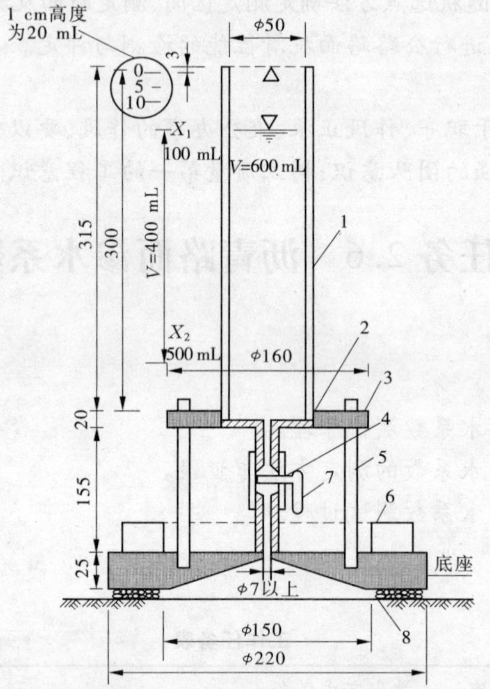

1—透明有机玻璃筒；2—螺纹连接；3—顶板；4—阀；
5—立柱支架；6—压重铁圈；7—把手；8—密封材料

图 2-36　渗水仪结构　（单位：mm）

(2) 水筒及大漏斗。

(3) 秒表。

(4) 密封材料：防水腻子、油灰或橡皮泥。

(5) 其他：水、粉笔、塑料圈、刮刀、扫帚等。

2.6.2　方法与步骤

2.6.2.1　准备工作

(1) 在测试路段的行车道路面上，按《公路路基路面现场测试规程》(JTG E60—2008)中公路路基路面现场测试随机选点方法确定测试位置，每一个检测路段应测定 5 个测点，并用粉笔画上测试标记。

(2) 试验前，首先用扫帚清扫表面，并用刷子将路面表面的杂物刷去。杂物的存在一方面会影响水的渗入，另一方面会影响渗水仪和路面或者试件的密封效果。

2.6.2.2　试验步骤

(1) 将塑料圈置于试件中央或者路面表面的测点上，用粉笔分别沿着塑料圈的内侧和外侧画上圈，在外环和内环之间的部分就是需要用密封材料进行密封的区域。测试步骤如图 2-37 ~ 图 2-39 所示。

如果在密封区域内发现有构造深度较大的部位，必须先用密封剂对这些部位的纹理深度进行填充，以防止渗水试验时水通过这些表面纹理渗出，从而影响试验结果，如图2-40所示。对较大的纹理进行处理后，再用密封剂对环状密封区域进行处理，用刮刀将密封剂均匀地涂抹在此区域内的试件表面上，用刮刀刮平，可以防止渗水仪压上去后密封剂被挤到内圈而改变渗水面积，如图2-41所示。

图2-37　塑料圈放在试验位置处

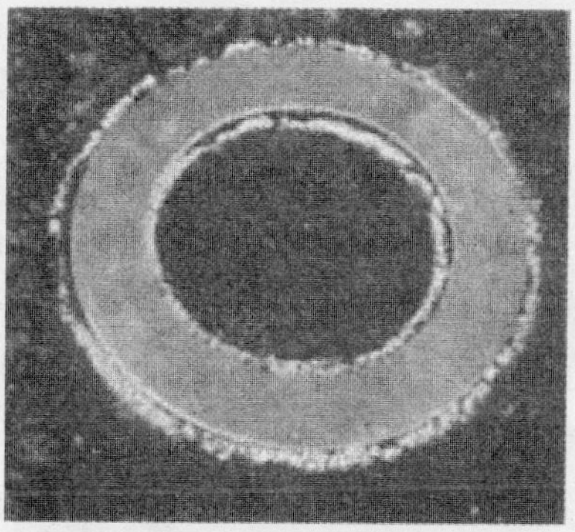

图2-38　用粉笔沿塑料圈内侧和外侧画上圈

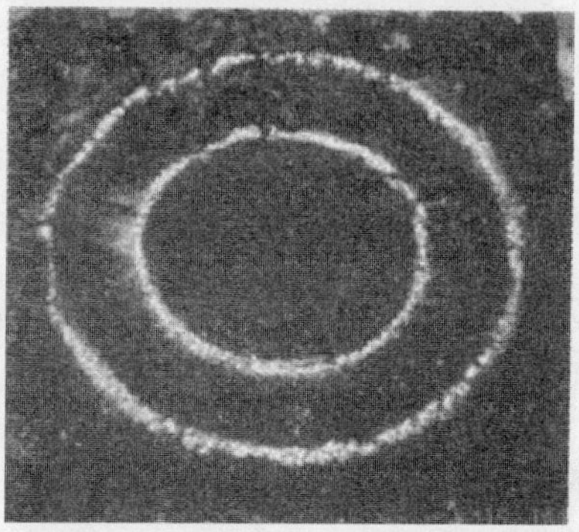

图2-39　内环和外环之间为密封区域

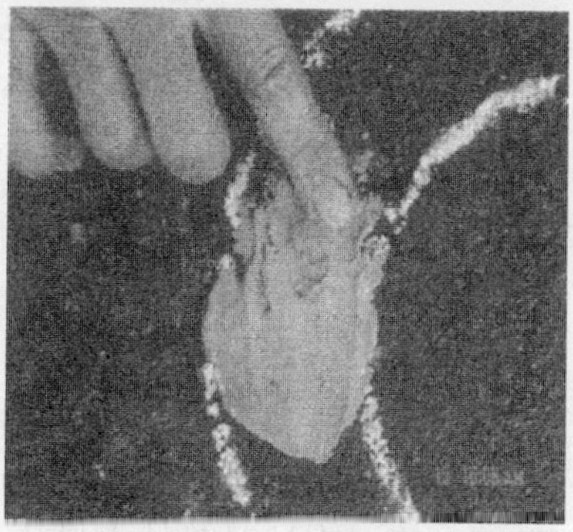

图2-40　局部部位填充密实处理

(2)用密封材料对环状密封区域进行密封处理，注意不要使密封材料进入内圈。如果密封材料不小心进入内圈，必须用刮刀将其刮走。然后将搓成拇指粗细的条状密封材料摞在环状密封区域的中央，并且摞成一圈，如图2-42所示。

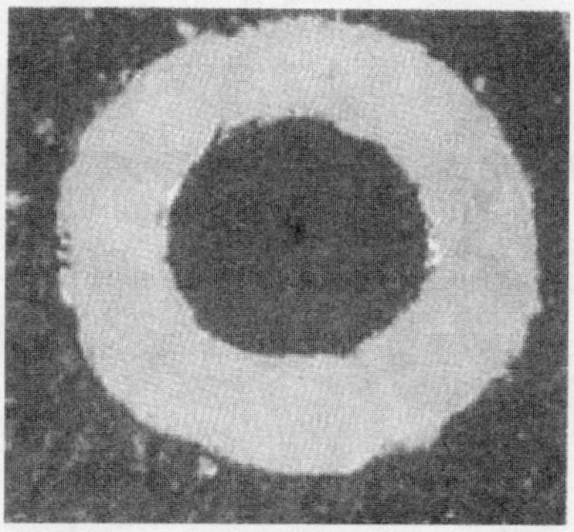

图2-41　密封剂刮平处理后图形

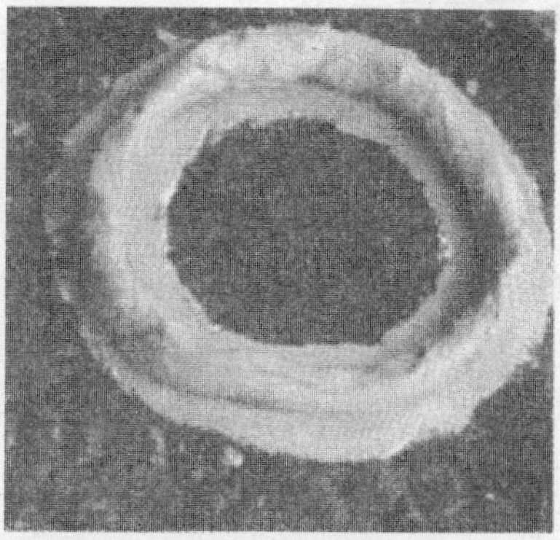

图2-42　密封材料外部密封处理

(3)将渗水仪放在试件或者路面表面的测点上，注意使渗水仪的中心尽量和圆环中心重合，然后略微使劲将渗水仪压在条状密封材料表面，再将配重加上，以防压力水从底座与路面间流出。

(4)将开关关闭，向量筒中注满水，然后打开开关，使量筒中的水下流，排出渗水仪底部内的空气，当量筒中水面下降速度变慢时，用双手轻压渗水仪使渗水仪底部的气泡全部排出。关闭开关，并再次向量筒中注满水。

(5)将开关打开，待水面下降至100 mL 刻度时，立即开动秒表开始计时，每间隔60 s，读记仪器管的刻度一次，至水面下降至500 mL 时为止。测试过程中，如水从底座与密封材料间渗出，说明底座与路面密封不好，应移至附近干燥路面处重新操作。当水面下降速度较慢，则测定3 min 的渗水量即可停止；如果水面下降速度较快，在不到3 min 的时间内达到了500 mL 刻度线，则记录到达500 mL 刻度线时的时间；若水面下降至一定程度后基本保持不动，说明基本不透水或根本不透水，应在报告中注明。

(6)按以上步骤在同一个检测路段选择 5 个测点测定渗水系数，取其平均值作为检测结果。

2.6.3 计算

计算时以水面从100 mL 下降至500 mL 所需的时间为标准，若渗水时间过长，也可以采用3 min 通过的水量计算。

$$C_w = \frac{V_2 - V_1}{t_2 - t_1} \times 60 \tag{2-41}$$

式中 C_w——路面渗水系数，mL/min；

V_1——第一次计时时的水量，mL，通常为100 mL；

V_2——第二次计时时的水量，mL，通常为500 mL；

t_1——第一次计时时的时间，s；

t_2——第二次计时时的时间，s。

友情提示

注意事项：

(1)采用防水腻子作为密封材料时，要用新鲜的腻子，存放时要注意密封，时间较长或比较干燥的腻子不能再使用。

(2)对渗水较快，水面从100 mL 降至500 mL 的时间不很长时，中间也可不读数。如果渗水太慢，则从水面降至100 mL 时开始，测记3 min 即可中止试验；若水面基本不动，说明路面不透水，则在报告中注明即可。

2.6.4 报告

现场检测，每一个检测路段应测定5 个测点，计算其平均值作为检测结果。若路面不透水，在报告中注明渗水系数为0。

项目实训

实训项目一　基本知识训练

一、简答题

1. 在何状况下需要检测路面渗水系数？采用哪些检测器具？

2. 简述沥青路面渗水系数测试的试验步骤。

实训项目二　职业能力与素质综合训练

由授课教师提供某高速公路某合同段工程资料，依据《公路工程质量检验评定标准》(JTG F80/1—2012)，拟对该合同段某路段沥青路面渗水性能进行检查与评定，组织学生分组讨论并完成以下任务：

1. 依据评定标准，根据随机选点方法确定该合同段内测定的区间及测定断面位置。

2. 依据评定标准，根据随机选点方法确定测定断面测点的位置。

3. 组织学生实测某段道路沥青路面渗水性能，并对测试结果进行处理与分析，给出评定结果。

【实训要求】

能力目标：

1. 能够熟练地运用随机选点方法确定测定区间、测定断面及测定断面测点的位置。

2. 能够进行沥青路面渗水性能检测与评定。

素质目标：

培养坚持原则、忠于职守、作风正派、秉公办事的作风，要以数据说话；形成认真、严谨和科学的态度，具有较强的团队意识；树立质量第一的工程意识。

学习任务2.7　路面外观检测

知识目标

1. 了解沥青、水泥路面常见破损类型及错台、车辙相关知识。

2. 熟悉沥青、水泥路面破损类型统计方法及错台、车辙检测方法与原理。

3. 掌握错台、车辙检测步骤及数据处理。

岗位任务

工作任务表

能力目标	主讲内容	学生完成任务	评价标准	
能够进行沥青、水泥路面破损检测	沥青、水泥路面的破损类型及破损类型分别统计	完成某段沥青、水泥路面破损检测及统计	优秀	破损类型定位正确,破损类型统计准确,测量快速
			良好	破损类型定位正确,破损类型统计较准确,测量较快
			合格	破损类型定位及破损类型统计基本正确,测量速度一般
能够进行路面错台尺寸测定	路面错台测试	完成某段路面错台尺寸测定	优秀	最大错台位置、尺寸准确,测量快速
			良好	最大错台位置、尺寸较准确,测量较快
			合格	最大错台位置、尺寸基本准确,测量速度一般
能够进行沥青路面车辙测定	沥青路面车辙测试	完成某段路面车辙测定	优秀	最大车辙位置、尺寸准确,测量快速
			良好	最大车辙位置、尺寸较准确,测量较快
			合格	最大车辙位置、尺寸基本准确,测量速度一般

2.7.1 路面破损检测

2.7.1.1 沥青路面破损类型

依据规范《公路技术状况评定标准》(JTG H20—2007)规定,沥青路面损坏分11类21项。

1. 龟裂

轻:初期裂缝,裂区无变形、散落,缝细,主要裂缝宽度在2 mm以下,主要裂缝块度为0.2~0.5 m,损坏按面积计算。

中:龟裂的发展期,龟裂状态明显,裂缝区有轻度散落或轻度变形,主要裂缝宽度为2~5 mm,部分裂缝块度小于0.2 m,损坏按面积计算。

重:龟裂特征显著,裂块较小,裂缝区变形明显、散落严重,主要裂缝宽度大于5 mm,大部分裂缝块度小于0.2 m,损坏按面积计算。

2. 块状裂缝

轻:缝细、裂缝区无散落,裂缝宽度在3 mm以内,大部分裂缝块度大于1.0 m,损坏按面积计算。

重:缝宽、裂缝区有散落,裂缝宽度在3 mm以上,主要裂缝块度为0.5~1.0 m,损坏按面积计算。

3. 纵向裂缝

纵向裂缝指与行车方向基本平行的裂缝。

轻：缝细、裂缝壁无散落或有轻微散落，无支缝或有少量支缝，裂缝宽度在 3 mm 以内，损坏按长度(m)计算，检测结果要用影响宽度(0.2 m)换算成面积。

重：缝宽、裂缝壁有散落，有支缝，主要裂缝宽度大于 3 mm，损坏按长度(m)计算，检测结果要用影响宽度(0.2 m)换算成面积。

4. 横向裂缝

横向裂缝指与行车方向基本垂直的裂缝。

轻：缝细、裂缝壁无散落或有轻微散落，裂缝宽度在 3 mm 以内，损坏按长度计算，检测结果要用影响宽度(0.2 m)换算成面积。

重：缝宽、裂缝贯通整个路面，裂缝壁有散落并伴有少量支缝，主要裂缝宽度大于 3 mm，损坏按长度计算，检测结果要用影响宽度(0.2 m)换算成面积。

5. 坑槽

轻：坑浅，有效坑槽面积在 0.1 m^2 以内(约 0.3 m×0.3 m)，损坏按面积计算。

重：坑深，有效坑槽面积大于 0.1 m^2(约 0.3 m×0.3 m)，损坏按面积计算。

6. 松散

轻：路面细集料散失、脱皮、麻面等表面损坏，损坏按面积计算。

重：路面粗集料散失、脱皮、麻面、露骨，表面剥落、有小坑洞，损坏按面积计算。

7. 沉陷

沉陷指大于 10 mm 的路面局部下沉。

轻：深度为 10～25 mm，正常行车无明显感觉，损坏按面积计算。

重：深度大于 25 mm，正常行车有明显感觉，损坏按面积计算。

8. 车辙

车辙指轮迹处深度大于 10 mm 的纵向带状凹槽(辙槽)。

轻：辙槽浅，深度为 10～15 mm，损坏按长度计算，检测结果要用影响宽度(0.4 m)换算成面积。

重：辙槽深，深度在 15 mm 以上，损坏按长度计算，检测结果要用影响宽度(0.4 m)换算成面积。

9. 波浪拥包

轻：波峰波谷高差小，高差为 10～25 mm，损坏按面积计算。

重：波峰波谷高差大，高差大于 25 mm，损坏按面积计算。

10. 泛油

泛油指路面沥青被挤出或表面被沥青膜覆盖形成发亮的薄油层，损坏按面积计算。

11. 修补

修补指龟裂、坑槽、松散、沉陷、车辙等的修补面积或修补影响面积(裂缝修补按长度计算，影响宽度为 0.2 m)。

沥青路面损坏类型和权重见表 2-21。

2.7.1.2　水泥混凝土路面

水泥混凝土路面损坏分 11 类 20 项。

表 2-21　沥青路面损坏类型和权重

类型(i)	损坏名称	损坏程度	权重(w_i)	计量单位
1	龟裂	轻	0.6	面积(m^2)
2		中	0.8	
3		重	1.0	
4	块状裂缝	轻	0.6	面积(m^2)
5		重	0.8	
6	纵向裂缝	轻	0.6	长度(m) (影响宽度:0.2 m)
7		重	1.0	
8	横向裂缝	轻	0.6	长度(m) (影响宽度:0.2 m)
9		重	1.0	
10	坑槽	轻	0.8	面积(m^2)
11		重	1.0	
12	松散	轻	0.6	面积(m^2)
13		重	1.0	
14	沉陷	轻	0.6	面积(m^2)
15		重	1.0	
16	车辙	轻	0.6	长度(m) (影响宽度:0.4 m)
17		重	1.0	
18	波浪拥包	轻	0.6	面积(m^2)
19		重	1.0	
20	泛油	轻	0.2	面积(m^2)
21	修补	重	0.1	面积(m^2)

1. 破碎板

轻:板块被裂缝分为 3 块以上,破碎板未发生松动和沉陷,损坏按板块面积计算。

重:板块被裂缝分为 3 块以上,破碎板有松动、沉陷和唧泥等现象,损坏按板块面积计算。

2. 裂缝

板块上只有一条裂缝,裂缝类型包括横向、纵向和不规则的斜裂缝等。

轻:裂缝窄、裂缝处未剥落,缝宽小于 3 mm,一般为未贯通裂缝,损坏按长度计算,检测结果要用影响宽度(1.0 m)换算成面积。

中:边缘有碎裂,裂缝宽度为 3 ~ 10 mm,损坏按长度计算,检测结果要用影响宽度(1.0 m)换算成面积。

重:缝宽、边缘有碎裂并伴有错台出现,缝宽大于10 mm,损坏按长度计算,检测结果要用影响宽度(1.0 m)换算成面积。

3. 板角断裂

板角断裂指裂缝与纵横接缝相交,且交点距板角小于或等于板边长度一半的损坏。

轻:裂缝宽度小于3 mm,损坏按断裂板角的面积计算。

中:裂缝宽度为3~10 mm,损坏按断裂板角的面积计算。

重:裂缝宽度大于10 mm,断角有松动,损坏按断裂板角的面积计算。

4. 错台

错台指接缝两边出现的高差大于5 mm的损坏。

轻:高差小于10 mm,损坏按长度计算,检测结果要用影响宽度(1.0 m)换算成面积。

重:高差10 mm以上,损坏按长度计算,检测结果要用影响宽度(1.0 m)换算成面积。

5. 唧泥

板块在车辆驶过后,接缝处有基层泥浆涌出,损坏按长度计算,检测结果要用影响宽度(1.0 m)换算成面积。

6. 边角剥落

边角剥落指沿接缝方向的板边碎裂和脱落,裂缝面与板面成一定角度。

轻:浅层剥落,损坏按长度计算,检测结果要用影响宽度(1.0 m)换算成面积。

中:中深层剥落,接缝附近水泥混凝土有开裂,损坏按长度计算,检测结果要用影响宽度(1.0 m)换算成面积。

重:深层剥落,接缝附近水泥混凝土多处开裂,深度超过接缝槽底部,损坏按长度计算,检测结果要用影响宽度(1.0 m)换算成面积。

7. 接缝料损坏

由于接缝的填缝料老化、剥落等,接缝内已无填料,接缝被砂、石、土等填塞。

轻:填料老化,不泌水,但尚未剥落脱空,未被砂、石、泥土等填塞,损坏按长度计算,检测结果要用影响宽度(1.0 m)换算成面积。

重:1/3以上接缝出现空缝或被砂、石、土填塞,损坏按长度计算,检测结果要用影响宽度(1.0 m)换算成面积。

8. 坑洞

板面出现有效直径大于30 mm、深度大于10 mm的局部坑洞,损坏按坑洞或坑洞群所涉及的面积计算。

9. 拱起

横缝两侧的板体发生明显抬高,高度大于10 mm,损坏按拱起所涉及的板块面积计算。

10. 露骨

板块表面细集料散失、粗集料暴露或表层松疏剥落,损坏按面积计算。

11. 修补

裂缝、板角断裂、边角剥落、坑洞和层状剥落的修补面积或修补影响面积(裂缝修补按长度计算,影响宽度为0.2 m)。

水泥混凝土路面损坏类型和权重见表2-22。

表2-22 水泥混凝土路面损坏类型和权重

类型(i)	损坏名称	损坏程度	权重	计量单位
1	破碎板	轻	0.8	面积(m^2)
2		重	1.0	
3	裂缝	轻	0.6	长度(m)(影响宽度:1.0 m)
4		中	0.8	
5		重	1.0	
6	板角断裂	轻	0.6	面积(m^2)
7		中	0.8	
8		重	1.0	
9	错台	轻	0.6	长度(m)(影响宽度:1.0 m)
10		重	1.0	
11	唧泥		1.0	长度(m)(影响宽度:1.0 m)
12	边角剥落	轻	0.6	长度(m)(影响宽度:1.0 m)
13		中	0.8	
14		重	1.0	
15	接缝料损坏	轻	0.4	长度(m)(影响宽度:1.0 m)
16		重	0.6	
17	坑洞		1.0	面积(m^2)
18	拱起		1.0	面积(m^2)
19	露骨		0.3	面积(m^2)
20	修补		0.1	面积(m^2)

2.7.1.3 **仪具与材料**

(1)量尺:钢卷尺、皮尺、钢尺等。

(2)破损记录纸(毫米方格纸)。

(3)高速摄像车或其他高效测试设备。

(4)其他。

2.7.1.4 **方法与步骤**

1.准备工作

(1)选择测试路段,并量测路面的长度及宽度,计算测试路段总面积(A)。

(2)在毫米方格纸上按比例绘制破损记录方格,填好里程桩号。

(3)用扫帚清扫路面。

(4)观测前通报有关交通管理部门,观测时应有人指挥交通(必要时可封闭交通),并设置交通安全标志等以确保观测车及观测者的安全。

2. 检测步骤

(1)当采用高速摄影车或其他高效测试设备测试时,按有关使用说明书操作。采用自动摄影车测试时,进行连续摄影或录像,然后在室内评定或用计算机检测裂缝等各类破损数量。

(2)当为人工检测时,由 2 ~ 4 人组成一组,沿路面仔细观察各类破损情况。若观测裂缝,一般以逆光观测较为清楚,对不明显的裂缝,可在裂缝位置用粉笔作出标记。

(3)目测或用量尺测试路段路面上各类破损的长度或范围,精确至 0.1 m。

(4)车辙检测按相关规定进行。拥包、波浪、沉陷等变形类损坏除记录面积外,尚应测记拥起高度或下陷深度。

(5)记录破损位置(桩号),就地在方格纸上按比例描绘破损图,记录破损类别。

(6)必要时,可拍摄照片或录像备查。

2.7.1.5　计算

路面损坏状况采用 *PCI* 指标进行评价,*PCI* 被定义为路面综合破损率(*DR*)的函数,具体计算方法如下

$$PCI = 100 - a_0 DR^{a_1} \tag{2-42}$$

$$DR = \frac{D}{A} \times 100\% = \frac{\sum A_{ij} w_{ij}}{A} \times 100\% \tag{2-43}$$

式中　DR——路面破损率(%);

D——路面折合破损面积之和,m^2;

A——路面实际调查的总面积,m^2;

A_{ij}——第 i 类损坏、第 j 类严重程度的实际破损面积,m^2;

w_{ij}——第 i 类损坏、第 j 类严重程度的破损权重系数,沥青路面按表 2-21 取值,水泥混凝土路面按表 2-22 取值;

a_0——模型参数,沥青路面 $a_0 = 15.00$,水泥路面 $a_0 = 10.66$;

a_1——模型参数,沥青路面 $a_1 = 0.412$,水泥路面 $a_1 = 0.461$。

2.7.1.6　报告

路面破损调查报告应包括如下内容:

(1)路线名称、路面结构、使用年限、交通情况。

(2)路面破损调查表。

(3)路面破损程度评定。

(4)破损原因分析及处理建议。

2.7.2　路面错台检测

测定路面在人工构造物端部接头、水泥混凝土路面或桥梁的伸缩缝以及沥青路面裂缝两侧由于沉降所造成的错台(台阶)高度,以评价路面行车舒适性能(跳车情况),并作

为计算维修工作量的依据。

2.7.2.1 **仪具与材料**

(1)皮尺。

(2)水准仪。

(3)3 m 直尺、钢板尺、钢卷尺、粉笔。

2.7.2.2 **方法和步骤**

非经注明,错台的测定位置以行车道错台最大处纵断面为准,根据需要也可以其他代表性纵断面为测定位置。

选择需要测定的断面,记录位置及桩号,描述发生错台的原因。

构造物端部由于沉降造成的接头错台的测试步骤如下:

(1)将精密水平仪架在距构造物端部不远的路面平顺处调平。

(2)从构造物端部无沉降或鼓包的断面位置起,沿路线纵向用皮尺量取一定距离作为测点,在该处立起塔尺,测量高程。再向前量取一定距离,作为测点,测量高程。如此重复,直至无明显沉降的断面。无特殊需要,从构造物端部起的 2 m 内每隔 0.2 m 量测一次,2 ~5 m 内宜每隔 0.5 m 量测一次,5 m 以上每隔 1 m 量测一次,由此得出沉降纵断面及最大沉降值,即最大错台高度,精确至 1 mm。

测定由水泥混凝土路面或桥梁的伸缩缝或路面横向开裂造成的接缝错台、裂缝错台时,可用水平仪测定接缝或裂缝两侧一定范围内的道路纵断面,确定最大错台的位置及高度 D_m,精确至 1 mm。

当发生错台变形的范围不足 3 m 时,可在错台最大位置沿路线纵向用 3 m 直尺架在路面上,其一端位于错台高出的一侧,另一端位于无明显沉降变形处,作为基准线。用钢板尺或钢卷尺每隔 0.2 m 量取路面与基准线之间的高度,同时测记最大错台高度 D_m,精确至 1 mm。

2.7.2.3 **资料整理**

以测定的错台读数 D 与各测点的距离绘成纵断面图作为测定结果。图中应标明相应断面的设计纵断面高程、最大错台的位置与高度 D_m,精确至 1 mm。

2.7.2.4 **报告**

测试报告应记录如下事项:

(1)路线名、测定日期、天气情况。

(2)测定地点、桩号、路面及构造物概况。

(3)道路交通情况及造成错台原因的初步分析。

(4)最大错台高度 D_m 及错台纵断面图。

2.7.3 沥青路面车辙检测

随着国内高速公路的大量通车运行,沥青路面的车辙现象日益严重,交通部发〔2010〕65 号令《公路工程竣(交)工验收办法实施细则》和《公路技术状况评定标准》(JTG H20—2007)均把车辙作为单独评定的技术指标。本方法测定沥青路面的车辙,可供评定路面使用状况及计算维修工作量使用。

2.7.3.1　**仪具与材料**

(1)路面横断面仪:如图 2-43 所示。其长度不小于一个车道宽度,横梁上有一位移传感器,可自动记录横断面形状,测试间距小于 20 cm,测试精度为 1 mm。

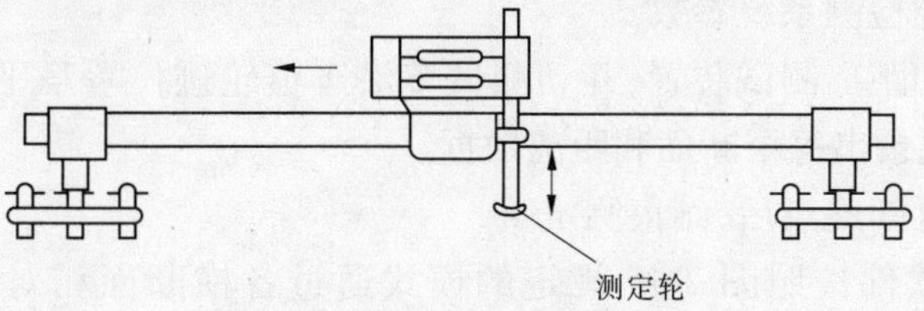

图 2-43　路面横断面仪

(2)激光或超声波车辙仪:包括多点激光或超声波车辙仪、线激光车辙仪和线扫描激光车辙仪等类型,通过激光测距技术或激光成像和数字图像分析技术得到车道横断面相对高程数据,并按规定模式计算车辙深度。

要求激光或超声波车辙仪有效测试宽度不小于 3.2 m,测点不少于 13 点,测试精度为 1 mm。

(3)横断面尺:如图 2-44 所示。横断面尺为硬木或金属制直尺,刻度间距 5 cm,长度不小于一个车道宽度。顶面平直,最大弯曲不超过 1 mm。两端有把手及高度为 10 ~ 20 cm 的支脚,两支脚的高度相同。

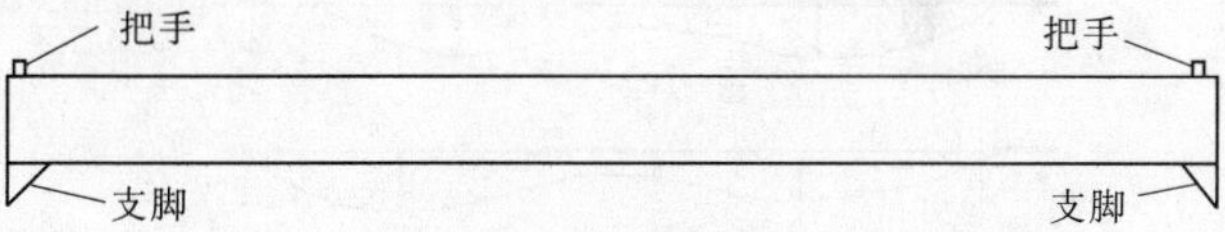

图 2-44　路面横断面尺

(4)量尺:钢板尺、卡尺、塞尺,量程大于车辙深度,刻度至 1 mm。

(5)其他:皮尺、粉笔等。

2.7.3.2　**方法与步骤**

1. 确定车辙测定的基准测量宽度

(1)对高速公路及一级公路,以发生车辙的一个车道两侧标线宽度中点到中点的距离为基准测量宽度。

(2)对二级及二级以下公路,有车道区画线时,以发生车辙的一个车道两侧标线宽度中点到中点的距离为基准测量宽度;无车道区画线时,以形成车辙部位的一个设计车道宽度作为基准测量宽度。

2. 确定车辙测定的间距

以一个评定路段为单位,用激光车辙仪连续检测时,测定断面间隔不大于 10 m。用其他方法非连续测定时,在车道上每隔 50 m 作为一测定断面,用粉笔画上标记进行测定。根据需要也可按《公路路基路面现场测试规程》(JTG E60—2008)中随机选点方法在行车道上随机选取测定断面，在特殊需要的路段如交叉口前后可予以加密。

3. 各种仪器的测定方法

采用激光或超声波车辙仪的测试步骤如下：

(1)将检测车辆就位于测定区间起点前。

(2)启动并设定检测系统参数。

(3)启动车辙和距离测试装置，开动测试车沿车道轮迹位置且平行于车道线平稳行驶，测试系统自动记录出每个断面和距离数据。

(4)到达测定区间终点后，结束测定。

(5)系统处理软件按照图 2-45 规定的模式通过各横断面相对高程数据计算车辙深度。

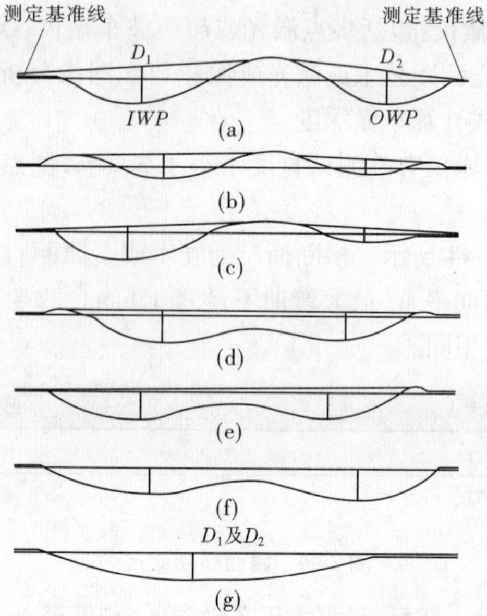

注：*IWP*、*OWP* 表示内侧轮迹带及外侧轮迹带。

图 2-45　不同形状、不同程度的路面车辙示意图

传感器数量较多的设备能够采集到全部计算控制点的高程，因此车辆在车道上的行驶位置对测试结果的影响不大；但传感器数量少的设备，必须保证车辆严格在行车轨迹上行驶，否则将导致传感器与车辙计算控制点错位，采集不到控制点高程数据，进而计算出错误的车辙深度。

采用路面横断面仪的测试步骤如下：

(1)将路面横断面仪就位于测定断面上，方向与道路中心线垂直，两端支脚立于测定车道的两侧边缘，记录断面桩号。

(2)调整两端支脚高度，使其等高。

(3)移动横断面仪的测量器，从测定车道的一端移到另一端，记录出断面形状。

采用横断面尺的测试步骤如下：

(1)将横断面尺就位于测定断面上,两端支脚置于测定车道两侧。

(2)沿横断面尺每隔 20 cm 一点,用量尺垂直立于路面上,用目平视测记横断面尺顶面与路面之间的距离,精确至 1 mm。如断面的最高处或最低处明显不在测定点上,应加测该点距离。

(3)记录测定读数,绘出断面图,最后连接成圆滑的横断面曲线。

(4)横断面尺也可用线绳代替。

(5)当不需要测定横断面,仅需要测定最大车辙时,亦可用不带支脚的横断面尺架在路面上由目测确定最大车辙位置,用尺量取。

2.7.3.3　计算

测定结果计算整理:

(1)根据断面线按图 2-45 的方法画出横断面图及顶面基准线,通常为其中的一种形式。

(2)在图上确定车辙深度 D_1 及 D_2,读至 1 mm。以其中最大值作为断面的最大车辙深度。

(3)求取各测定断面最大车辙深度的平均值作为该评定路段的平均车辙深度。

(4)由于造成车辙的原因(沥青混合料推挤流动、压密,路基压实、沉降)以及车轮横向分布的不同,车辙形状是不同的。断面图概括了不同形状及不同程度的车辙。

知识拓展

世界各国采用的车辙深度计算方法有所不同(见表 2-23)。例如,美国以两条车辙中部最高点与车辙最低点的两个高差的平均值作为测试断面的车辙深度,这种模式只要测横断面上 3 点的高程即可;而我国将车辙分为 7 种形式,先通过控制点画出基准线,再以车辙最低点到基准线的距离作为车辙深度,并且只取同一断面上的最大深度作为测试结果。

表 2-23　几种车辙测定方法

国家	仪器名称	方法	测定间隔
美国 AASHTO (1987)	1.2 m 直尺	直尺中最大垂直变形	7 m
美国 SHRP (LTPP)	车道全宽直尺自动测定车	直尺中最大垂直变形	30.5 m
瑞典	自动测定车(激光)	测定横断面用直尺法(一车道宽度),决定最大垂直变形	5 m
英国	自动测定车(HRM)	后轴中部一个激光器测定与路面的距离,将其与平地上的距离之差作为车辙	10 m
美国(南达科他州)	SDDOT 横断面仪	超声波测距仪在两侧轮中及后轴中央测三点与路面距离(b_1、b_2、b_3),车辙由$(h_1+h_2-h_3)/2$得到	15 m

续表 2-23

国家	仪器名称	方法	测定间隔
日本	横断面仪自动测定车直尺法、全宽拉线法(全宽)	测定横断面后决定最大垂直变形	20 m

2.7.3.4 报告

测试报告应记录下列事项：

(1)采用的测定方法。

(2)路段描述，包括里程桩号、路面结构及横断面、使用年限、交通情况等。

(3)各测定断面的横断面图。

(4)各测定断面的最大车辙深度表。

(5)各评定路段的最大车辙深度及平均车辙深度。

(6)根据测定目的应记录的其他事项或数据。

项目实训

实训项目一 基本知识训练

一、简答题

1. 简述水泥混凝土路面、沥青路面破损类型。在什么情况下进行破损检测？
2. 何谓路面错台？为什么要检测路面错台？检测仪具与材料有哪些？
3. 简述沥青路面车辙检测的主要步骤。

实训项目二 职业能力与素质综合训练

由授课教师提供某高速公路某合同段工程资料，依据《公路工程质量检验评定标准》(JTG F80/1—2012)，拟对该合同段某路段沥青路面车辙进行检查与评定，组织学生分组讨论并完成以下任务：

1. 依据评定标准，根据随机选点方法确定该合同段内测定的区间及测定断面位置。
2. 依据评定标准，根据随机选点方法确定测定断面测点的位置。
3. 组织学生实测某段道路沥青路面车辙性能，并对测试结果进行处理与分析，给出评定结果。

【实训要求】

能力目标：

1. 能够熟练地运用随机选点方法确定测定区间、测定断面及测定断面测点的位置。
2. 能够进行沥青路面车辙性能检测与评定。

素质目标：

培养坚持原则、忠于职守、作风正派、秉公办事的作风，要以数据说话；形成认真、严谨和科学的态度，具有较强的团队意识；树立质量第一的工程意识。

学习情境3　桥梁工程检测

能力要求

通过本学习情境内容的学习，要求学生了解桥梁工程质量检测中相关的基本概念；熟悉桥涵工程中对其地基承载力、基桩、结构及全桥检验的基本原理与基本原则；掌握桥涵工程中地基承载力、基桩、结构及全桥质量检验的方法与步骤，依据相关原则进行质量评定；掌握桥涵工程质量评定的方法，能够依据检验数据进行其评定，提高对桥涵工程质量检测与评定工作的能力。

知识要求

知识目标	知识要点	权重
熟悉各种地基承载力检测方法及适用范围，掌握原位测试相关试验的测试过程	动力触探试验、标准贯入试验和载荷试验的试验过程	25%
掌握基桩完整性检测的方法，掌握基桩承载力的测试方法	低应变法及超声波法的仪器安置、试验步骤、数据分析判定，单桩竖向抗压承载力测试试验步骤、数据分析	30%
掌握钢筋混凝土构件强度及缺陷检测方法、原理及测试步骤	回弹法、超声－回弹综合法、钻芯法等方法检测原理、仪器安置、试验步骤、数据分析判定	25%
掌握桥梁静、动载荷试验测试方法、原理、仪器设备安置及其测试步骤	掌握桥梁静、动载荷试验测试目的、工作内容、方案确定原则、仪器设备安置及测试数据分析判定	15%
掌握全桥检测项目及方法	全桥检测的目的和意义、外观普查项目及详细检查的常用方法	5%

素质要求

培养坚持原则、忠于职守、作风正派、秉公办事的作风，要以数据说话；形成科学、严谨、规范、“实事求是”的工作作风；树立质量第一的工程意识。

典型案例

某省连通桥桥梁静动载试验

某省一级公路连通桥梁工程，桥梁全长1 009 m。桥梁上部结构采用连续钢筋混凝土半圆拱桥，全桥共37跨；下部结构桥墩均采用实体墩接承台，下接桩基础；桥台采用实体桥台接桩基。设计荷载为公路—Ⅰ级，按双向六车道设计。2012 年交工验收并对其进行设计、施工质量、工程的可靠性评定。连通桥总体布置图及横断面图见图 1、图 2。

图 1　连通桥总体布置图　（单位：mm）

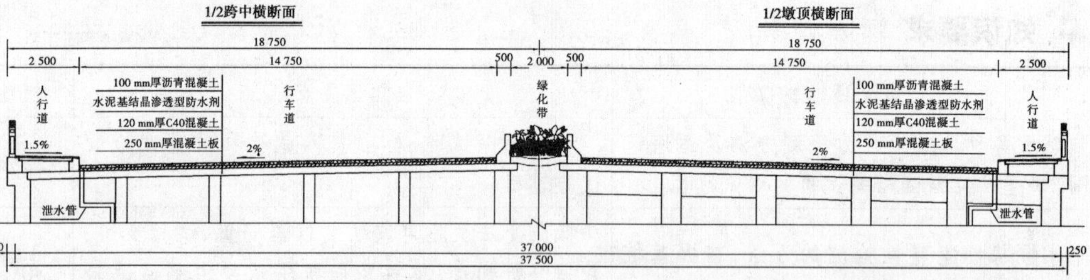

图 2　某连通桥横断面示意图　（单位：mm）

1　主要技术指标

设计行车速度 100 km/h；设计荷载：公路—Ⅰ级，人群荷载 3.5 kN/m^2；桥面纵坡：2.5% 和 -2.5%；桥面横坡：双向 2%；桥梁设计宽度：37.5 m；桥梁结构：采用 37 孔半圆钢筋混凝土板拱，净矢跨比 0.5；地震烈度：6 度。

2　荷载试验目的与依据

(1) 荷载试验的目的：检验设计、施工质量，确定工程的可靠性，为交工验收提供技术依据；直接了解桥跨结构在试验荷载下的实际工作状态，判断实际承载能力，评价其在设计使用荷载下的工作性能，确定其使用条件和注意事项。

(2) 试验依据及准则：包括《公路工程技术标准》(JTG B01—2003)，《公路工程质量检验评定标准》(JTG F80/1—2012)，《公路钢筋混凝土及预应力混凝土桥涵设计规范》(JTG D62—2004)，其他相关设计变更、会议纪要等。

3　主要试验仪器设备

主要试验仪器设备包括静态应变测量与采集设备，静态测试系统平衡箱，振弦读数仪，动态应变测量、采集与分析设备，表面应变计（应变片），机电百分表，测振传感器，裂缝宽度仪，桥梁检查车，照相，机吊车，路灯车。

4　检测内容

(1) 静载荷试验进行测试。检测内容有主拱圈拱顶、$L/4$ 截面在试验荷载作用下的应变、挠度,主拱圈拱脚、$L/8$ 截面在试验荷载作用下的应变。

(2)动力特性参数测定应力或挠度的动态增量:测定桥梁结构的动力特性,识别大桥整体结构的振动特性参数,主要包括大桥前3阶振动频率和阻尼比;测定桥梁结构在动荷载作用下的强迫振动响应,试验车辆以不同车速驶过桥面时,测试桥梁结构在该车速下的冲击系数。

5　试验检测结果

(1)试验内容。静载荷试验主要测定在与最不利设计(静力)荷载相当的试验荷载作用下,桥梁结构在各控制部位产生的应变(应力)和挠度(变位)。

(2)测试截面的确定。依据桥跨结构得到活载内力包络图和位移包络图,从而确定各测试控制截面及测试内容如下:根据分析选定桥梁测试截面为Ⅰ—Ⅰ(36#墩拱脚截面)、Ⅱ—Ⅱ(第37孔 $L/4$ 拱截面)、Ⅲ—Ⅲ(第37孔拱顶截面)、Ⅳ—Ⅳ(18#墩拱脚截面)等(详见附录2)。

(3)测点布置。

①应变测点。主拱应变测点布置:选择在主拱圈底面布置应变测点,纵桥向布置于Ⅰ—Ⅰ(36#墩拱脚截面)、Ⅱ—Ⅱ(第37孔 $L/4$ 拱截面)、Ⅲ—Ⅲ(第37孔拱顶截面)、Ⅳ—Ⅳ(18#墩拱脚截面)等(详见附录3),每个断面主拱圈底部各布置6个应变(应力)测点(不包括温度补偿片)。

②挠度测点。采用机电百分表观测主拱圈竖向变位。竖向变位测点布置于各跨主拱圈的 $L/4$ 拱截面和拱顶。

(4)加载效率:为了保证试验的有效性,应根据各测试截面的内力与挠度影响线,按最不利位置加载,保证各控制测试截面试验荷载效率系数为0.95~1.05,经计算确定。本次静载荷试验需要350 kN(车重+荷重)载重车4辆,由于试验分为2天,共用350 kN(车重+荷重)载重车7辆,试验前对每辆车都严格过磅,记录每辆车的实际总重、轴重和轴间距(试验工况及加载位置见附录4)。

(5)数据测试及分析。

①预备试验。在正式加载试验之前完成了准备工作。

②正式试验(检测过程图片详见附录5)。试验准备工作完成后,采取措施进行正式加载试验。

(6)试验结果及分析。

①应变分析。

②挠度分析。

6　结论

(1)应变分析。

各工况应变实测数据规律性较好,应变实测值小于计算值,应变校验系数主要介于0.50~0.80,主要测点应变校验系数均小于1,说明结构实测参数与结构分析能较真实地反映实际桥梁结构的受力特性,结构受力性能符合设计要求。

(2)挠度分析。

桥梁结构在各工况下挠度小于理论分析结果,挠度校验系数介于0.35~0.70,主要测点挠度校验系数均小于1,表明结构的刚度满足设计要求。

综上所述,连通桥桥梁静力性能良好,结构整体刚度较大,桥梁承载能力满足设计要求。

通过本典型案例,你觉得桥梁工程静载荷试验有哪些实测项目及其标准?需要哪些仪器设备?如何进行相关实测项目的检测及数据处理?应该注意哪些事项?

情境导入

桥梁工程作为公路工程中重要的交通基础设施,在国民经济和社会各项事业的发展中起着越来越重要的作用。桥梁工程在施工中或运营过程中经常出现系列病害,不仅影响了桥梁的使用功能,而且会导致质量安全事故而给人们的生命财产带来损害。因此,如何对在建或现役桥梁的结构承载力进行科学合理的评定,并依据评定结果采取必要措施保障桥梁工程的安全性已成为有关交通行业检测部门亟待解决的问题。目前最有效、最直接的办法就是桥梁检测,通过对桥梁结构进行包括桥梁检查和必要的理论验算以及结构载荷试验等内容来判断桥梁的健康状况。

学习任务3.1　桥涵地基承载力检测

知识目标

1. 了解桥涵地基承载力的相关基础知识及其检验方法;静力触探试验的检测原理、操作步骤、数据处理、结果应用和影响因素。

2. 熟悉原位试验法测试地基承载力的方法、原理及步骤。

3. 掌握原位试验法测试地基承载力的操作过程及测试数据处理。

岗位任务

工作任务表

能力目标	主讲内容	学生完成任务	评价标准	
能够进行载荷试验测试地基承载力	载荷试验测试的方法、原理、步骤及数据处理	设计载荷试验检查方案并测试某桥涵地基的承载力	优秀	具有认真、严谨和科学的态度,团队意识强;熟练掌握载荷试验知识点,能够正确进行工程质量检验评定,可靠度高
			良好	具有认真、严谨和科学的态度,团队意识强;熟练掌握载荷试验知识点,能够正确进行工程质量检验评定,可靠度较高,但工作不够完善
			合格	具有较认真的态度,但工作不够严谨,团队意识一般;载荷试验知识点掌握欠熟练,工程质量检验评定基本符合要求,可靠度较差,需完善

续表

能力目标	主讲内容	学生完成任务	评价标准	
能够进行轻便触探试验测试地基承载力	轻便触探试验测试的方法、原理、步骤及数据处理	设计轻便触探试验检查方案并测试某桥涵地基的承载力	优秀	具有认真、严谨和科学的态度,团队意识强;熟练掌握轻便触探试验知识点,能够正确进行工程质量检验评定,可靠度高
			良好	具有认真、严谨和科学的态度,团队意识强;熟练掌握轻便触探试验知识点,能够正确进行工程质量检验评定,可靠度较高,但工作不够完善
			合格	具有较认真的态度,但工作不够严谨,团队意识一般;轻便触探试验知识点掌握欠熟练,工程质量检验评定基本符合要求,可靠度较差,需完善
能够进行标准贯入试验测试地基承载力	标准贯入试验测试的方法、原理、步骤及数据处理	设计载荷标准贯入试验方案并测试某桥涵地基的承载力	优秀	具有认真、严谨和科学的态度,团队意识强;熟练掌握标准贯入试验知识点,能够正确进行工程质量检验评定,可靠度高
			良好	具有认真、严谨和科学的态度,团队意识强;熟练掌握标准贯入试验知识点,能够正确进行工程质量检验评定,可靠度较高,但工作不够完善
			合格	具有较认真的态度,但工作不够严谨,团队意识一般;标准贯入试验知识点掌握欠熟练,工程质量检验评定基本符合要求,可靠度较差,需完善

地基承载力是指地基所能承受荷载的能力,可根据地质勘测、原位测试、野外载荷试验以及邻近建(构)筑物调查对比,由经验和理论公式计算,综合分析确定。

地基直接承受上部结构物传来的荷载,地基的过大沉降或不均匀沉降往往是造成结构物破坏的主要因素。因此,在桥梁工程设计或施工过程中往往需要准确测定地基的承载力。确定地基承载力的方法有:

(1)原位试验法。它是一种通过现场直接试验确定承载力的方法,包括动(静)载荷试验、静力触探试验、动力触探试验、标准贯入试验、旁压试验等,其中以载荷试验法为最可靠的基本的原位测试法。

(2)理论公式法。它是根据土的抗剪强度指标计算的理论公式确定承载力的方法。

(3)规范表格法。它是根据室内试验指标、现场测试指标或野外鉴别指标,通过查规范所列表格得到承载力的方法。规范不同(包括不同部门、不同行业、不同地区的规范),其承载力不会完全相同,应用时需注意各自的使用条件。

(4)当地经验法。它是一种基于地区的使用经验,进行类比判断确定承载力的方法,是一种宏观辅助方法。

下面主要学习几种现场直接测试确定承载力的原位测试法。

3.1.1　载荷试验

载荷试验是确定地基承载力最主要的方法,是在保持地基土的天然状态下,在一定面积的刚性承压板上向地基土逐级施加荷载，并观测每级荷载下地基土的变形，是测定地基土的压力与变形特性的一种原位测试方法。载荷试验相当于在工程原位进行的缩尺原型试验，即模拟建筑物地基土的受荷条件，测试反映承压板下 1.5 ~ 2.0 倍承压板直径或宽度范围内，地基土强度、变形的综合性状，比较直观地反映地基土的变形特性。载荷试验具有直观和可靠性高的特点，在原位测试中占有重要地位，往往成为其他方法的检验标准。载荷试验的局限性在于费用较高、周期较长和压板的尺寸效应。

载荷试验按试验深度分为浅层载荷试验和深层载荷试验，按承压板形状分为平板载荷试验和螺旋板载荷试验，按载荷性质分为静力载荷试验和动力载荷试验。浅层平板载荷试验适用于地表浅层地基土（包括各种填土和碎石土）。深层平板载荷试验适用于深层地基土和大直径桩的桩端土。螺旋板载荷试验适用于深层地基土或地下水位以下的地基土。深层平板载荷试验的试验深度不应小于 5 m。

静力载荷试验是确定地基承压板下应力主要影响范围内土层的承载力和变形模量，可适用于各种地基土，特别是各种填土及含碎石的土。现场检测中常用平板静力载荷试验。

3.1.1.1 试验原理

浅层平板静力载荷试验（PLT）简称载荷试验，是在试验土层表面放置一定规格的方形或圆形刚性承压板，在其上逐级施加荷载，每级荷载增量持续时间按规范规定进行观测，测记每级荷载作用下荷载板沉降量的稳定值，加载至总沉降量为 25 mm，或达到加载设备的最大容量为止。然后卸载，其持续时间应不小于一级荷载增量的持续时间，并记录土的回弹值。根据试验记录绘制荷载—沉降（$P \sim S$）关系曲线，如图 3-1 所示。然后分析地基土的强度与变形特性，求得地基土容许承载力与变形模量等力学参数。

地基在荷载作用下达到破坏状态的过程可分为三个阶段，如图 3-2 所示。

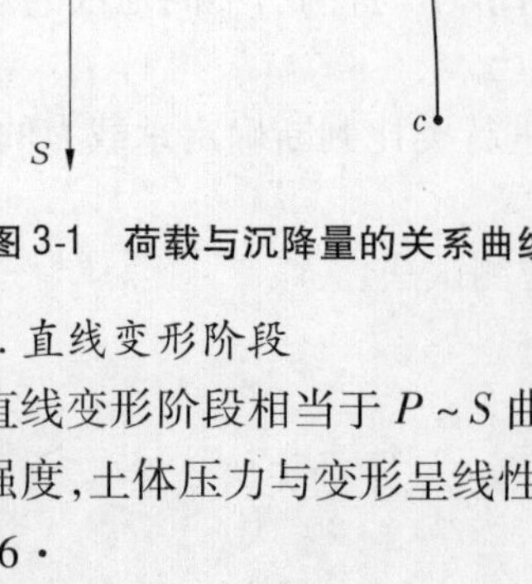

图 3-1　荷载与沉降量的关系曲线

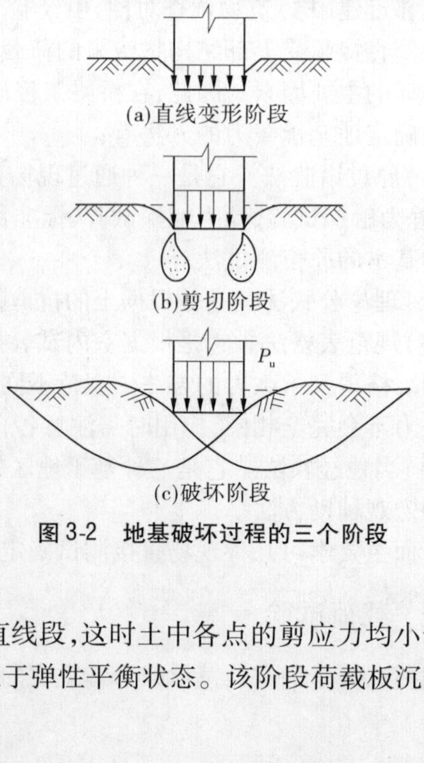

图 3-2　地基破坏过程的三个阶段

1. 直线变形阶段

直线变形阶段相当于 $P \sim S$ 曲线上的 Oa 直线段，这时土中各点的剪应力均小于土的抗剪强度，土体压力与变形呈线性关系，土体处于弹性平衡状态。该阶段荷载板沉降主要是由土中孔隙的减少引起的，土颗粒主要是竖向变位，且随时间增长土体将压密，所以也称压密阶段。与 a 点相应的荷载 P_r 为比例界限。

2. 剪切阶段

剪切阶段相当于 $P \sim S$ 曲线上的 ab 段，这时 $P \sim S$ 曲线的土体荷载与变形不再呈线性关系，其沉降的增长率随荷载的增大而增大。除土体压密外，在承压板边缘局部的土体剪应力达到或超过土的抗剪强度，土体开始发生塑性变形。土的变形是由土中空隙压缩和土颗粒的剪切移动引起的，土颗粒同时发生竖向变位和侧向变位，且随时间不易稳定，故称为局部剪切变形阶段。随着荷载的继续增大，土体中的塑性区范围也逐步扩大，直到土体中形成连续的滑动面，土在荷载板两侧挤出而破坏。因此，剪切阶段是地基中塑性区的发生和发展阶段，与在 $P \sim S$ 曲线上 b 点相应的荷载 P_u 为极限荷载。

3. 破坏阶段

破坏阶段相当于 $P \sim S$ 曲线上的 bc 段。当荷载超过极限荷载后，即使荷载不再增加，沉降也不能稳定，荷载板急剧下沉，土中产生连续的滑动面，土从承压板下挤出，土体隆起呈环状或放射状裂隙，故称为破坏阶段。这时土体的变形主要由土的剪切变位引起，土体的侧向移动使地基土失稳而破坏。

3.1.1.2 仪具与材料

载荷试验装置由承压板、加荷稳压系统、反力锚定系统、观测系统四部分组成。

以半自动稳压油压载荷试验设备为例。该设备适用于承压板面积不小于0.25 m^2，对于软土地基不小于0.50 m^2。利用高压油泵，通过稳压器及反力锚定装置，将压力稳定地传递到承压板。

1. 承压板

(1)承压板类型和尺寸。承压板可用混凝土、钢筋混凝土、钢板、铸铁板等制成，多以肋板加固的钢板为主，要求压板具有足够的刚度，不破损、不挠曲，压板底部光平，尺寸和传力重心准确，搬运和安置方便。承压板形状可加工成正方形或圆形，其中圆形压板受力条件较好，使用最多。

(2)承压板面积。我国勘察规范规定，承压板面积一般宜采用0.25～0.50 m^2，对均质密实的土，可采用0.1 m^2，对软土和人工填土，不应小于0.5 m^2。但国外和国内各部门采用的承压板面积不尽相同，我国铁道部第一设计院根据自己的经验，按如下原则选取：

①碎石类土，压板直径宜大于碎、卵石最大粒径的10倍。

②岩石地基，压板面积1 000 cm^2。

③细颗粒土，压板面积1 000～5 000 cm^2。

④视试验的均质土层厚度和加荷系统的能力、反力系统的抗力等确定，以确保载荷试验能得出极限荷载。

2. 加荷稳压系统

加荷稳压系统由加荷千斤顶、立柱、稳压器和支撑稳压器的三角架组成。加荷千斤顶、稳压器、储油箱和高压油泵分别用高压油管连接，构成一个油路系统。

3. 反力锚定系统

反力装置常用平台堆载或地锚，如图3-3所示；当试坑较深时，反力也可由基槽承担，如图 3-4 所示。总的要求是加荷、卸荷要既简便，又安全，并对试验的沉降量观测不产生影响。

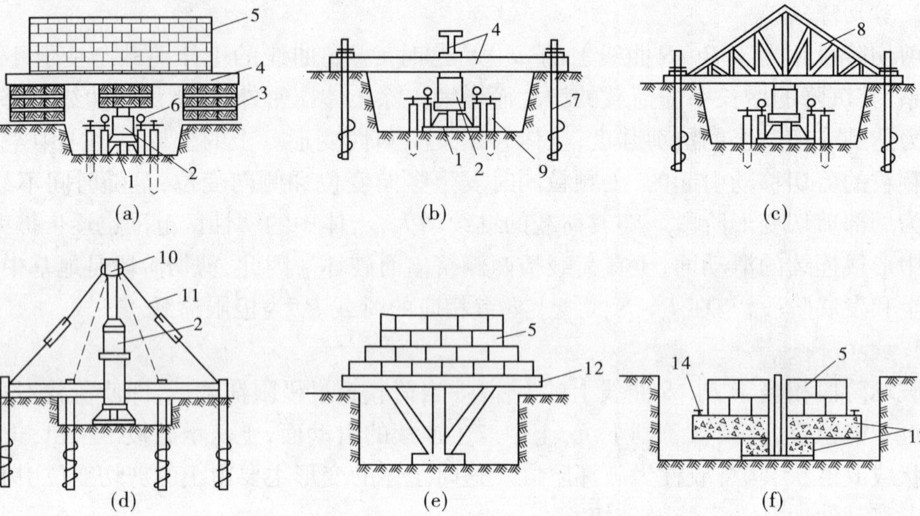

1—承压板；2—千斤顶；3—木垛；4—钢梁；5—钢锭；6—百分表；7—地锚；8—桁架；
9—立柱；10—分力帽；11—拉杆；12—载荷台；13—混凝土；14—测点

(a)～(d)为千斤顶加载方式，(e)和(f)为重物加载方式

图 3-3　常见载荷试验反力与加载布置方式

4. 观测系统

观测系统包括基准梁、位移计、磁性表座、油压表(测力环)。位移计包括机械类位移计和电子类位移计，机械类位移计可采用百分表，其最小刻度 0.01 mm，量程一般为 5～30 mm，为常用仪表；电子类位移计一般具有量程大、无人为读数误差等特点，可以实现自动记录和绘图。油压表一般为机械式，人工测读。

测试用的仪表均需定期标定，一般一年标定一次或维修后标定，标定工作原则上送到具有相应资质的计量局或专业厂进行。

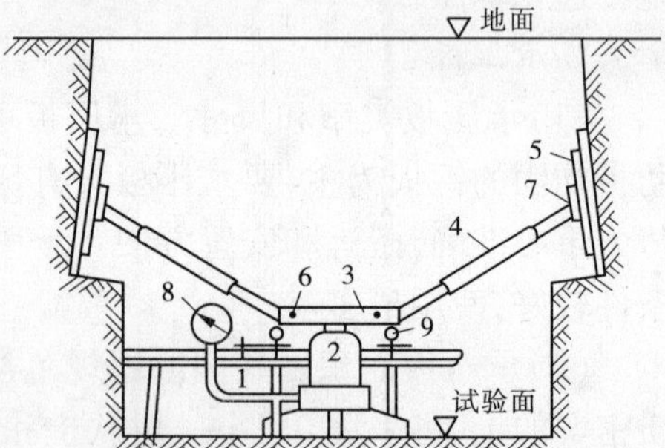

1—承压板；2—千斤顶；3—支承板；4—斜撑杆；
5—斜撑板；6、7—销钉；8—压力表；9—千分表

图 3-4　基槽承载式

3.1.1.3　方法与步骤

1. 现场设备布置

在《岩土工程勘察规范》(GB 50021—2009)中规定，载荷试验应布置在有代表性的地点，每个场地不宜少于 3 个，当场地内岩体不均时，应适当增加。浅层平板载荷试验应布置在基础底面标高处。

1) 开挖试坑

当场地尚未开挖基坑时，需在研究的土层上挖试坑，坑底标高与基底设计标高相同。如在基底压缩层范围内有若干不同性质的土层，则对每一土层均应挖一试坑，坑底达到土

层顶面，在坑底放置刚性压板。浅层平板载荷试验的试坑宽度或直径不应小于承压板宽度或直径的3倍，使其达到或接近地基计算的半空间平面问题边界条件；深层平板载荷试验的试井直径应等于承压板直径，当试井直径大于承压板直径时，紧靠承压板周围土的高度不应小于承压板直径。

试坑或试井底的岩土体应避免扰动，保持其原状结构和天然湿度，并在承压板下铺设不超过20 mm的砂垫层找平，尽快安装试验设备；螺旋板头入土时，应按每转一圈下入一个螺距进行操作，以减少对土的扰动。

2）选择承压板

载荷试验宜采用圆形刚性承压板，根据土的软硬或岩体裂隙密度选用合适的尺寸：土的浅层平板载荷试验承压板面积不应小于0.25 m^2，对软土和粒径较大的填土不应小于0.5 m^2；土的深层平板载荷试验承压板面积宜选用0.5 m^2；岩石载荷试验承压板的面积不宜小于0.07 m^2。

3）设备安装

依次安放承压板，放置加荷装置（如千斤顶）及测力系统于承压板上，安装反力锚定系统，安装观测系统。

注意：应确保荷载板与地基表面接触良好且反力锚定系统和加荷稳压系统的共同作用力与承压板中心在一条垂线上。

2. 测试步骤

（1）正式加荷前，将试验地面打扫干净，观测地面变形，将承压板上百分表调至零位，将测定地面升降的百分表调至量程的中值位置。

（2）按规定逐级加荷和记录沉降变形量。载荷试验加荷方式应采用分级维持荷载沉降相对稳定法（常规慢速法）；有地区经验时，可采用分级加荷沉降非稳定法（快速法）或等沉速率法；加荷等级宜取10～12级，并不应小于8级，荷载量测精度不应低于最大荷载的±1%。

知识拓展

标准试验的加荷标准如下：试验的第一级荷载（包括设备重量）应接近卸去土的自重。每级荷载增量（即加荷等级）一般取被试地基土层预估极限承载力的1/8～1/10；施加的总荷载应尽量接近试验土层的极限荷载。沉降值的量测精度应达到0.01 mm。

1. 慢速法：对于土体，每级荷载施加后，间隔5 min、5 min、10 min、10 min、15 min、15 min测读一次沉降，以后间隔30 min测读一次沉降，当连续2 h每小时沉降量小于等于0.1 mm时，可认为沉降已达相对稳定标准，再施加下一级荷载；当试验对象是岩体时，每级荷载施加后，间隔1 min、2 min、2 min、5 min测读一次沉降，以后每隔10 min测读一次。当连续3次读数差小于等于0.01 mm时，可认为沉降已达相对稳定标准，再施加下一级荷载。

2. 快速法：每加一级荷载按间隔15 min观测一次沉降。每级荷载维持2 h，即可施加下一级荷载。最后一级荷载可观测至沉降达到上述沉降相对稳定标准或仍维持2 h。

3. 等沉降速率法：控制承压板以一定的沉降速率沉降，测读所施加的与沉降相应的荷载，直至试验达到破坏阶段。

(3)按规定逐级加荷和记录百分表读数,达到沉降稳定标准后再施加下一级荷载。承压板的沉降可采用百分表、沉降传感器或电测位移计量测,其精度不应低于±0.01 mm。

(4)一般在加荷五级或已能定出比例界限点后,注意观测地基土产生塑性变形使压板周围地面出现裂纹和土体侧向挤出的情况,记录并描绘地面裂纹形状(放射状或环状、长短粗细)及出现时间。

(5)试验点附近应有取土孔提供土工试验指标,或其他原位测试资料。试验后,应在承压板中心向下开挖取土,并描述2倍承压板直径(或宽度)范围内土层的结构变化。

(6)当出现下列情况之一时,可终止试验:

①承压板周边的土体出现明显侧向挤出,周边岩土出现明显隆起或径向裂缝持续发展;

②本级荷载的沉降量大于前级荷载沉降量的5倍,$P \sim S$ 曲线出现明显陡降;

③在某级荷载下24 h沉降速率不能达到相对稳定标准;

④总沉降量与承压板直径(或宽度)之比超过0.06。

(7)当需要卸载观测回弹时,每级卸荷量可为加荷量的2倍,历时1 h,每隔15 min观测一次。荷载完全卸除后,继续观测3 h。

友情提示

注意事项:

1. 试验土层应保持在原有位置上,保持土的原状结构、天然湿度。试坑开挖时,在试验点位置周围预留一定厚度的土层,在安装承压板前再清理至试验高程。

2. 注意确保反力锚定系统、加荷装置和承压板的传力重心在一条垂直线上。

3. 用油压千斤顶加荷、卸荷虽然方便,但要注意设备是否变形、千斤顶是否漏油及荷载板是否下沉等,要防止千斤顶压力不稳定。注意随时调节,保持压力恒定。

4. 试验过程的各级荷载要始终确保稳压,百分表行程接近零值时应在加下一级荷载前调整,并随时注意平台上翘、锚桩拔起、撑板上爬、撑杆倾斜、坑壁变形等不安全因素,及时采取处置措施,必要时可终止试验。

5. 快速法主要适用于沉降速率快的地层,如岩石、碎石类土、砂类土等,对无须做沉降验算的建筑物,结合施工时限也可对黏性土地层采用。

3.1.1.4 **数据处理**

(1)复核、整理原始数据,编制荷载与沉降值、时间与沉降值汇总表。

(2)确定地基承载力。

①绘制 $P \sim S$ 曲线,必要时绘制 $S \sim t$ 曲线。若绘出的 $P \sim S$ 曲线的直线段不通过坐标原点,可按直线段的趋势确定曲线的起始点,以便对 $P \sim S$ 曲线进行修正。

②确定曲线特征值,当 $P \sim S$ 曲线具有明显的直线段及转折点时,一般将转折点所对应的压力定为比例界限值,将曲线陡降段的渐近线和横坐标的交点定为极限荷载值。

③承载力基本容许值的确定应符合下列规定:

a. 当 $P \sim S$ 曲线上有比例界限值时，取该比例界限值所对应的荷载值。

b. 当极限荷载小于对应比例界限荷载值的2倍时，取极限荷载值的一半。

c. 当不能按上述两款要求确定，压板面积为0.25～0.50 m^2 时，可取 S/b（或 S/d）= 0.01～0.015所对应的荷载，但其值不应大于最大加载量的一半。

④同一土层参加统计的试验点不应少于3点。当试验实测值的极差不超过其平均值的30%时，取此平均值作为该土层的地基承载力基本容许值 $[f_{a0}]$。

（3）计算地基土变形模量。

土的变形模量应根据 $P \sim S$ 曲线的初始直线段，可按均质、各向、同性半无限弹性介质的弹性理论计算。

浅层平板载荷试验的变形模量 E_0（MPa）可按式（3-1）计算

$$E_0 = I_0(1 - \mu^2)\frac{Pd}{S} \tag{3-1}$$

深层平板载荷试验和螺旋板载荷试验的变形模量 E_0（MPa）可按式（3-2）计算

$$E_0 = \omega\frac{Pd}{S} \tag{3-2}$$

式中 I_0——刚性承压板的形状系数，圆形承压板取0.785，方形承压板取0.886；

μ——土的泊松比，碎石土取0.27，砂土取0.30，粉土取0.35，粉质黏土取0.38，黏土取0.42；

d——承压板直径或边长，m；

P——$P \sim S$ 曲线线性段的压力，kPa；

S——与 P 对应的沉降，mm；

ω——与试验深度和土类有关的系数，可按表3-1选用。

表3-1　深层载荷试验计算系数 ω

$\frac{d}{z}$	土类				
	碎石土	砂土	粉土	粉质黏土	黏土
0.30	0.477	0.489	0.491	0.515	0.524
0.25	0.469	0.480	0.482	0.506	0.514
0.20	0.460	0.471	0.474	0.497	0.505
0.15	0.444	0.454	0.457	0.479	0.487
0.10	0.435	0.446	0.448	0.470	0.478
0.05	0.427	0.437	0.439	0.461	0.468
0.01	0.418	0.429	0.431	0.452	0.459

3.1.2　圆锥动力触探（DPT）

动力触探是利用一定质量的落锤，以一定高度的自由落距将标准规格的圆锥形探头打入土层中，根据探头贯入的难易程度（可用贯入度、锤击数或探头单位面积动贯入阻力来表示)判定土层性质。这是公路桥涵工程勘察中的原位测试方法之一。

动力触探特点:设备简单,坚固耐用;操作及测试方法容易;适用性广;快速,经济,能连续测试土层;有些动力触探,可同时取样,观察描述;经验丰富,使用广泛等。

动力触探测试可分为两大类:圆锥动力触探和标准贯入试验。根据圆锥动力触探试验指标和地区经验,可进行力学分层,评定土的均匀性和物理性质(状态、密实度)、土的强度、变形参数、地基承载力、单桩承载力,查明土洞、滑动面、软硬土层界面,检测地基处理效果等。

根据锤击能量,圆锥动力触探的类型可分为轻型、重型和超重型三种。《岩土工程勘察规范》(GB 50021—2009)中其规格应符合表 3-2 的要求。

表 3-2　圆锥动力触探类型

类型		轻型	重型	超重型
落锤	锤的质量(kg)	10	63.5	120
	落距(cm)	50	76	100
探头	直径(mm)	40	74	74
	锥角(°)	60	60	60
探杆直径(mm)		25	42	50～60
指标		贯入 30 cm 的读数 N_{10}	贯入 10 cm 的读数 $N_{63.5}$	贯入 10 cm 的读数 N_{120}

知识拓展

轻型圆锥动力触探试验一般用于贯入深度小于 4 m 的黏性土、黏性土组成的素填土和粉土。可用于施工验槽、地基检验和地基处理效果的检测。

重型圆锥动力触探试验一般适用于砂土、中密以下的碎石土和极软岩。

超重型圆锥动力触探试验一般适用于较密实的碎石土、极软岩和软岩。

3.1.2.1　试验设备

圆锥动力触探试验设备主要由圆锥触探头、触探杆、穿心锤三部分组成,见图 3-5 和图 3-6。

3.1.2.2　方法与步骤

1. 试验设备安装

试验前和试验过程中,应认真检查机具设备是否完好。安装过程中各部件连接紧固,触探架安装平稳,保持触探孔垂直。

2. 轻型动力触探测试步骤

(1)先用轻便钻具钻至试验土层标高以上 0.3 m 处,然后对土层进行连续触探。

(2)试验时,穿心锤落距为(0.50 ±0.02)m,记录每打入 0.30 m 所需的锤击数。

(3)如想取样,则需把触探杆拔出,换钻头进行取样。

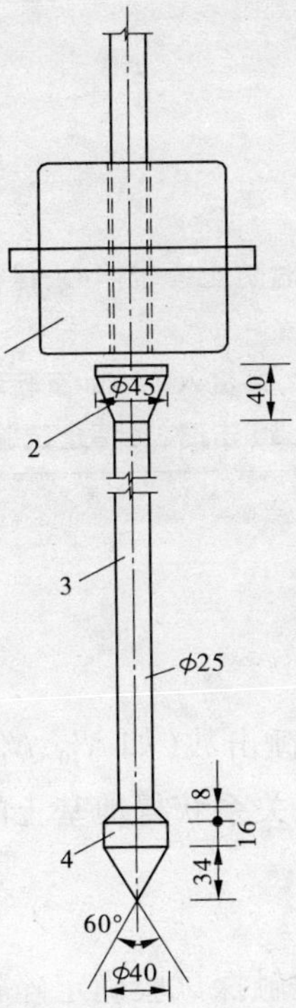

1—穿心锤;2—锤垫;3—触探杆;4—探头

图3-5　轻型圆锥动力触探试验设备
(单位:mm)

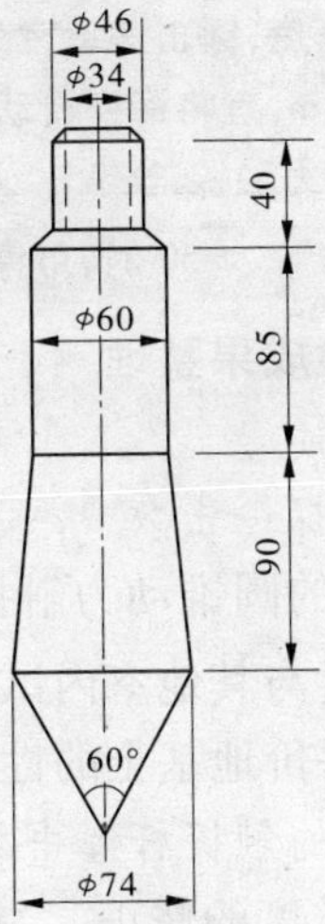

图3-6　重型、超重型圆锥动力触探试验探头
(单位:mm)

(4)遇坚硬土层,当贯入0.30 m锤击数大于100击或贯入0.15 m锤击数大于50击时,即可停止试验。如需对下卧土层进行试验,可用钻具穿透坚实土层后再贯入。

(5)本试验一般用于贯入深度小于4 m的土层,必要时也可在贯入4 m后,用钻具清孔后继续贯入2 m。

3. 重型、超重型动力触探测试步骤

(1)试验前将触探架安装平稳,使触探保持垂直地进行。垂直度的最大偏差不得超过2%。

(2)贯入时应使穿心锤自由落下。地面上触探杆的高度不宜过高,以免倾斜与摆动太大。

(3)锤击速率宜为每分钟15~30击,打入过程应尽可能连续,所有超过5 min的间断都应在记录中予以注明。

(4)及时记录每贯入0.10 m所需的锤击数。

(5)对于一般砂、圆砾和卵石,触探深度不宜超过12~15 m,超过该深度时,需考虑触探杆的侧壁摩阻的影响。

(6)每贯入0.1 m所需锤击数连续3次超过50击时,应停止试验。

友情提示

注意事项：

1. 采用自动落锤装置。

2. 触探杆最大偏斜度不应超过2%，锤击贯入应连续进行，同时防止锤击偏心、探杆倾斜和侧向晃动，保持探杆垂直度；锤击速率宜为15～30击/min。

3. 每贯入1 m，宜将探杆转动一圈半；当贯入深度超过10 m时，每贯入20 cm宜转动探杆一次。

4. 对轻型动力触探，当 $N'_{10}>100$ 或贯入15 cm的锤击数超过50击时，可停止试验；对重型动力触探，当连续3次 $N'_{63.5}>50$ 时，可停止试验或改用超重型动力触探。

3.1.2.3　试验成果整理

1. 触探指标

1）实测触探锤击数

各种类型的圆锥动力触探试验是以贯入一定深度的锤击数（如 N'_{10}、$N'_{63.5}$、N'_{120}）作为触探指标，通过与其他室内试验和原位测试指标建立相关关系获得地基土的物理力学性质指标，从而评价地基土的性质。

2）修正后的触探杆锤击数

（1）探杆长度的修正。当采用重型和超重型圆锥动力触探试验确定碎石土的密实度时，锤击数应按式（3-3）、式（3-4）进行修正。

$$N_{63.5}=\alpha_1 N'_{63.5} \tag{3-3}$$

$$N_{120}=\alpha_2 N'_{120} \tag{3-4}$$

式中　$N_{63.5}$、N_{120}——修正后的重型和超重型圆锥动力触探试验锤击数；

α_1、α_2——重型和超重型圆锥动力触探试验锤击数修正系数，按表3-3、表3-4取值；

$N'_{63.5}$、N'_{120}——实测重型和超重型圆锥动力触探锤击数。

表3-3　重型圆锥动力触探锤击数修正系数 α_1

杆长（m）	$N'_{63.5}$								
	5	10	15	20	25	30	35	40	≥50
2	1.00	1.00	1.00	1.00	1.00	1.00	1.00	1.00	—
4	0.96	0.95	0.93	0.92	0.90	0.89	0.87	0.86	0.84
6	0.93	0.90	0.88	0.85	0.83	0.81	0.79	0.78	0.75
8	0.90	0.86	0.83	0.80	0.77	0.75	0.73	0.71	0.67
10	0.88	0.83	0.79	0.75	0.72	0.69	0.67	0.64	0.61
12	0.85	0.79	0.75	0.70	0.67	0.64	0.61	0.59	0.55
14	0.82	0.76	0.71	0.66	0.62	0.58	0.56	0.53	0.50
16	0.79	0.73	0.67	0.62	0.57	0.54	0.51	0.48	0.45
18	0.77	0.70	0.63	0.57	0.53	0.49	0.46	0.43	0.40
20	0.75	0.67	0.59	0.53	0.48	0.44	0.41	0.39	0.36

表3-4　超重型圆锥动力触探锤击数修正系数 α_2

杆长（m）	N'_{120} 1	3	5	7	9	10	15	20	25	30	35	40
1	1.00	1.00	1.00	1.00	1.00	1.00	1.00	1.00	1.00	1.00	1.00	1.00
2	0.96	0.92	0.91	0.90	0.90	0.90	0.90	0.89	0.89	0.88	0.88	0.88
3	0.94	0.88	0.86	0.85	0.84	0.84	0.84	0.83	0.82	0.82	0.81	0.81
5	0.92	0.82	0.79	0.78	0.77	0.77	0.76	0.75	0.74	0.73	0.72	0.72
7	0.90	0.78	0.75	0.74	0.73	0.72	0.71	0.70	0.68	0.68	0.67	0.66
9	0.88	0.75	0.72	0.70	0.69	0.68	0.67	0.66	0.64	0.63	0.62	0.62
11	0.87	0.73	0.69	0.67	0.66	0.66	0.64	0.62	0.61	0.60	0.59	0.58
13	0.86	0.71	0.67	0.65	0.64	0.63	0.61	0.60	0.58	0.57	0.56	0.55
15	0.86	0.69	0.65	0.63	0.62	0.61	0.59	0.58	0.56	0.55	0.54	0.53
17	0.85	0.68	0.63	0.61	0.60	0.60	0.57	0.56	0.54	0.53	0.52	0.50
19	0.84	0.66	0.62	0.60	0.58	0.58	0.56	0.54	0.52	0.51	0.50	0.48

（2）侧壁摩擦影响的修正。对于砂土和松散－中密的圆砾、卵石，触探深度在1～15 m范围内时，一般不考虑侧壁摩擦的影响。

（3）地下水影响的修正。对于地下水位以下的中砂、粗砂、砾砂和圆砾、卵石，锤击数可按式(3-5)修正。

$$N_{63.5} = 1.1N'_{63.5} + 1.0 \tag{3-5}$$

式中　$N'_{63.5}$——修正前的锤击数。

3）动贯入阻力

动贯入阻力按我国《岩土工程勘察规范》（GB 50021—2009）和水利电力部《土工试验规程》（SDS 01—79）推荐的计算公式计算，计算式为

$$q_{\mathrm{d}} = \frac{M}{M+m}\frac{MgH}{Ae} \tag{3-6}$$

式中　q_{d}——动贯入阻力，MPa；

M——落锤质量，kg；

m——圆锥探头及杆件系统（包括探头、导向杆等）的质量，kg；

g——重力加速度；

H——落锤高度，m；

A——圆锥探头截面面积，cm^2；

e——每击贯入度。

2. 触探成果分析

（1）触探曲线。对于圆锥动力触探试验所获得的锤击数值（或动贯入阻力），应在剖面图上或柱状图上绘制随深度变化的关系曲线（$N_{63.5}\sim h$ 曲线、$N_{120}\sim h$ 曲线或 $q_{\mathrm{d}}\sim h$ 曲线）。

(2)计算单孔分层贯入指标平均值时,应剔除临界深度以内的数值、超前和滞后影响范围内的异常值。

(3)根据各孔分层的贯入指标平均值,用厚度加权平均法计算场地分层贯入指标平均值和变异系数。

3.1.2.4　**试验成果应用**

(1)根据触探曲线的形态,结合钻探资料,进行地层的力学分层。

(2)评价地基的密实度,触探击数与砂土密实度的关系见表 3-5。

表 3-5　触探击数与砂土密实度的关系

土的分类	$N_{63.5}$	砂土密实度	孔隙比
砾砂	<5	松散	>0.65
	5~8	稍密	0.65~0.50
	8~10	中密	0.50~0.45
	>10	密实	<0.45
粗砂	<5	松散	>0.80
	5~6.5	稍密	0.80~0.70
	6.5~9.5	中密	0.70~0.60
	>9.5	密实	<0.60
中砂	<5	松散	>0.90
	5~6	稍密	0.90~0.80
	6~9	中密	0.80~0.70
	>9	密实	<0.70

(3)评价地基承载力。

①用轻型动力触探锤击数 N_{10} 确定地基土的承载力。

②用重型圆锥动力触探锤击数 $N_{63.5}$ 确定地基土的承载力。

③用超重型圆锥动力触探锤击数 N_{120} 确定地基土的承载力。

铁道部行业标准规定用 $N_{63.5}$ 平均值评价冲积与洪积成因的中砂、砾砂和碎石类土地基的承载力,如表 3-6 所示。

表 3-6　用重型圆锥动力触探 $N_{63.5}$ 确定地基承载力　　(单位:kPa)

击数平均数 $N_{63.5}$	3	4	5	6	7	8	9	10	12	14
碎石土	140	170	200	240	280	320	360	400	480	540
中砂、砾砂	120	150	180	220	260	300	340	380	—	—
击数平均数 $N_{63.5}$	16	18	20	22	24	26	28	30	35	40
碎石土	600	660	720	780	830	870	900	930	970	1 000

(4)确定地基土的变形模量。在《铁路工程地质原位测试规程》(TB 10018—2003)中关于冲、洪积卵石土和圆砾土地基的变形模量 E_0,当贯入深度小于 12 m 时,可根据场地土层的平均锤击数 $\overline{N}_{63.5}$ 按表 3-7 确定。

表 3-7　卵石土、圆砾土 E_0 值

$\overline{N_{63.5}}$(击/10 cm)	3	4	5	6	8	10	12	14	16
E_0	9.9	11.8	13.7	16.2	21.3	26.4	31.4	35.2	39.0
$\overline{N_{63.5}}$(击/10 cm)	18	20	22	24	26	28	30	35	40
E_0	42.8	46.6	50.4	53.6	56.1	58.0	59.9	62.4	64.3

特重型动力触探的实测击数，应先按式(3-7)换算成相当于重型动力触探的实测击数后，再按式(3-3)进行修正。

$$N_{63.5} = 3N_{120} - 0.5 \tag{3-7}$$

(5)确定单桩承载力。

(6)确定抗剪强度和地基持力层。

(7)评价地基均匀性和确定地基持力层。

3.1.3　标准贯入试验(SPT)

标准贯入试验是国内外广泛应用的一种现场原位测试手段。它是采用质量为 63.5 kg 的穿心锤，以 76 cm 的自由落距，将一组规格尺寸的标准贯入器在孔底预打入土中 15 cm，然后开始记录锤击数，将标准贯入器再打入土中 30 cm，用此 30 cm 的锤击数作为标准贯入试验的指标。标准贯入试验锤击数 N 值，可对砂土、粉土、黏性土的物理状态，土的强度、变形参数、地基承载力、单桩承载力、砂土和粉土的液化、成桩的可能性等作出评价。

标准贯入试验适用于砂土、粉土和一般黏性土，不适用于软塑－流塑的软土。

3.1.3.1　试验设备

标准贯入试验设备主要由标准贯入器、触探杆、穿心锤三部分组成，见图 3-7，设备应符合表 3-8 的规定。

表 3-8　标准贯入试验设备规格

落锤		锤的质量(kg)	63.5
		落距(cm)	76
贯入器	对开管	长度(mm)	>500
		外径(mm)	51
		内径(mm)	35
	管靴	长度(mm)	50～76
		刃口角度(°)	18～20
		刃口单刃厚度(mm)	2.5
钻杆		直径(mm)	42
		相对弯曲	<1/1 000

3.1.3.2　方法与步骤

(1)用钻具钻至试验土层标高以上 0.15 m 处，清除残土。清孔时，应避免试验土层受到扰动。当在地下水位以下的土层中进行试验时，应使孔内水位保持高于地下水位，以免出现涌砂和塌孔，必要时，应下套管或用泥浆护壁。

(2)贯入前应拧紧钻杆接头，将贯入器放入孔内，避免冲击孔底，注意保持贯入器、钻杆、导向杆连接后的垂直度。孔口宜加导向器，以保证穿心锤中心施力。贯入器放入孔内后，应测定贯入器所在深度，要求残土厚度不大于 0.1 m。

(3)将贯入器以每分钟击打 15 ~ 30 次的频率，先打入土中 0.15 m，不计锤击数；然后开始记录每打入 0.10 m 及累计 0.30 m 的锤击数 N，并记录贯入深度与试验情况。当遇密实土层，锤击数超过 50 击时，不应强行打入，并记录 50 击的贯入深度。

(4)旋转钻杆，然后提出贯入器，取贯入器中的土样进行鉴别、描述记录，并测量其长度。将需要保存的土样仔细包装、编号，以供试验之用。

(5)重复(1) ~ (4)步骤，进行下一深度的标准贯入测试，直至所需深度。一般每隔 1 m 进行一次标准贯入试验。

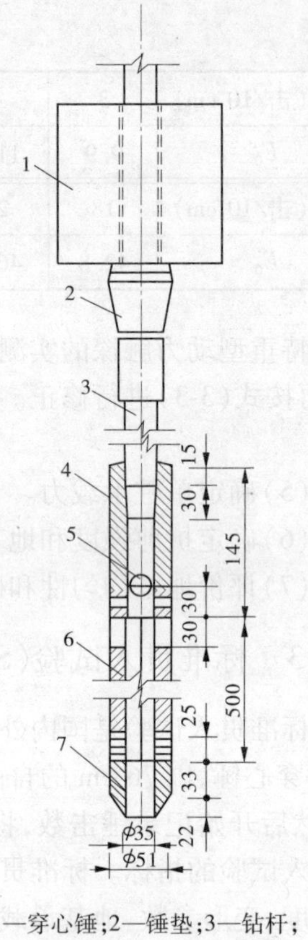

1—穿心锤；2—锤垫；3—钻杆；
4—贯入器头；5—出水孔；
6—由两半圆形管合并而成的贯入器身；
7—贯入器靴

图 3-7　标准贯入试验设备
（单位：mm）

友情提示

注意事项：

1. 标准贯入试验不宜在含有碎石的土层中进行，以免损坏标准贯入器的管靴刃口。

2. 须保持孔内水位高出地下水位一定高度，以免塌孔；保持孔底土处于平衡状态，不使孔底发生涌砂变松，影响 N 值。

3. 下套管不要超过试验标高。

4. 须缓慢地下放钻具，避免孔底土的扰动。

5. 细心清除孔底浮土，孔底浮土应尽量少，其厚度不得大于 10 cm。

6. 如钻进中需取样，则不应在锤击法取样后立刻做标准贯入试验，而应继续钻进一定深度（可根据土层软硬程度而定）后再做标准贯入试验，以免人为增大 N 值。

7. 钻孔直径不宜过大，以免加大锤击时探杆的晃动。钻孔直径过大时，可减少 N50%，建议钻孔直径上限为 100 mm，以免影响 N 值。

8. 每贯入 0.45 m 必须提钻一次，然后换上钻头进行回转钻进至下一试验深度，重新开始试验。

9. 当遇比较密实的土层，贯入深度不足 30 cm 的锤击数已达 50 击时，应终止试验，并记录实际贯入深度 ΔS，按式(3-8)换算成相当于 30 cm 的标准贯入试验锤击数 N

$$N = 30 \times \frac{50}{\Delta S} \tag{3-8}$$

式中　N——换算成贯入 30 cm 的锤击数；

ΔS——50 击时的贯入度，cm。

3.1.3.3　试验成果整理

(1)标准贯入试验数据整理时，应包括钻孔孔径、钻进方式、护孔方式、落锤方式、地下水位及孔内水位(或泥浆高程)、初始贯入度、预打击数、试验标准贯入击数、记录深度、贯入器所取扰动土样的鉴别描述等。

(2)由于钻杆的弹性压缩会引起能量损耗，钻杆过长时传入贯入器的动能降低，因而减少每击的贯入深度，亦即提高了锤击数，所以需要根据杆长按式(3-9)对锤击数进行修正。

$$N = \alpha N' \tag{3-9}$$

式中　N'——实际记录的锤击数；

α——修正系数，按钻杆长度由表 3-9 确定；

N——修正后的锤击数。

表 3-9　标准贯入试验钻杆长度修正系数

钻杆长度(m)	3	6	9	12	15	18	21
α	1.00	0.92	0.86	0.81	0.77	0.73	0.70

(3)绘制标准贯入试验锤击数 N 与深度 H 的关系曲线，或在地质剖面图上标出试验深度处的 N 值。

(4)结合钻探及其他原位试验，依据 N 值在深度上的变化，对各土层的 N 值进行统计，统计时要剔除个别异常值。

3.1.3.4　试验成果应用

(1)如表 3-10 所示，根据 N 估计砂土的密实度。

表 3-10　砂土的密实度

标准贯入试验锤击数 N	密实度
$N \leqslant 10$	松散
$10 < N \leqslant 15$	稍密
$15 < N \leqslant 30$	中密
$N > 30$	密实

(2)根据标准贯入试验锤击数 N 估计天然地基的容许承载力$[\sigma_0]$，如表 3-11 和表 3-12所示。

根据标准贯入试验确定承载力时应按式(3-10)修正锤击数

$$N = \overline{N} - 1.645\sigma \tag{3-10}$$

表 3-11　砂土地基容许承载力[σ_0]　（单位:kPa）

土类	N			
	10	15	30	50
中、粗砂	180	250	340	500
粉、细砂	140	180	250	340

表 3-12　一般黏性土和老黏性土的容许承载力[σ_0]　（单位:kPa）

N	3	5	7	9	11	13	15	17	19	21	23
[σ_0]	120	160	200	240	280	320	360	420	500	580	660

项目实训

实训项目一　基本知识训练

一、不定项选择题

1. 桥梁基础一般将埋置深度小于(　　)时称为浅基础。

A. 2 m　　B. 3 m　　C. 4 m　　D. 5 m

2. 地基在荷载作用下达到破坏状态的过程分为三个阶段：①剪切阶段；②破坏阶段；③直线变形阶段。以下顺序正确的是(　　)。

A. ①②③　　B. ③①②　　C. ②③①　　D. ③②①

3. 以下试验仪器穿心锤锤重 63.5 kg 的有(　　)。

A. 轻型动力触探仪　　B. 重型动力触探仪

C. 超重型动力触探仪　　D. 标准贯入试验仪

4. 标准贯入试验可以检测下列哪些地基承载力所需指标(　　)。

A. 砂土密实度　　B. 黏性土的稠度

C. 地基土容许承载力　　D. 砂土的振动液化

5. 下列(　　)可以采用标准贯入试验确定地基承载力。

A. 砂土　　B. 黏性土　　C. 碎石土　　D. 岩层

二、判断题

1. 标准贯入试验与动力触探试验的原理和方法是完全一样的。(　)

2. 轻型动力触探一般贯入深度小于 4 m 的土层。(　)

3. 载荷试验可以通过测得的荷载—位移曲线($P \sim S$ 曲线)确定地基的承载力。(　)

4. 载荷试验是确定地基承载力的最主要方法之一。(　)

5. 标准贯入试验与动力触探试验的原理和方法是完全一样的。(　)

6. 检测桥涵基础地基承载力可用标准贯入法，贯入装置落锤的质量为 4.5 kg，落距为 90 cm。(　)

三、简答题

1. 地基承载力测试有哪些方法？各有何特点？

2. 动力触探有哪些类型？各适用于什么情况？标准贯入适用于什么地质条件？

3. 载荷试验的试验过程是怎么样的？

实训项目二　职业能力与素质综合训练

由授课教师提供某桥涵工程建设工程资料，依据《公路工程质量检验评定标准》(JTG F80/1—2012)拟对该工程地基进行检查与评定，组织学生分组讨论并完成以下任务：

1. 检验基底平面位置、尺寸大小、基底标高是否符合设计要求，偏差值是否在规定允许范围之内。

2. 检测基底的地质情况和承载力是否与设计资料相符。

3. 检查基底处理和排水情况是否符合《公路桥涵施工技术规范》(JTG/T F50—2011)的要求。

4. 检验地基经加固、处理后的效果是否达到设计要求。

5. 模拟桥涵地基实训场地，由授课教师组织学生分组实训并完成以下任务：

(1)进行轻型动力触探试验。

(2)布置载荷试验的试验设备，并进行加载测试。

【实训要求】

能力目标：

1. 能够熟练地掌握规范对桥涵工程地基检查的相关项目及基本要求。

2. 能够熟练地掌握桥涵地基承载力测试过程。

3. 能够进行桥涵地基承载力测试数据处理与评定。

素质目标：

培养坚持原则、忠于职守、作风正派、秉公办事的作风，要以数据说话；形成认真、严谨和科学的态度，具有较强的团队意识；树立质量第一的工程意识。

学习任务3.2　钻孔灌注桩检测

知识目标

1. 了解钻孔灌注桩施工过程检测的内容。

2. 熟悉高应变动测法的试验步骤、数据分析与判定，钻芯法的抽检频率及试验步骤。

3. 掌握低应变反射波法和超声波法检测基桩完整性的试验步骤、波形分析与判定，单桩竖向抗压承载力测试的试验步骤及数据分析。

岗位任务

工作任务表

能力目标	主讲内容	学生完成任务	评价标准	
能够进行基桩完整性的检测	反射波法测定基桩完整性的仪器选择、试验过程、波形分析,声测管的预埋、超声波法测试过程及数据分析	运用反射波法及超声波法对基桩进行测试、判定	优秀	具有认真、严谨和科学的态度,团队意识强;熟练掌握各知识点,能够正确安置仪器,进行测试,通过波形分析和数据处理正确判定桩身缺陷
			良好	具有认真、严谨和科学的态度,团队意识强;熟练掌握各知识点,能够正确安置仪器,进行测试,通过波形分析和数据处理正确判定桩身缺陷,但不够准确
			合格	具有较认真的态度,但工作不够严谨,团队意识一般;各知识点掌握欠熟练,能够安置仪器,进行测试,能够通过波形分析和数据处理判定桩身缺陷
能够进行基桩承载力的测定	单桩竖向抗压承载力测试的试验步骤及数据分析	桩头处理,选择加载方式、荷载分析,测试,承载力确定	优秀	具有认真、严谨和科学的态度,团队意识强;熟练掌握各知识点,能够进行单桩竖向抗压承载力的测试,并分析数据
			良好	具有认真、严谨和科学的态度,团队意识强;熟练掌握各知识点,能够进行单桩竖向抗压承载力的测试,并分析数据,但工作不够完善
			合格	具有较认真的态度,但工作不够严谨,团队意识一般;各知识点掌握欠熟练,基本能够进行单桩竖向抗压承载力的测试,并分析数据,需完善

钻孔灌注桩的检验按时间顺序可分为三个阶段:施工前检验、施工检验和施工后检验。

钻孔灌注桩施工前应严格对桩位进行检验,还应对原材料质量与计量、混凝土配合比、坍落度、混凝土强度等级等进行检查;钢筋笼制作应对钢筋规格、焊条规格、品种、焊口规格、焊缝长度、焊缝外观和质量、主筋和箍筋的制作偏差,以及钢筋笼制作允许偏差等进行检查。

灌注桩施工过程中,在进行灌注混凝土前,按照有关施工质量要求,对已成孔的中心位置、孔深、孔径、垂直度、孔底沉渣厚度进行检验;对钢筋笼安放的实际位置等进行检查,并填写相应质量检测、检查记录;干作业条件下成孔后应对大直径桩桩端持力层进行检验。

施工后检验,应检查成桩桩位偏差、承载力和进行桩身质量检验。

3.2.1 施工过程检测

3.2.1.1 钻孔灌注桩实测项目

1. 基本要求

(1)桩身混凝土所用的水泥、砂、石、水、外掺剂及混合材料的质量和规格必须符合有关规范的要求，按规定的配合比施工。

(2)成孔后必须清孔，测量孔径、孔深、孔位和沉淀层厚度，确认满足设计或施工技术规范要求后，方可灌注水下混凝土。

(3)水下混凝土应连续灌注，严禁有夹层和断桩。

(4)嵌入承台的锚固钢筋长度不得低于设计规范规定的最小锚固长度。

(5)应选择有代表性的桩用无破损法进行检测，重要工程或重要部位的桩宜逐根进行检测。设计有规定或对桩的质量有怀疑时，应采取钻取芯样法对桩进行检测。

(6)凿除桩头预留混凝土后，桩顶应无残余的松散混凝土。

2. 实测项目

钻孔灌注桩实测项目见表3-13。

表3-13　钻孔灌注桩实测项目

项次	检查项目			规定值或允许偏差	检查方法和频率	权值
1	混凝土强度(MPa)			在合格标准内	按《公路工程质量检验评定标准》(JTG F80/1—2012)检查	3
2	桩位(mm)	群桩		100	全站仪或经纬仪：每桩检查	2
		排架桩	允许值	50		
			极值	100		
3	孔深(m)			不小于设计	测绳量：每桩测量	3
4	孔径(mm)			不小于设计	探孔器：每桩测量	3
5	钻孔倾斜度(mm)			1%桩长，且不大于500	用测壁(斜)仪或钻杆垂线法：每桩检查	1
6	沉淀厚度(mm)	摩擦桩		符合设计规定，设计未规定时按施工规范要求	沉淀盒或标准测锤：每桩检查	2
		支承桩		不大于设计规定		
7	钢筋骨架底面高程(mm)			±50	水准仪：测每桩骨架顶面高程后反算	1

3. 外观鉴定

(1)桩的质量有缺陷，但经设计单位确认仍可用时，应减3分。

(2)桩顶面应平整，桩柱连接处应平顺且无局部修补，不符合要求时减1~3分。

3.2.1.2　泥浆性能指标检测

在钻孔灌注桩的施工中，泥浆调制可能存在泥浆原料膨润土性能差，泥浆外加剂纯碱、氢氧化钠或膨润土粉末等掺入量不合适等问题，加上地质条件复杂、施工人员专业素质参差不齐等因素，调制的泥浆性能指标可能存在不符合要求的现象，从而导致塌孔、扩径、缩径、夹泥、孔底沉渣过厚等问题，影响成孔质量，最终影响桩的承载能力的发挥。因此，在钻孔施工中应进行泥浆各种性能指标的测定，以确保成孔质量。

1. 灌注桩泥浆性能指标

钻孔泥浆一般由水、黏土(或膨润土)和添加剂按适当配合比配制而成,其性能指标如表 3-14 所示。

表 3-14 泥浆性能指标选择

钻孔方法	地层情况	泥浆性能指标							
		相对密度	黏度 (Pa·s)	含砂率 (%)	胶体率 (%)	失水率 (mL/30 min)	泥皮厚 (mm/30 min)	静切力 (Pa)	酸碱度 (pH 值)
正循环	一般地层	1.05~1.20	16~22	4~8	≥96	≤25	≤2	1.0~2.5	8~10
	易坍地层	1.20~1.45	19~28	4~8	≥96	≤15	≤2	3~5	8~10
反循环	一般地层	1.02~1.06	16~20	≤4	≥95	≤20	≤3	1.0~2.5	8~10
	易坍地层	1.06~1.10	18~28	≤4	≥95	≤20	≤3	1.0~2.5	8~10
	卵石土	1.10~1.15	20~35	≤4	≥95	≤20	≤3	1.0~2.5	8~10
推钻冲抓	一般地层	1.10~1.20	18~24	≤4	≥95	≤20	≤3	1.0~2.5	8~11
冲击	易坍地层	1.20~1.40	22~30	≤4	≥95	≤20	≤3	3~5	8~11

注:1. 地下水位高或其流速大时,指标取高限,反之取低限。

2. 地质状态较好、孔径或孔深较小的取低限,反之取高限。

3. 在不易坍塌的黏质土层中,使用推钻、冲抓、反循环回转钻进时,可用清水提高水头(≥2 m)维护孔壁。

4. 若当地缺乏优良黏质土,远运膨润土也很困难,调制不出合格泥浆时,可掺用添加剂改善泥浆性能,各种添加剂掺量可按《公路桥涵施工技术规范》(JTG/T F50—2011)规定选取。

5. 泥浆的各种性能指标测定方法见《公路桥涵施工技术规范》(JTG/T F50—2011)规定。

对大直径或超长钻孔灌注桩,泥浆的选择应根据钻孔的工程地质情况、孔位、钻机性能、泥浆材料条件等确定。在地质复杂、覆盖层较厚、护筒下沉不到岩层的情况下,宜使用丙烯酰胺,即 PHP 泥浆。

2. 泥浆性能指标检测

1) 相对密度 ρ_x

相对密度可用泥浆相对密度计测定。将要量测的泥浆装满泥浆杯,加盖并洗净从小孔溢出的泥浆,然后置于支架上,移动游码,使杠杆呈水平状态(气泡处于中央),读出游码左侧所示刻度,即为泥浆的相对密度。

若工地无以上仪器,可用一口杯,先称其质量为 m_1,再装满清水称其质量为 m_2,最后倒去清水,装满泥浆并擦去杯周溢出的泥浆,称其质量为 m_3,则

$$\rho_x = \frac{m_3 - m_1}{m_2 - m_1} \tag{3-11}$$

2) 黏度 η

工地用标准漏斗黏度计测定黏度,黏度计如图 3-8 所示。用两端开口量杯分别量取 200 mL 和 500 mL 泥浆,通过滤网滤去大砂粒后,将 700 mL 泥浆均注入漏斗,然后使泥浆从漏斗流出,流满 500 mL 量杯所需时间(s),即为所测泥浆的黏度。

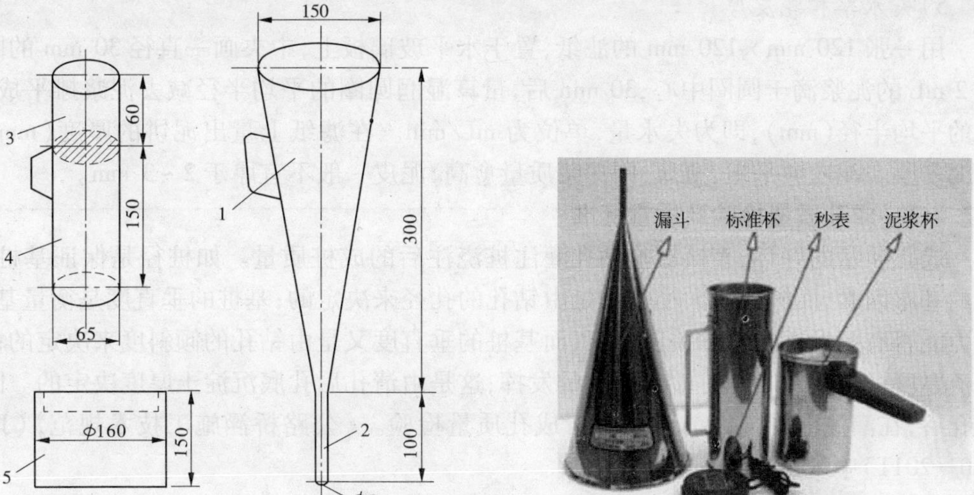

1—上口漏斗锥体；2—下口导流管；3—200 mL 标准杯体；
4—500 mL 标准杯体；5—泥浆杯

图 3-8　黏度计　（单位：mm）

校正方法：漏斗中注入 700 mL 清水，流出 500 mL，所需时间应是 15 s，其偏差如超过 ±1 s，则量测泥浆黏度时应校正。

3）含砂率（%）

工地用含砂率计（见图 3-9）测定含砂率。量测时，把调制好的 50 mL 泥浆倒进含砂率计，然后倒入 450 mL 清水，将仪器口塞紧，摇动 1 min，使泥浆与水混合均匀，再将仪器竖直静放 3 min，仪器下端沉淀物的体积（由仪器上刻度读出）乘以 2 就是含砂率（%）。（有一种大型的含砂率计，容积为 1 000 mL，从刻度读出的数不需乘 2，即为含砂率）

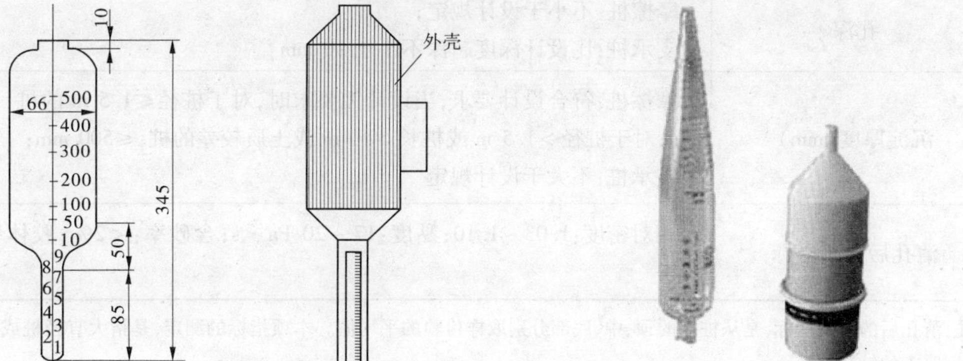

图 3-9　含砂率计　（单位：mm）

4）胶体率（%）

胶体率也称稳定率，它是泥浆中土粒保持悬浮状态的性能。测定方法：可将 100 mL 泥浆倒入干净量杯中，用玻璃片盖上，静置 24 h 后，量杯上部泥浆可能澄清为透明的水，量杯底部可能有沉淀物。以 100 减去水与沉淀物体积之和即等于胶体率。

5）失水率和泥皮厚

用一张 120 mm × 120 mm 的滤纸，置于水平玻璃板上，中央画一直径 30 mm 的圆圈，将 2 mL 的泥浆滴于圆圈中心，30 min 后，量算湿润圆圈的平均半径减去泥浆摊平成为泥饼的平均半径（mm），即为失水量，单位为 mL/min。在滤纸上量出泥饼的厚度（mm），即为泥皮厚。泥皮愈平坦、愈薄，则泥浆质量愈高，泥皮一般不宜厚于 2 ~ 3 mm。

3.2.1.3　成孔质量检验及质量标准

成孔质量的好坏，直接影响钻孔灌注桩浇注后的成桩质量。如桩径是保证基桩承载力的基本因素，而桩径的大小关键是由钻孔的孔径来决定的；基桩的垂直度是衡量基桩承载力能否有效发挥作用的关键因素，而基桩的垂直度又是由钻孔的倾斜度来决定的；桩底沉渣厚度极大地影响了桩端承载力的发挥，这是由清孔后孔底沉淀土厚度决定的。因此，成孔后，在灌注混凝土之前必须进行成孔质量检验。《公路桥涵施工技术规范》（JTG/T F50—2011）中规定：

（1）钻、挖孔在终孔和清孔后，应进行孔位、孔深检验。

（2）孔径、孔形和倾斜度宜采用专用仪器测定。当缺乏专用仪器时，可采用外径为钻孔桩钢筋笼直径加 100 mm（不得大于钻头直径）、长度为 4 ~ 6 倍外径的钢筋检孔器吊入钻孔内检测。

（3）钻、挖孔成孔的质量标准见表 3-15。

表 3-15　钻、挖孔成孔质量标准

项目	允许偏差
孔的中心位置（mm）	群桩：100；单排桩：50
孔径（mm）	不小于设计桩径
倾斜度	钻孔：小于 1%；挖孔：小于 0.5%
孔深	摩擦桩：不小于设计规定； 支承桩：比设计深度超深不小于 50 mm
沉淀厚度（mm）	摩擦桩：符合设计要求，当设计无要求时，对于桩径 ≤1.5 m 的桩，≤300 mm；对于桩径 >1.5 m 或桩长 >40 m 或土质较差的桩，≤500 mm； 支承桩：不大于设计规定
清孔后泥浆指标	相对密度：1.03 ~ 1.10；黏度：17 ~ 20 Pa · s；含砂率：< 2%；胶体率：> 98%

注：清孔后的泥浆指标，是从桩孔的顶、中、底部分别取样检验的平均值。本项指标的测定，是指大直径桩或有特定要求的钻孔桩。

3.2.2　桩身完整性检测

桩身完整性是评价基桩质量的主要指标之一，《公路工程基桩动测技术规程》（JTG/T F81-01—2004）中规定：公路工程基桩应进行 100% 的完整性检测。桩身完整性类别按表 3-16 划分。

表3-16　桩身完整性类别划分

桩身完整性类别	特征
Ⅰ类桩	桩身完整,可正常使用
Ⅱ类桩	桩身基本完整,有轻度缺陷,不影响正常使用
Ⅲ类桩	桩身有明显缺陷,对桩身结构承载力有影响
Ⅳ类桩	桩身有严重缺陷,对桩身结构承载力有严重影响

钻孔灌注桩桩身完整性检测方法主要有低应变反射波法、声波透射法以及钻探取芯法。实际检测过程中,应将三种方法有机结合,并考虑桩的设计条件、承载性状及施工过程等因素进行综合分析。如低应变反射波法操作简单、成本低,可以进行高比例的抽样检测,但是对于桥梁基础长桩,由于能量的消耗,桩底反射信号微弱甚至不可见,这样会给桩身完整性判定带来困难,因此必须选取一定比例的基桩,用声波透射法进行完整性检测。对于桩身情况复杂,或者对判定结果仍存在疑虑的情况,可用钻芯法进行验证。

3.2.2.1　低应变反射波法

低应变反射波法是目前国内外使用最广泛的一种基桩无损检测方法,它通过分析实测桩顶速度响应信号的特征来检测桩身的完整性,判定桩身缺陷位置及影响程度,判断桩端嵌固情况。它适用于混凝土灌注桩和预制桩等刚性材料桩的桩身完整性检测。使用本方法时,被检桩的桩端反射信号应能有效识别。

反射波法仪器设备轻便,操作简单,成本低廉,可对桩基工程进行普查,检测覆盖面大,是一种广泛使用的基桩无损检测方法。但是,仅仅通过反射波的相位特征来判定桩身缺陷的具体类型具有一定的困难。因此,本方法应结合岩土工程地质和施工技术资料,通过综合分析来对桩身和桩端存在的缺陷及其类型和影响程度作出定性判定。

另外,对于嵌岩桩,由于桩端嵌入基岩之中,往往存在有桩材料与基岩广义波阻抗相接近的情况,使得在时域曲线上桩端反射不明显或基本无法识别,这时应结合岩土工程勘察资料和实测时域曲线来判断桩端嵌固情况。

1. 基本原理

低应变反射波法借一维弹性波动理论对实测桩顶速度或加速度响应信号的时、频域特征来分析判定被检桩的桩身完整性,其中包括桩身存在的缺陷位置及其影响程度、桩端与持力层的结合状况。

根据一维弹性杆件波动理论,对桩顶进行锤击产生入射波,入射波为下行压力波,当桩身某处波阻抗发生变化时将产生上行反射波。从广义上讲,在某一桩身截面处波阻抗降低,则表现为反射波与入射波的相位相同,如夹泥、离析、缩径甚至断裂等;反之则表现为相位相反,如扩径等。根据反射波与入射波相位的关系,可判别某一波阻抗界面的性质,这是低应变反射波法判别桩底情况及桩身缺陷的理论依据。桩身阻抗变化的反射波特征曲线见表3-17。

表 3-17　桩身阻抗变化的反射波特征曲线

缺陷	典型曲线	曲线特征
完整	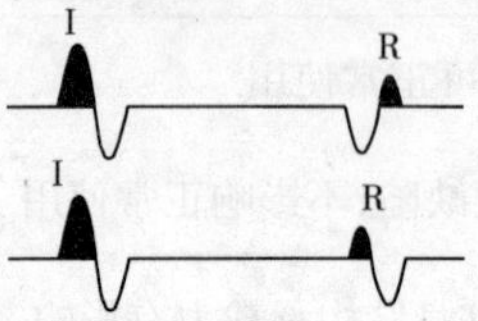	(1)短桩:桩底反射波与入射波频率相近,振幅略小。 (2)长桩:桩底反射振幅小,频率低。 (3)摩擦桩的桩底反射波与入射波同相位,端承桩的桩底反射波与入射波反相位
扩径	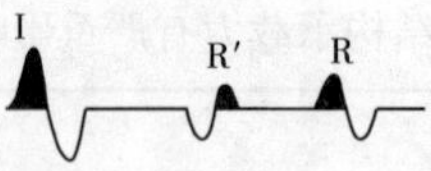	(1)曲线不规则,可见桩间反射。扩径第一反射子波与入射波反相位;后续反射子波与入射波同相位;反射子波的振幅与扩径尺寸正相关。 (2)可见桩底反射
缩径	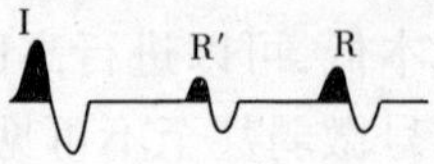	(1)曲线不规则,可见桩间反射。缩径第一反射子波与入射波同相位;后续反射子波与入射波反相位;反射子波的振幅大小与缩径尺寸正相关。 (2)一般可见桩底反射
离析		(1)曲线不规则,一般见不到桩底反射。 (2)离析的第一反射子波与入射波同相位,幅值视离析程度呈正相关,但频率明显降低。 (3)中、浅部严重离析,可见到多次反射子波
断裂	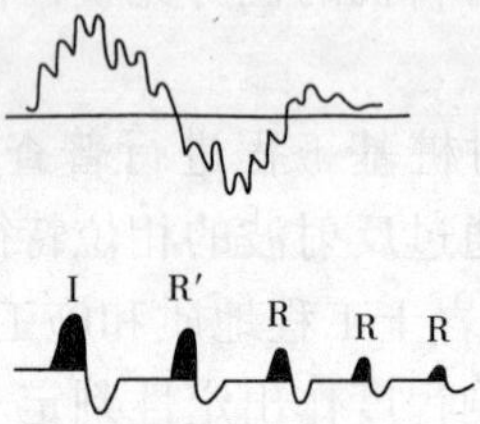	(1)浅部断裂(<2 m)由于受钢筋和下部桩影响,反映为锯齿状子波又叠加在低频背景上的脉冲子波,峰—峰为 Δf。 (2)中、浅部断裂为一多次反射子波等距出现,振幅和频率逐次下降。 (3)深部断裂似桩底反射曲线,但所计算的波速远大于正常波速。 (4)一般见不到桩底反射
夹泥、空洞、微裂	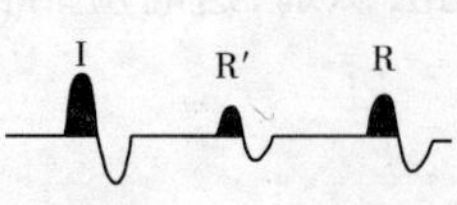	(1)曲线不规则,一般可见桩底反射。 (2)缺陷的第一反射子波与入射波同相位,后续反射子波与入射波反相位。 (3)子波的幅值与缺陷的程度呈正相关
桩底沉渣	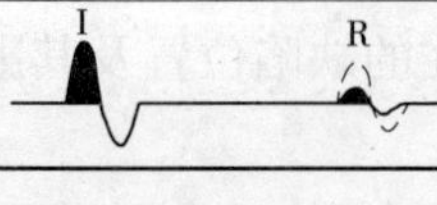	桩底存在沉渣,桩底反射波与入射波同相位,其幅值大小与沉渣的厚度呈正相关

2. 检测仪器与设备

反射波法检测系统由基桩动测仪、传感器和激振设备组成,如图 3-10 所示。

(1)基桩动测仪信号采集及处理应符合:

①数据采集装置的模—数转换器不得低于 12 bit。

②采样间隔宜为 10 ~ 500 μs,可调。

③单通道采样点不少于 1 024 点。

④放大器增益宜大于 60 dB,可调,线性度良好,其频响范围应满足 5 ~5 000 Hz。

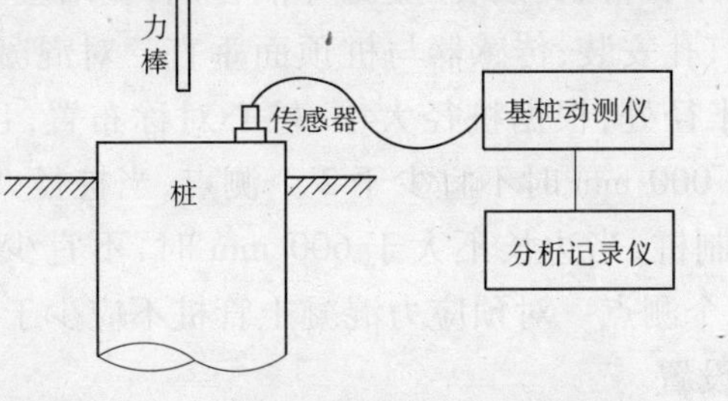

图 3-10　反射波法测试仪器设备框图

(2)传感器的性能应符合:

①传感器宜选用压电式加速度传感器或磁电式速度传感器,频响曲线的有效范围应覆盖整个测试信号的频带范围。

②加速度传感器的电压灵敏度应大于 100 mV/g,电荷灵敏度应大于 200 PC/g,上限频率不应小于 5 kHz,安装谐振频率不应小于 6 kHz,量程应大于 100 g。

③速度传感器的固有谐振频率不应大于 30 Hz,灵敏度应大于 200 mV/(cm · s^{-1}),上限频率不应小于 1.5 kHz,安装谐振频率不应小于 1.5 kHz。

(3)激振设备。

根据桩型和检测目的,宜选择不同材质和质量的力锤、力棒,以获得所需的激振频率和能量。

3. 现场检测技术

1)准备工作

(1)现场踏勘及资料收集。

接受检测任务后,检测人员应对被检工程进行现场调查,收集其工程地质资料、基桩设计图纸和施工记录、监理日志等,了解施工工艺及施工过程中出现的异常情况,然后根据检测委托书编制检测纲要。

(2)桩头处理。

被检桩顶面条件的好坏直接影响着测试信号的质量和对桩身完整性判定的准确性,因此要求被检桩顶面的混凝土质量、截面尺寸应与桩身设计条件基本相同。检测前需凿去桩顶浮浆或松散、破损部分,以露出坚硬的混凝土表面为准;桩顶表面平整干净、无积水;将传感器安装点与敲击点部位磨平;当周围钢筋笼对信号存在干扰时,应将钢筋截除后再进行检测。对于混凝土预应力管桩,当法兰盘与桩身混凝土之间结合紧密时,可不进行处理,若有损裂现象,则必须用电锯或电砂轮将其截除磨平后方可进行检测。检测前将被检桩顶部与相连的垫层或承台断开。

2)仪器设置安装

(1)传感器的选择及安装。

基桩动测所用的传感器主要为压电式加速度传感器,其频率响应范围较宽、动态范围大、失真度小,能较好地反映桩身的反射信息。速度传感器多为磁电式,高频响应受到限制，可测范围窄，但灵敏度高，低频部分性能好，对检测桩体深部缺陷效果好。

传感器的安装可采用石膏、黄油、橡皮泥等耦合剂，黏结应牢固，黏结层应尽可能薄，必要时，可采用冲击钻打孔安装，传感器与桩顶面垂直。对混凝土灌注桩，传感器宜安装在距桩中心 1/2 ~ 1/3 半径处，根据桩径大小，桩心对称布置，且距离桩的主筋不宜小于 50 mm，当桩径不大于 1 000 mm 时不宜少于 2 个测点，当桩径大于 1 000 mm 时不宜少于 4 个测点。对混凝土预制桩，当边长不大于 600 mm 时，不宜少于 2 个测点；当边长大于 600 mm 时，不宜少于 3 个测点。对预应力混凝土管桩不应少于 2 个测点。

(2)动测仪的参数设置。

桩长参数以实际施工记录的桩长为依据，设定桩长为桩顶测点至桩底的距离。测试前，桩身波速可根据本地区同类型桩的测试值初步设定；然后，根据测试的若干根桩的真实波速的平均值，对初步设定的波速进行调整。

知识拓展

《建筑基桩检测技术规范》(JGJ 106—2003)中规定：时域信号记录的时间段长度应在 $2L/c$ 时刻后延续不少于 5 ms；幅频信号分析的频率范围上限不应小于 2 000 Hz。时域信号采样点数不宜少于 1 024 点。在保证以上规定的前提下，选用较高的采样频率或较小的采样时间间隔，时域的分辨率越高，越有利于缺陷位置的判断，但是频域的分辨率会越低。因此，对不同的测试要求，可适当改变频率范围。

(3)激振设备的选择。

瞬态激振通过改变锤的重量及锤头材料，可改变冲击入射波的脉冲宽度和频率成分。锤头质量较大或刚度较小时，冲击入射波脉冲较宽，以低频成分为主；当冲击力大小相同时，其能量较大，应力波衰减较慢。锤头较轻或刚度较大时，冲击入射波脉冲较窄，含高频成分较多；冲击力大小相同时，虽其能量较小并加剧大直径桩的尺寸效应影响，但较适宜于桩身浅部缺陷的识别及定位。因此，短桩或浅部缺陷桩的检测宜采用轻锤短脉冲激振；长桩、大直径桩或深部缺陷桩的检测宜采用重锤宽脉冲激振，也可采用不同的锤垫来调整激振脉冲宽度。

3)激振及信号采集

混凝土灌注桩的检测宜在成桩 14 d 以后进行；打入或静压式预制桩的检测应在相邻桩打完后进行。将选择好满足以上仪器设置要求的激振设备、传感器及动测仪，按图 3-10 在处理好的桩顶连接好，并检查测试系统各部分之间是否连接良好，确认整个测试系统处于正常工作状态。

混凝土灌注桩、混凝土预制桩的激振点宜在桩顶中心部位；预应力混凝土管桩的激振点和传感器安装点与桩中心连线的夹角不应小于 45°，如图 3-11 所示。采用力棒激振时，应自由下落；采用力锤敲击时，应使其作用力方向与桩顶面垂直。

实测信号应能反映桩身完整性特征，有明显的桩底反射信号，每个检测点记录的有效信号数不宜少于 3 个。不同测点及同一测点的多次实测时域信号应一致性好，不好时应分析原因，找出问题后进行重测。信号幅值不应超过测量系统的量程。

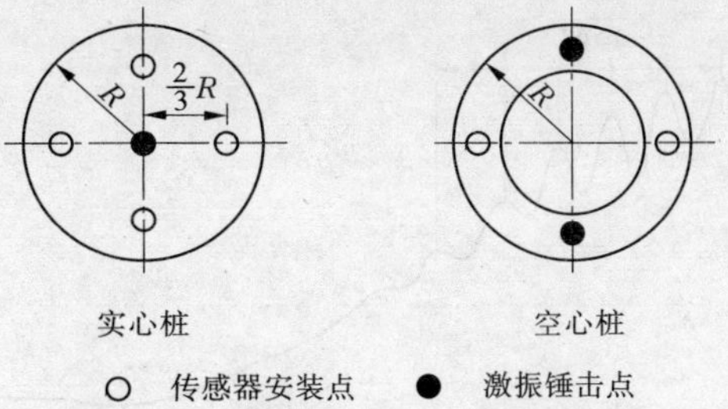

图 3-11　传感器安装点、锤击点布置

4. 检测数据分析与判定

桩身完整性分析宜以时域曲线为主，辅以频域分析，并结合施工情况、岩土工程勘察资料和波形特征等因素进行综合分析判定。

(1)确定桩身波速的平均值。

①当桩长已知、桩端反射信号明显时，选取相同条件下不少于 5 根 I 类桩的桩身波速，按下式计算平均值

$$c_{\mathrm{m}} = \frac{1}{n}\sum_{i=1}^{n} c_i \tag{3-12}$$

$$c_i = \frac{2L \times 1\,000}{\Delta T} \tag{3-13}$$

$$c_i = 2L \cdot \Delta f \tag{3-14}$$

式中　c_{m}——桩身波速平均值，m/s；

c_i——第 i 根桩的桩身波速计算值，m/s，c_i 取值离散性不能太大，$|c_i - c_{\mathrm{m}}|/c_{\mathrm{m}} \leqslant 5\%$；

L——完整桩桩长，m；

ΔT——时域信号第一峰与桩端反射波峰间的时间差，ms，如图 3-12 所示；

Δf——幅频曲线桩端相邻谐振峰间的频差，Hz，计算时不宜取第一峰与第二峰，如图 3-13 所示；

n——基桩数量($n \geqslant 5$)。

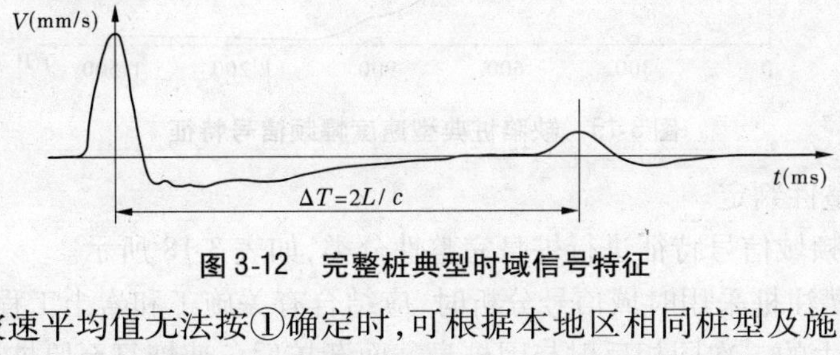

图 3-12　完整桩典型时域信号特征

②当桩身波速平均值无法按①确定时，可根据本地区相同桩型及施工工艺的其他桩基工程的测试结果，并结合桩身混凝土强度等级与实践经验综合确定。

(2)计算桩身缺陷位置。

按式(3-14)、式(3-15)之一计算桩身缺陷位置

$$x = \frac{1}{2\,000}\Delta t_x c \tag{3-15}$$

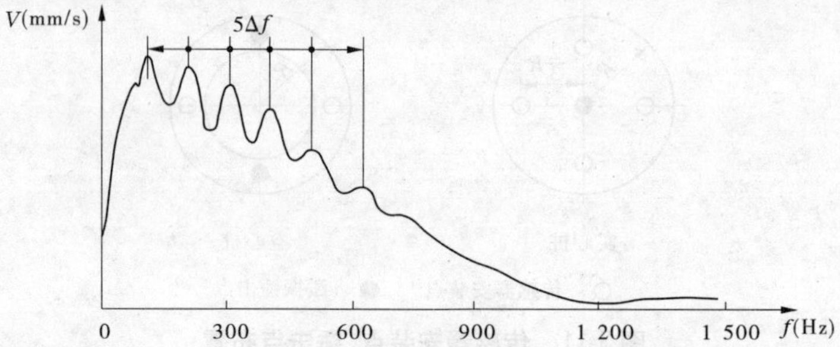

图 3-13　完整桩典型速度幅频信号特征

$$x = \frac{1}{2}\frac{c}{\Delta f_x} \tag{3-16}$$

式中　x——测点至桩身缺陷之间的距离，m；

Δt_x——时域信号第一峰与缺陷反射波峰间的时间差，ms，如图 3-14 所示；

Δf_x——幅频曲线所对应缺陷的相邻谐振峰间的频差，Hz，如图 3-15 所示；

c——桩身波速，m/s，无法确定时用 c_m 值替代。

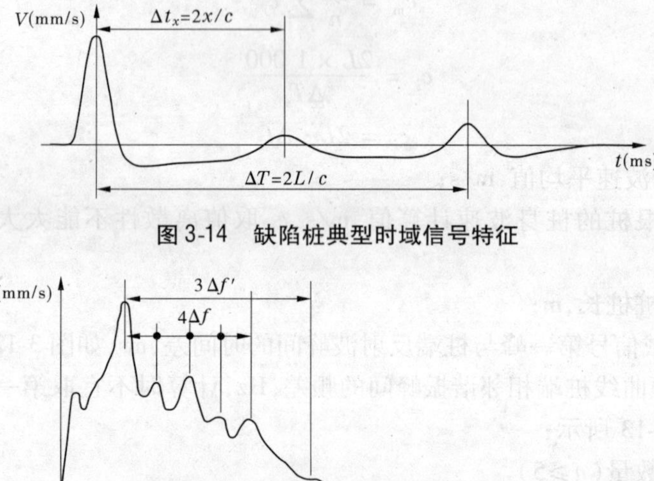

图 3-14　缺陷桩典型时域信号特征

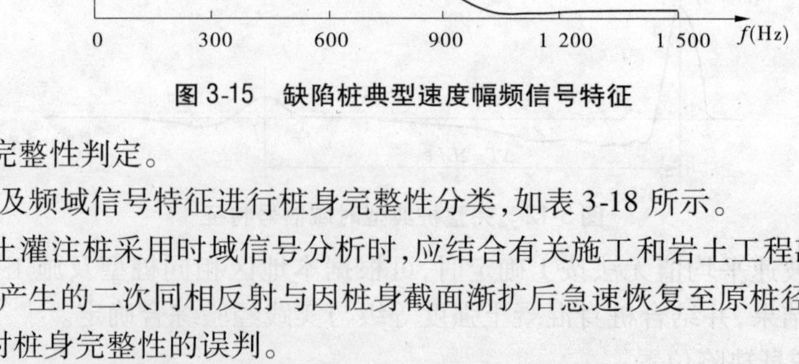

图 3-15　缺陷桩典型速度幅频信号特征

（3）桩身完整性判定。

根据时域及频域信号特征进行桩身完整性分类，如表 3-18 所示。

（4）混凝土灌注桩采用时域信号分析时，应结合有关施工和岩土工程勘察资料，正确区分由扩径处产生的二次同相反射与因桩身截面渐扩后急速恢复至原桩径处的一次同相反射，以避免对桩身完整性的误判。

（5）对于嵌岩桩，当桩端反射信号为单一反射波且与锤击脉冲信号同相时，应结合岩土工程勘察和设计等有关资料以及桩端同相反射波幅的相对高低来推断嵌岩质量，必要时采取其他合适方法进行核验。

表 3-18　桩身完整性判定

类别	时域信号特征	幅频信号特征
Ⅰ类桩	$2L/c$ 时刻前无缺陷反射波，有桩底反射波	桩底谐振峰排列基本等间距，其相邻频差 $\Delta f \approx c/(2L)$
Ⅱ类桩	$2L/c$ 时刻前出现轻微缺陷反射波，有桩底反射波	桩底谐振峰排列基本等间距，其相邻频差 $\Delta f \approx c/(2L)$，轻微缺陷产生的谐振峰与桩底谐振峰之间的频差 $\Delta f' > c/(2L)$
Ⅲ类桩	有明显缺陷反射波，其他特征介于Ⅱ类和Ⅳ类之间	
Ⅳ类桩	$2L/c$ 时刻前出现严重缺陷反射波或周期性反射波，无桩底反射波；或因桩身浅部严重缺陷使波形呈现低频大振幅衰减振动，无桩底反射波	缺陷谐振峰排列基本等间距，相邻频差 $\Delta f' > c/(2L)$，无桩底谐振峰；或因桩身浅部严重缺陷只出现单一谐振峰，无桩底谐振峰

(6)桩身完整性的分析出现下列情况之一时，宜结合其他检测方法判断：

①超过有效检测长度范围的超长桩，其测试信号不能明确反映桩身下部和桩端情况。

②桩身截面渐变或多变，且变化幅度较大的混凝土灌注桩。

③桩长的推算值与实际桩长明显不符，且又缺乏相关资料加以解释或验证。

④实测信号复杂、无规律，无法对其进行准确的桩身完整性分析和评价。

⑤对于预制桩，时域曲线在接头处有明显反射，但又难以判定是断裂错位还是接桩不良。

5. 检测报告

检测报告应包括：

(1)工程概述。

(2)岩土工程条件。

(3)检测方法、原理、仪器设备和过程叙述。

(4)相关的施工记录。

(5)桩身混凝土波速值。

(6)桩身完整性描述，包括缺陷位置、性质及类别。

(7)时域曲线图，并注明桩底反射位置。

(8)桩位编号及平面布置示意图，地质柱状图。

(9)时域信号时段所对应的桩身长度标尺、指数或线性放大的范围及倍数，或幅频信号曲线分析的频率范围，桩底或桩身缺陷对应的相邻谐振峰间的频差。

(10)必要的说明和建议。

3.2.2.2　超声透射法

超声透射法在灌注成型过程中以预埋声测管的混凝土灌注桩桩身完整性检测判定桩身缺陷的程度并确定其位置。超声透射法包括跨孔透射法和单孔折射法。对于跨孔透射法，当桩径较小时，声测管间距也较小，测试误差相对较大，同时预埋声测管可能引起附加的灌注桩施工质量问题，因此跨孔透射法只适用于桩径不小于 800 mm 的灌注桩；单孔折射法是根据公路桥梁对桩基的质量要求，检测钻芯孔孔壁周围的混凝土质量。

1. 基本原理

超声透射法检测是在结构混凝土声学检测技术基础上发展起来的。它的基本原理是：在桩身预埋一定数量的声测管，通过水的耦合，超声波从一根声测管中发射，在另一根声测管中接收，或单孔中发射并接收，测出被测混凝土介质的声学参数。由于超声波在混凝土中遇到缺陷时会发生绕射、反射和折射，因而到达接收换能器的声时、波幅及主频发生改变，可利用这些声波特征参数来判别桩身的完整性。

超声透射法现场操作简单、方便、迅速，不受场地、桩长、长径比的限制，检测范围可覆盖全桩长的各个检测剖面，检测细致、全面，信息量丰富，检测结果准确可靠。同时还可估算混凝土强度，但检测费用较高，是大型、特大型灌注桩检测的重要手段。

2. 检测仪器设备

1）超声波检测仪

超声波检测仪包括数字式声波仪和模拟式声波仪。其中，数字式声波仪检测精确度高，检测效率高，使用广泛。声波仪检测系统包括信号放大器、数据采集及处理存储器、径向振动换能器等，具有一发双收功能。声波发射应采用高压阶跃脉冲或矩形脉冲，其电压最大值不应小于1 000 V，且分挡可调。

接收放大与数据采集器应符合下列规定：

（1）接收放大器的频带宽度为5～200 kHz，增益不应小于100 dB，放大器的噪声有效值不大于2 μV；波幅测量范围不小于80 dB，测量误差小于1 dB。

（2）计时显示范围应大于2 000 μs，精度优于0.5 μs，计时误差不应大于2%。

（3）采集器模—数转换精度不应低于8 bit，采样频率不应小于10 MHz，最大采样长度不应小于32 KB。

径向振动换能器应符合下列规定：

（1）径向水平面无指向性。

（2）谐振频率宜大于25 kHz。

（3）在1 MPa水压下能正常工作。

（4）收、发换能器的导线均应有长度标注，其标注允许偏差不应大于10 mm。

（5）接收换能器宜带有前置放大器，频带宽度宜为5～60 kHz。

（6）单孔检测采用一发双收一体型换能器，其发射换能器至接收换能器的最近距离不应小于30 cm，两接收换能器的间距宜为20 cm。

2）声测管

声测管是声波透射法测桩时径向换能器的通道，常用的声测管有钢管、钢质波纹管、塑料管3种。考虑到混凝土的水化热作用及施工过程中受外力作用较大，容易使声测管变形、断裂，影响换能器上、下管道的畅通，目前许多大直径灌注桩均采用钢管作为声测管，其内径应比换能器外径大15 mm，管的连接宜采用螺纹连接，且不漏水。

3. 准备工作

1）声测管的埋设要求

（1）埋设数量及布置。

声测管的埋设数量决定了检测剖面的个数,同时也决定了检测精度。当桩径不大于1 500 mm时,应埋设3根管;当桩径大于1 500 mm时,应埋设4根管。声测管的布置以路线前进方向的顶点为起始点,按顺时针旋转方向进行编号和分组,每2根编为一组。如图3-16所示,检测剖面分组编号为:1－2;1－2,1－3,2－3;1－2,1－3,1－4,2－3,2－4,3－4。

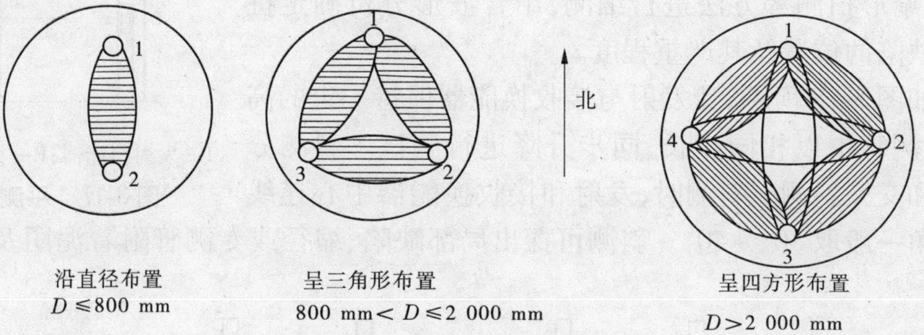

图3-16　测管布置

(2)连接及预埋。

声测管一般随钢筋笼分段安装,焊接或绑扎固定在钢筋笼内侧。声测管之间应互相平行、定位准确,并埋设至桩底,管口宜高出桩顶面300 mm以上。声测管的平行对测试结果影响很大,甚至可能导致检测方法失效,如果受检桩不是通长钢筋,还应在无钢筋笼处的声测管间设加强箍筋,以保证声测管的平行度。钢管作为声测管时都不长(一般每根6 m),需将钢管一段一段连接起来。接口处必须有足够的强度和刚度,在较高的静水压力下不漏浆,同时接口内壁要保持平整通畅,不应有焊渣、毛刺等凸出物,以免妨碍探头的移动。声测管管底应密封。安装完毕后,声测管管口应加盖。

2)检测准备工作

(1)了解灌注桩有关技术资料及施工情况,桩的类型、尺寸、标高、成孔方法及工艺,地质资料,有关的设计参数,混凝土参数,混凝土施工工艺、过程及施工中出现的问题等。

(2)被检桩的混凝土龄期应大于14 d。

(3)声测管内应灌满清水,且保证畅通。

(4)标定超声波检测仪发射至接收的系统延迟时间t_0。

(5)准确量测声测管的内、外径和两相邻声测管外壁间的距离,量测精度为±1 mm。

(6)取芯孔的垂直度误差不应大于0.5%,检测前应进行孔内清洗。

4.现场检测技术

1)平测普查

(1)按图3-16进行分组编号。将发射与接收换能器分别置于某一剖面的2根声测管中,放至桩底,保持相同标高。

(2)测点间距不宜大于250 mm,自下而上将发射与接收换能器以相同标高同步升降,其累计相对高差不应大于20 mm,并随时校正。每提升一次,进行一次测试。测试参数包括声时、振幅和主频率,重点是声时和振幅,必要时也可注意观察和记录波形的变化。一对声测管测完后,再转到另一对声测管测量。

(3)在对同一根桩的检测过程中,声波发射电压应保持不变。

平测普查示意见图3-17。

2)可疑测点细测

对于声时值和波幅值出现异常的部位,应采用水平加密、斜测或扇形扫测等方法进行细测,结合波形分析确定桩身混凝土缺陷的位置及其严重程度。

斜测如图3-18所示,让发射与接收换能器保持一定的高程差,在声测管中以相同步长、同步升降进行测试。斜测分单向斜测和交叉斜测。斜测时,发射和接收换能器中心连线与水平夹角一般取30°~40°。斜测可探出局部缺陷、缩径或专测管附着泥团及层状缺陷等。

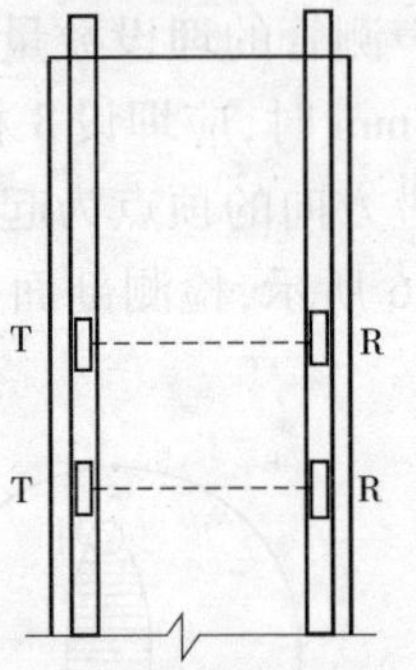

T—发射换能器;R—接收换能器

图3-17　平测普查

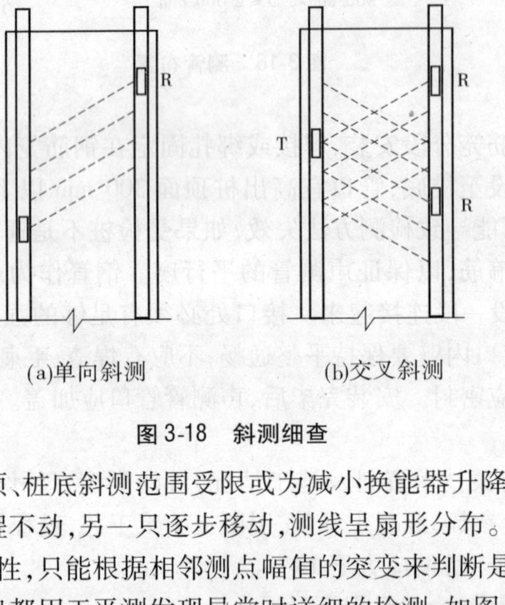

(a)单向斜测　　(b)交叉斜测

图3-18　斜测细查

扇形扫测一般在桩顶、桩底斜测范围受限或为减小换能器升降次数时采用。它是一只换能器固定在某一高程不动,另一只逐步移动,测线呈扇形分布。此时换算的波速可以相互比较,但幅值无可比性,只能根据相邻测点幅值的突变来判断是否有异常。

斜测和扇形扫测一般都用于平测发现异常时详细的检测,如图3-19~图3-22所示为各种缺陷的细测判断。其基本方法是将一个探头固定,另一探头上下移动,找出声阴影所在边界位置。

图3-19　断层位置的细测判断

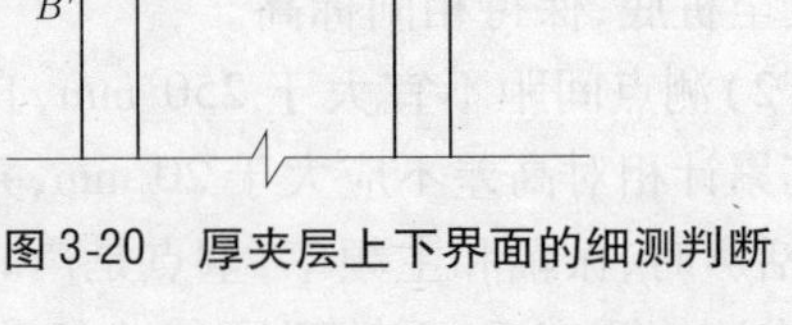

图3-20　厚夹层上下界面的细测判断

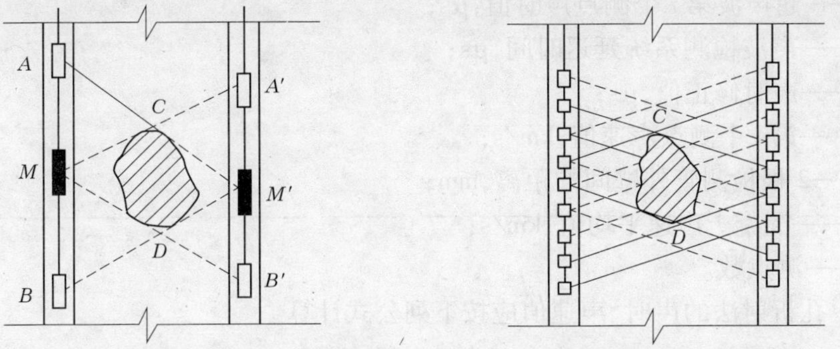

(a)扇形扫测　　(b)加密测点平移扫测

图 3-21　孔洞大小及位置的细测判断

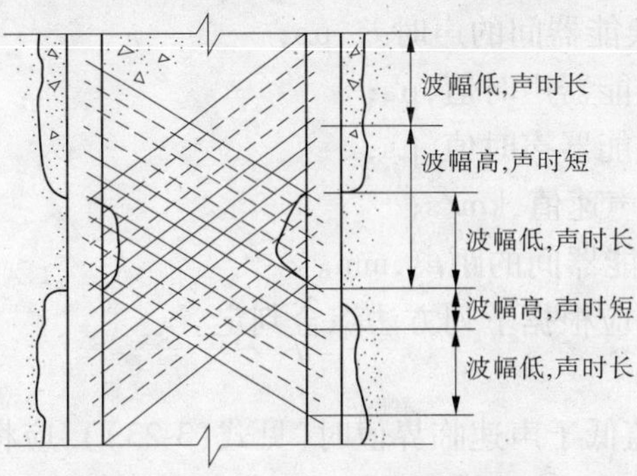

图 3-22　颈缩现象的细测判断

5. 检测数据分析与判定

(1)声时修正值可按下式计算

$$t' = \frac{D-d}{v_t} + \frac{d-d'}{v_w} \tag{3-17}$$

式中　t'—声时修正值,μs(t 为声波在混凝土中的传播时间,简称声时);

D——声测管外径,mm;

d——声测管内径,mm;

d'——换能器外径,mm;

v_t——声测管壁厚度方向声速值,km/s;

v_w——水中的声速值,km/s。

(2)声时、声速和声速平均值应按下列公式计算,并绘制声速—深度曲线、波幅—深度曲线。

$$t = t_i - t_0 - t' \tag{3-18}$$

$$v_i = \frac{l}{t} \tag{3-19}$$

$$v_m = \sum_{i=1}^{n} \frac{v_i}{n} \tag{3-20}$$

式中　t——声时值,μs;

t_i——超声波第 i 个测点声时值，μs；

t_0——声波检测系统延迟时间，μs；

t'——声时修正值，μs；

v_i——第 i 个测点声速值，km/s；

l——2 根检测管外壁间的距离，mm；

v_m——混凝土声速平均值，km/s；

n——测点数。

(3)单孔折射法的声时、声速值应按下列公式计算

$$\Delta t = t_2 - t_1 \tag{3-21}$$

$$v_i = \frac{h}{\Delta t} \tag{3-22}$$

式中　Δt——两个接收换能器间的声时差，μs；

t_1——近道接收换能器声时值，μs；

t_2——远道接收换能器声时值，μs；

v_i——第 i 个测点声速值，km/s；

h——两个接收换能器间的距离，mm。

(4)桩身混凝土缺陷应根据下列方法综合判定。

①声速判据。

当实测混凝土声速值低于声速临界值时(见式(3-23))，应将其作为可疑缺陷区。

$$v_i < v_D \tag{3-23}$$

式中　v_i——第 i 个测点声速值，km/s；

v_D——声速临界值，km/s。

声速临界值为正常混凝土声速平均值与 2 倍声速标准差之差，即

$$v_D = \bar{v} - 2\sigma_v \tag{3-24}$$

$$\bar{v} = \sum_{i=1}^{n} \frac{v_i}{n} \tag{3-25}$$

$$\sigma_v = \sqrt{\sum_{i=1}^{n} \frac{(v_i - \bar{v})^2}{n-1}} \tag{3-26}$$

式中　$\bar{v}$——正常混凝土声速平均值，km/s；

σ_v——正常混凝土声速标准差；

v_i——第 i 个测点声速值，km/s；

n——测点数。

当检测剖面 n 个测点的声速值普遍偏低且离散性很小时，宜采用声速低限值判据。即实测混凝土声速值低于声速低限值时(见式(3-27))，可直接判定为异常。

$$v_i < v_L \tag{3-27}$$

式中　v_i——第 i 个测点声速值，km/s；

v_L——声速低限值，km/s。

声速低限值应由预留同条件混凝土试件的抗压强度与声速对比试验结果，结合本地

区实际经验确定。

②波幅判据。

用波幅平均值减6 dB作为波幅临界值，当实测波幅低于波幅临界值时，应将其作为可疑缺陷区。

$$A_D = A_m - 6 \tag{3-28}$$

$$A_m = \sum_{i=1}^{n} \frac{A_i}{n} \tag{3-29}$$

式中　A_D——波幅临界值，dB；

A_m——波幅平均值，dB；

A_i——第 i 个测点相对波幅值，dB；

n——测点数。

③*PSD* 判据。

采用斜率法作为辅助异常判据，当 *PSD* 值在某测点附近变化明显时，应将其作为可疑缺陷区。

$$PSD = \frac{(t_i - t_{i-1})^2}{z_i - z_{i-1}} \tag{3-30}$$

式中　t_i——第 i 个测点声时值，μs；

t_{i-1}——第 $i-1$ 个测点声时值，μs；

z_i——第 i 个测点深度，m；

z_{i-1}——第 $i-1$ 个测点深度，m。

(5)对于混凝土声速和波幅值出现异常并判为可疑缺陷区的部位，应按要求确定桩身混凝土缺陷的位置及影响程度。

(6)对于支承桩或嵌岩桩，宜同时采用低应变反射波法检测桩段的支承情况。

(7)桩身完整性类别判定如表3-19所示。

表3-19　桩身完整性类别判定

类别	特征
Ⅰ类桩	各声测剖面每个测点的声速值、波幅均大于临界值，波形正常
Ⅱ类桩	某一声测剖面个别测点的声速值、波幅略小于临界值，但波形基本正常
Ⅲ类桩	某一声测剖面连续多个测点或某一深度桩截面处的声速值、波幅值小于临界值，*PSD* 值变大，波形畸变
Ⅳ类桩	某一声测剖面连续多个测点或某一深度桩截面处的声速值、波幅值明显小于临界值，*PSD* 值突变，波形严重畸变

6. 检测报告

检测报告应包括：

(1)工程名称、地点，委托方、建设单位、勘察单位、设计单位、监理单位和施工单位。

(2)检测目的、检测依据、检测数量、检测日期等。

(3)地质条件描述。

(4)受检桩的桩号、桩位和相关施工记录。

(5)检测方法、原理、仪器设备和过程叙述。

(6)声测管布置图,并应包括每根被检桩各剖面的声速—深度、波幅—深度曲线及各自的临界值,声速、波幅的平均值,桩身缺陷位置及程度的分析说明。

(7)与检测内容相应的检测结论。

(8)必要的说明和建议。

3.2.3　基桩承载力检测

工程桩的预期使用功能是通过单桩承载力来实现的,所以基桩承载力检测的重要性不言而喻,现行《建筑地基基础工程施工质量验收规范》(GB 50202—2002)以及《建筑地基基础设计规范》(GB 50007—2011)中,对此均以强制性条文进行了规定。《建筑基桩检测技术规范》(JGJ 106—2003)中也规定:工程桩应进行单桩承载力和桩身完整性抽样检测;施工后,宜先进行工程桩的桩身完整性检测,后进行承载力检测。

基桩承载力检测的方法主要有静载荷试验和桩的动力试验两大类。静载荷试验是基桩承载力检测最基本、最可靠的方法。包括高应变动力测桩在内的其他方法都是以静载荷试验的结果作为基础进行对比,从而建立相关关系的。因此,凡属重要工程,都应通过静载荷试验确定单桩承载力。

静载荷试验包括单桩竖向抗压静载荷试验、单桩竖向抗拔静载荷试验以及单桩水平静载荷试验。我国惯用维持荷载法的加载方式,维持荷载法又分为慢速维持荷载法和快速维持荷载法。《建筑基桩检测技术规范》(JGJ 106—2003)中规定:为设计提供依据的竖向抗压静载试验应采用慢速维持荷载法。但在工程桩的检测验收中,国内某些行业或地方标准是允许采用快速维持荷载法的。

承载力检测前,休止时间除应达到"受检桩的混凝土龄期达到 28 d 或预留同条件养护试块强度达到设计强度"的要求外,当无成熟的地区经验时,尚不应少于表 3-20 规定的时间。

表 3-20　休止时间

土的类别		休止时间(d)
砂土		7
粉土		10
黏性土	非饱和	15
	饱和	25

注:对于泥浆护壁灌注桩,宜适当延长休止时间。

地基土的类别应根据被检桩的荷载传递特性来确定。对于端承桩,应根据桩端持力层的土性来选择休止期;对于摩擦桩,休止期的确定取决于桩侧土的性质,此时桩侧若是性质相差悬殊的层状土,则一般宜按休止较长的那种土层及其影响权重大小来考虑;对于摩擦端承桩和端承摩擦桩,其休止期遵从类似原则确定。

3.2.3.1　**单桩竖向抗压静载荷试验（静压试验）**

单桩竖向抗压静载荷试验检测单桩的竖向抗压承载力、荷载与位移的关系，并校核动力公式的准确程度；当桩身埋设有测量应力、应变、桩底反力传感器或位移杆时，可测定桩的分层侧阻力和端阻力或桩身截面的位移量，测定桩身应力变化，得出桩身弯矩分布。

为设计提供依据的试验桩，应加载至破坏；当桩的承载力以桩身强度控制时，可按设计要求的加载量进行；对工程桩抽样检测时，加载量不应小于设计要求的单桩承载力特征值的2.0倍。

1. 检测仪器设备

单桩竖向抗压静载荷试验设备主要包括加载装置、反力装置、荷载及沉降观测装置，如果还需要测定桩的侧阻力和端阻力，还需要有内力测量装置。

1）加载装置

试验加载宜采用油压千斤顶。当采用两台及两台以上千斤顶加载时，应并联同步工作，且采用的千斤顶型号、规格应相同，千斤顶的合力中心应与桩轴线重合。

2）反力装置

用千斤顶加载的反力装置可根据现场条件选用，包括锚桩横梁反力装置（见图3-23）、压重平台反力装置（见图3-24）、锚桩压重联合反力装置三种。

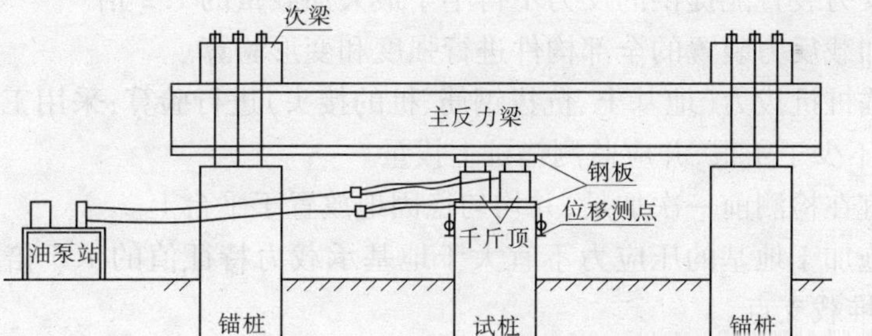

图3-23　锚桩横梁反力装置示意图

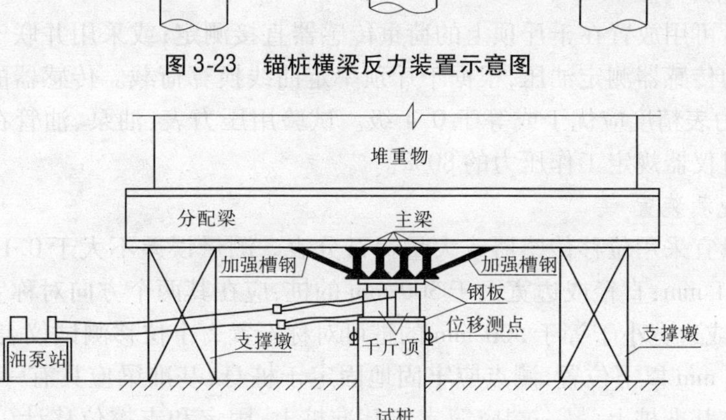

图3-24　压重平台反力装置示意图

锚桩横梁反力装置：锚桩横梁反力装置能提供的反力，应不小于预估最大试验荷载的1.3～1.5倍。锚桩一般采用4根，如入土较浅或土质松软，可增至6根。锚桩与试桩的中心间距，当试桩直径（或边长）小于或等于 800 mm 时，可为试桩直径（或边长）的 5 倍；当试桩直径大于 800 mm 时，上述距离不得小于 4 m。

压重平台反力装置：利用平台上压重作为对桩静压试验的反力装置。压重不得小于预估最大试验荷载的 1.2 倍，压重应在试验前一次加上。试桩中心至压重平台支承边缘的距离与上述试桩中心至锚桩中心距离相同。

锚桩压重联合反力装置：当试桩的最大加载量超过锚桩的抗拔能力时，可在承载梁上放置或悬挂一定重物，由锚桩和重物共同承受千斤顶反力。

基准桩中心与试桩、锚桩中心（或压重平台支承边）的距离宜符合表 3-21 的要求。

表 3-21　基准桩中心与试桩、锚桩中心（或压重平台支承边）的距离

反力装置	基准桩与试桩	基准桩与锚桩（或压重平台支承边）
锚桩横梁反力装置	≥4D	≥4D
压重平台反力装置	≥2.0 m	≥2.0 m

注：表中为试桩的直径 D（或边长）≤800 mm 的情况；若试桩直径 D＞800 mm，基准桩中心与试桩中心（或压重平台支承边）的距离不宜小于 4 m。

《建筑基桩检测技术规范》（JGJ 106—2003）中规定：

（1）加载反力装置能提供的反力不得小于最大加载量的 1.2 倍。

（2）应对加载反力装置的全部构件进行强度和变形验算。

（3）应对锚桩抗拔力（地基土、抗拔钢筋、桩的接头）进行验算；采用工程桩做锚桩时，锚桩的数量应不少于 4 根，并应监测锚桩上拔量。

（4）压重宜在检测前一次加足，并均匀稳固地放置于平台上。

（5）压重施加于地基的压应力不宜大于地基承载力特征值的 1.5 倍，有条件时宜利用工程桩作为堆载支点。

3）荷载观测装置

荷载测量可用放置在千斤顶上的荷重传感器直接测定；或采用并联于千斤顶油路的压力表或压力传感器测定油压，根据千斤顶率定曲线换算荷载。传感器的测量误差应不大于 1%，压力表精度应优于或等于 0.4 级。试验用压力表、油泵、油管在最大加载时的压力不应超过仪器规定工作压力的 80%。

4）沉降观测装置

沉降测量宜采用位移传感器或大量程百分表。测量误差不大于 0.1% FS，分辨力优于或等于 0.01 mm；直径或边宽大于 500 mm 的桩，应在其两个方向对称安置 4 个位移测试仪表，直径或边宽小于等于 500 mm 的桩可对称安置 2 个位移测试仪表；沉降测定平面宜在桩顶 200 mm 以下位置，测点应牢固地固定于桩身；基准梁应具有一定的刚度，梁的一端应固定在基准桩上，另一端应简支于基准桩上；固定和支撑位移计（百分表）的夹具及基准梁应避免气温、振动及其他外界因素的影响。

5）内力测量装置

基桩内力测量可采用应变式传感器（应变计）测量应变，钢弦式传感器测力，沉降杆测量位移。需要检测桩身某断面或桩底位移时，可在需检测的断面设置沉降杆。

2. 准备工作

1）桩头处理

试验过程中要保证不会因桩头破坏而终止试验，桩头部位往往承受着较高的竖向荷载和偏心荷载，因此试验前应对桩头进行处理。

预制桩和预应力管桩，如果未进行截桩处理，桩头质量正常，单桩设计承载力合理，可不进行处理。预应力管桩，尤其是有截桩处理的预应力管桩，可采用填芯处理，填芯高度 h 一般为 1 ~ 2 m，可放置钢筋，也可不放，填芯用的混凝土宜按 C25 ~ C30 配制，也可用特制夹具箍住桩头。灌注桩桩头处理应先凿掉桩顶部的松散破碎层和低强度混凝土，露出主筋，冲洗干净桩头后再浇筑桩帽。

2）系统检查

试验设备安装完毕后，应进行系统检查。对试桩施加一较小荷载预压，以消除整个量测系统和被检桩本身由于安装、桩头处理等人为因素造成的间隙而引起的非桩身沉降，并排除千斤顶和管路中的空气，检查管路接头、阀门等是否漏油等。如一切正常，卸载至零，待百分表显示的读数稳定后，记录百分表初始读数，开始正式加载。

3. 现场检测

1）试验加卸载方式

一般采用慢速维持荷载法逐级加荷，每级荷载达到相对稳定后，再加下一级荷载，直至试桩达到破坏或终止加载条件，然后分级卸载到零。

2）试验的荷载分级、沉降观测

(1) 加载分级。加载分级不宜少于 10 级。每级加载为最大加载量或预估极限承载力的 1/15 ~ 1/10。其中第一级可按 2 倍分级加荷。最大加载量不应小于设计要求的 2 倍。

(2) 沉降观测。每级加载后，每隔 15 min 观测一次；累计 1 h 后，每隔 30 min 观测一次。

(3) 稳定标准。每级加载下沉量，在下列时间内如不大于 0.1 mm，即可认为稳定：

①桩端下为巨粒土、砂类土、坚硬黏质土，最后 30 min。

②桩端下为半坚硬和细粒土，最后 1 h。

3）可终止加载的情况

当出现下列情况之一时，可终止加载：

(1) 在某级荷载作用下，桩顶沉降量大于前一级荷载作用下沉降量的 5 倍。

(2) 在某级荷载作用下，桩顶沉降量大于前一级荷载作用下沉降量的 2 倍，且经 24 h 尚未达到相对稳定标准。

(3) 已达到设计要求的最大加载量。

(4) 当工程桩做锚桩时，锚桩上拔量已达到允许值。

(5) 当荷载沉降曲线呈缓变形时，可加载至桩顶总沉降量 60 ~ 80 mm。在特殊情况下，可根据具体要求加载至桩顶累计沉降量超过 80 mm。

4）桩的卸荷与回弹量观测

(1) 卸荷应分级进行，每级卸载量为两个加载级的荷载量。每级卸载后，应观测桩顶的回弹量，观测办法与沉降时相同。

(2)卸载到零后,至少每隔半小时测读一次。在第一个半小时内,每 15 min 观测一次。

5)试验记录

根据试验数据绘制静压试验曲线,如图 3-25 所示,并编写试验报告。

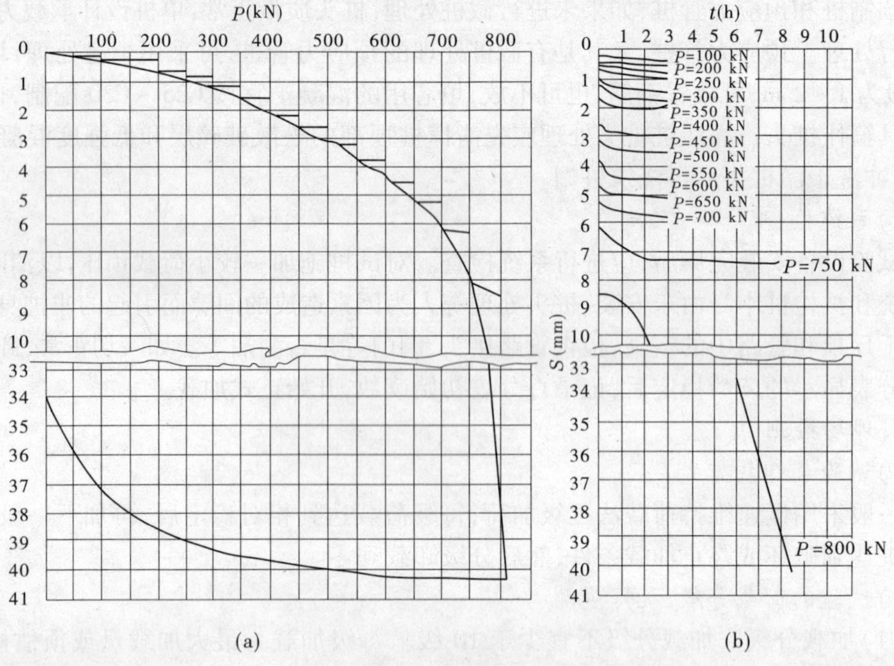

图 3-25 静压试验曲线

4. 检测数据分析与判定

1)检测数据的整理

(1)绘制竖向荷载—沉降($P \sim S$)、沉降—时间对数($S \sim \lg t$)曲线。需要时也可绘制其他辅助分析所需曲线。

(2)当进行桩身应力、应变和桩底反力测定时,应整理出有关数据的记录表,并按相应规范绘制桩身轴力分布图,计算不同土层的分层侧摩阻力和端阻力值。

2)单桩竖向抗压极限承载力确定

单桩竖向抗压极限承载力可按下列方法综合分析确定:

(1)根据沉降随荷载变化的特征确定:对于陡降形荷载—沉降($P \sim S$)曲线,取其发生明显陡降的起始点对应的荷载值。

(2)根据沉降随时间变化的特征确定:取 $S \sim \lg t$ 曲线尾部出现明显向下弯曲的前一级荷载值。

(3)当出现终止荷载(2)的情况时,取前一级荷载值。

(4)对于缓变形 $P \sim S$ 曲线,可根据沉降量确定,宜取 $S = 40$ mm 对应的荷载值;当桩长大于 40 m 时,宜考虑桩身弹性压缩量;对直径大于或等于 800 mm 的桩,可取 $S = 0.05D$(D 为桩端直径)对应的荷载值。

友情提示

当按上述四款判定桩的竖向抗压承载力未达到极限时，桩的竖向抗压极限承载力应取最大试验荷载值。

5. 检测报告

检测报告应包括：

(1)工程名称、地点，委托方，建设单位、勘察单位、设计单位、监理单位和施工单位。

(2)检测目的、检测依据、检测数量、检测日期等。

(3)地质条件描述。

(4)受检桩的桩号、桩位和相关施工记录。

(5)检测方法、原理、仪器设备和过程叙述。

(6)受检桩的检测数据，实测与计算分析曲线、表格和汇总结果。

(7)与检测内容相应的检测结论。

(8)必要的说明和建议。

3.2.3.2　单桩竖向抗拔静载荷试验(静拔试验)

单桩竖向抗拔静载荷试验用于检测单桩的竖向抗拔承载力。当埋设有桩身应力、应变测量传感器，或桩端埋设有位移测量杆时，可直接测量桩侧抗拔摩擦力，或桩端上拔量；为设计提供依据的试验桩应加载至桩侧土破坏或桩身材料达到设计强度；对工程桩抽样检测时，可按设计要求确定最大加载量。

1. 检测仪器设备

抗拔桩试验加载装置宜采用油压千斤顶，加载方式同竖向抗压静载荷试验。

反力装置宜采用反力桩(或工程桩)提供支座反力，如图3-26所示，也可根据现场情况采用天然地基提供支座反力。

荷载测量等仪器要求均同竖向抗压静载荷试验。

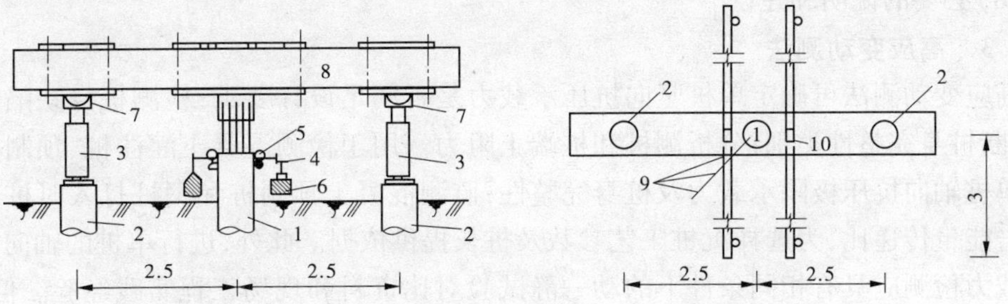

1—试桩；2—锚桩；3—液压千斤顶；4—表座；5—测微计；6—基准梁；
7—球铰；8—反力梁；9—地面变形测点；10—10 cm×10 cm 薄钢板

图3-26　抗拔试验检测示意图　(单位：m)

2. 现场检测

单桩竖向抗拔静载荷试验宜采用慢速维持荷载法。需要时，也可采用多循环加、卸载方法。慢速维持荷载法的加卸载分级、试验方法及稳定标准同竖向抗压静载荷试验，并应仔细观察桩身混凝土开裂情况。

当出现下列情况之一时，可终止加载：

(1)在某级荷载作用下，桩顶上拔量大于前一级上拔荷载作用下上拔量的5倍。

(2)按桩顶上拔量控制，当累计桩顶上拔量超过100 mm时。

(3)按钢筋抗拉强度控制，桩顶上拔荷载达到钢筋强度标准值的0.9倍。

(4)对于验收抽样检测的工程桩，达到设计要求的最大上拔荷载值。

3. 检测数据分析与判定

数据整理绘制上拔荷载—桩顶上拔量($U \sim \delta$)关系曲线和桩顶上拔量—时间对数($\delta \sim \lg t$)关系曲线。

单桩竖向抗拔极限承载力可按下列方法综合判定：

(1)根据上拔量随荷载变化的特征确定：对陡变形 $U \sim \delta$ 曲线，取陡升起始点对应的荷载值。

(2)根据上拔量随时间变化的特征确定：取 $\delta \sim \lg t$ 曲线斜率明显变陡或曲线尾部明显弯曲的前一级荷载值。

(3)当在某级荷载下抗拔钢筋断裂时，取其前一级荷载值。

4. 检测报告

检测报告应包括：

(1)工程名称、地点，委托方、建设单位、勘察单位、设计单位、监理单位和施工单位。

(2)检测目的、检测依据、检测数量、检测日期等。

(3)地质条件描述。

(4)受检桩的桩号、桩位和相关施工记录。

(5)检测方法、原理、仪器设备和过程叙述。

(6)受检桩的检测数据，实测与计算分析曲线、表格和汇总结果。

(7)与检测内容相应的检测结论。

(8)必要的说明和建议。

3.2.3.3 高应变动测法

高应变动测法可确定单桩竖向抗压承载力是否满足设计要求；检测桩身缺陷及其位置，判断桩身完整性类别；分析测桩和桩端土阻力。用于检测混凝土灌注桩、预制桩和钢桩的单桩轴向抗压极限承载力及桩身完整性；监测混凝土预制桩和钢桩打入时桩身应力与锤击能量传递比，为选择沉桩工艺参数及桩长提供依据。此外，进行单桩的轴向抗压极限承载力检测应具有相同条件下的动—静试验对比资料和现场工程实践经验。但是，超长桩、大直径扩底桩和嵌岩桩不宜采用本方法进行单桩的轴向抗压极限承载力检测。

1. 基本原理

高应变动测法的基本原理与低应变发射波法相似，它是在桩顶用重锤进行激振，产生向下传播的应力波，以及桩－土相对位移，通过力和加速度传感器，记录激振后桩顶的力和振动信号，经过动测仪软件处理，输出力和速度时程曲线，由此推断被检桩的完整性及轴向抗压极限承载力。

2. 检测仪器设备

检测系统包括信号采集及分析仪、传感器、激振设备和贯入度测量仪等。仪器设备装置框图如图3-27所示。

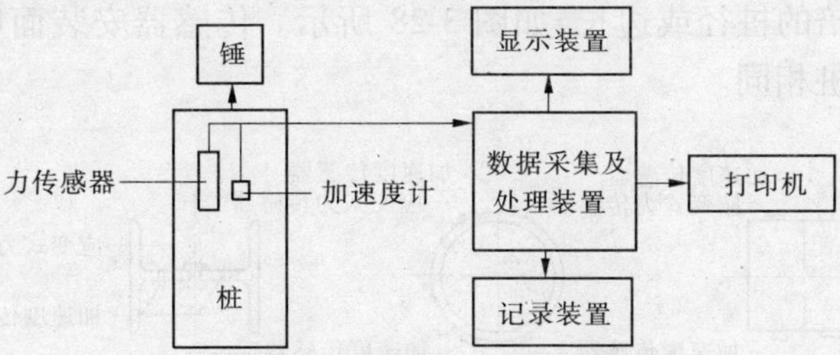

图3-27　仪器设备装置框图

《公路工程基桩动测技术规程》(JTG/T F81－01—2004)作了如下规定：

(1)信号采集及分析仪性能应符合：

①信号采样点数不应小于1 024点，采样间隔宜为100～200 μs。当用曲线拟合法推算被检桩的极限承载力时，信号记录长度应确保桩端反射后不小于20 ms或达到$5L/c$。

②信号采集器的采样频率应可调，其模—数转换精度不应低于12 bit，通道之间的相位差不应大于50 μs。

(2)传感器的性能应符合：

①力传感器宜采用工具式应变传感器测量，其安装谐振频率应大于2 kHz，在1 000 με范围内的非线性误差不应超过±1%。

②速度信号宜采用压电式加速度传感器测量，其安装谐振频率应大于10 kHz，且在1～3 000 Hz范围内灵敏度变化不超过±5%，在冲击加速度量程范围内非线性误差不超过±5%。

③传感器的灵敏度系数应计量检定。

(3)激振设备。

①激振宜采用由铸铁或铸钢整体制作的自由落锤。锤体应材质均匀、形状对称、底面平整，高径比不得小于1。

②检测单桩轴向抗压承载力时，激振锤的重量不得小于基桩极限承载力的1.2%。

(4)桩的贯入度应采用精密仪器测定。

3. 现场检测技术

1)桩头处理

检测前，桩顶面应平整，桩头高度应满足安装锤击装置和传感器的要求，锤重心应与桩顶对中。对于混凝土灌注桩或桩顶破损严重的混凝土预制桩和钢桩，为了避免检测时击碎桩头或锤击偏心，桩头应进行加固处理。先将桩顶的破碎层和软弱混凝土凿去，用高于原桩身强度的混凝土将桩接长至试验所需高度。如此加固处理后应满足：新接桩头顶面应平整且垂直于被检桩轴线，侧面应平直，截面面积应与被检桩相同，所用混凝土的强度应高于被检桩的强度；被检桩主筋应全部接至新接桩头内，并设置间距不大于150 mm的箍筋及上下间距不大于120 mm的2～3层钢筋网片。

2)传感器安装

传感器的安装应符合下列规定:

(1)桩顶下两侧面应对称安装加速度传感器和应变式力传感器各1只,其与桩顶的距离不应小于1.5倍的桩径或边长,如图3-28所示。传感器安装面应平整,所在截面的材质和尺寸与被检桩相同。

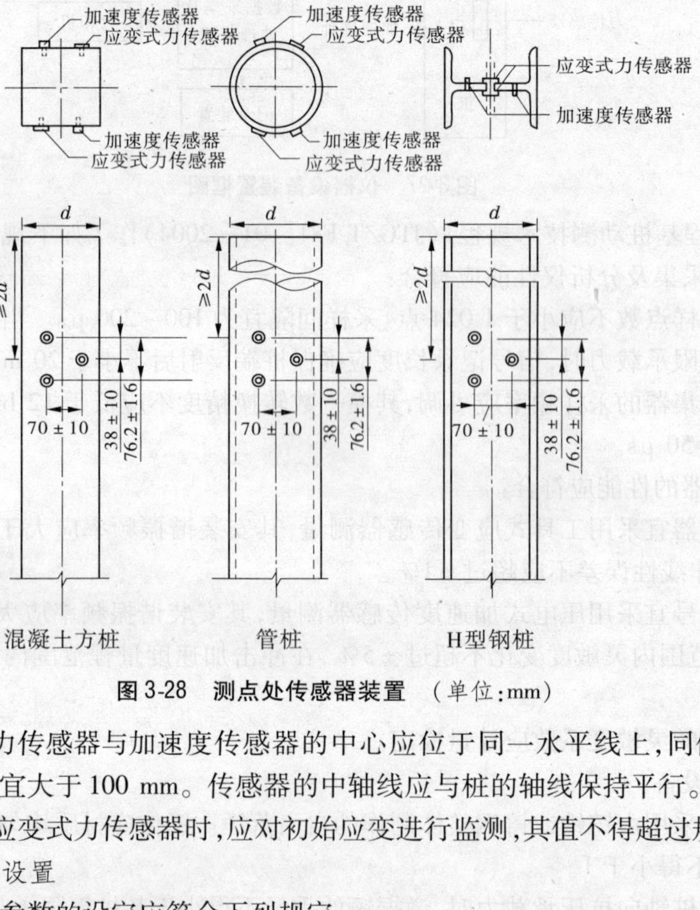

图3-28 测点处传感器装置 (单位:mm)

(2)应变式力传感器与加速度传感器的中心应位于同一水平线上,同侧两种传感器间的水平距离不宜大于100 mm。传感器的中轴线应与桩的轴线保持平行。

(3)在安装应变式力传感器时,应对初始应变进行监测,其值不得超过规定的限值。

3)仪器参数设置

被检桩基本参数的设定应符合下列规定:

(1)测点以下桩长和截面面积可根据设计文件或施工记录提供的数据设定。

(2)桩身材料质量密度宜按表3-22取值。

表3-22 桩材质量密度 ρ (单位:kg/m^3)

混凝土灌注桩	混凝土预制桩	预应力混凝土管桩	钢桩
2 400	2 450~2 500	2 550~2 600	7 850

(3)桩身平均波速可结合本地经验或按同场地同类型已检桩的平均波速初步设定,现场检测完成后再根据实测信号确定的波速予以调整。

(4)传感器安装位置处的桩身截面面积应按实际直径或边长计算确定,波速的设定宜综合考虑材料的设计强度和龄期的影响。

(5)桩身材料的弹性模量应按式(3-31)计算

$$E = \rho c^2 \tag{3-31}$$

式中　E——桩身材料弹性模量，Pa；

c——桩身波速，m/s；

ρ——桩身材料质量密度，kg/m^3。

4)现场激振

确定检测前休止时间应达到相关规定要求。检查交流供电的测试系统是否接地良好，当测试场地潮湿，传感器未绝缘，交流供电出现干扰时，可改用直流供电。确认仪器测试系统处于正常状态。

将10～30 mm厚的木板或胶合板等均质材料做成的锤垫铺设在受检桩的桩顶面，锤垫垫面略大于桩顶面积，进行激振。激振应符合下列要求：

(1)采用自由落锤为激振设备时，宜重锤低击，锤的最大落距不宜大于2.0 m。

(2)对于斜桩，应采用相应的打桩机械或类似装置沿桩轴线激振。

(3)实测桩的单击贯入度应确认与所采集的振动信号相对应。用于推算桩的极限承载力时，桩的单击贯入度不得低于2 mm且不宜大于6 mm。

(4)检测桩的极限承载力时，锤击次数宜为2～3击。

试打桩用于评价其承载力时，应按桩端进入的土层逐一进行测试；当持力层较厚时，应在同一土层中进行多次测试。

桩身锤击应力监测应包括桩身最大锤击拉应力和最大锤击压应力两部分。桩身锤击拉应力宜在预计桩端进入软土层或桩端穿过硬土层进入软夹层时测试；桩身锤击压应力宜在桩端进入硬土层或桩侧土阻力较大时测试。

5)信号采集

检测桩身完整性和承载力时，应及时分析实测信号质量、桩顶最大锤击力和动位移、贯入度以及桩身最大拉(压)应力、桩身缺陷程度及其发展情况等，并由此综合判定本次采集信号的有效性。每根被检桩的有效信号数不应少于2组。

出现下列情况之一时，采集的信号不得作为有效信号：

(1)传感器安装处混凝土开裂或出现严重的塑性变形，使力信号最终未归零。

(2)信号采集后发现传感器已有松动或损坏现象。

(3)锤击严重偏心，一侧力信号呈现严重的受拉特征。

4.检测数据分析与判定

1)锤击信号选取与调整

(1)锤击信号选取。

由于高应变法动测的用锤较重，过多的锤击会导致地基土强度的降低，使分析结果不能代表被检桩的实际承载能力，所以在《公路工程基桩动测技术规程》(JTG/T F81－01—2004)中规定：分析被检桩的承载力时，宜在第一击和第二击实测有效信号中选取能量和贯入度较大者。此外，在《建筑基桩检测技术规范》(JGJ 106—2003)中还以强制性条文规定：当出现下列情况之一时，高应变锤击信号不得作为承载力分析计算的依据：①传感器安装处混凝土开裂或出现严重塑性变形使力曲线最终未归零；②严重锤击偏心，两侧力信号幅值相差超过1倍；③触变效应的影响，预制桩在多次锤击下承载力下降；④四通道测试数据不全。

(2)桩身平均波速调整。

当桩底反射明显时，平均波速可根据力和速度信号上的桩底反射波历时，或下行波上升沿的起点到上行波下降沿的起点之间的时差和已知桩长确定，如图3-29所示。对桩底反射峰变宽或有水平裂缝的桩，不应根据信号的"峰—峰"时差来确定桩身的平均波速。桩较短且锤击力波上升缓慢时，可采用低应变动测信号确定桩身的平均波速。传感器安装位置桩身的波速仅与该处材料性质有关，原设定值可以不随桩身平均波速的调整而改变。但若原设定值与实际情况相比确实需要调整时，则应对传感器安装处桩身的弹性模量按式(3-31)重新设置，且对原实测力信号关于新波速值进行修正。

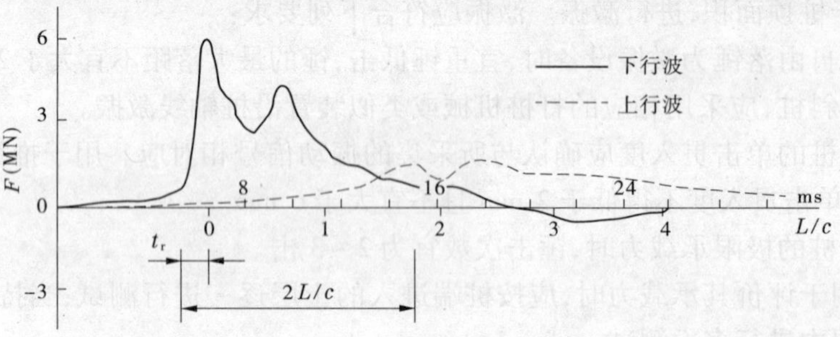

F—锤击力；L—测点下桩长；c—桩身波速；t_r—冲击开始至力峰值时间

图3-29 桩身波速的确定

(3)力与速度信号上升沿重合性差的调整。

对于完整性良好的等截面匀质桩，若在一定深度范围内地基土的阻力不大，则实测的力信号$F(t)$和速度信号$V(t)$在第一峰前应基本成比例($Z=\rho Ac$)。但是在下列几种情况下，两信号的比例失调将属于正常：

①传感器以下浅部桩身缺陷导致速度信号偏高，或浅部桩身扩径和地基土阻力高造成力信号偏高。

②采用应变传感器测力时，测点处混凝土受力已进入非线性，而换算力时仍采用了较高的弹性模量，继而造成力信号偏高。

③锤击波上升缓慢或桩长很小时，土阻力波或桩端反射波的到达时间较第一峰的为早。

除对第②种情况可适当减小力值以避免预示的承载力过高外，在其他情况下均不得对实测信号关于力和速度信号在上升沿的比例性进行随意的调整。

2)波形判断

推算被检桩的极限承载力前，应结合工程地质条件和设计参数，利用实测信号特征对桩的荷载传递性状、桩身缺陷程度和位置及连续锤击时缺陷的逐渐扩大或闭合情况进行定性判别。注意，该工作应由高素质和具有丰富经验的检测人员完成。

3）实测曲线拟合法推算被检桩极限承载力

采用实测曲线拟合法推算被检桩的极限承载力应符合下列规定：

（1）采用的桩和土的力学模型应能分别反映被检桩和地基土的物理力学性状；在各计算单元中，所用土的弹性极限位移不应超过相应桩单元的最大计算位移。

（2）曲线拟合时间段长度在 t_1+2L/c 后的延续时间不应小于 20 ms 或 $3L/c$ 中的较大值。

（3）分析所用的模型参数应在岩土工程的合理范围内，可根据工程地质和施工工艺条件进行桩身阻抗变化或裂隙拟合。

（4）拟合曲线应与实测曲线基本吻合，贯入度的计算值应与实测值基本一致，且整体曲线的拟合质量系数宜控制在合适的范围之内。

4）凯司法推算单桩极限承载力

采用凯司法推算单桩极限承载力时，应符合下列规定：

（1）只适用于桩侧和桩端土阻力均已充分发挥的摩擦型桩。

（2）用于混凝土灌注桩时，桩身材质、截面应基本均匀。

（3）单桩轴向抗压极限承载力可按式（3-32）计算

$$Q_{uc}=\frac{1}{2}\left\{(1-J_c)\left[F(t_1)+ZV(t_1)\right]+(1+J_c)\left[F\left(t_1+\frac{2L}{c}\right)-ZV\left(t_1+\frac{2L}{c}\right)\right]\right\} \tag{3-32a}$$

$$Z=\frac{EA}{c} \tag{3-32b}$$

式中　Q_{uc}——单桩轴向抗压极限承载力，kN；

J_c——凯司法阻尼系数；

t_1——速度信号第一峰对应的时刻，ms；

$F(t_1)$——t_1 时刻的锤击力，kN；

$V(t_1)$——t_1 时刻的振动速度，m/s；

Z——桩身截面力学阻抗，kN · s/m；

E——桩身材料的弹性模量，kPa；

A——桩身截面面积，m^2；

c——桩身波速，m/s；

L——测点以下桩长，m。

J_c 应根据基本相同条件下桩的动—静载对比试验结果确定，或由不少于 50% 被检桩的曲线拟合结果推算，但当其极差相对于平均值大于 30% 时不得使用。

5）桩身完整性判别

对于等截面桩，可按表 3-23 并结合经验判定。桩身完整性系数 β 和桩身缺陷位置 x 应分别按下列公式计算

$$\beta=\frac{\left[F(t_1)+Z\cdot V(t_1)\right]-2R_x+\left[F(t_x)-Z\cdot V(t_x)\right]}{\left[F(t_1)+Z\cdot V(t_1)\right]-\left[F(t_x)-Z\cdot V(t_x)\right]} \tag{3-33a}$$

$$x=c\,\frac{t_x-t_1}{2\,000} \tag{3-33b}$$

式中 β——桩身完整性系数(见表3-23);

t_x——缺陷反射峰对应的时刻,ms;

x——桩身缺陷至传感器安装点的距离,m;

R_x——相应缺陷以上部位土阻力的估计值,kN,取值见图3-30。

表3-23 桩身完整性判定

类别	β值	类别	β值
Ⅰ	$0.95<\beta\leq1.0$	Ⅲ	$0.6\leq\beta<0.8$
Ⅱ	$0.8\leq\beta\leq0.95$	Ⅳ	$\beta<0.6$

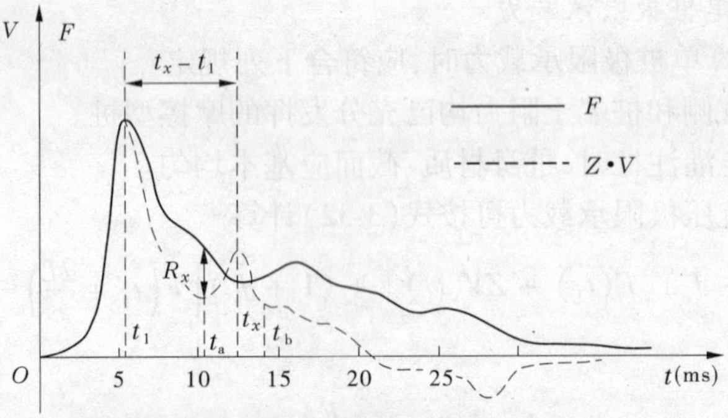

图3-30 桩身结构完整性系数计算示意图

当出现下列情况之一时,应按工程地质和施工工艺条件,采用实测曲线拟合法或其他检测方法综合判定桩身完整性:

(1)桩身有扩径、截面渐变或多变的混凝土灌注桩。

(2)桩身存在多处缺陷的桩。

(3)力和速度曲线在上升沿或峰值附近出现异常,桩身浅部存在缺陷或波阻抗变化复杂的桩。

6)试打桩分析

试打桩分析时,桩端持力层的判定应综合考虑岩土工程勘察资料,并应对推算的单桩极限承载力进行复打校核。

7)桩身最大锤击拉、压应力计算

桩身最大锤击拉应力和桩身最大锤击压应力可分别按式(3-34)、式(3-35)计算。

(1)桩身最大锤击拉应力为

$$\sigma_t=\frac{1}{2A}\max\left[ZV\left(t_1+\frac{2L}{c}\right)-F\left(t_1+\frac{2L}{c}\right)-ZV\left(t_1+\frac{2L-2x}{c}\right)-F\left(t_1+\frac{2L-2x}{c}\right)\right] \tag{3-34}$$

式中 σ_t——桩身最大锤击拉应力,kPa;

x——测点至桩身缺陷的距离,m;

A——桩身截面面积,m^2;

Z——桩身截面力学阻抗,kN·s/m;

c——桩身波速，m/s；

L——完整桩桩长，m。

(2)桩身最大锤击压应力为

$$\sigma_p = \frac{F_{max}}{A} \tag{3-35}$$

式中　σ_p——桩身最大锤击压应力，kPa；

F_{max}——实测最大锤击力，kN；

A——桩身截面面积，m^2。

8)桩锤实际传递给桩的能量

桩锤实际传递给桩的能量计算式为

$$E_n = \int_0^T FV\mathrm{d}t \tag{3-36}$$

式中　E_n——桩锤传递给桩的实际能量，J；

T——采样结束的时刻，s；

F——桩顶锤击力信号，N；

V——桩顶实测振动速度信号，m/s。

5. 检测报告

检测报告应包括：

(1)工程概述。

(2)岩土工程条件。

(3)检测方法、原理、仪器设备和过程叙述。

(4)受检桩的桩号、桩位平面图和施工记录，复打休止时间。

(5)计算中实际采用的桩身波速值和 J_c 值。

(6)实测曲线拟合法所选用的各单元桩土模型参数、拟合曲线、土阻力沿桩身分布图。

(7)实测贯入度。

(8)试打桩和打桩监控所采用的桩锤型号、锤垫类型，以及监测得到的锤击数、桩侧和桩端静阻力、桩身锤击拉应力和压应力、桩身完整性以及能量传递比随入土深度的变化。

(9)选择能充分并清晰反映土阻力和桩身阻抗变化信息的合理纵、横坐标尺度，信号幅值高度不宜小于3～5 cm，时间轴不宜过分压缩。

(10)必要的说明和建议。

项目实训

实训项目一　基本知识训练

一、单选题

1. 目前，常用的钻孔灌注桩质量的检测方法有：钻芯检验法、振动检验法、射线法以及(　　)检验法。

A. 超声脉冲　　B. 锤击　　C. 敲击　　D. 水电效应

2. 采用超声波法测桩时，桩径为 2 m 时应埋设(　　)根声测管。

A. 4　　B. 5　　C. 7　　D. 6

3. 超声检测时平测法是指(　　)。

A. 两只换能器对面布置　　B. 两只换能器在相邻面布置

C. 两只换能器布置在同一表面　　D. 两只换能器平行布置

4. 超声检测时平测法是指(　　)。

A. 两只换能器对面布置在不同高度　　B. 两只换能器在相邻面布置

C. 两只换能器布置在同一表面　　D. 两只换能器对面布置

5. 采用低应变反射波法测桩时，若波形曲线桩端反射不明显，或波速明显偏低。该桩应判为(　　)类桩。

A. Ⅰ　　B. Ⅱ　　C. Ⅲ　　D. Ⅳ

二、判断题

1. 低应变反射波法测定基桩完整性时，桩底反射一定是同相反射。(　　)

2. 钻芯检测法是检测桥梁桩基施工质量的方法之一。(　　)

3. 基桩检测进行静载荷试验过程中，每级荷载的桩顶沉降 $S<1$ mm/h 时，可加下一级荷载。(　　)

4. 对混凝土强度等级低于 C10 的结构，不宜采用钻芯法检测。(　　)

5. 单桩承载力宜通过现场静载荷试验确定，在同一条件下试桩数量不宜少于总桩数的 5%，并不少于 10 根。(　　)

三、多选题

1. 基桩完整性检测常见的方法有(　　)。

A. 钻芯法　　B. 低应变法　　C. 高应变法　　D. 超声波法

2. 根据声测管埋置的不同情况，超声波法有以下三种检测方法(　　)。

A. 双孔检测　　B. 单孔检测　　C. 三孔检测　　D. 桩外孔检测

3. 测量结构或构件变位的仪器主要有(　　)。

A. 千分表　　B. 超声换能器　　C. 测力环　　D. 百分表

4. 常用的钻孔灌注桩质量检测方法有(　　)。

A. 钻芯取样检验法　　B. 振动检验法

C. 超声波检测法　　D. 射线检测法

5. 声波透射法检测桩身质量时，可采用以下哪几个指标判定(　　)。

A. 声时值　　B. 波幅　　C. 频率　　D. 波形

6. 桩基础静载试验达到破坏荷载的标准是(　　)。

A. 累计沉降大于 40 mm

B. 累计沉降大于 60 mm

C. 该阶段沉降值大于前阶段5倍

D. 该阶段沉降值大于前阶段2倍且24 h不终止

四、简答题

1. 简述反射波法检测桩基质量的使用范围。

2. 简述低应变反射波法判桩的原理及几种基本缺陷波形的特点。

3. 在某桥梁工程中，桩基础的直径为1.8 m，基础检测采用声波透射法，声测管的数量、材质的选择与预埋要注意什么？

4. 桩基础静压试验对测量位移装置有哪些要求？对测量基准点有何要求？

实训项目二　职业能力与素质综合训练

由授课教师提供某桥涵工程建设工程资料，依据《公路工程质量检验评定标准》(JTG F80/1—2012)对该工程桩基进行检查与评定，组织学生分组讨论并完成以下任务：

1. 查阅规范并判定该类型桩基的基本要求是否符合规范要求。

2. 查阅规范并确定该类型桩基实测项目及具体要求是否符合设计。

3. 模拟桥涵桩基实训场地，由授课教师组织学生对灌注桩完整性进行分组实训并完成以下任务：

(1)用低应变法测试模型桩的完整性。

(2)用超声脉冲法测试模型桩的完整性。

【实训要求】

能力目标：

1. 能够根据不同的情况选择传感器，并熟练地处理桩头，布置传感器。

2. 能够对简单的低应变发射波形进行分析。

3. 能够选择声测管的数量，并掌握声测管预埋的基本要领。

4. 能够使用超声脉冲法测试桩身完整性，并进行分析。

素质目标：

培养坚持原则、忠于职守、作风正派、秉公办事的作风，要以数据说话；形成认真、严谨和科学的态度，具有较强的团队意识；树立质量第一的工程意识。

学习任务3.3　钢筋混凝土构件检测

知识目标

1. 了解结构混凝土缺陷检测分析方法。

2. 了解成品梁的检测方法。

3. 掌握结构混凝土强度等级评定方法。

4. 熟悉回弹法检测混凝土强度的计算方法。

5. 熟悉超声－回弹综合法检测混凝土强度的方法。

岗位任务

工作任务表

能力目标	主讲内容	学生完成任务	评价标准	
能够用回弹仪测定结构混凝土强度	回弹仪的构造、回弹法测定结构强度的基本原理、方法及其步骤	运用回弹仪测定某混凝土结构的强度并进行判定	优秀	具有认真、严谨和科学的态度，团队意识强；熟练掌握回弹法知识点，能够正确测量测区的回弹值
			良好	具有认真、严谨和科学的态度，团队意识强；熟练掌握回弹法知识点，能够正确测量测区的回弹值，但测区划分不够细致
			合格	具有较认真的态度，但工作不够严谨，团队意识一般；回弹法知识点掌握欠熟练，测量测区的回弹值基本正确，但需完善
能够用钻芯法进行混凝土结构半破损检测	钻芯法的使用条件、芯样要求、芯样强度计算方法	能够使用钻芯法对结构混凝土进行强度检测与评定	优秀	具有认真、严谨和科学的态度，团队意识强；熟练掌握钻芯法知识点，取样方法正确，强度检测正确无误
			良好	具有认真、严谨和科学的态度，团队意识强；熟练掌握钻芯法知识点，取样方法正确，强度检测基本正确，但工作不够完善
			合格	具有较认真的态度，但工作不够严谨，团队意识一般；钻芯法知识点掌握欠熟练，取样方法基本正确，强度检测步骤需完善
能够用超声－回弹综合法测定混凝土结构强度	超声－回弹综合法检测原理、方法、步骤及其数据处理	能够使用超声－回弹综合法对结构混凝土进行强度检测与评定	优秀	具有认真、严谨和科学的态度，团队意识强；熟练掌握超声－回弹综合法知识点，取样方法正确，强度检测正确无误
			良好	具有认真、严谨和科学的态度，团队意识强；熟练掌握超声－回弹综合法知识点，取样方法正确，强度检测基本正确，但工作不够完善
			合格	具有较认真的态度，但工作不够严谨，团队意识一般；超声－回弹综合法知识点掌握欠熟练，取样方法基本正确，强度检测步骤需完善

桥涵混凝土结构、钢筋混凝土结构或预应力混凝土结构或构件的检验，依据交通部的有关标准，主要内容包括三个方面：一是施工阶段的质量控制，包括原材料的试验检测、混凝土浇筑前的检查等；二是外观质量检测，主要是在构件成型达到一定强度后检测结构实物的尺寸和位置偏差，混凝土表面平整度、蜂窝、麻面、露筋及裂缝等；三是构件混凝土的强度等级，通常以立方体试件的抗压强度来反映，当对某一方面的检验内容产生怀疑时，如构件的强度离散大、强度不足、振捣不密实或存在其他缺陷，通常还需要采用无破损和半破损检测的方法进行专项检验。

无损检测法是以混凝土强度与某些物理量之间的相关性为基础，在不影响混凝土任何性能的前提下，测试这些物理量，然后根据相关关系推算被测混凝土的强度。属于这类方法的有回弹法、超声波法、超声－回弹综合法等。

回弹法是采用回弹仪测定混凝土强度,属于表面硬度法的一种。其原理是回弹仪中的重锤以一定冲击动能撞击顶在混凝土表面的冲击杆后,测定重锤被反弹回来的距离,以回弹值作为与强度相关的指标来推定混凝土强度的一种方法。

超声波法检测混凝土强度的基本依据是超声波传播速度与混凝土弹性性质的密切关系。在实际检测中,通过混凝土弹性模量与其力学强度的内在联系,建立声速与混凝土抗压强度的相关关系,并由此推定混凝土的强度。

综合法是采用两种或两种以上的无损检测方法,获得多种物理参量,并建立强度与多项物理指标的综合相关关系,从不同角度综合评价混凝土的强度。由于综合法采用多项物理参数,能较全面地反映构成混凝土强度的各种因素,并且能抵消部分影响强度与物理量相关关系的因素,因此它比单一物理量的无损检测方法具有更高的准确性和可靠性。目前,已被采用的综合法有超声 - 回弹综合法、超声钻芯综合法等。其中超声 - 回弹综合法已在国内外获得广泛应用。

半破损法是以不影响构件的承载能力为前提,在构件上进行局部破坏性试验,或在构件之间钻取芯样进行破损性试验。钻芯法等属于半破损法。

钻芯法是利用专用钻机,从混凝土结构中钻取芯样以检测混凝土强度或观察混凝土内部质量的一种方法。钻芯法检测混凝土强度有直观、准确的优点;但其缺点是对构件的损伤较大,检测成本较高。因此,一般将钻芯法与其他破损方法结合使用。

3.3.1　结构混凝土强度无损检测

3.3.1.1　回弹法

回弹法是用弹簧驱动重锤,通过弹击杆弹击混凝土表面,并测出重锤被反弹回来的距离,以回弹值(反弹距离与弹簧初始长度之比)作为与强度相关的指标,来推定混凝土强度的一种方法。由于测量在混凝土表面进行,所以应属于表面硬度法的一种。回弹法的原理见图3-31。

1. 检测仪具与设备

(1)回弹仪。回弹仪(见图3-32)的类型比较多,有重型、中型、轻型和特轻型,一般工程使用最多的是中型回弹仪,其构造见图3-33。

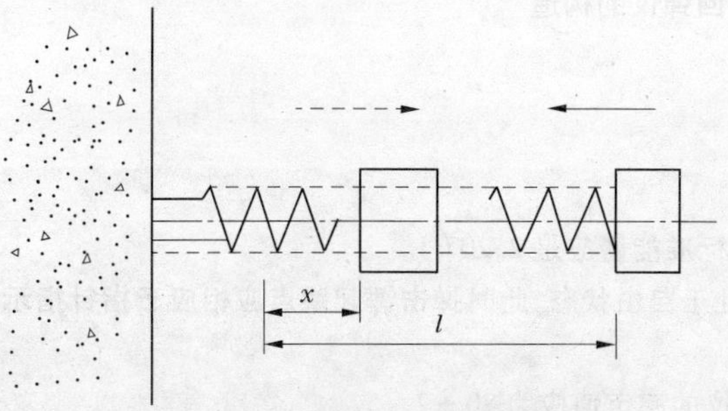

图3-31　回弹法的原理示意图

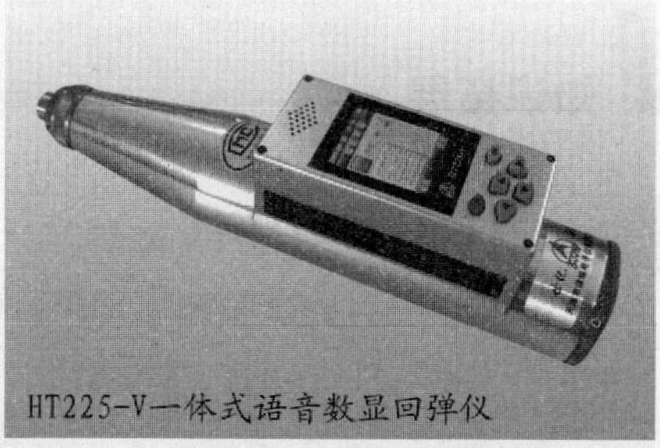

图3-32　回弹仪

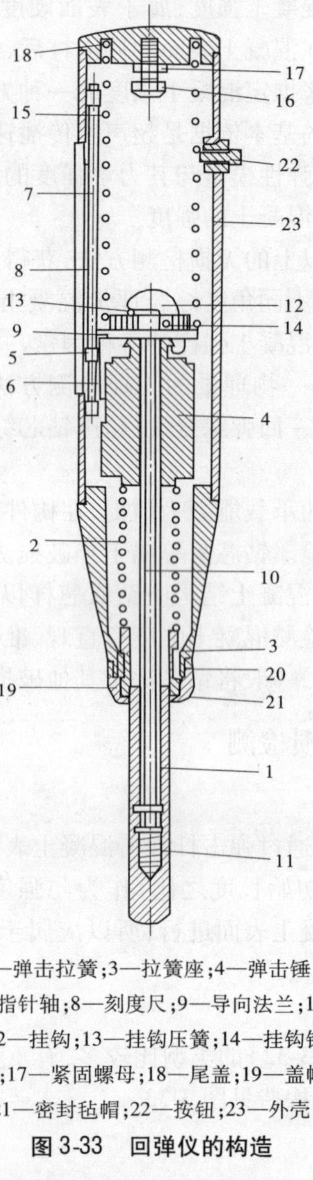

1—弹击杆;2—弹击拉簧;3—拉簧座;4—弹击锤;5—指针块;
6—指针片;7—指针轴;8—刻度尺;9—导向法兰;10—中心导杆;
11—缓冲压簧;12—挂钩;13—挂钩压簧;14—挂钩销子;15—压簧;
16—调零螺钉;17—紧固螺母;18—尾盖;19—盖帽;20—卡环;
21—密封毡帽;22—按钮;23—外壳

图 3-33 回弹仪的构造

知识拓展

(1)回弹仪的技术要求。

①水平弹击时,弹击锤脱钩的瞬间,回弹仪的标准能量应是 2.207 J。

②弹击锤与弹击杆碰撞的瞬间,弹击拉簧应处于自由状态,此时弹击锤起跳点应相应于指针指示刻度尺上"0"处。

③在洛氏硬度 *HRC* 为 60 ±2 的钢砧上,回弹仪的率定值应为 80 ±2。

④回弹仪使用时的环境温度应为 -4 ~40 ℃。

(2)回弹仪的率定。

回弹仪在工程检测前后,应在钢砧上做率定试验,并应符合下述要求:

①回弹仪率定试验宜在干燥、室温为 5 ~35 ℃的条件下进行。

②率定时，钢砧应稳固地平放在刚度大的物体上。

③测定回弹值时，取连续向下弹击 3 次的稳定回弹值的平均值。

④弹击杆应分 4 次旋转，每次旋转宜为 90°。

⑤弹击杆每旋转一次的率定平均值应为 80 ±2。

(3) 回弹仪的校验。

回弹仪具有下列情况之一时，应由法定部门按照国家现行标准《混凝土回弹仪检定规程》(JJG 817—2011) 对回弹仪进行校验：

①新回弹仪启用前；

②超过检定有效期限(有效期为半年)；

③累计弹击次数超过 6 000 次；

④经常规保养后钢砧率定值不合格；

⑤遭受严重撞击或其他损害。

(4) 回弹仪的保养。

当回弹仪的弹击次数超过 2 000 次，或者对检测值有怀疑以及在钢砧上的率定值不合格时，应对回弹仪进行保养。常规保养时应注意下列几点：

①使弹击锤脱钩后取出机芯，然后卸下弹击杆，取出里面的缓冲压簧，并取出弹击锤、弹击拉簧和拉簧座；

②清洗机芯各零部件，重点清洗中心导杆、弹击锤、弹击杆的内孔和冲击面，清洗后应在中心导杆上薄薄涂抹钟表油，其他零部件均不得抹油；

③应清理机壳内壁，卸下刻度尺，并应检查指针，其摩擦力应为 0. 5 ~0. 8 N；

④不得旋转尾盖上已定位紧固的调零螺钉；

⑤不得自制或更换零部件；

⑥保养后应对回弹仪进行率定试验。

回弹仪使用完毕后，应使弹击杆伸出机壳，清除弹击杆、杆前端球面以及刻度尺表面和外壳的污垢、尘土。回弹仪不用时，应将弹击杆压入仪器内，经弹击后方可按按钮锁住机芯，将回弹仪装入仪器箱，平放在干燥阴凉处。

(2) 酚酞酒精溶液，浓度为 1%。

(3) 钢砧。

(4) 手提式砂轮。

(5) 其他：卷尺、钢尺、凿子、锤子、毛刷等。

2. 现场检测技术

1) 检测前的准备

检测前应收集基本技术资料，具体包括：

(1) 工程名称及设计单位、施工单位、监理(监督)单位和建设单位的名称。

(2) 结构或构件名称、外形尺寸、数量及混凝土强度等级。

(3) 水泥品种、强度等级、安定性、厂名，砂石种类、粒径，外加剂或掺合料的品种、掺量，混凝土配合比等。

(4) 施工时材料计量情况，模板浇筑、养护情况及成型日期等。

(5) 必要的设计图纸和施工记录。

(6)检测原因。

2)选择符合规定的测区和测点布置

(1)每一结构或构件测区数不应少于10个,对某一方向尺寸小于4.5 m且另一方向尺寸小于0.3 m的构件,其测区数量可适当减少,但不应少于5个。

(2)相邻两测区的间距应控制在2 m以内,测区离构件端部或施工缝边缘的距离不宜大于0.5 m,且不宜小于0.2 m。

(3)测区应选在使回弹仪处于水平方向检测混凝土浇筑侧面。当不能满足这一要求时,可使回弹仪处于非水平方向检测混凝土构件的浇筑侧面、表面或底面。

(4)测区宜选在构件的两个对称可测面上,也可选在一个可测面上,且应均匀分布。在构件的重要部位及薄弱部位必须布置测区,并应避开预埋件。

(5)测区的面积不宜大于0.04 m^2。

(6)检测面应为原状混凝土表面,并应清洁、平整,不应有疏松层、浮浆、油垢、涂层以及蜂窝、麻面,必要时可用砂轮清除疏松层和杂物,且不应有残留的粉末或碎屑。

(7)对于弹击时产生颤动的薄壁、小型构件应进行固定。

(8)结构或构件的测区应标有清晰的编号,必要时应在记录纸上描述测区布置示意图和外观质量情况。

依据测区选择要求,每个测区的测点布置如图3-34所示。

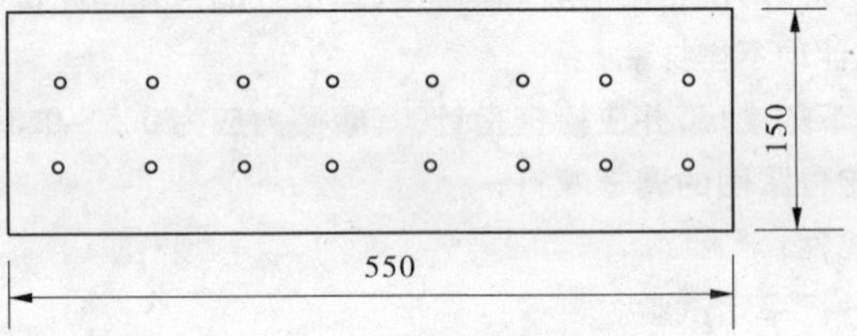

图3-34 回弹值测点布置 (单位:mm)

3)回弹值测量

按上述方法选取试样和布置测区后,先测量回弹值。

(1)测量回弹值时,回弹仪的轴线应始终垂直于混凝土检测面,并应缓慢施压,准确读数,快速复位。

(2)每一测区应读取16个回弹值,每一测点的回弹值读数应精确至1。测点宜在测区范围内均匀分布,相邻两测点的净距离不宜小于20 mm;测点距外露钢筋、预埋件的距离不宜小于30 mm。测点不应在气孔或外露石子处,同一测点只应弹击一次。

4)碳化深度值测量

回弹值测量完毕后,应在有代表性的位置上测量碳化深度值,测点数不应小于构件测区数的30%,取其平均值为该构件每测区的碳化深度值。当碳化深度值大于2.0 mm时,应在每一测区测量碳化深度值。

碳化深度值测量方法:采用适当的工具在测区表面形成直径约15 mm的孔洞,其深度应大于预估混凝土的碳化深度,孔洞中的粉末和碎屑应除净,并不得用水擦洗。同时,采用浓度为1%的酚酞酒精溶液滴在孔洞内壁的边缘处,当已碳化与未碳化界限清楚时,再用深度测量工具测量已碳化与未碳化混凝土交界面到混凝土表面的垂直距离,测量不少于3次，取其平均值。每次读数精确至0.5 mm。

3. 检测数据分析与判定

1）回弹值计算

（1）计算测区平均回弹值。从该测区的16个回弹值中剔除3个最大值和3个最小值，计算余下的10个回弹值的平均值。

$$R_m = \frac{\sum_{i=1}^{10} R_i}{10} \tag{3-37}$$

式中　R_m——测区平均回弹值，精确至0.1；

R_i——第 i 个测点的回弹值。

（2）非水平方向检测混凝土浇筑面时，测区平均回弹值应按式（3-38）修正：

$$R_m = R_{ma} + R_{aa} \tag{3-38}$$

式中　R_{ma}——非水平方向检测时测区的平均回弹值，精确至0.1；

R_{aa}——非水平方向检测时测区的回弹值修正值，可由表3-24查取。

表3-24　非水平方向检测时测区的回弹值修正值

R_{ma}	检测角度							
	向上				向下			
	90°	60°	45°	30°	−30°	−45°	−60°	−90°
20	−6.0	−5.0	−4.0	−3.0	+2.5	+3.0	+3.5	+4.0
21	−5.9	−4.9	−4.0	−3.0	+2.5	+3.0	+3.5	+4.0
22	−5.8	−4.8	−3.9	−2.9	+2.4	+2.9	+3.4	+3.9
23	−5.7	−4.7	−3.9	−2.9	+2.4	+2.9	+3.4	+3.9
24	−5.6	−4.6	−3.8	−2.8	+2.3	+2.8	+3.3	+3.8
25	−5.5	−4.5	−3.8	−2.8	+2.3	+2.8	+3.3	+3.8
26	−5.4	−4.4	−3.7	−2.7	+2.2	+2.7	+3.2	+3.7
27	−5.3	−4.3	−3.7	−2.7	+2.2	+2.7	+3.2	+3.7
28	−5.2	−4.2	−3.6	−2.6	+2.1	+2.6	+3.1	+3.6
29	−5.1	−4.1	−3.6	−2.6	+2.1	+2.6	+3.1	+3.6
30	−5.0	−4.0	−3.5	−2.5	+2.0	+2.5	+3.0	+3.5
31	−4.9	−4.0	−3.5	−2.5	+2.0	+2.5	+3.0	+3.5
32	−4.8	−3.9	−3.4	−2.4	+1.9	+2.4	+2.9	+3.4
33	−4.7	−3.9	−3.4	−2.4	+1.9	+2.4	+2.9	+3.4
34	−4.6	−3.8	−3.3	−2.3	+1.8	+2.3	+2.8	+3.3
35	−4.5	−3.8	−3.3	−2.3	+1.8	+2.3	+2.8	+3.3
36	−4.4	−3.7	−3.2	−2.2	+1.7	+2.2	+2.7	+3.2
37	−4.3	−3.7	−3.2	−2.2	+1.7	+2.2	+2.7	+3.2

续表 3-24

R_{ma}	检测角度							
	向上				向下			
	90°	60°	45°	30°	-30°	-45°	-60°	-90°
38	-4.2	-3.6	-3.1	-2.1	+1.6	+2.1	+2.6	+3.1
39	-4.1	-3.6	-3.1	-2.1	+1.6	+2.1	+2.6	+3.1
40	-4.0	-3.5	-3.0	-2.0	+1.5	+2.0	+2.5	+3.0
41	-4.0	-3.5	-3.0	-2.0	+1.5	+2.0	+2.5	+3.0
42	-3.9	-3.4	-2.9	-1.9	+1.4	+1.9	+2.4	+2.9
43	-3.9	-3.4	-2.9	-1.9	+1.4	+1.9	+2.4	+2.9
44	-3.8	-3.3	-2.8	-1.8	+1.3	+1.8	+2.3	+2.8
45	-3.8	-3.3	-2.8	-1.8	+1.3	+1.8	+2.3	+2.8
46	-3.7	-3.2	-2.7	-1.7	+1.2	+1.7	+2.2	+2.7
47	-3.7	-3.2	-2.7	-1.7	+1.2	+1.7	+2.2	+2.7
48	-3.6	-3.1	-2.6	-1.6	+1.1	+1.6	+2.1	+2.6
49	-3.6	-3.1	-2.6	-1.6	+1.1	+1.6	+2.1	+2.6
50	-3.5	-3.0	-2.5	-1.5	+1.0	+1.5	+2.0	+2.5

注:①R_{ma}小于 20 或大于 50 时,均分别按 20 或 50 查表。

②表中未列入的相应于R_{ma}的修正值,可用内插法求得,精确至 0.1。

(3)水平方向检测混凝土浇筑顶面或底面时,测区平均回弹值应按下式修正

$$R_m = R_m^t + R_a^t \tag{3-39}$$

$$R_m = R_m^b + R_a^b \tag{3-40}$$

式中 R_m^t、R_a^t——水平方向检测混凝土浇筑表面、底面时测区的平均回弹值,精确至 0.1;

R_m^b、R_a^b——混凝土浇筑表面、底面回弹值的修正值,按表 3-25 查取。

当检测时回弹仪为非水平方向且测试面为非混凝土浇筑面时,应先对回弹值进行角度修正,再对修正后的值进行浇筑面修正。

2)测区混凝土强度值的确定

结构或构件第 i 个测区混凝土强度换算值,根据每一测区的回弹平均值及碳化深度值,查阅全国统一测强曲线(查附录 1)得出,当有地区测强曲线或专用测强曲线时,混凝土强度换算值应按地区测强曲线或专用测强曲线换算得出。附录 1 中未列入的测区强度值可用内插法求得。对于泵送混凝土,还应符合下列规定:

(1)当碳化深度值不大于 2.0 mm 时,每一测区混凝土强度换算值应按表 3-26 予以修正。

(2)当碳化深度值大于 2.0 mm 时,采用同条件试件或钻取混凝土芯样进行修正。

表3-25　不同浇筑面回弹值的修正值

R_m^t 或 R_m^b	表面修正值 R_a^t	底面修正值 R_a^b	R_m^t 或 R_m^b	表面修正值 R_a^t	底面修正值 R_a^b
20	+2.5	−3.0	36	+0.9	−1.4
21	+2.4	−2.9	37	+0.8	−1.3
22	+2.3	−2.8	38	+0.7	−1.2
23	+2.2	−2.7	39	+0.6	−1.1
24	+2.1	−2.6	40	+0.5	−1.0
25	+2.0	−2.5	41	+0.4	−0.9
26	+1.9	−2.4	42	+0.3	−0.8
27	+1.8	−2.3	43	+0.2	−0.7
28	+1.7	−2.2	44	+0.1	−0.6
29	+1.6	−2.1	45	0	−0.5
30	+1.5	−2.0	46	0	−0.4
31	+1.4	−1.9	47	0	−0.3
32	+1.3	−1.8	48	0	−0.2
33	+1.2	−1.7	49	0	−0.1
34	+1.1	−1.6	50	0	0
35	+1.0	−1.5			

注：①R_m^t 或 R_m^b 小于20或大于50时，均分别按20或50查表。

②表中有关混凝土浇筑表面的修正系数是指一般原浆抹面的修正值。

③表中有关混凝土浇筑表面的修正系数是指构件底面与侧面采用同一类模板在正常浇筑情况下的修正值。

④表中未列入的相应于 R_m^t 或 R_m^b 的和 R_a^t 或 R_a^b 的值，可用内插法求得，精确至0.1。

表3-26　泵送混凝土强度换算值的修正值

碳化深度值(mm)	抗压强度值(MPa)				
0.1,0.5,1.0	f_{cu}^c(MPa)	≤40.0	45.0	50.0	55.0~0.0
	K(MPa)	+4.5	+3.0	+1.5	0.0
1.5,2.0	f_{cu}^c(MPa)	≤30.0	35.0	40.0~0.0	
	K(MPa)	+3.0	+1.5	0.0	

注：表中未列入的 $f_{cu,i}^c$ 值可用内插法求得其修正值，精确至0.1 MPa。

3)构件混凝土强度计算

(1)结构或构件的测区混凝土强度平均值可根据各测区的混凝土强度换算值计算。当测区数为10个及以上时，应计算强度标准差。平均值及标准差应按下列公式计算

$$m_{f_{\rm cu}^{\rm c}} = \frac{\sum_{i=1}^{n} f_{{\rm cu},i}^{\rm c}}{n} \tag{3-41}$$

$$S_{f_{\rm cu}^{\rm c}} = \sqrt{\frac{\sum_{i=1}^{n} (f_{{\rm cu},i}^{\rm c})^2 - n(m_{f_{\rm cu}^{\rm c}})^2}{n-1}} \tag{3-42}$$

式中 $m_{f_{\rm cu}^{\rm c}}$——结构或构件测区混凝土强度换算值的平均值，MPa，精确至 0.1 MPa；

n——对单个检测的构件，取一个构件的测区数，对批量检测的构件，取被抽检构件的测区数之和；

$S_{f_{\rm cu}^{\rm c}}$——结构或构件测区混凝土强度换算值的标准差，MPa，精确至 0.01 MPa。

(2)结构或构件的混凝土强度推定值($f_{\rm cu,e}$)应按下列公式确定。

①当该结构或构件测区数少于 10 个时，有

$$f_{\rm cu,e} = f_{\rm cu,min}^{\rm c} \tag{3-43}$$

式中 $f_{\rm cu,min}^{\rm c}$——构件中最小的测区混凝土强度换算值。

②当该结构或构件的测区强度值中出现小于 10.0 MPa 的值时，则

$$f_{\rm cu,e} < 10.0\ {\rm MPa} \tag{3-44}$$

③当该结构或构件测区数不少于 10 个或按批量检测时，混凝土强度推定值计算式为

$$f_{\rm cu,e} = m_{f_{\rm cu}^{\rm c}} - k \cdot S_{f_{\rm cu}^{\rm c}} \tag{3-45}$$

式中 k——推定系数，宜取 1.645，当需要推定强度区间时，可按国家现行有关标准的规定取值。

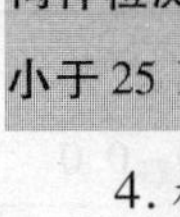

友情提示

构件的混凝土强度推定值是指相应于强度换算值总体分布中保证率不低于 95% 的构件中的混凝土抗压强度值。

对按批量检测的构件，当该批构件混凝土强度指标差出现下列情况之一时，该批构件应全部按单个构件检测：当该构件混凝土强度平均值小于 25 MPa、$S_{f_{\rm cu}^{\rm c}}$ 大于 4.5 MPa 时；当该构件混凝土强度平均值不小于 25 MPa 且不大于 60 MPa、$S_{f_{\rm cu}^{\rm c}}$ 大于 5.5 MPa 时。

4. 检测报告

检测报告应包括：

(1)测区混凝土平均回弹值。

(2)测强曲线、回弹值与抗压强度的相关关系式、相关系数。

(3)各测区的抗压强度推定结果。

(4)推定的混凝土抗压强度平均值、标准差、变异系数。

3.3.1.2 超声回弹法测定检验混凝土强度

超声回弹法也称超声－回弹综合法，是指采用超声仪和回弹仪，在结构混凝土同一测区分别测量声时值及回弹值，推算该测区混凝土强度的一种方法。它适用于视密度为 1.9～2.5 t/m^3，板厚大于 100 mm，龄期大于 14 d，强度已达到设计抗压强度 80% 以上的

水泥混凝土。当水泥混凝土出现以下情况之一时，则不适合采用该方法：

(1)隐蔽或外漏局部缺陷区。

(2)裂缝或微裂区(包括路面伸缩缝和工作缝)。

(3)路面角隅钢筋和边缘钢筋处，特别是超声波与钢筋方向相同时。

(4)距路面边缘小于 10 cm 的部位。

水泥混凝土路面的混凝土抗弯强度是标准条件下的梁式试件龄期 28 d 时的抗弯强度，适用于采用回弹仪、低频超声仪在现场对水泥混凝土路面按综合法进行快速检测，并利用测强曲线方程推算的混凝土强度。

特别注意：现场用超声回弹法测定不能代替试验室标准条件下的抗弯强度测定，该试验不适用于作为仲裁试验或工程验收的最终依据。

1. 检测仪器设备

(1)超声波检测仪(见图 3-35、图 3-36)，应满足以下要求：

①具有示波屏显示和手动游标测读功能的显示稳定的示波装置，声时可测量范围应为 0.5～9 999 μs，测试精度为 0.1 μs。

②数字显示稳定，声时显示调节在 20～30 μs 范围内时，2 h 内声时显示漂移不得大于 ±0.2 μs。

③超声波在空气中传播的计算声速值与实测声速值相比，误差不超过 ±0.5%。

图 3-35　混凝土超声波检测仪

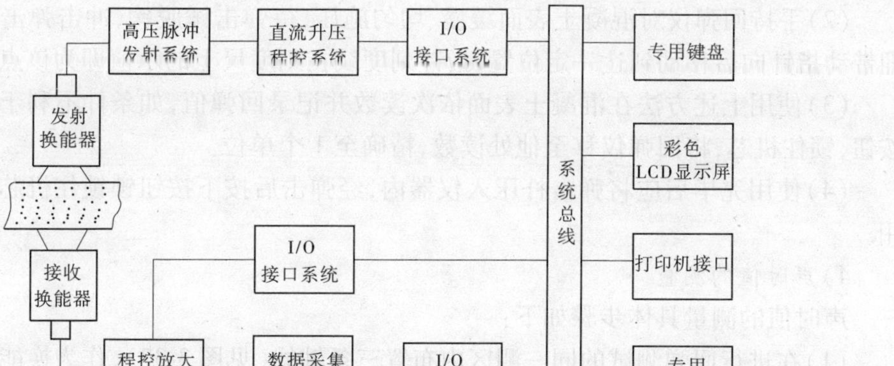

图 3-36　超声波检测仪组成总体框图

(2)换能器：为厚度震动形式的压电材料，频率在 50～100 kHz 范围内，实测频率与标称频率相差不超过 ±10%。

(3)耦合剂：采用易于变形、有较大的声阻、有较好黏性且不流淌的材料，通常采用黄蜡油，也可使用凡士林、蜡泥型料等。

(4)回弹仪：指针直读式的混凝土回弹仪，也可采用数字显示仪或自动记录式的回弹仪。

(5)手持砂轮。

(6)其他:油污清洗剂、毛刷、抹布等。

2. 现场检测技术

1)回弹仪率定

在每次测定前,均应在钢砧上进行率定。率定时,钢砧应稳固地平放在刚度大的混凝土地坪上。回弹仪向下弹击时,弹击杆分4次旋转,每次旋转约90°,弹击3~5次,取其中最后连续3次且读数稳定的回弹值进行平均作为率定值。如率定结果不在规定的80±2范围内,应对回弹仪有关零件用清洗剂清洗保养后再进行标定;如仍不合格,则应送检定单位检验后使用。

2)测区和测点布置

(1)按规定随机选择的水泥混凝土板,将每一块水泥混凝土路面板作为一个试样,均匀布置在10个测区,每个测区不宜小于150 mm×550 mm(见图3-37),测试面应清洁、干净、平整,不得有蜂窝、麻面,对浮浆和油垢以及粗糙处应清洗或用砂轮片磨平,并擦净残留粉尘。

(2)每个测区的测点宜在测区范围内均匀分布,但不得布置在气孔或外露的石子上,相邻两测点的距离不宜小于30 mm。

3)回弹值的测定

在测试过程中,回弹仪的轴线应始终垂直于混凝土表面,具体操作如下:

(1)将回弹仪的弹击杆顶住混凝土表面,轻压仪器,使按钮松开,弹击杆徐徐伸出,并使挂钩挂上弹击锤。

(2)手持回弹仪对混凝土表面缓慢、均匀施压,待弹击锤脱钩,冲击弹击杆后,弹击锤即带动指针向后移动到达一定位置,指针刻度线在刻度尺上的示值即为该点的回弹值。

(3)使用上述方法在混凝土表面依次读数并记录回弹值,如条件不利于读数,可按下按钮,锁住机芯,将回弹仪移至他处读数,精确至1个单位。

(4)使用完毕后应将弹击杆压入仪器内,经弹击后按下按钮锁锁住机芯,待下一次使用。

4)声时值的测量

声时值的测量具体步骤如下:

(1)在进行回弹测试的同一测区内布置三条轴线(见图3-37),作为换能器布置区。

(2)在换能器放置处涂抹耦合剂。

(3)将换能器分别放置于轴线Ⅰ的1点及2点处,换能器与路面混凝土应充分接触、耦合良好,发射换能器和接收换能器直径与测轴线重合,边缘与测距相切。超声波振幅应调到规定振幅。测读声时t_{11},精确至0.1 μs。

(4)1点处的换能器不动,将放置在2点处的换能器移至3点处,再测读声时为t_{12},精确至0.1 μs。

(5)按上述方法测量轴线Ⅱ、Ⅲ,分别得声时为t_{21}、t_{22}、t_{31}、t_{32}。

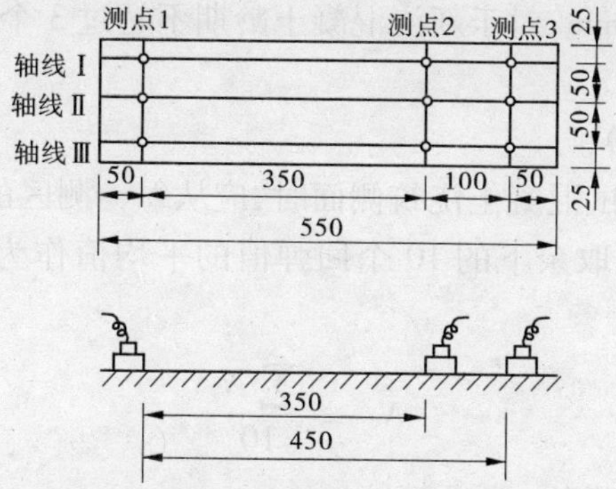

图3-37　换能器布置（单位：cm）

5）碳化深度测定

具体内容同3.3.1.1中碳化深度值测量。

3. 检测数据分析与判定

1）超声波声速值计算（精确至0.01 km/s）

$$v_{i1} = \frac{350}{t_{i1}} \tag{3-46}$$

$$v_{i2} = \frac{450}{t_{i2}} \tag{3-47}$$

$$v_i = \frac{v_{i1} + v_{i2}}{2} \tag{3-48}$$

$$v = \frac{v_1 + v_2 + v_3}{3} \tag{3-49}$$

式中　v_{i1}——第 i 条轴线1点与2点350 mm测距声速值，km/s，$i=1,2,3$；

v_{i2}——第 i 条轴线1点与3点450 mm测距声速值，km/s，$i=1,2,3$；

v_i——第 i 条轴线平均声速值，km/s，$i=1,2,3$；

v——测区平均声速值，km/s，精确至0.01 km/s；

t_{i1}——第 i 条轴线350 mm测距声时值，μs；

t_{i2}——第 i 条轴线450 mm测距声时值，μs。

当3条测轴线平均声速值中有2条测轴线平均声速值与测区的平均声速值之差都超过测区平均声速值的15%时，该测区检测结果无效。

2）碳化深度计算

每一测区的平均碳化深度值，按式（3-50）计算

$$\bar{L} = \frac{\sum_{i=1}^{n} L_i}{n} \tag{3-50}$$

式中　$\bar{L}$——测区的平均碳化深度值，精确至0.5 mm；

L_i——第 i 次测量的碳化深度值，mm；

n——测区的碳化深度值测点数。

如平均碳化深度值小于或等于0.4 mm，按无碳化深度处理（即平均碳化深度为0）；

如大于或等于 6 mm,取 6 mm;对于新浇混凝土龄期不超过 3 个月者,可视为无碳化。

3)回弹值计算

(1)测区回弹值的计算。

当回弹仪水平方向测试混凝土浇筑侧面时,应从每一测区的 16 个回弹值中剔除其中 3 个最大值和 3 个最小值,取余下的 10 个回弹值的平均值作为该测区的平均回弹值,取一位小数。计算公式为

$$\overline{N}_S = \frac{\sum N_i}{10} \tag{3-51}$$

式中 $\overline{N}_S$——测区平均回弹值,精确至 0.1;

N_i——第 i 个测点的回弹值。

(2)测试角度修正。

当回弹仪非水平方向测试混凝土浇筑侧面时,应将测得的数据按式(3-52)进行修正,计算非水平方向测定的回弹修正值,如表 3-27 所示。

$$\overline{N} = \overline{N}_S + \Delta N \tag{3-52}$$

式中 $\overline{N}$——经非水平测定修正的测区平均回弹值;

$\overline{N}_S$——回弹仪实测的测区平均回弹值;

ΔN——由表 3-27 查出的不同测试角度的回弹修正值,精确至 0.1。

表 3-27 非水平测定的回弹修正值

$\overline{N}_S$	与水平方向所成的角度所对应的回弹修正值							
	+90°	+60°	+45°	+30°	-30°	-45°	-60°	-90°
20	-6.0	-5.0	-4.0	-3.0	+2.5	+3.0	+3.5	+4.0
30	-5.0	-4.0	-3.5	-2.5	+2.0	+2.5	+3.0	+3.5
40	-4.0	-3.5	-3.0	-2.0	+1.5	+2.0	+2.5	+3.0
50	-3.5	-3.0	-2.5	-1.5	+1.0	+1.5	+2.0	+2.5

注:表中未列入的 $\overline{N}_S$ 可用内插法求得。

(3)碳化深度修正。

回弹值按照式(3-51)、式(3-52)计算后,还需根据式(3-53)对实测回弹值进行碳化深度修正计算

$$N' = 0.879\,5\overline{N} - 1.444\,3\overline{L} + 4.48 \tag{3-53}$$

式中 N'——修正后的测区回弹值,当 $\overline{L}=0$ 时,$N'=\overline{N}$;

$\overline{N}$——实测的测区平均回弹值;

$\overline{L}$——碳化深度平均值,mm。

4)混凝土抗弯强度推算

(1)测强曲线方程的确定。

建立专用测强曲线方程时,取用与路面混凝土相同的原材料,设计几种不同水灰比的

混凝土配合比(一般设计4种配合比,其中包括路面施工时的配合比),对每种配合比成型150 mm×150 mm×550 mm的梁式试件(不少于6个),在标准条件下养护28 d后,按上述方法进行超声及回弹检测,并按水泥混凝土试验规程进行抗弯强度试验,再用二元非线性方程按式(3-54)回归,确定回归系数,得出测强曲线方程,相对标准误差e_r应不大于12%。

$$R_f = av^b e_r^c N \tag{3-54}$$

式中　R_f——混凝土抗弯强度,MPa;

v——超声声速值,km/s;

N——修正后的回弹值;

a、b、c——回归系数;

e_r——相对标准误差(%),按式(3-55)计算:

$$e_r = \sqrt{\frac{\sum\left(\frac{R'_{fi}}{R_{fi}} - 1\right)^2}{n-1}} \tag{3-55}$$

式中　R'_{fi}——第i块试件实测抗弯强度,MPa;

R_{fi}——第i块试件由超声、回弹推算的抗弯强度,MPa;

n——试件数(按单块计)。

(2)混凝土路面抗弯强度推定。

每一段中以每一幅为一个单位作为抗弯强度评定对象。

评定抗弯强度第一条件值和第二条件值按式(3-56)、式(3-57)计算。

$$R_{n1} = 1.18(R_n - KS_n) \tag{3-56}$$

$$R_{n2} = 1.18(R_{fi})_{\min} \tag{3-57}$$

以第一条件值及第二条件值中的小者作为混凝土抗弯强度评定值R_n。

$$R_n = \min\{R_{n1}, R_{n2}\} \tag{3-58}$$

式中　R_{n1}——抗弯强度第一条件值,MPa,精确至0.1 MPa;

R_{n2}——抗弯强度第二条件值,MPa,精确至0.1 MPa;

$(R_{fi})_{\min}$——所有推算的抗弯强度中的最小值,MPa;

K——合格判定系数值,当$n=10\sim14$时,$K=1.70$,当$n=15\sim24$时,$K=1.65$,当$n\geqslant25$时,$K\approx1.60$;

S_n——抗弯强度标准差,MPa,按式(3-59)计算,精确至0.1 MPa

$$S_n = \sqrt{\frac{\sum (R_{fi})^2 - n(\overline{R}_n)^2}{n-1}} \tag{3-59}$$

式中　$\overline{R}_n$——抗弯强度平均值,MPa,按式(3-60)计算,精确至0.1 MPa

$$\overline{R}_n = \frac{1}{2}\sum R_{fi} \tag{3-60}$$

式中　R_{fi}——第i测区推算的抗弯强度,MPa;

n——测区数。

4. 检测报告

(1)水泥混凝土路面抗弯强度检测结果。

(2)水泥混凝土路面抗弯强度评定结果。

3.3.2 结构混凝土强度半破损检测

结构混凝土强度半破损检测方法是以不影响构件的承载能力为前提的,在构件上直接进行局部破坏性试验,或直接钻取芯样、拔出混凝土锥体等手段检测混凝土强度或缺陷的方法。钻芯法、拔出法、射击法、拔脱法、就地嵌注试件法等属于这类方法。这类方法的优点是以局部破坏性试验获得混凝土性能指标,因而较为直观;缺点是造成结构物的局部破坏,需进行修补,因而不宜用于大面积的检测。在我国,钻芯法应用比较广泛,其使用条件是:

(1)对试块抗压强度的测试结果有怀疑时。

(2)因材料、施工或养护不良而发生混凝土质量问题时。

(3)混凝土遭受冻害、火灾、化学侵蚀或其他损害时。

(4)需检测经多年使用的建筑结构或构筑物中混凝土的强度时。

3.3.2.1 检测仪器设备

1. 钻芯机

常见的钻芯机(见图 3-38)有:轻便型取芯机(钻芯直径 12 ~ 75 mm)、轻型钻机(钻芯直径 12 ~ 200 mm)、重型钻机(钻芯直径 200 ~ 450 mm)和超重型钻机(钻芯直径 330 ~ 700 mm)。

钻芯机一般应包括以下几个部分(钻芯机构造见图 3-39):

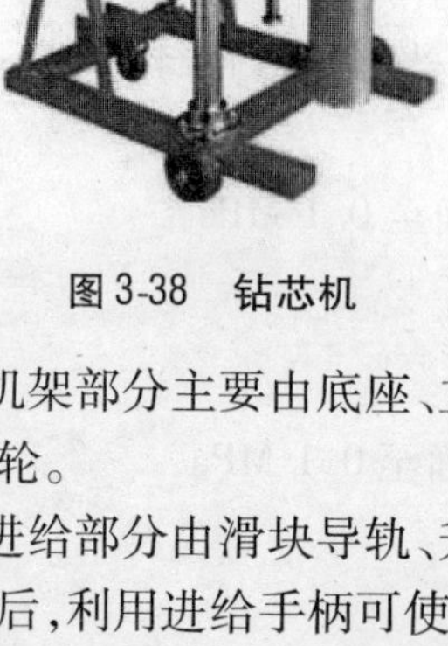

图 3-38 钻芯机

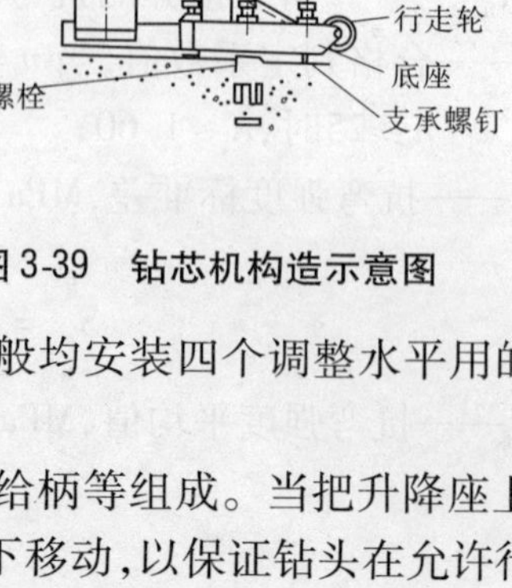

图 3-39 钻芯机构造示意图

(1)机架部分主要由底座、立柱所组成,底座上一般均安装四个调整水平用的螺钉和两个行走轮。

(2)进给部分由滑块导轨、升降座、齿条、齿轮、进给柄等组成。当把升降座上的锁紧螺钉松开后,利用进给手柄可使升降座安全匀速地上下移动,以保证钻头在允许行程内的前进后退。

(3)变速器由壳体、变速齿轮、变速手柄和旋转水封等组成。

(4)给水部分在钻芯过程中,必须供应一定流量的冷却水,水经过水嘴后流入水套内,再经过水套进入主轴中心孔,然后经过连接头,最后由钻头端部排出。

(5)动力部分主要由电动机、起动机和开关等组成。

2. 芯样切割机

当检测混凝土强度时,应将芯样用切割机(见图3-40)加工成具有一定尺寸的抗压试件。切割方式可分为两种类型,一种是圆锯片不移动,但工作台可以移动;另一种是锯片平行移动,工作台不动。

3. 人造金刚石空心薄壁钻头

空心薄壁钻头主要由钢体和胎环部分组成。钢体一般由无缝钢管车制而成。钻头的胎环是由钢系、青铜系、钨系等冶金粉末和适量的人造金刚石浇铸成型的。在胎环上加工若干排水槽(一般称水口),钻头的构造如图3-41所示。钻头与钻孔机的连接方式主要由钻头的直径和钻机的构造决定,一般可分为柄式、螺纹连接式和卡连接式三种。

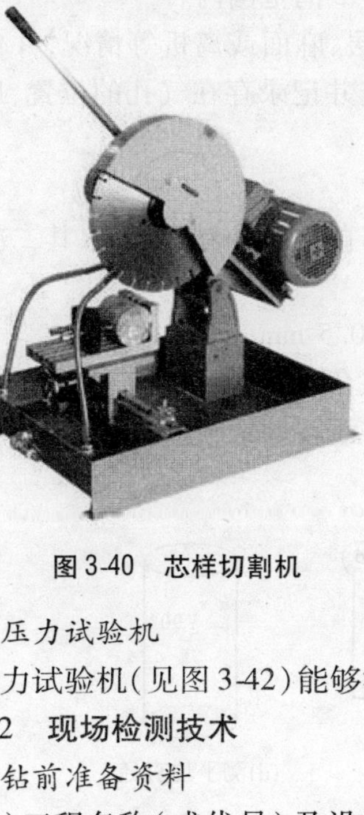

图3-40　芯样切割机

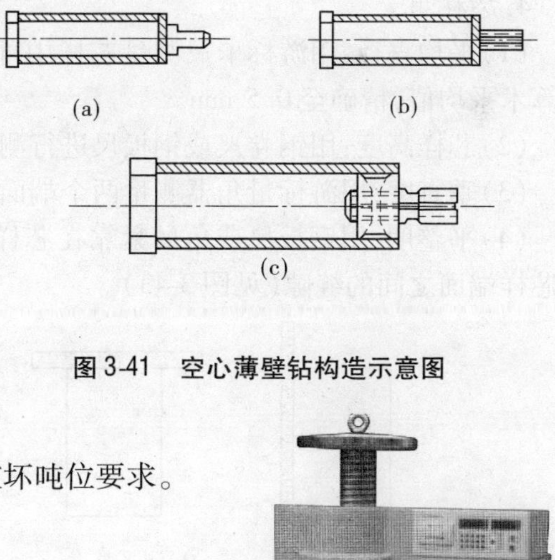

图3-41　空心薄壁钻构造示意图

4. 压力试验机

压力试验机(见图3-42)能够满足试件破坏吨位要求。

3.3.2.2　现场检测技术

1. 钻前准备资料

(1)工程名称(或代号)及设计单位、施工单位、建设单位名称。

(2)结构或构件种类、外形尺寸及数量。

(3)设计采用的混凝土强度等级。

(4)成型日期、原材料(水泥品种、粗集料粒径等)和混凝土试块抗压强度试验报告。

(5)结构或构件质量状况和施工存在问题的记录。

(6)有关的结构设计图和施工图等。

图3-42　压力试验机

2. 钻取芯样部位

(1)结构或构件受力较小的部位。

(2)混凝土强度质量具有代表性的部位。

(3)便于钻芯机安放与操作的部位。

(4)避开主筋、预埋件和管线的位置,并尽量避开其他钢筋。

(5)用钻芯法和非破损法综合测定强度时,应与非破损法取同一测区。

3. 芯样要求

(1)数量。按单个构件检测时,每个构件的钻芯数量不应少于 3 个,对于较小构件,钻芯数量可取 2 个;对构件的局部区域进行检测时,应有要求检测的单位提出钻芯位置及芯样数量。

(2)直径。钻取的芯样直径一般不宜小于集料最大粒径的 3 倍,在任何情况下不得小于集料最大粒径的 2 倍。

(3)高度。芯样抗压试件的高度和直径之比应在 1 ~2 的范围内。

(4)外观检查。每个芯样应详细描述有关裂缝、分层、麻面或离析等情况,并估计集料的最大粒径、形状种类及粗细集料的比例与级配,检查并记录存在气孔的位置、尺寸及分布情况,必要时应进行拍照。

4. 芯样测量

(1)平均直径:用游标卡尺测量芯样中部,在相互垂直的两个位置上,取其二次测量的算术平均值,精确至 0.5 mm。

(2)芯样高度:用钢卷尺或钢板尺进行测量,精确至 0.5 mm。

(3)垂直度:用游标量角器测量两个端面与轴线的夹角,精确至 0.1 ℃。

(4)平整度:用钢板尺或角尺紧靠在芯样端面上,一面转动钢板尺,一面用塞尺测量与芯样端面之间的缝隙(见图 3-43)。

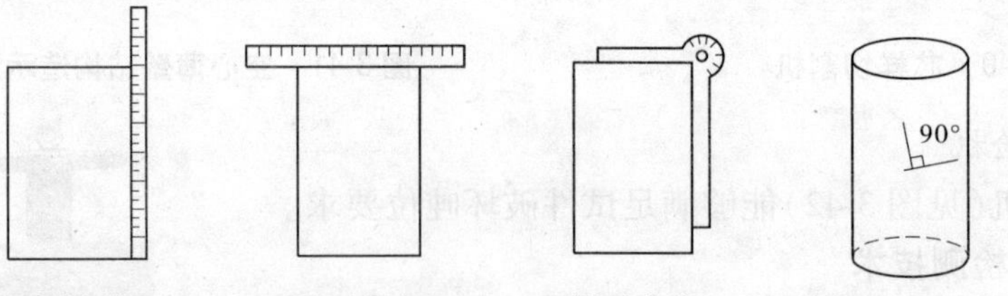

图 3-43 芯样尺寸测量示意图

5. 芯样端补平方法

当锯切后芯样端面的不平整度在 100 mm 长度内超过 0.1 mm,芯样端面与轴线的不垂直度超过 2 ℃,宜采用在磨平机上磨平或在专用补平装置上补平的方法进行加工。

1)用硫磺胶泥(或硫磺)补平

(1)补平前先将芯样端面污物清除干净,然后将芯样垂直夹持在补平器的夹具中,并提升到一定高度(见图 3-44)。

(2)在补平器底盘上涂上一层很薄的矿物油或其他脱模剂,以防硫磺胶泥与底盘黏结。

(3)将硫磺胶泥置于容器中加热融化。待硫磺胶泥溶液由黄色变成棕色时(约150 ℃),倒入补平器底盘中,然后转动手轮使芯样下移并与底盘接触。待硫磺胶泥凝固后,反向转动手轮,把芯样提起,打开夹具取出芯样;然后,按上述步骤补平芯样的另一端面。

2)用水泥砂浆(或水泥净浆)补平

(1)补平前先将芯样端面污物清除干净,然后将端面用水湿润。

(2)在平整度为每长100 mm不超过0.05 mm的钢板上涂一薄层矿物油或其他脱模剂,然后倒上适量水泥砂浆摊成薄层,稍许用力将芯样压入水泥砂浆之中,并应保持芯样与钢板垂直。待2 h后,再补另一端面。仔细清除侧面多余的水泥砂浆,在室内静放一昼夜后送入养护室内养护。待补平材料强度不低于芯样强度时,方能进行抗压强度试验(见图3-45)。

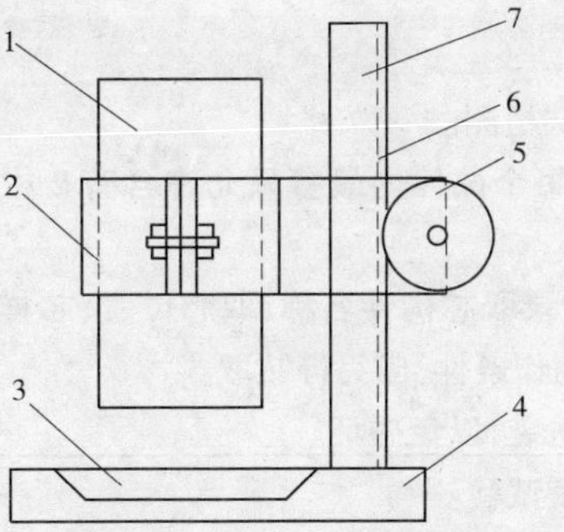

1—芯样;2—夹具;3—硫磺胶泥液体;
4—底盘;5—手轮;6—齿条;7 —立柱

图3-44　硫磺胶泥补平示意图

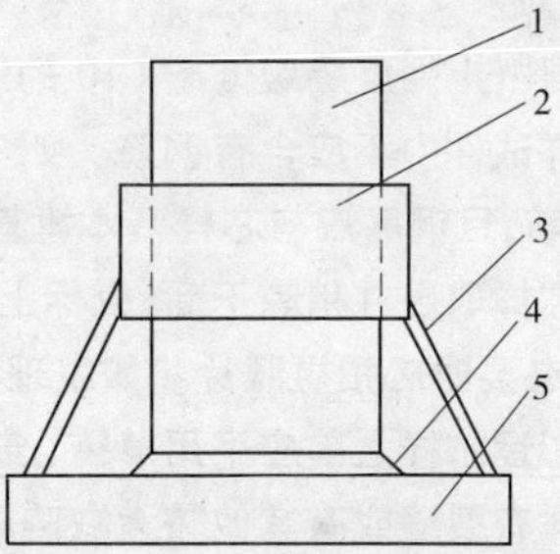

1—芯样;2—套模;3—支架;
4—水泥砂浆;5—钢板

图3-45　水泥砂浆补平示意图

3.3.2.3　检测数据分析与判定

1. 抗压强度试验

(1)芯样试件宜在与被检测结构或构件混凝土湿度基本一致的条件下进行抗压试验。如结构工作条件比较干燥,芯样试件应以自然干燥状态进行试验;如结构工作条件比较潮湿,芯样试件应以潮湿状态进行试验。

(2)按自然干燥状态进行试验时,芯样试件在受压前应在室内自然干燥3 d;按潮湿状态进行试验时,芯样试件应在(20 ±5)℃的清水中浸泡40 ~48 h,从水中取出后应立即进行抗压试验。

2. 芯样强度计算

混凝土芯样试件的强度换算值是指用钻芯法测得的芯样强度,换算成相应测试龄期的边长为150 mm的立方体试块的抗压强度值。混凝土芯样试件的强度换算值应按下式计算

$$f_{cu}^{c} = \alpha \frac{P}{A} = \alpha \frac{4P}{\pi d_{m}^{2}} \tag{3-61}$$

式中　f_{cu}^{c}——混凝土芯样试件强度换算值,MPa,精确至0.1 MPa;

P——芯样试件抗压试验测得的最大压力;

d_m——芯样试件的平均直径；

α——不同高径比的混凝土芯样试件强度换算系数，应按表 3-28 选用。

表 3-28　混凝土芯样试件强度换算系数

高径比 h/d	1.0	1.1	1.2	1.3	1.4	1.5	1.6	1.7	1.8	1.9	2.0
系数 α	1.00	1.04	1.07	1.10	1.13	1.15	1.17	1.19	1.21	1.22	1.24

单个构件或单个构件的局部区域，可取混凝土芯样试件强度换算值中的最小值作为其代表值。

友情提示

注意事项：

(1)对混凝土强度等级低于 C10 的结构，不宜采用钻芯法检测。

(2)芯样试件内不应含有钢筋。如不能满足此项要求，每个试件内最多只允许含有 2 根直径小于 10 mm 的钢筋，且钢筋应与芯样基本垂直并不得露出端面。

(3)将芯样取出并稍晾干后，应标上芯样的编号，并应记录取芯构件名称、取芯位置、芯样长度及外观质量等。必要时应拍摄照片。如发现不符合芯样试件的制作条件，应另行钻取。

(4)在搬运芯样之前应采用草袋、废水泥袋等材料仔细包装，以免碰坏。

(5)芯样有裂缝或有其他较大缺陷时，不得用作抗压强度试验。

(6)硫磺胶泥补平法一般适用于自然干燥状态下抗压强度试验的芯样试件补平，水泥砂浆补平法一般适用于潮湿状态下抗压强度试验的芯样试件补平。

(7)补平层应与芯样结合牢固，以使补平层与芯样的结合面受压时不致提前破坏。

(8)经端面补平后的芯样高度小于 $0.95d$(d 为芯样试件平均直径)，或大于 $2.05d$ 时，不得用作抗压强度试验。

3.3.2.4　检测报告

(1)工程名称、地点，检测依据，检测日期。

(2)受检桩的桩号、桩位和相关施工记录。

(3)受检桩的检测数据，实测与计算分析曲线、表格和汇总结果。

(4)编制每孔的柱状图。

(5)芯样单轴抗压强度试验结果及与检测内容相应的检测结论。

3.3.3　混凝土抗压强度的评定

混凝土抗压强度的评定方法有数理统计法和非数理统计法两种。

3.3.3.1　数理统计法

当试件大于或等于 10 组时，应以数理统计方法按下述条件评定

$$m_{f_{cu}} - \lambda_1 S_{f_{cu}} \geqslant f_{cu,k} \tag{3-62}$$

$$f_{cu,min} \geqslant \lambda_2 f_{cu,k} \tag{3-63}$$

同一检验批混凝土立方体抗压强度的标准差应按下式计算

$$S_{f_{cu}} = \sqrt{\frac{\sum_{i=1}^{n} f_{cu,i}^2 - n m_{f_{cu}}^2}{n-1} f_{cu,i}} \tag{3-64}$$

式中　$m_{f_{cu}}$——同一检验批混凝土立方体抗压强度的平均值，N/mm^2，精确至 $0.1\ N/mm^2$；

$S_{f_{cu}}$——同一检验批混凝土立方体抗压强度的标准差，N/mm^2，精确至 $0.01\ N/mm^2$，当检验批混凝土强度标准差 $S_{f_{cu}}$ 计算值小于 $2.5\ N/mm^2$ 时，应取 $2.5\ N/mm^2$；

$f_{cu,k}$——混凝土立方体抗压强度标准值，N/mm^2，精确至 $0.1\ N/mm^2$；

$f_{cu,min}$——同一检验批混凝土立方体抗压强度的最小值，N/mm^2，精确至 $0.1\ N/mm^2$；

$f_{cu,i}$——前一检验期内同一品种、同一强度等级的 i 组混凝土试件的立方体抗压强度代表值，N/mm^2，精确至 $0.1\ N/mm^2$，该检验期不应少于 60 d，也不得大于 90 d；

n——本检验期内的样本容量；

λ_1、λ_2——合格判定系数，见表3-29。

表3-29　λ_1、λ_2 值

n	10～14	15～19	≥20
λ_1	1.15	1.05	0.95
λ_2	0.90	0.85	0.85

3.3.3.2　**非数理统计法**

试件组数小于10组时，应以非数理统计方法按下述条件评定

$$m_{f_{cu}} \geqslant \lambda_3 f_{cu,k} \tag{3-65}$$

$$f_{cu,min} \geqslant \lambda_4 f_{cu,k} \tag{3-66}$$

式中　λ_3、λ_4——合格评定系数，当混凝土强度等级＜C60时，λ_3 取1.15，λ_4 取0.95，当混凝土强度等级≥C60时，λ_3 取1.10，λ_4 取0.95。

当检验结果满足数理统计方法所规定的条件或非数理统计方法所规定的条件时，则该批混凝土强度应评定为合格；当不能满足数理统计方法所规定的条件或非数理统计方法所规定的条件时，该批混凝土强度应评定为不合格。

友情提示

注意事项：

（1）同批试件是指，梁可以每孔或每二、三孔（较窄桥时）作为一批，中、小跨径桥的桩、盖梁，可以数孔作为一批。每批的混凝土试件组数也不宜太多，一般不超过80～100组。

（2）如果在一些构件浇筑后较长时间才浇筑另一些同类构件，或者时间虽不久，但温度等气候条件变化较大，则不应视作同批，而应分别评定。

（3）只要材料和配合比不变，混凝土构件如桩、盖梁和梁等的混凝土强度都应尽可能采用数理统计方法评定。

应用案例 3-1

某公路工程 C15 钢筋混凝土垫层共抽取混凝土标准养护试块 5 组，强度数据为：18.5 MPa、17.2 MPa、18.2 MPa、14.8 MPa、17.8 MPa。检验该批混凝土的强度是否合格。

【案例解析】

判定该批混凝土强度是否合格，首先判断用数理统计方法进行判定还是用非数理统计方法进行判定。由于该批混凝土标准养护试块有 5 组，因此根据规范，用非数理统计方法进行判定。

解 经计算得：

平均值：$m_{f_{cu}} = 17.3\ \text{MPa}$

最小值：$f_{cu,min} = 14.8\ \text{MPa}$

平均值验收界限：$\lambda_3 f_{cu,k} = 1.15 \times 15 = 17.25(\text{MPa})$

最小值验收界限：$\lambda_4 f_{cu,k} = 0.95 \times 15 = 14.25(\text{MPa})$

结论：

$$m_{f_{cu}} > \lambda_3 f_{cu,k} \quad (\text{满足要求})$$

$$f_{cu,min} > \lambda_4 f_{cu,k} \quad (\text{满足要求})$$

该批混凝土强度评定为合格。

3.3.4 结构混凝土缺陷检验

在混凝土结构物的施工及使用过程中，往往会造成一些缺陷和损伤，其原因是多种多样的。一般而言，主要原因有四方面：其一是施工原因，如振捣不足、钢筋网过密而集料最大粒径选择不当、模板漏浆等造成的内部孔洞、不密实区、蜂窝及保护层不足、钢筋外露等；其二是混凝土由于非外力作用形成的裂缝，如在大体积混凝土中因水泥水化热积蓄过多，在凝固及散热过程中的不均匀收缩而造成的温度裂缝，混凝土干缩及碳化收缩所造成的裂缝；其三是长期在腐蚀介质或冻融作用下由表及里的层状疏松；其四是受外力作用所产生的裂缝，如因龄期不足就进行吊装而产生的吊装裂缝等。这些缺陷和损伤往往会严重影响结构物的承载力和耐久性。因此，在事故处理、施工验收、旧有建筑物安全性鉴定、维修和补强设计时必须进行检测，以确定混凝土内部缺陷的大小、位置和性质。

目前，在诸多混凝土缺陷的无损检测方法中，应用最广泛、最有效的是超声波法。其检测混凝土缺陷的基本原理是利用超声波在技术指标相同（指混凝土原材料、配合比、龄期和测试距离一致）的混凝土中传播的时间（或速度）、接收波的振幅和频率等声学参数的变化，来判断混凝土的缺陷。因为超声脉冲波传播速度的快慢与混凝土的密实程度有直接关系，对于技术指标相同的混凝土来说，声速值高则混凝土密实，相反则不密实。

首先，当有空洞、裂缝等缺陷存在时，破坏了混凝土的整体性，由于空气的声阻率远小于混凝土的声阻抗率，超声波遇到蜂窝、空洞或裂缝等缺陷时，会在缺陷界面发生反射和散射，因此传播的路程会增大，测得的声时值会延长，声速值会降低。其次，在缺陷界面超声波的声能被衰减，其中频率较高的部分衰减更快，因此接收信号的波幅明显降低，频率明显减小或频率谱中高频成分明显减小。最后，经缺陷反射或绕过缺陷传播的超声波信号与直达波信号之间存在相位差，叠加后互相干扰，致使接收信号的波形发生畸变。根据上述原理，在实际测试中，可以利用混凝土声学参数测量值和相对变化综合分析，判别混凝土缺陷的位置和范围，或者估算缺陷的尺寸。

3.3.4.1　混凝土浅裂缝检测

所谓浅裂缝，是指局限于结构表层，开裂深度不大于500 mm的裂缝。实际检测时一般可根据结构物的断面尺寸和裂缝在结构表面的宽度，大致估计被测的是浅裂缝还是深裂缝。一般工程结构中的梁、柱、板和机场跑道等出现的裂缝，都属于浅裂缝。在测试时，根据被测结构的实际情况，浅裂缝可分为单面平测法和双面斜测法。

1. 单面平测法

当结构的裂缝部位只有一个表面可供检测时，可采用平测法进行裂缝深度检测。平测时应在裂缝的被测部位以不同的测距同时按不跨缝和跨缝布置测点进行声时测量。

(1)不跨缝的声时测量(见图3-46(a))，将发射换能器T和接收换能器R置于被测裂缝的同一侧，以两个换能器内边缘间距(l')为100 mm、150 mm、200 mm、250 mm…分别读取声时值(t_i)。绘制"时—距"图，如图3-47所示。或用回归分析的方法求出声时与测距之间的回归直线方程$l' = a + bt_i$，式中a、b为待求的回归系数。

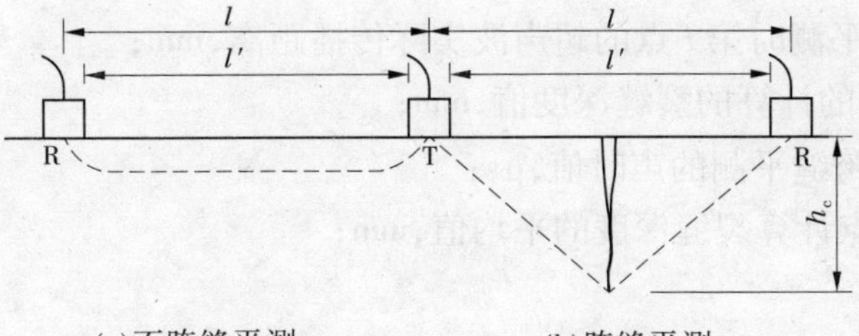

图3-46　平测裂缝示意图

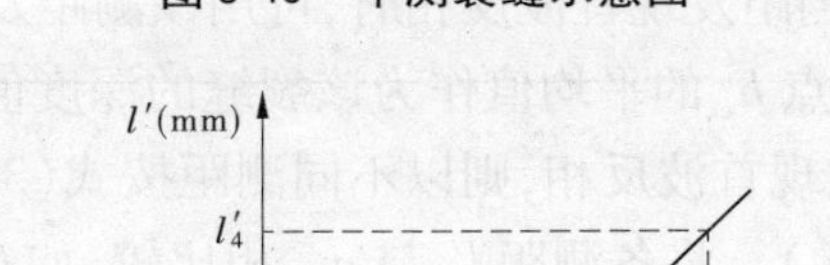

图3-47　"时—距"图

每测点的超声实际传播距离l_i为

$$l_i = l'_i + |a| \tag{3-67}$$

式中　l_i——第i点的超声波实际传播距离，mm；

l'_i——第i点的T、R换能器内边缘间距，mm；

a——"时—距"图中 l' 轴的截距或回归直线方程的常数项，mm。

不跨缝平测的混凝土声速值为

$$v = \frac{l'_n - l'_1}{t_n - t_1}(\text{km/s}) \quad \text{或} \quad v = b(\text{km/s}) \tag{3-68}$$

式中 l'_n、l'_1——第 n 点和第 i 点的测距，mm；

t_n、t_1——第 n 点和第 i 点读取的声时值，μs；

b——回归系数。

（2）进行跨缝的声时测量（见图 3-46（b）），将 T、R 换能器分别置于以裂缝为对称的两侧，两换能器中心连线垂直裂缝走向，以两换能器内边缘间距（l'）等于 100 mm、150 mm、200 mm…分别读取声时值 t_i^0，同时，观察首波相位的变化。

（3）平测法检测。裂缝深度按下式计算

$$h_{ci} = \frac{l_i}{2\sqrt{\left(\frac{t_i^0 v}{l_i}\right)^2 - 1}} \tag{3-69}$$

$$m_{h_c} = \frac{1}{n\sum_{i=1}^{n} h_{ci}} \tag{3-70}$$

式中 l_i——不跨缝平测时第 i 点的超声波实际传播距离，mm；

h_{ci}——第 i 点的计算的裂缝深度值，mm；

t_i^0——第 i 点跨缝平测的声时值，μs；

m_{h_c}——各测点计算裂缝深度的平均值，mm；

n——测点数。

（4）裂缝深度的确定方法如下：

①跨缝测量中，当在某测距发现首波反相时，可用该测距及其两个相邻测距的测量值按式（3-69）计算 h_{ci}，取此三点 h_{ci} 的平均值作为该裂缝的深度值（h_c）。

②跨缝测量中如难以发现首波反相，则以不同测距按式（3-68）、式（3-69）计算 h_{ci} 值，取此点的 h_{ci} 及其平均值（m_{h_c}）。将各测距 l'_i 与 m_{h_c} 相比较，如 l'_i 小于 m_{h_c} 和 l'_i 大于 3 m_{h_c}，应剔除该组数据，随后取余下 h_{ci} 的平均值，作为该裂缝的深度值（h_c）。

友情提示

以声时推算浅裂缝深度，是假定裂缝中充满空气，声波绕过裂缝末端传播。若裂缝中有水或泥浆，则声波经水介质耦合穿裂缝而过，不能反映裂缝的真实深度。检测时，裂缝中不得填充水和泥浆。当有钢筋穿过裂缝且与 T、R 换能器的连线大致平行靠近时，则沿钢筋传播的超声波首先到达接收换能器，测试结果也不能反映裂缝实际的深度。因此，布置测点时应注意使 T、R 换能器的连线至少与该钢筋的轴线相距 1.5 倍的裂缝预计深度，如图 3-48 所示，应使 $a \geqslant 1.5h_c$。

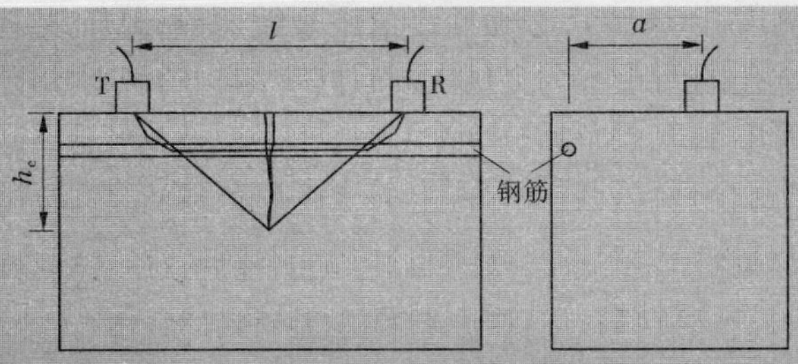

图3-48　平测时避免钢筋的影响

2. 双面斜测法

当结构的裂缝部位具有两个相互平行的测试表面时，可采用斜测法检测（见图3-49）。将T、R换能器分别置于对应测点1、2、3…的位置，读取相应的声时值 t_i 和波幅值 A_i 及主频率值 f_i。

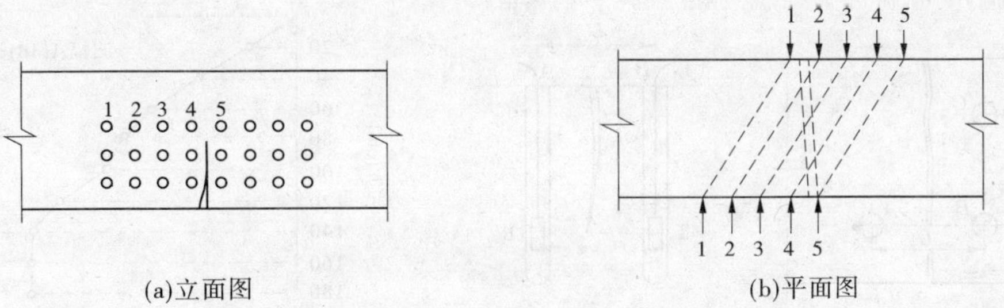

图3-49　斜测裂缝测点布置示意图

知识拓展

裂缝深度评定：当T、R换能器的连线通过裂缝，则接收信号的波幅和频率明显降低。根据波幅和频率的突变，可以判定裂缝深度是否在平面方向贯通。

3.3.4.2　混凝土深裂缝检测

所谓深裂缝，是指混凝土结构物表面开裂深度在500 mm以上的裂缝。对于桥墩等大体积混凝土结构，在浇筑混凝土过程中，由于水泥的水化热散失较慢，混凝土的内部温度比表面高，使结构断面形成较大的温差，由此产生的拉应力大于混凝土抗拉强度，而使在混凝土中产生裂缝。

1. 现场检测技术

钻孔对测法是检测混凝土表面深裂缝的常用方法。该方法一般是在裂缝两侧钻测试孔，用径向振动式换能器置于测试孔中进行测试（见图3-50），在裂缝两侧分别钻测试孔 A、B，且应在裂缝一侧多钻一个较浅的孔 C，测试无缝混凝土的声学参数，用于对比判别。

测试孔应满足下列要求：

（1）裂缝中不得充水或泥浆。

（2）孔径应比换能器直径大5～10 mm。

（3）孔深应至少比裂缝预计深度深700 mm，经测试如浅于裂缝深度，则应加深钻孔。

(4)对应的两个测度孔(A、B),必须始终位于裂缝两侧,其轴线应保持平行。

(5)两个对应测试孔的间距宜为 2 000 mm,同一结构的各对应测孔间距应相同。

(6)孔中粉末碎屑应清理干净。

友情提示

检测时应选用频率为 20 ~ 40 kHz 的径向振动式换能器,并在其接线上作出等间距标志(一般间隔 100 ~ 500 mm)。测试前要先向测试孔中注满清水,然后将 T、R 换能器分别置于裂缝两侧的对应孔中,以相同高程等间距从上至下移动,逐点读取声时、波幅和换能器所处的深度。

2. 检测数据分析与判定

裂缝深度的判断是以换能器所处深度 h 与对应的波幅值 A 绘制 $h \sim A$ 坐标图(见图 3-51),随着换能器位置的下移,波幅逐渐增大,当换能器下移至某一位置后,波幅达到最大并基本稳定,该位置所对应的深度便是裂缝深度 h_c。

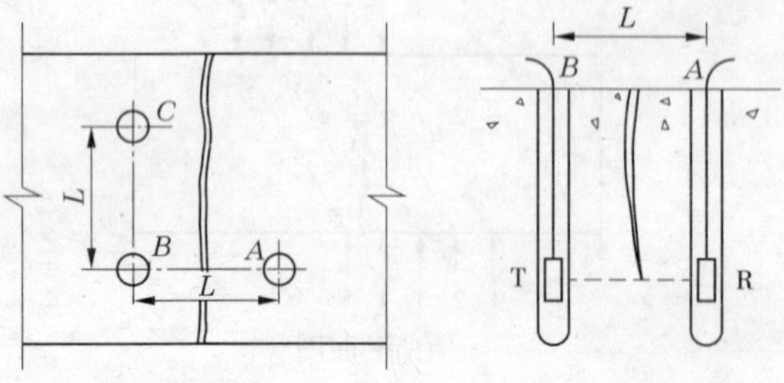

(a)平面　　(b)立面

图 3-50　测试孔测裂缝深度

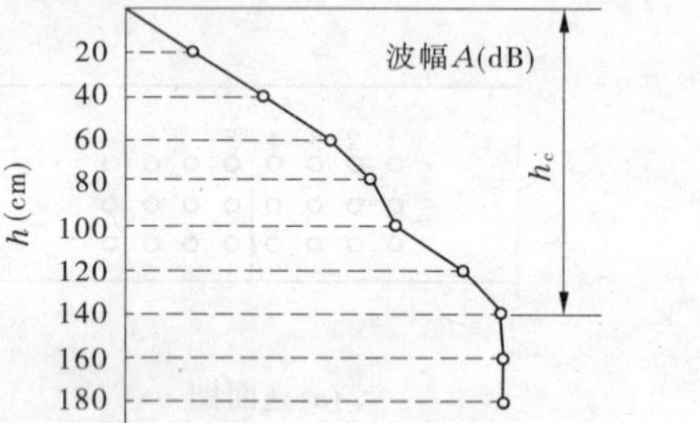

图 3-51　$h \sim A$ 坐标图

3.3.4.3　混凝土不密实区和空洞检测

混凝土和钢筋混凝土结构在施工过程中,有时因漏振、漏浆或石子架空在钢筋骨架上,导致混凝土内部形成蜂窝状不密实区或空洞。对于这种结构物内部的隐蔽缺陷,应及时检查并进行技术处理。

1. 现场检测技术

(1)根据被测结构实际情况,可按下列方法之一布置换能器。

①平面对测法。

当结构被测部位具有两对平行表面时,可采用对测法。如图 3-52 所示,在测区的两对相互平行的测试面,分别画出间距为 200 ~ 300 mm 的网格,并编号确定对应的测点位置。

②平面斜测法。

当构件只有一对相互平行的测试面时,可采用对测和斜测相结合的方法。如图 3-53 所示,即在测位的两个相互平行的测试面上分别画出网络线,可在对测的基础上进行交叉斜测。

③钻孔或预埋管测法。

当测距较大时,可采用钻孔或预埋管测法。如图 3-54 所示,在测位预埋声测管或钻

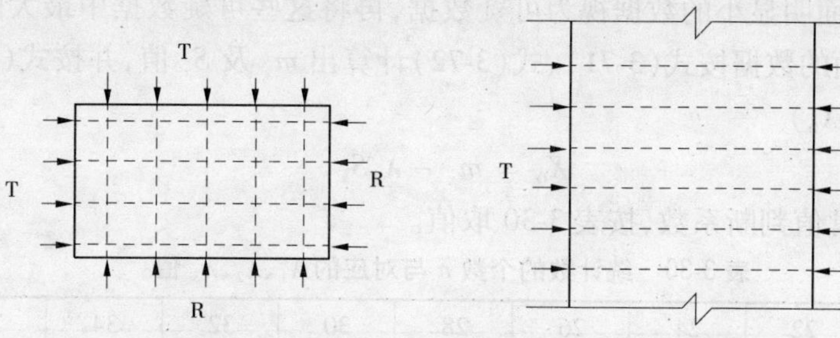

(a)平面图　(b)立面图

图 3-52　对测法示意图

出竖向测试孔，预埋管内径或钻孔直径宜比换能器直径大5～10 mm，预埋管或钻孔间距宜为2～3 m，其深度可根据测试需要确定。检测时可用两个径向振动式换能器分别置于两测孔中进行测试，或用一个径向振动式换能器与一个厚度振动式换能器，分别置于测孔中和平行于测孔的侧面进行测试。

(2)按规定测量每一测点的声时值、波幅、频率和测距。

2.检测数据分析与判定

1)混凝土声学参数的统计计算

测区混凝土声时值(或声速值)、波幅、频率测量值的平均值(m_x)和标准差(S_x)应按下式计算：

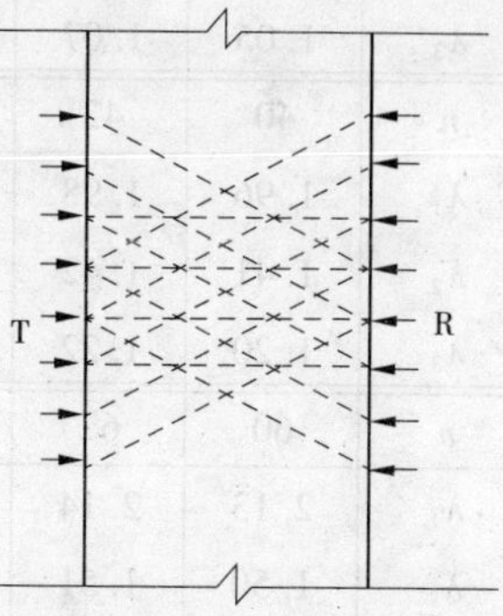

图 3-53　斜测法测缺陷

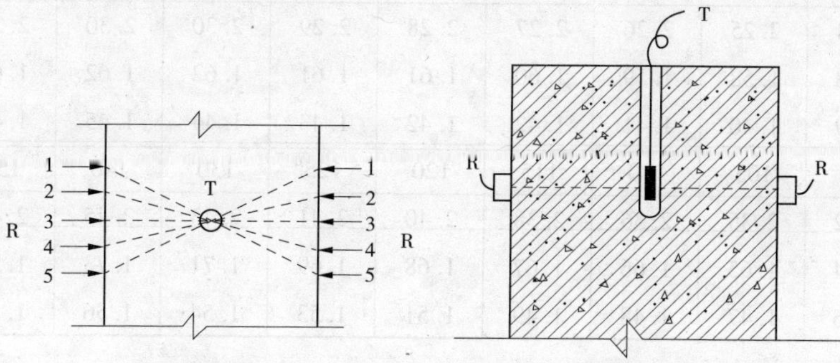

(a)平面图　(b)立面图

图 3-54　钻孔或预埋管测法换能器布置

$$m_x = \frac{1}{n}\sum_{i=1}^{n} X_i \tag{3-71}$$

$$S_x = \sqrt{\frac{\sum_{i=1}^{n} X_i^{\ 2} - n m_x^{\ 2}}{n-1}} \tag{3-72}$$

式中　X_i——第 i 点的声时值(或声速值)、波幅、频率测量值；

n——参与统计的测点数。

2)测区中异常数据的判别

(1)将测位各测点的波幅、声速或主频值由大至小按顺序排列，即 $X_1 \geqslant X_2 \geqslant \cdots \geqslant X_n \geqslant$

X_{n+1}…，将排在后面明显小的数据视为可疑数据，再将这些可疑数据中最大的一个（假定为 X_n）连同其前面的数据按式(3-71)、式(3-72)计算出 m_x 及 S_x 值，并按式(3-73)计算异常情况的判断值（X_0）

$$X_0 = m_x - \lambda_1 S_x \tag{3-73}$$

式中　λ_1——异常值判断系数，按表 3-30 取值。

表 3-30　统计数的个数 n 与对应的 λ_1、λ_2、λ_3 值

n	20	22	24	26	28	30	32	34	36	38
λ_1	1.65	1.69	1.73	1.77	1.80	1.83	1.86	1.89	1.92	1.94
λ_2	1.25	1.27	1.29	1.31	1.33	1.34	1.36	1.37	1.38	1.39
λ_3	1.05	1.07	1.09	1.11	1.12	1.14	1.16	1.17	1.18	1.19
n	40	42	44	46	48	50	52	54	56	58
λ_1	1.96	1.98	2.00	2.02	2.04	2.05	2.07	2.09	2.10	2.12
λ_2	1.41	1.42	1.43	1.44	1.45	1.46	1.47	1.48	1.49	1.49
λ_3	1.20	1.22	1.23	1.25	1.26	1.27	1.28	1.29	1.30	1.31
n	60	62	64	66	68	70	72	74	76	78
λ_1	2.13	2.14	2.15	2.17	2.18	2.19	2.20	2.21	2.22	2.23
λ_2	1.50	1.51	1.52	1.53	1.53	1.54	1.55	1.56	1.56	1.57
λ_3	1.31	1.32	1.33	1.34	1.35	1.36	1.36	1.37	1.38	1.39
n	80	82	84	86	88	90	92	94	96	98
λ_1	2.24	2.25	2.26	2.27	2.28	2.29	2.30	2.30	2.31	2.31
λ_2	1.58	1.58	1.59	1.60	1.61	1.61	1.62	1.62	1.63	1.63
λ_3	1.39	1.40	1.41	1.42	1.42	1.43	1.44	1.45	1.45	1.45
n	100	105	110	115	120	125	130	140	150	160
λ_1	2.32	2.35	2.36	2.38	2.40	2.41	2.43	2.45	2.48	2.50
λ_2	1.64	1.65	1.66	1.67	1.68	1.69	1.71	1.73	1.75	1.77
λ_3	1.46	1.47	1.48	1.49	1.51	1.53	1.54	1.56	1.58	1.59

将判断值（X_0）与可疑数据中的最大值（X_n）相比较，若 X_n 大于或等于 X_0，则 X_0 及排列在其后的各数据均为异常值，并且去掉 X_n，再用 $X_1 \sim X_{n+1}$ 进行计算和判别，直至判不出异常值；当 X_n 小于 X_0 时，应再将 X_{n+1} 放进去重新进行统计计算和判别。

（2）当测位中判出异常测点时，可根据异常测点的分布情况，按式(3-74)进一步判别相邻测点是否异常

$$X_0 = m_x - \lambda_2 S_x \quad 或 \quad X_0 = m_x - \lambda_3 S_x \tag{3-74}$$

式中　λ_2、λ_3——异常值判断系数，按表 3-30 取值，当测点布置为网络状时取 λ_2，当单排布置测点时（如在声测孔中检测）取 λ_3。

（3）不密实区和空洞范围判定。

一个构件或一个测区中某些测点的声时值（或声速值）、波幅或频率被判为异常值，

可结合异常测点的分布及波形状况，判定混凝土内部存在不密实区和空洞的范围。当判定缺陷是空洞时，其尺寸可按下面的方法估算。

如图 3-55 所示，设检测距离为 l，空洞中心（在另一对测试面上，声时最长的测点位置）距一个测试面的垂直距离为 l_h，声波在空洞附近无缺陷混凝土中传播的时间平均值为 m_{ta}，绕空洞传播的时间（空洞处的最大声时值）为 t_h，空洞半径为 r。设 $X=\frac{t_h-m_{ta}}{m_{ta}}\times 100\%$，$Y=\frac{l_h}{l}$，$Z=\frac{r}{l}$。根据 X、Y 值，可由表 3-31 查得空洞半径 r 与测距 l 的比值，再计算空洞的大致尺寸 r。

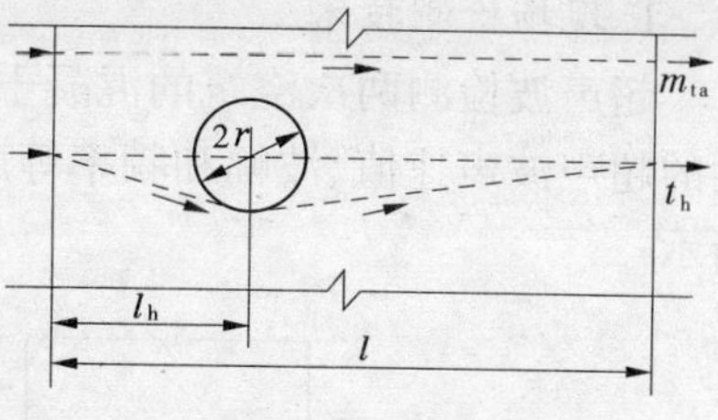

图 3-55　空洞尺寸估算原理示意图

当被测部位只有一对可供测试表面，空洞尺寸计算式为

$$r=\frac{l}{2}\sqrt{\left(\frac{t_h}{m_{ta}}\right)^2-1} \tag{3-75}$$

式中　r——空洞半径，mm；

l——T、R 换能器之间的距离，mm；

t_h——缺陷处的最大声时值，μs；

m_{ta}——无缺陷区的平均声时值，μs。

表 3-31　空洞半径 r 与测区 l 的比值

Y	不同 Z 值下的 X 值												
	0.05	0.08	0.10	0.12	0.14	0.16	0.18	0.20	0.22	0.24	0.26	0.28	0.30
0.10(0.90)	1.42	3.77	6.26										
0.15(0.85)	1.00	2.56	4.06	5.97	8.39								
0.20(0.80)	0.78	2.02	3.18	4.62	6.36	8.44	10.9	13.9					
0.25(0.75)	0.67	1.72	2.69	3.90	5.34	7.03	8.98	11.2	13.8	16.8			
0.30(0.70)	0.60	1.53	2.40	3.46	4.73	6.21	7.91	9.38	12.0	14.4	17.1	20.1	23.6
0.35(0.65)	0.55	1.41	2.21	3.19	4.35	5.70	7.25	9.00	10.9	13.1	15.5	18.1	21.0
0.40(0.60)	0.52	1.34	2.09	3.02	4.12	5.39	6.84	8.48	10.3	12.3	14.5	16.9	19.6
0.45(0.55)	0.50	1.30	2.03	2.92	3.99	5.22	6.62	8.20	9.95	11.9	14.0	16.3	18.8
0.50	0.50	1.28	2.00	2.89	3.94	5.16	6.55	8.11	9.84	11.8	13.3	16.1	18.6

3.3.4.4　混凝土结合面质量检测

对于一些重要的混凝土和钢筋混凝土结构物，为保证其整体性，应该连续不间断地一次浇筑完混凝土。然而有时因施工工艺的需要或意外因素而中断，如在混凝土浇筑的中途停顿的间歇时间超过 3 h 后再继续浇筑；或已有的混凝土结构物因某些原因需加固补强，进行第二次混凝土浇筑等。在同一构件上，两次浇筑的混凝土之间应保持良好的结合，以使其形成一个整体，方能确保结构的安全使用。因此，一些结构构件新旧混凝土结合面质量的检测就非常必要，超声波检测技术的应用为其提供了有效途径。

1. 现场检测技术

超声波检测两次浇筑的混凝土结合面质量一般采用斜测法，通过穿过与不穿过结合面的超声波声速值、波幅和频率等声学参数相比较判断。超声测点的布置方法如图 3-56 所示。

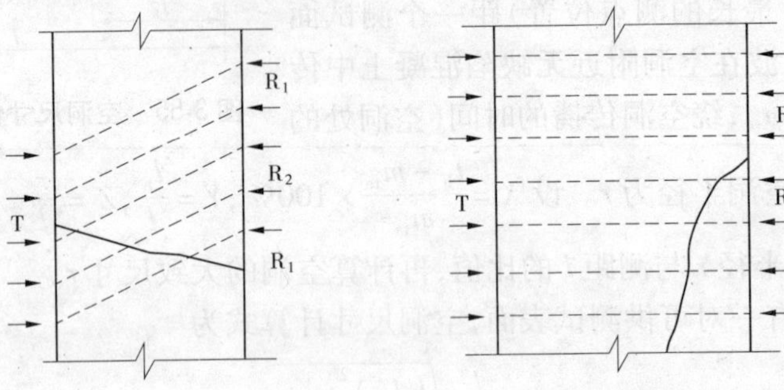

图 3-56　混凝土结合面质量检测示意图

1）测点布置

（1）使测试范围覆盖全部结合面或有怀疑的部位。

（2）各对 $T-R_1$（声波传播不经过结合面）和 $T-R_2$（声波传播经过结合面）换能器连线的倾斜角测距应相等。

（3）测点间距应根据被测结构尺寸结合面的外观质量情况确定，一般为 100 ~ 300 mm，间距过大易造成缺陷漏检。

2）声时、波幅和主频率测量

按布置好的测点分别测出各点的声时、波幅和主频率。

2. 检测数据分析与判定

（1）将同一测位各点声速值、波幅和主频道分别按数理统计进行计算。

（2）当测点数无法满足统计法判断时，可将 $T-R_2$ 的声速值、波幅等声学参数与 $T-R_1$ 进行比较，若 $T-R_2$ 声学参数比 $T-R_1$ 显著低，则该点可判为异常测点。

（3）当通过结合面的某些测点的数据被列为异常，并查明无其他因素影响时，可判定混凝土结合面在该部位结合不良。

3.3.4.5　混凝土表面损伤层检测

冻害、高温或化学腐蚀会引起混凝土表面层损伤。检测表面损伤层厚度时，被测部位和测点的确定应满足下列要求：

（1）根据构件的损伤情况和外观质量选取有代表性的部位布置测位。

（2）构件被测部位表面应平整并处于自然干燥状态，且无接缝和饰面层。

（3）检测时，为保证检测结果的可靠性，宜做局部破损验证。

1. 现场检测技术

测试时 T 换能器应耦合好，并保持不动，然后将 R 换能器依次耦合在间距为 30 mm 的测点 1、2、3…位置上，如图 3-57 所示，读取相应的声时值 t_1、t_2、t_3…，并测量每次 T－R 换能器内边缘之间的距离 l_1、l_2、l_3…。每一测位的测点数不得少于 6 个，当损伤层较厚时,应适当增加测点数。当结构的损伤层厚度不均匀时,应适当增加测区数。

2. 检测数据分析与判定

以各测点的声时值 t_i 和相应测距值 l_i 绘制"时—距"坐标图,如图 3-58 所示。由图 3-57可得到声速改变所形成的转折点,该点前、后分别表示损伤和未损伤混凝土的 l 与 t 相关直线。用回归分析方法分别求出损伤、未损伤混凝土 l 与 t 的回归直线方程。

损伤混凝土

$$l_f = a_1 + b_1 t_f \tag{3-76}$$

未损伤混凝土

$$l_a = a_2 + b_2 t_a \tag{3-77}$$

式中　l_f——拐点前各测点的测距,mm,对应于图 3-58 中的 l_1、l_2、l_3;

t_f——相对于图 3-58 中测距 l_1、l_2、l_3、l_5 的声时值 t_1、t_2、t_3、t_5,μs;

l_a——拐点后各测点的测距,mm,对应于图 3-58 中的 l_4、l_5、l_6;

t_a——对应于图 3-58 中测距 l_4、l_5、l_6 的声时值 t_4、t_5、t_6,μs;

a_1、a_2、b_1、b_2——回归系数,即图 3-58 中损伤和未损伤混凝土直线的截距和斜率。

损伤层厚度计算式为

$$l_0 = \frac{a_1 b_2 - a_2 b_1}{b_2 - b_1} \tag{3-78}$$

$$h_f = \frac{l_0}{2}\sqrt{\frac{b_2 - b_1}{b_2 + b_1}} \tag{3-79}$$

式中　h_f——损伤层厚度,mm。

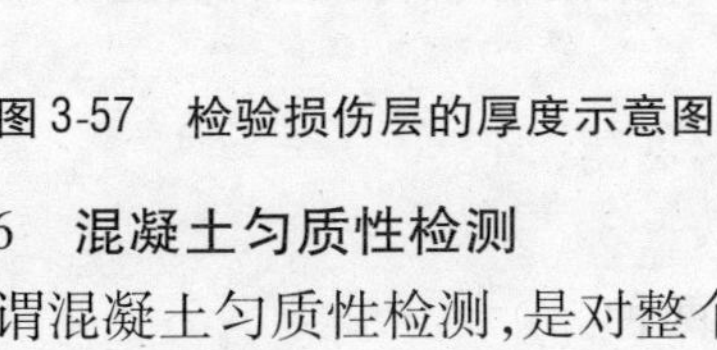

图 3-57　检验损伤层的厚度示意图

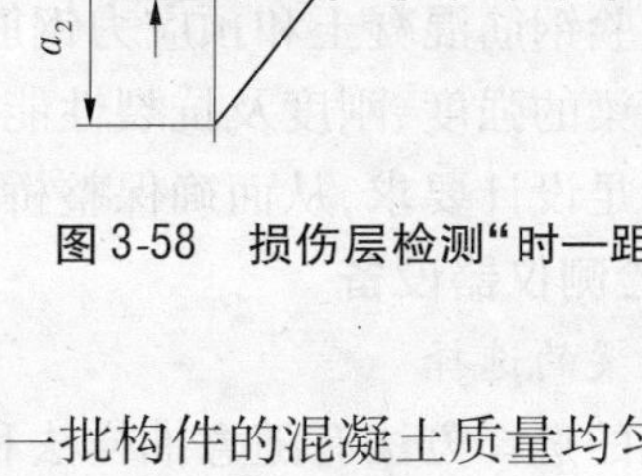

图 3-58　损伤层检测"时—距"图

3.3.4.6　混凝土匀质性检测

所谓混凝土匀质性检测,是对整个结构物或同一批构件的混凝土质量均匀性的检测。通常采用超声脉冲法检测混凝土的匀质性。超声脉冲法直接在结构上进行检测,具有全面、直接、方便、数据代表性强的优点,是检测混凝土匀质性的一种有效方法。

1. 现场检测技术

混凝土匀质性检测一般采用厚度振动式换能器以穿透对测法检测结构混凝土的匀质性,要求被测结构应具备一对相互平行的测试表面,并保持平整、干净。先在两个测试面上分别画出等间距的网格,并编上对应的测点序号。网格的间距大小取决于结构的种类和测试要求,一般为200~500 mm。对于测距较小、质量要求较高的结构,测点间距宜小些。测点布置时,应避开与超声波传播方向相一致的钢筋。

测试时,应使T、R换能器在对应的测点上保持良好的耦合状态,逐点读取声时值 t_{ci},并测量对应测点的距离 l_i 值。

2. 检测数据分析与判定

混凝土的声速值 v_i,混凝土声速的平均值 m_v、标准差 S_v 及离差系数 C_v 分别按下列公式计算

$$v_i = \frac{l_i}{t_{ci}} \tag{3-80}$$

$$m_v = \frac{1}{n}\sum_{i=1}^{n} v_i \tag{3-81}$$

$$S_v = \sqrt{\left(\sum_{i=1}^{n} v_i^2 - nm_v^2\right)/(n-1)} \tag{3-82}$$

$$C_v = \frac{S_v}{m_v} \tag{3-83}$$

式中 v_i——第 i 点的混凝土声速值,km/s;

l_i——第 i 点的测距值,mm;

t_{ci}——第 i 点的混凝土声时值,μs;

m_v——混凝土声速的平均值,km/s;

S_v——混凝土声速的标准偏差;

C_v——混凝土声速的离差系数;

n——测点数。

根据声速的标准差和离差系数(变异系数),可以相对比较相同测距的同类结构或各部位混凝土质量均匀性的优劣。

3.3.5 预制成品梁的检验

为了检验钢筋混凝土和预应力钢筋混凝土单片成品梁的实际承载能力,以及校核在设计荷载下梁的强度、刚度及抗裂性能,需要进行单片梁的静载荷试验,确定单梁的承载能力是否满足设计要求,从而确保整桥的承载能力。

3.3.5.1 检测仪器设备

1. 试验梁的选择

试验梁的选择方法有随意抽样法和典型抽样法两种。

(1)随意抽样法适用于大批生产的梁(做鉴定性试验),抽样数量一般占每批产量的1%~5%。抽样是任意选择的,不能故意选择。这样抽样试验的结果,可以反映出梁在设计与施工中的普遍问题,具有较好的代表性。

(2)典型抽样法适用于生产数量不多、施工质量差别较大的情况,一般选择质量最差的一片梁进行试验,若该片梁合格,则其余的梁就可以认为合格了。此外,对于存在某些重大缺陷的梁,在按规定进行补救以后,也应进行试验以检验其承载能力。

2. 试验梁设计施工资料的收集

试验梁选定后，应将各试验梁的设计与施工资料收集好。

1）设计资料

设计资料主要包括设计标准、设计主要荷载类型、结构特点、桥梁设计图纸、桥梁计算书及设计原始资料等。

2）施工资料

施工资料包括材料试验报告、钢筋骨架验收记录、阶段施工质量检查验收记录、竣工图纸及各项施工记录。

在收集和分析试验梁的各项资料的同时，还应对梁体的几何尺寸、材料状况、施工质量、表面缺陷等进行认真细致的检查。

3. 观测项目及量测仪器

预应力混凝土简支梁静载荷试验的观测项目如下。

1）梁在各级荷载下的挠度

梁在各级荷载下的挠度，不仅可以反映出梁的刚度、梁的弹性和非弹性变形，而且能反映出梁体在荷载下的整体工作状况。挠度观测是梁的静载荷试验的主要观测项目。在缺乏必要的量测仪器的情况下，梁的静载荷试验也可仅取挠度观测这一项。

梁的挠度可用精密水准仪和百分表测定。测点一般可设置在跨中、支点和四分点处，对较大跨径的梁，在八分点处应增设测点。

试验时，应量测构件跨中位移和支座沉陷。对宽度较大的构件，应在每一量测截面的两边或两肋布置测点，并取其量测结果的平均值作为该处的位移。

2）跨中断面沿梁高混凝土应变的测定

在荷载作用下，简支梁跨中断面沿梁高混凝土正应变的分布情况，是验证设计计算的合理性与正确性的重要指标。测点可沿梁高等距布置，也可如图3-59所示外密里疏布置，以便比较准确地测定较大的应力应变。

测定梁体混凝土应变的测点数，一般不少于5～7点。如梁的高度较大，则测点还应增加。因为有了较多的测点，就能更准确地测定出中性轴的位置。

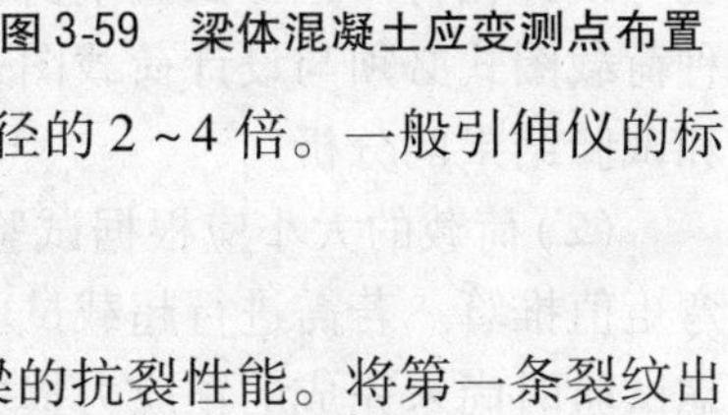

1—应变计；2—梁体混凝土

图3-59　梁体混凝土应变测点布置

引伸仪的标距不宜太小，一般要大于混凝土粗集料粒径的2～4倍。一般引伸仪的标距为15～20 cm。

3）裂缝出现的观测

梁体混凝土在荷载作用下出现的裂纹能直接反映出梁的抗裂性能。将第一条裂纹出现时的开裂荷载与设计的抗裂荷载加以比较，就可知道梁的抗裂安全度的大小。因此，及时发现受拉区出现的第一条裂纹时的开裂荷载是十分重要的。

监视裂纹出现的可靠办法，是在梁的可能开裂的区段上，连续布置相当数量的应变计，如图3-60所示。

如在试验过程中，某处应变计的示值跳跃式的增长，表示梁体混凝土在该处开裂；与此同时，相邻的应变计示值往往会下降。

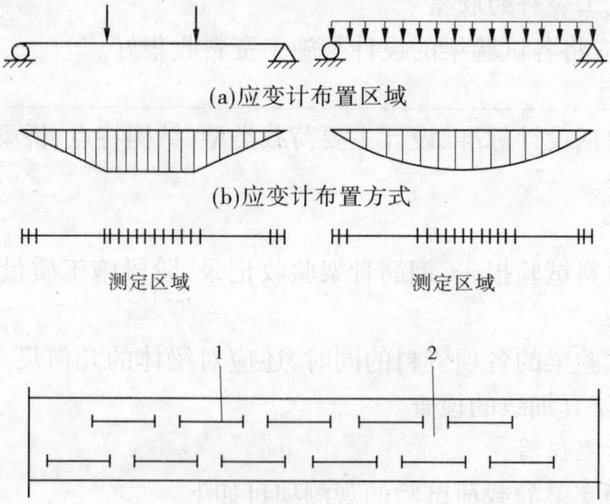

1—应变计;2—梁体混凝土

图 3-60　梁体混凝土裂纹的测定

观察裂缝出现可采用放大镜。

若试验中未能及时观察到正截面出现的裂缝,也可取荷载—挠度曲线上的转折点(取曲线第一弯转段两端点切线的交点)的荷载值作为梁体开裂的荷载实测值。

4)裂缝宽度观测

裂缝宽度可采用精度为 0.05 mm 的刻度放大镜等仪器进行观测,裂缝的测量一般只需测出几条严重的裂缝尺寸。

对正截面裂缝,应量测受拉主筋处的最大裂缝宽度;对斜截面裂缝,应量测腹部斜裂缝的最大裂缝宽度。当确定受拉主筋处的裂缝宽度时,应在梁侧面量测。

3.3.5.2　现场检测技术

1. 试验荷载

试验荷载的确定,包括荷载图式、荷载大小和加载程序三方面。

(1)试验荷载图式最好能与设计计算的荷载图式相同。这样就可使试验梁的工作情况与设计相符。但在试验中荷载量较大时,有时也采用与设计不同的荷载图式。但是这种荷载图式必须与设计荷载图式等效,才能保证不会因荷载图式的改变而影响梁的工作和试验结果的分析。

(2)荷载的大小应根据试验目的来确定。非破坏性试验的荷载量,可按控制设计的弯矩值推算。若需进行超载试验,可乘以适当的超载系数。对于预应力混凝土梁,还要考虑试验时尚未完成的预应力损失对梁体构成的抵抗力矩的作用。若进行破坏性试验,则在加载量达到设计吨位后,仍应继续加载到梁体破坏或不能再使用时为止。

(3)加载程序是指试验中荷载与时间的关系。如加载速度、间歇时间、分级荷载量的大小及加卸载循环次数等。只有正确地确定荷载程序,才能正确反映梁的承载能力与变形性质。

由于混凝土在首次受力时的变形与荷载关系是不稳定的,所以在正式试验前,必须通过预载使结构进入正常工作状态。同时通过预载,还可对整个试验装置进行检验,以保证试验的正常进行。预载的最大加载量可与设计加载量相同。

一般试验中,加卸载分级进行。加载时每级量可取总加载量的20% ~30%,卸载时每级量可取总加载量的50%,也可一次卸载。每级荷载间应有足够的间歇时间,以便正确测定梁在各级荷载下的变形情况。钢筋混凝土梁的荷载间歇时间,一般不少于10 min。在保持恒载比较困难的情况下,为避免仪器指针不稳定,间歇时间可以缩短,但不宜少于3 ~5 min。当加载量达到设计加载量后,应有足够的满载时间,一般应不少于30 min。若达到规定满载间歇时间,梁的变形仍有较显著的发展,则应延长满载间歇时间至变形稳定。若在3倍的满载间歇时间后,变形仍有较显著的发展,则认为该梁不合格。为了正确测定梁的残余变形,卸荷后应有足够的零载时间,然后观测残余变形。零载时间可取1.5倍的满载间歇时间,为了解变形的恢复情况,在零载时间内也应经常观测读数。

综上所述,加载可分以下三个阶段进行:

(1)预载阶段加载程序为:$0 \to 10\ \text{kN} \to 0.5P \to P \to 0$。

(2)设计荷载阶段加载程序为:$0 \to 10\ \text{kN} \to 0.2P \to 0.4P \to 0.6P \to 0.8P \to P \to 0.5P \to 0$。循环次数不少于2次。

(3)开裂荷载阶段加载程序为:$0 \to 10\ \text{kN} \to 0.25P \to 0.5P \to 0.75P \to P \to (P_{裂} \to 30\ \text{kN}) \to P_{裂} \to P \to 0.5P \to 0$。

第二次循环为:$0 \to 10\ \text{kN} \to P \to P_{裂} \to 0$。

以后每级增加$0.2P$,直至出现裂缝。

2. 加载装置

良好的试验装置可以保证试验的顺利进行。加载装置的不完善,不仅会导致试验的失败,而且会造成事故,因此必须慎重对待。

梁的静载荷试验中所采用的加载装置主要有重力荷载加载和千斤顶荷载加载两种。

1)重力荷载加载

重力荷载是利用物体的重力对梁产生的作用力。其装置比较简单,如利用铁块、石块、混凝土预制块等加载,也可以用水箱装水加载。

重力荷载一般适用于施加均布荷载或较小的集中荷载。用作加载的物体,要求选用比重大、重力恒定、在试验期间内不会有明显变化、形状规则(易堆放)的物体。重力荷重块宜用于均布加荷试验。荷重块应按区格成垛堆放(见图3-61),垛与垛之间的间隙不宜小于50 mm,以免形成拱作用。

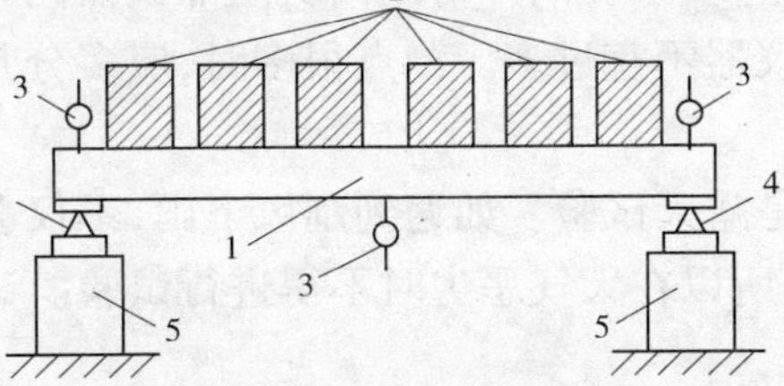

1—试验梁;2—荷重块垛;3—百分表或位移传感器;4—支座;5—支墩

图3-61　均布加荷

2)千斤顶荷载加载

千斤顶荷载是利用千斤顶对梁施加作用力。千斤顶荷载装置主要包括千斤顶、反力梁及测力仪三部分。千斤顶一般采用手动油压千斤顶。由于千斤顶的型号很多,起重量自几吨至几百吨不等,工作压力达 40 ~ 50 MPa,活塞行程为 200 ~ 300 mm,因此可根据梁的加载量大小选用。

反力梁是限制千斤顶活塞运动而对梁施加作用力时所用的设备。反力梁的强度和刚度均应大于试验梁,这样才能保证反力梁在试验过程中不仅不会损坏,而且变形也很小。其设计计算可根据一般结构设计规范进行。

千斤顶的加荷值宜采用荷载传感器量测,亦可采用油压表量测,其加荷装置见图 3-62。

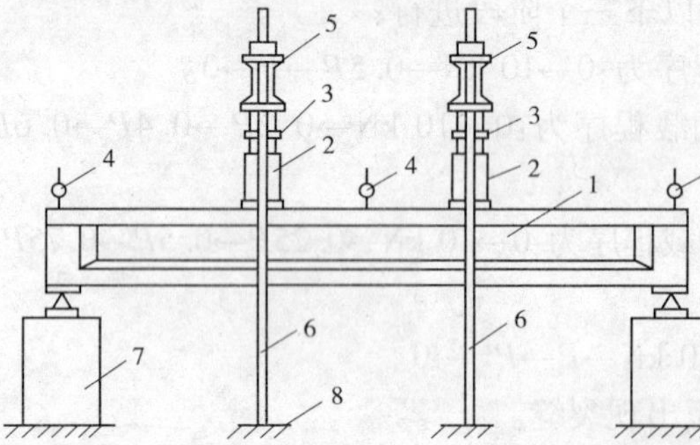

1—试验梁;2—千斤顶;3—荷载传感器;4—百分表或位移传感器;
5—横梁;6—拉杆;7—支墩;8—试验台座或地锚

图 3-62　千斤顶加荷

3. 试验测试

试验测试的目的在于收集和积累试验梁的资料,它是整个试验工作的中心环节,通过对梁体施加荷载,观测梁的工作状况。

观测过程要与荷载程序密切配合。观测时间一般在荷载过程中的恒载时间内选定。每加完一级荷载就进行一次观测读数,到下一级荷载加上去之前再观测读数一次。如果间歇时间较长,在满载间歇或卸载后的空载间歇中,应每隔相当时间就观测读数一次,每次的间隔时间要尽可能一致。

观测过程中,观测人员应对观测结果随时加以分析。如发现反常情况,应及时查明原因并加以消除。试验观测中,要求在同一时间内对全部仪器同时进行观测并记下读数,因此每个观测人员所负责的仪器不宜过多。测点很多时,应多分几组进行观察,以保证读数的准确性。

梁的静载荷试验多半是露天试验。如遇到刮风下雨,不仅会影响观测结果的准确性,而且往往会因此造成事故,所以在天气恶劣时不得进行试验。试验过程中,要求气温基本保持恒定并应在 0 ℃以上。

整个试验过程中,对每一项试验都应有正式记录,其中包括文字记录、插图和照片等。试验结束后,对梁体应做一次全面检查,并应将检查结果列入正式记录中备查。

3.3.5.3　检测数据分析与判定

通过试验观测可获得大量各项原始试验资料。它是分析梁的工作状况与做出技术结论时最重要、最可靠的依据,必须予以重视。但原始资料十分繁杂,所以在试验结束后,对原始资料要认真地进行整理和加工。应当去伪存真,凡无参考价值的资料一律剔除,从而使试验资料能更集中、更明确地反映出试验的真正结果。根据这些资料就不难对梁的工作状况做出正确的结论。

试验资料的整理和试验结果的分析可按下列步骤进行:

(1)根据原始记录整理或计算出观测项目的各相应值。

(2)找出各项观测项目的有代表性的数值。如在控制设计荷载作用下梁的挠度、最大应力、最大应变、最大裂缝宽度及残余变形等值。

(3)将上述有代表性的数值用图或表的形式列出,并与理论计算值进行比较:

①设计荷载作用下,各梁跨中测点实测挠度与计算挠度的比较;

②根据跨中实测挠度值,推算出混凝土实际弹性模量;

③几次加载后,梁的残余挠度值按表3-32格式列出,并在备注中说明梁的弹性恢复性能。

表3-32　试验梁残余挠度表

梁号	最大荷载(kN)	循环次数(次)	残余挠度(mm)	备注

④绘制梁的挠度—荷载关系曲线。

参照梁的挠度—荷载关系曲线图,就可以推断梁在各级荷载作用下的工作状况。通过梁的实测最大挠度与跨径的比值,就可以鉴定出梁的刚度是否满足设计要求。

⑤绘制梁在各加载阶段跨中断面的荷载—混凝土正应变关系曲线。找出梁截面实测中性轴位置,分析梁的工作状况,并通过实测各点应变与计算应力换算应变的比较,说明梁的强度是否满足设计要求。

⑥试验过程中,将观测到的梁在各级荷载作用下各测点的挠度连成曲线,得出梁在各级荷载作用下的挠度曲线。梁的挠度曲线表明梁在荷载作用下不同断面的挠度变化,正常的梁具有平滑的弹性曲线。

⑦在裂缝观测记录中,找出梁的实测开裂荷载(第一条裂缝出现时的荷载),并算出实际抗裂弯矩$M_{抗裂}$。梁体的实测抗裂安全度计算式为

$$K_{实测}=\frac{M_{抗裂}}{M_{设计}} \tag{3-84}$$

式中　$K_{实测}$——梁体的实测抗裂安全度;

$M_{抗裂}$——梁的实测抗裂弯矩,N·m;

$M_{设计}$——梁的设计抗裂弯矩,N·m。

梁的实测抗裂安全度若大于或等于设计安全度,说明梁的抗裂安全度满足设计要求;反之,则不安全。

⑧对允许出现裂缝的构件,其裂缝宽度的检验结果应符合式(3-85)的要求

$$W_{s,max}^{0} \leqslant [W_{max}] \tag{3-85}$$

式中 $W_{s,max}^{0}$——在正常使用的长期荷载检验值下,受拉主筋处最大裂缝宽度实测值,mm;

$[W_{max}]$——梁检验的最大裂缝宽度允许值,mm。

(4)根据以上各项试验结果的分析和比较后,对各试验梁做出符合实际的技术结论。

3.3.5.4 检测报告

检测报告的内容有:

(1)试验的原因和目的。

(2)梁在试验前的状况。

(3)试验方法。

(4)梁在试验后的状况。

(5)试验结果及其整理分析。

(6)技术结论。

(7)附录(包括试验方案和全部试验资料、原始记录等)。

3.3.6 结构混凝土钢筋位置及保护层厚度检测

钢筋绑扎是混凝土结构工程的中间工序、隐蔽工程,钢筋的混凝土保护层厚度关系到结构的承载力、耐久性、防火等性能,必须抽取一定数量的梁、板类构件进行钢筋保护层厚度的测试作为结构实体检验的一个内容。

结构钢筋扫描技术主要有电磁感应法钢筋保护层厚度测试仪和混凝土雷达仪两大类,且均已收入建设部新标准《混凝土中钢筋检测技术规程》(JGJ/T 152—2008)。

3.3.6.1 检测仪器设备

1.电磁感应法

电磁感应法是指用电磁感应原理检测混凝土中钢筋位置、直径及混凝土保护层厚度的方法。主要仪器为电磁感应法钢筋探测仪,简称为钢筋探测仪(见图3-63),其检测原理是通过仪器的传感器产生交变电磁场,该电磁场作用于被测结构构件,当遇到结构构件内部的金属介质时,则产生较为强烈的感生电磁场,仪器传感器接收到感生电磁场并转化为电信号,从而可以判断钢筋的位置、保护层厚度和钢筋直径等(见图3-64)。

当传感器位于钢筋正上方时接收信号最强,因此通过传感器在被测钢筋上方移动时接收信号的强弱,可以判断钢筋的位置。

目前,仪器实现变换检测模式的方法一般有以下两种:一种是正交测量法,传感器置于被测钢筋上方,在与钢筋平行和垂直的方向上各测量一次,通过所测得的信号强弱差异,经分析得出钢筋直径。该方法因传感器需要改变位置,引入了两次的测量误差。另一种是内部切换法,当传感器置于钢筋正上方时,仪器自动切换传感器的测量状态,进行两次测量,得出钢筋直径。该方法不需要变换传感器位置,减少了人为操作所带来的测量误差,比较快捷方便。

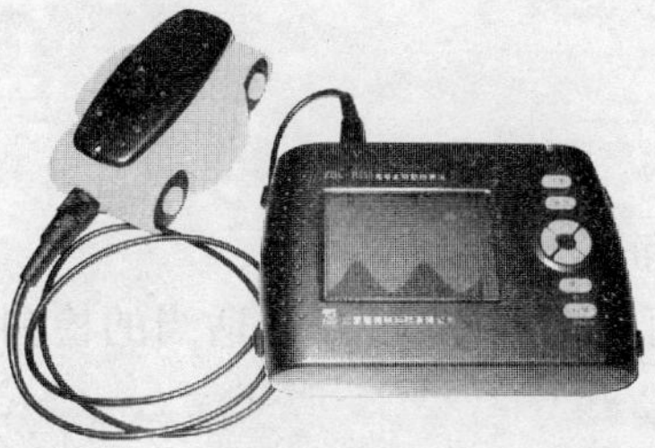

图3-63　钢筋探测仪

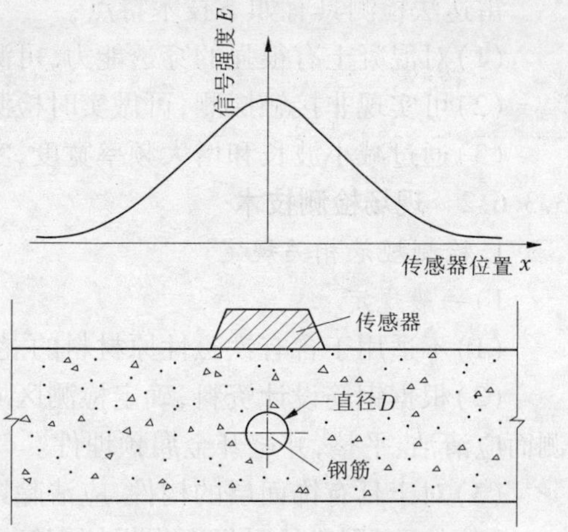

图3-64　电磁感应法检测原理

2. 雷达法

雷达法是通过发射和接收到的毫微秒级电磁波来检测混凝土中钢筋位置、混凝土保护层厚度的方法。主要使用的检测仪器为雷达仪（见图3-65），其检测原理如图3-66所示。

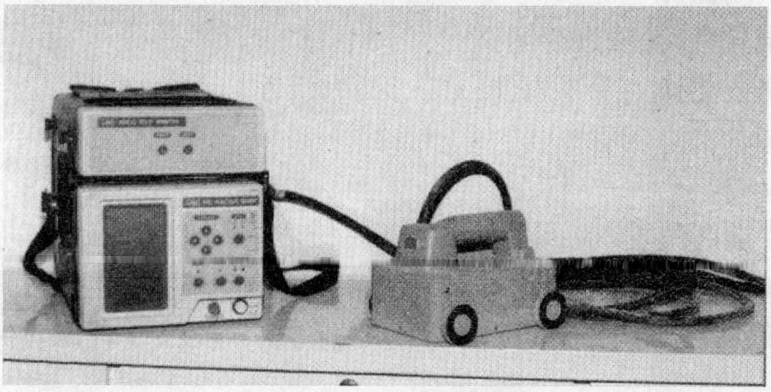

图3-65　雷达仪

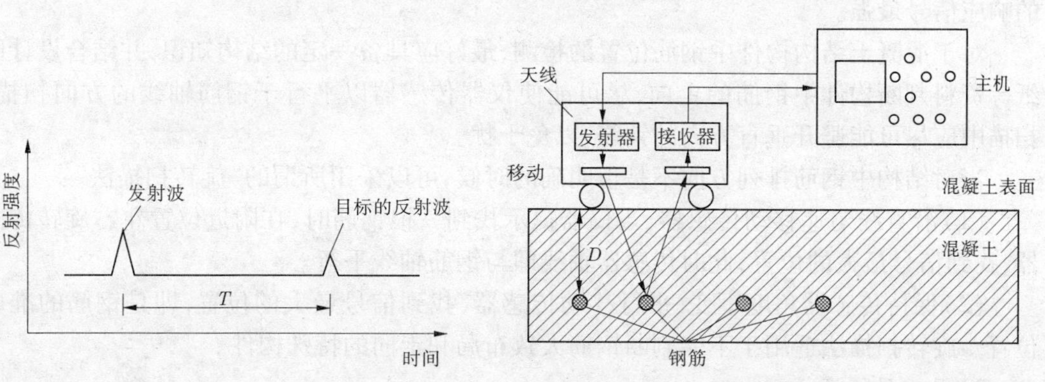

图3-66　雷达法检测原理

雷达法检测具有如下技术特点：

(1)对混凝土有很强的穿透能力，可测较大深度。

(2)可实现非接触探测，可做实时检测，探测速度快。

(3)通过减小波长和增大频率宽度，实现高分辨率的探测。

3.3.6.2 现场检测技术

1. 检测规范相关规定

1)一般规定

(1)不适用于含有铁磁性原材料的混凝土中钢筋的检测。

(2)根据钢筋设计资料，确定检测区域钢筋的可能分布状况，选择适当的检测面。检测面应清洁、平整，并避开金属预埋件。

(3)对于具有饰面层的构件，应清除饰面层后在混凝土面上进行检测。

(4)钻孔、剔凿的时候不得损坏钢筋，实测采用游标卡尺，量测精度为0.1 mm。

2)仪器性能要求

检测前应采用校准试件进行校准，当混凝土保护层厚度为10～50 mm时，混凝土保护层厚度检测的允许误差为±1 mm，钢筋间距检测的允许误差为±3 mm。

仪器应定期进行校准，正常情况下，仪器校准有效期为一年。发生下列情况之一时，应对仪器进行校准：

(1)新仪器启用前。

(2)检测数据异常，无法进行调整。

(3)经过维修或更换主要零配件(如探头、天线等)。

2. 电磁感应法

1)钢筋位置检测

严格意义的"钢筋位置"应该是指由钢筋三维方向的坐标所确定的位置，包含了钢筋排列方式和保护层厚度。但一般意义上的钢筋位置检测仅指从混凝土构件表面经过仪器扫描检测确认钢筋排列方向、轴线位置，不包括保护层厚度，或者说对保护层厚度的精度要求不高。

对于一定深度的钢筋，当钢筋轴线与仪器传感器轴线平行且垂直距离最小时，传感器的响应信号最强。

对于混凝土结构构件中钢筋位置的检测，最好应具备一定的结构知识，并结合设计图纸等资料判断构件中钢筋的走向，尽可能使仪器传感器以平行于钢筋轴线的方向扫描。扫描中应尽可能避开垂直方向的钢筋，以免干扰。

当对结构中钢筋排列方向不是很明确的时候，可以采用所谓的"旋转扫描法"：

(1)沿直线匀速移动传感器，当仪器提示找到一根钢筋时，在附近位置左右旋转传感器，找到信号最大的位置，此时传感器轴线即与钢筋轴线平行。

(2)保持传感器角度不变，平行移动传感器，找到信号最大的位置，即是钢筋的准确位置。旋转扫描法适用于不能判断钢筋大致布局和走向的特殊构件。

2)保护层厚度检测

保护层厚度检测应该在钢筋准确定位的基础上进行，即按上述步骤，确定钢筋轴线位置后，将传感器平行放置于钢筋正上方，仪器即可显示保护层厚度值。仪器显示的保护层厚度值是钢筋深度和直径的函数，因此为准确测得保护层厚度，还应该在仪器上准确设置钢筋直径。保护层厚度的测量准确程度还受相邻钢筋、混凝土原材料（主要是骨料）是否含铁磁性物质、钢筋材质等因素影响，其中相邻钢筋的影响最大。

3）操作步骤

（1）检测前，应对仪器进行预热和调零。检测过程中，应适时核查仪器的零点状态。

（2）进行钢筋位置检测前，宜结合设计资料了解钢筋布置状况。检测时，应避开钢筋接头和绑扎丝，钢筋间距应满足仪器的要求。探头在检测面上移动，直到仪器保护层厚度示值最小，此时探头中心线与钢筋轴线应重合，在相应位置做好标记。按上述步骤将相邻的其他钢筋位置逐一标出。

（3）钢筋位置确定后进行保护层厚度的检测：

①设定仪器量程范围及钢筋直径，沿被测钢筋轴线选择相邻钢筋影响较小的位置，并应避开钢筋接头和绑扎丝，读取保护层厚度检测值。在每根钢筋的同一位置重复检测 1 次，读取数值。

②对同一处读取的 2 个保护层厚度值相差大于 1 mm 时，该组检测数据无效，并应查明原因，在该处重新进行检测，如 2 个保护层厚度值相差仍大于 1 mm，则应该更换检测仪器或采用钻孔、剔凿的方法核实。

注：大多数仪器要求钢筋直径已知方能准确检测保护层厚度，此时仪器必须按照钢筋实际直径对应进行设置。

③当实际保护层厚度值小于仪器最小示值时，应采用在探头下附加垫块的方法进行检测。垫块对仪器检测结果不应产生干扰，表面应光滑平整，其各方向厚度值偏差不应大于 0.1 mm。所加垫块厚度 c_0 在计算保护层厚度时应予扣除。

（4）检测钢筋间距时，应将设计间距相同的连续相邻钢筋一一标出，不得遗漏，并不宜少于 7 根钢筋，然后量测所有相邻钢筋的间距 s_i，并记录其间隔数。

（5）遇到下列情况之一时，应选取不少于 30% 的已测钢筋且不应少于 6 处（当实际检测数量不到 6 处时应全部抽取），采用钻孔、剔凿等方法验证：

①认为相邻钢筋对检测结果有影响；

②钢筋实际直径未知或有异议；

③钢筋实际根数、位置与设计有较大偏差；

④构件饰面层未清除的情况下检测钢筋保护层厚度；

⑤钢筋以及混凝土材质与校准试件有显著差异。

3. 雷达法

检测的时候必须根据被测结构中钢筋的排列特点，使雷达仪天线垂直于被测钢筋移动，仪器天线将接收的信号转换成被测部位的断面图，直观地显示被测钢筋的影像（见图 3-67），然后可以将检测结果打印出来或者利用仪器所配置的软件进行分析，可以得到被测部位断面中的钢筋间距、深度等参数。

雷达法检测的操作步骤如下：

（1）根据被测结构或构件中钢筋的排列方向，雷达仪探头或天线沿垂直于被测钢筋

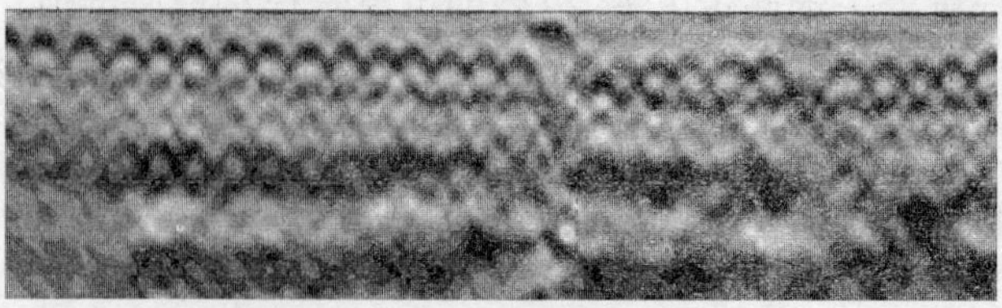

图 3-67　雷达仪检测钢筋影像

轴线方向扫描，仪器采集并记录下被测部位的反射信号，经过适当处理后，仪器可显示被测部位的断面图像，根据钢筋的反射波位置来确定钢筋间距 s_i 和保护层厚度值。

(2)检测钢筋间距时，应将设计间距相同的连续相邻钢筋一一标出，不得遗漏，并不宜少于 7 根钢筋，然后量测所有相邻钢筋的间距 s_i，并记录其间隔数。

(3)遇到下列情况之一时，应选取不少于 30% 的已测钢筋且不应少于 6 处(当实际检测数量不到 6 处时应全部抽取)，采用钻孔、剔凿等方法验证：

①认为相邻钢筋对检测结果有影响；

②钢筋实际根数、位置与设计有较大偏差或无资料可参考时；

③混凝土含水率较高；

④饰面层电磁性能与混凝土有较大差异；

⑤钢筋以及混凝土材质与校准试件有显著差异。

3.3.6.3　检测数据分析与判定

检测数据分析与判定主要依据《混凝土结构工程施工质量验收规范》(GB 50204—2002)的规定进行。

1. 钢筋保护层厚度

1)抽样方法

对梁类、板类构件，应各抽取构件数量的 2% 且不少于 5 个构件进行检验；当有悬挑构件时，抽取的构件中悬挑梁类、板类构件所占比例均不宜小于 50%。

结构部位，应由监理(建设)单位、施工单位等各方根据结构构件的重要性共同选定。

2)检测部位

对于梁类构件，应对全部纵向受力钢筋的保护层厚度进行检验；对于板类构件，应抽取不少于 6 根纵向受力钢筋的保护层厚度进行检验；对于每根钢筋，应在有代表性的部位测量 1 点。

3)检测方法

检测方法可采用非破损或者局部破损的方法，也可采用非破损方法并用局部破损方法进行校准。检测误差不应大于 1 mm。

4)指标要求

纵向受力钢筋的允许偏差，对于梁类构件为 $-7 \sim 10$ mm，对于板类构件为 $-5 \sim 8$ mm。

5)结果评定

对梁类、板类构件纵向受力钢筋的保护层厚度应分别进行验收，符合下列要求可按合格验收：

(1)全部钢筋保护层厚度检验的合格点率不小于90%时,判定合格。

(2)全部钢筋保护层厚度检验的合格点率小于90%但不小于80%时,可再抽取同样数量的构件进行检验,同时两次抽样总和计算的合格点率必须不小于90%,才能判定为合格。

(3)每次抽样检验结果中不合格点的最大偏差均不应大于规范允许偏差的1.5倍。对于梁类构件,也就是说不能大于 -10.5 ~ 15 mm,对于板类构件,不能大于 -7.5 ~ 12 mm。

2. 钢筋位置检测

钢筋位置检测主要是为了了解其间距,如楼板中纵向受力钢筋间距是影响其承载能力的重要因素。钢筋间距的计算相对较为简单,可以根据一定长度内有几根钢筋(几个间隔)来计算平均间距,如钢筋分布不均匀,最好将所测部位的钢筋分布以绘图形式记录下来,并记录每根钢筋间距,以便整改。

项目实训

实训项目一　基本知识训练

一、单选题

1. 回弹仪检测混凝土构件,当碳化深度值大于(　　)mm时,应在每一个测区测量碳化深度。

A. 0.5　　B. 1.0　　C. 2.0　　D. 4.0

2. 回弹值的计算中,当测试混凝土底面时,数据处理首先要进行(　　)。

A. 角度的修正　　B. 浇筑面的修正　　C. 不需修正　　D. 同时修正

3. 在锚具的周期性载荷试验中,加、卸载次数为(　　)。

A. 2×10^6 次　　B. 50 次　　C. 100 次　　D. 75 次

4. 超声波检测混凝土表面损伤层厚度时,一般采用(　　)。

A. 对测法　　B. 斜测法　　C. 平测法　　D. 钻孔法

5. 回弹仪在每次使用前应该进行(　　)。

A. 可立即使用　　B. 校验　　C. 率定　　D. 常规保养

6. 当采用钻孔法检测深裂缝的深度时,需要向测孔中(　　)。

A. 直接放入换能器进行检测即可　　B. 注入泥浆

C. 应注满清水　　D. 注入黄油

7. 在钻芯取样时,芯样直径应为混凝土所有集料最大粒径的3倍,一般为150 mm或100 mm。任何情况下不小于集料最大粒径的(　　)。

A. 2 倍　　B. 3 倍　　C. 1 倍　　D. 4 倍

二、多选题

1. 回弹测区的选择应符合(　　)。

A. 测区数不少于10个　　B. 每测区在20 cm×20 cm范围内

C. 避开预埋件　　D. 避开外露粗集料

2. 超声法检测浅裂纹时，应注意下列哪些问题？（　）

A. 裂缝预计深度≤500 mm　　B. 换能器对称裂缝轴线布置

C. 混凝土中应无主钢筋　　D. 裂缝走向应接近直线

三、简答题

1. 桥涵现浇混凝土结构检测的目的主要包括哪些方面？

2. 用于桥涵现浇混凝土强度无损检测的方法有哪些？

3. 用于桥涵上混凝土强度评定的指标是什么？当混凝土取样的数量不满足要求时，是否仍然可以进行评定？

4. 在进行桥涵混凝土强度评定时，什么情况下可以认为是同批试件？

5. 简述回弹法检测混凝土强度的基本原理和检测原则。

6. 用回弹法检测混凝土强度应注意哪些问题？

7. 采用回弹法检测混凝土强度时常用哪几种测强曲线？它们的用途有何不同？

8. 钻芯取样法适用于什么情况？

实训项目二　职业能力与素质综合训练

由授课教师提供某桥涵工程建设工程资料，依据《公路工程质量检验评定标准》(JTG F80/1—2012)对该工程某工程部位混凝土结构进行检查与评定，组织学生分组讨论并完成以下任务：

1. 查阅规范并判定该工程部位混凝土相关的基本参数是否符合规范要求？

2. 查阅规范并确定该工程部位混凝土实测项目及具体要求是否符合设计？

3. 模拟某工程混凝土结构，由授课教师组织学生对混凝土结构强度进行分组实训并完成以下子任务：

(1)运用回弹法检测混凝土强度。

(2)假设某混凝土空心板采用C25混凝土，若按照抽样频率的要求，获得了以下共16组混凝土标准强度试验结果：26.5、25.3、25.6、27.1、24.6、26.3、25.6、27.9、28.1、25.6、26.3、26.6、26.9、25.6、25.4、29.0，单位为kPa，试判断该预制混凝土空心板的强度是否合格。

【实训要求】

能力目标：

1. 使学生了解回弹仪的基本构造、基本性能、工作原理和使用方法。

2. 使学生掌握回弹法检测混凝土强度的基本步骤和方法。

3. 培养学生进行结构试验的动手能力和科学研究的分析能力。

素质目标：

培养坚持原则、忠于职守、作风正派、秉公办事的作风，要以数据说话；形成认真、严谨和科学的态度，具有较强的团队意识；树立质量第一的工程意识。

学习任务3.4　桥梁荷载试验

知识目标

1. 了解静、动载荷试验的目的。
2. 熟悉静、动载荷试验的工作内容。
3. 掌握静载荷试验方案的确定原则。
4. 掌握静、动载荷试验项目所用仪器设备及检测方法。

岗位任务

工作任务表

能力目标	主讲内容	学生完成任务	评价标准	
能够协助检测工程师进行桥梁静载荷试验的准备工作	桥梁结构的考察、试验设计与准备	协助检测工程师进行桥梁静载荷试验的准备工作	优秀	具有认真、严谨和科学的态度，团队意识强；熟练掌握静载荷试验知识点，能够协助检测工程师进行桥梁静载荷试验的准备工作，正确无误
			良好	具有认真、严谨和科学的态度，团队意识强；熟练掌握静载荷试验知识点，协助检测工程师进行桥梁静载荷试验的准备工作，基本正确，但不够完善
			合格	具有较认真的态度，但工作不够严谨，团队意识一般；静载荷试验知识点掌握欠熟练，协助检测工程师进行桥梁静载荷试验的准备工作不充分，需完善
能够负责一项具体检测工作	静载荷试验的方法与评价	负责一项具体的检测工作	优秀	具有认真、严谨和科学的态度，团队意识强；熟练掌握静载荷试验知识点，能够独立负责一项具体的检测工作
			良好	具有认真、严谨和科学的态度，团队意识强；熟练掌握静载荷试验知识点，能够独立负责一项具体的检测工作，但各项工作需进一步完善
			合格	具有较认真的态度，但工作不够严谨，团队意识一般；静载荷试验知识点掌握欠熟练，不能独立负责一项具体的检测工作，只能在教师指导下进行

桥梁载荷试验的目的是对新建桥梁竣工验收和运营桥梁进行承载力评定，检测桥梁整体受力性能是否满足设计和标准规范要求，是评定桥梁运营荷载等级最直接和最有效的办法。

桥梁载荷试验分静载荷试验（简称静载试验）和动载荷试验（简称动载试验）。静载试验是指将静止的荷载作用于桥梁上的指定位置，测试结构的静应变、静位移以及裂缝等，从而推断桥梁结构在荷载作用下的工作状态和使用能力。其主要任务是：

（1）测定挠度，可以了解结构的刚度并分析结构的弹性和非弹性性质。挠度的不正常发展还能说明结构中的局部现象。

(2)测定转角可以用来分析超静定结构。

(3)控制断面的最大应变和应变沿断面的分布规律是推断结构极限强度的重要指标。

桥梁结构的动载试验是利用某种激振方法激起桥梁结构的振动,然后测定其固有频率、阻尼比、振型、动力冲击系数和行车响应等参量,从而判断桥梁结构的整体刚度和行车性能。其主要任务是:

(1)测定动荷载的动力特性,即引起结构振动的作用力的数值、方向、频率和作用规律。

(2)测定结构的动力特性,即结构或构件的自振频率、阻尼特性及固有振型(模态)等。

(3)测定结构在动荷载作用下的强迫振动响应,如振幅、动应变、冲击系数及疲劳性能等。

(4)疲劳性能试验,主要测定结构或构件的疲劳性能。

大多数情况下,第(4)项内容一般只在试验室对桥梁构件进行疲劳试验。在现场,只对准备拆除的桥梁进行疲劳试验,但可对现有桥梁进行运营车辆荷载作用下的疲劳性能进行长期观测。

桥梁静、动载试验的工作阶段一般可大致分为试验设计、试验准备、试验实施和试验结果的分析与总结等四个阶段:

(1)试验设计阶段。

①研究试验目的,了解试验任务,收集有关资料,确定试验方法等。

②确定试验的性质和规模。

③确定试验参数,确定试件的外形及尺寸。

④进行试件的设计与制作。

⑤确定加载方法和设计支承系统。

⑥选定量测项目及量测方法。

⑦根据具体情况写出试验大纲。

(2)试验准备阶段。

①试件的制作。

②试件的尺寸与质量检查。

③试件的安装与就位。

④安装加载设备。

⑤设备仪表的率定。

⑥做辅助试验(常和正式试验穿插进行)。

⑦仪表的安装、连线调试。

⑧记录表格的设计准备。

⑨通过计算结构内力进行判断和控制加载(加载应力估计)。

(3)试验实施阶段。

这是整个试验过程的中心环节,应按照规定的加载顺序和量测顺序进行。

①确定基本加载方案，如破坏与否、试验周期的长短。

②荷载图式的选择，如是集中荷载还是均布荷载。

③加载顺序的确定，如是直接加载还是分级加载，按几个循环进行。

④观测注意点和测点布置。

(4)结构试验分析阶段。

①数据整理阶段：整理原始测试资料，进行数据分析。

②数据处理和试验结论：对试验现象和规律做出解释，将试验结果和理论值进行比较，分析产生差异的原因，并得出结论，写出试验总结报告，提出新问题和进一步研究计划。

3.4.1　桥梁静载试验

对于桥梁结构来说，静荷载通常是指缓慢行驶到桥上的指定荷重级别的车辆荷载。当试验现场条件受限制时，有时也可以施加荷重(如堆置铸铁块、水泥、预制块件、水箱等)或者以液压千斤顶等方式来模拟某一等级的车辆荷载。

桥梁结构在荷载作用下所产生的变形可以分为两大类：一类变形能反映结构的整体工作状态，如梁的挠度、转角、支座位移等，称为整体变形；另一类变形能反映结构的局部工作状态，如纤维变形、裂缝、钢筋的滑动等，称为局部变形。

测定挠度，可以了解结构的刚度并分析结构的弹性和非弹性性质。挠度的不正常发展还能说明结构中的局部现象；测定转角可以用来分析超静定结构；控制断面的最大应变和应变沿断面的分布规律是推断结构极限强度的重要指标。

桥梁结构的静载试验可以分为上部结构试验和下部结构试验。上部结构有梁桥、拱桥、刚构桥、斜拉桥、悬索桥等各种体系，下部结构包括桥墩、桥台、基础三个部分。为了能够较为客观地反映桥梁结构的工作性能，桥梁检测一般采用实桥现场检测。

一般桥梁静载试验主要是解决以下问题：

(1)检验桥梁结构的设计与施工质量，验证结构的安全性与可靠性。对于大、中跨度桥梁，都要求在竣工之后，通过试验来具体鉴定其工程质量的可靠性，并将试验报告作为评定工程质量优劣的主要依据之一。

(2)验证桥梁结构的设计理论与计算方法，充实与完善桥梁结构的计算理论和施工技术，积累科学技术资料。随着交通事业的不断发展，采用新结构、新材料、新工艺的桥梁结构日益增多，这些桥梁在设计、施工中必然会遇到一些新问题，其设计计算理论或设计参数需要通过桥梁试验予以验证或确定，在大量试验检测数据积累的基础上，逐步建立或完善这类桥梁的设计理论与计算方法。

(3)掌握桥梁结构的工作性能，判断桥梁结构的实际承载能力。目前，我国已建成了数十万座各种形式的桥梁，在使用过程中，有些已不能满足通行荷载的要求，有些由于各种原因而产生不同程度的损伤与破坏，有些由于设计或施工的问题本来就存在各种缺陷。对于这些桥梁，通常要采用试验的方法来确定其承载能力和使用性能，并由此确定限载方案或加固改造方案，特别是对于原始设计、施工资料不全的既有桥梁，为了确定其承载能力与使用条件，静载试验是必不可少的。

桥梁的静载试验是一项复杂而细致的工作，应根据试验目的进行认真的调查，必要时进行相关的理论分析，在此基础上周密地制订试验方案，对所有可能出现的问题都要认真考虑并做出处理预案，提出切实可行的试验计划。

3.4.1.1　**检测仪器设备**

1. 加载设备

静载试验荷载可由一系列正常行驶的车辆荷载（见图 3-68）组成。当试验所用的车辆规格不符合设计标准车辆荷载图式时，可根据桥梁设计控制截面的内力影响线，换算为等代的试验车辆荷载（包括动力系数和人群荷载的影响）。

静载试验荷载也可用放置重物、水箱和施工机械等加载装置（见图 3-69）替代车辆荷载，但应严格避免加载系统参与结构作用。

测定结构影响线和影响面时，可采用移动方便的轻型集中荷载设备；如果桥下具备设置平衡重或锚杆的条件，可用液压千斤顶加载（见图 3-70）。

图 3-68　静载试验加载车

图 3-69　重物加载

加载重物的称量可根据不同的加载方法和具体条件选用以下方法，对所加荷载进行称量。

1）称量法

当采用重物直接在桥上加载时，可将重物化整为零，称重后逐级加载，要求分堆置放，以便加载取用。当采用车辆加载时，可将车辆逐辆开上称重台进行称重。如没有现成可供利用的称重台，可自制专用称重台进行称重。

图 3-70　液压千斤顶加载

2）体积法

如采用水箱加载，可通过测量水的体积来换算水的质量。

3）综合法

根据车辆出厂规格确定空车轴重（注意考虑车辆零配件的更换和添减，汽油、水、乘员的变化）。再根据装载重物的重力及其重心将其分配至各轴。装载物最好采用规则外形的物体整齐码放或采用松散均匀料在车箱内摊铺平整，以便准确确定其重心位置。

无论采用何种方法确定加载物的重力，均应做到准确可靠，其称量误差最大不得超过 5%。

2. 量测仪器

桥梁静载试验时,需要量测结构的反力、应变、位移、倾角和裂缝等物理量,应选择适当的仪器进行量测。常用的量测仪器(见表3-33)有百分表、千分表、位移计、应变计(应变片)、应变仪、精密水准仪、经纬仪、全站仪、倾角仪和刻度放大镜等。这些测试仪器按其工作原理可分为机械测试仪器、电测仪器、光测仪器等。量测仪器见图3-71。

表3-33　静载试验常用仪表及适用范围

量测内容	仪表名称	最小分划值	适用量测范围	说明
应变	千分表	2×10^{-6}	50×10^{-6} ~ $2\ 000\times10^{-6}$	需配附件
	杠杆引伸仪	2×10^{-6}	50×10^{-6} ~ 200×10^{-6}	需配附件
	手持应变仪	5×10^{-6}	100×10^{-6} ~ $20\ 000\times10^{-6}$	需配表脚
	电阻应变仪	1×10^{-6}	50×10^{-6} ~ $5\ 000\times10^{-6}$	需贴电阻片
位移或挠度	千分表	0.001 mm	0.1 ~ 0.8 mm	需配表座及吊架
	百分表	0.01 mm	0.3 ~ 8 mm	需配表座及吊架
	百分表(长标距)	0.01 mm	0.3 ~ 25 mm	需配表座及吊架
	挠度计	0.1 mm	>1 mm	需配表座及钢丝
	精密水准仪	0.1 mm	>2 mm	需配特制水准尺
	电阻应变位移计	0.01 mm	0.3 ~ 25 mm	需配表座
	经纬仪	0.5 mm	>2 mm	需配短尺
倾角	水准式倾角仪	2.5″	20″ ~ 1°	需固定支架
裂缝	刻度放大镜	0.05 mm	0.05 ~ 5 mm	需搭脚手架

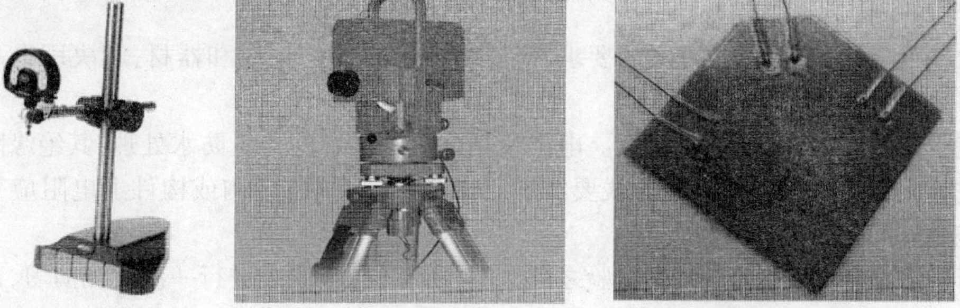

(a)机械式(百分表)　(b)电测式(应变计)　(c)光测式(挠度仪)

图3-71　量测仪器

(1)试验仪器性能指标主要有:

①量程:它是测试仪器所能测量的最大值至最小值的量测范围。

②刻度值:它是测试仪器指示或显示装置所能指示的最小测量值。

③精度:它是测试仪器的指示值与被测值的符合程度,误差越小精度越高。

④分辨率:它是当某一输入量从某个非零值开始缓慢变化,使仪器指示值发生变化的最小输入值。

⑤灵敏度:它是测试仪器输出值(仪器指示值)与输入值(被测量值)之比。

⑥滞后:它是仪器在测量范围内,从起始值到最大值来回输出中的最大偏差值或该值与最大量程的百分比。

(2)量测仪器选择的一般原则如下:

①所用仪器、仪表数据采集设备应是经过计量检定的。

②选择仪器、仪表应从试验的实际需要出发,选用的仪器、仪表应满足测试精度的要求,一般要求不大于预计测量值的5%。

③在选用仪器、仪表时,既要注意环境条件,又要避免盲目地追求精度,应根据实际情况,慎重选择和比较,采用符合要求又简易的量测装置。

④量测仪器、仪表的型号、规格,在同一试验中种类愈少愈好,尽可能选用同一类型或规格的仪器、仪表。

⑤仪器、仪表应当有足够的量程,以满足测试的需要。

3.4.1.2 现场检测技术

1.准备工作

试验准备工作包括:设备及仪表夹具的加工;试验现场的清理;设置仪器、仪表的支护装置以及其他必要的支架和安全设备;准备加载物质或设备;仪表校正、安装和调试;对试验人员进行技术培训;印发各种记录表格。在试验准备阶段,必须将试验所用的仪器设备及时配齐,试验前必须按规定进行校正或标定,并且应该有一定数量的备用仪器,以确保试验工作的顺利进行。

测试技术的准备也十分重要,正式加载试验前,试验人员必须明确分工和职责,能熟练地进行仪器、仪表的测读。掌握仪器、仪表的工作原理、基本性能以及排除一般故障的能力。对于规模较大、测试时间较长、使用仪器较多、测点布置难度较大的试验,可以考虑拟定专门的测试技术操作规程。

在施工现场,根据试验方案的要求,应及时准备必需的物质和器材,解决用电、水源、燃料等问题。

使用电测仪器,调试工作量大。电阻片粘贴后,要做好防潮、防水处理,其绝缘阻值要满足试验规定的要求。试验用导线要经过测试,导线与试验结构或构件上电阻应变片的连接,要锡焊并做好绝缘处理。

当所有准备工作就绪后,在试验之前,要对所有仪器、仪表进行一次观测演习,以便熟悉试验程序、仪器和仪表的测读及记录方法等。

在试验前及测试过程中观测并记录气温情况。

2.加载实施与控制

1)加载试验项目

为了满足鉴定桥梁承载力的要求,试验荷载工况的选择应反映桥梁结构的最不利受力状态,简单结构可选1~2个工况,复杂结构可适当多选几个工况,但不宜过多。在进行各荷载工况布置时,可参照截面内力(或变形)影响线进行,一般设两三个主要荷载工况,同时可根据试验桥梁结构体系的具体情况再设若干个附加荷载工况,但主要荷载工况必须予以保证。表 3-34 列出了常见桥型的试验荷载工况。

表 3-34　常见桥型的试验荷载工况

序号	桥型		内力或位移控制截面
1	简支梁桥	主要	(1)跨中截面最大正弯矩和挠度; (2)支点截面最大剪力
		附加	(1)$L/4$ 截面最大正弯矩和挠度; (2)墩台最大垂直力
2	连续梁桥、连续刚构	主要	(1)跨中截面最大正弯矩和挠度; (2)内支点截面最大负弯矩; (3)$L/4$ 截面最大弯矩和挠度
		附加	(1)端支点截面的最大剪力; (2)$L/4$ 截面最大弯剪力; (3)墩台最大垂直力; (4)连续刚构、固结墩墩身控制截面的最大弯矩
3	悬臂梁桥、T 形刚构	主要	(1)锚固跨跨中最大正弯矩和挠度; (2)支点最大负弯矩; (3)挂梁跨中最大正弯矩和挠度
		附加	(1)支点最大剪力; (2)挂梁支点截面或悬臂端截面最大剪力

2)加载程序

加载应严格按计划程序进行。采用重物加载时按荷载分级逐级施加,每级荷载堆放位置准确、整齐稳定。荷载施加完毕后,逐级卸载。采用车辆加载时,先由零载加至第一级荷载,卸载至零载;再由零载加至第二级荷载,卸至零载……,直至所有荷载施加完毕(有时为了确保试验结果准确无误,每一级荷载重复施加 1~2 次),每一级荷载施加次序为纵向先施加重车,后施加两侧标准车,横向先施加桥中心的车辆,后施加外侧的车辆。

3)截面内力控制

A. 控制荷载

为了保证荷载试验的效果,必须先确定试验的控制荷载。桥梁需要鉴定承载能力的荷载主要有以下几种:汽车和人群(标准设计荷载),挂车或履带车(标准设计荷载),需通行的特殊重型车辆。分别计算以上几种荷载对结构控制截面产生的内力(或变形)的最不利值,进行比较,取其中最不利者对应的荷载作为控制荷载。因为挂车和履带车不计冲击力,所以动载试验以汽车荷载作为控制荷载。荷载试验应尽量采用与控制荷载相同的荷载,而组成控制荷载(标准设计荷载)的车辆是由营运车辆统计而得的概率模型。由于客观条件的限制,实际采用的试验荷载与控制荷载有差别,为了保证静载试验效果,在选择试验荷载的大小和加载位置时采用静载试验效率 η_q 进行控制。按理论计算或检测的控制截面的最不利工作条件布置荷载,使控制截面达到最大试验效率。

B. 静载试验荷载效率

静载试验荷载效率定义为:试验荷载作用下被检测部位的内力(或变形的计算值)与

包括动力扩大效应在内的标准设计荷载作用下,同一部位的内力(或变形计算值)的比值,以 η_q 表示荷载效率。

$$\eta_q = \frac{S_t}{S_d(1+\mu)} \tag{3-86}$$

式中 S_t——试验荷载作用下,检测部位变形或内力的计算值;

S_d——标准设计荷载作用下,检测部位变形或内力的计算值;

μ——设计取用的冲击系数。

η_q 的取值可采用 0.8 ~ 1.05,当桥梁的调查、检算工作比较完善而又受加载设备能力所限,η_q 值可采用低限;当桥梁的调查、检算工作不充分,尤其是缺乏桥梁计算资料时,η_q 值应采用高限;总之应根据前期工作的具体情况来确定。一般情况下,η_q 值不宜小于 0.95。

荷载试验宜选择温度稳定的季节和天气进行。当温度变化对桥梁结构内力影响较大时,应选择温度内力较不利的季节进行荷载试验,否则应考虑用适当增大静载试验效率 η_q 来弥补温度影响对结构控制截面产生的不利内力。

当控制荷载为挂车或履带车而采用汽车荷载加载时,考虑到汽车荷载的横向应力增大系数较小,为了使截面的最大应力与控制荷载作用下的截面最大应力相等,可适当增大静载试验效率。

C. 加载分级与控制

为了加载安全和了解结构应变与变位随试验荷载增加的变化关系,对桥梁荷载试验中各主要荷载工况的加载应分级进行,而且一般安排在开始的几个加载程序中执行,附加工况一般只设置最大内力加载程序。

分级控制原则:一是当加载分级较为方便时,可按最大控制截面内力荷载工况将荷载均分为 4 ~ 5 级;二是当使用超重车加载,车辆称重有困难时也可分成 3 级加载;三是当桥梁的调查和验算工作不充分,或桥况较差时,应尽量增多加载分级。如限于条件,加载分级较少,应注意每级加载时,车辆荷载应逐辆缓缓驶入预定加载位置,必要时可在加载车辆未到达预定加载位置前分次对控制测点进行读数监控,以确保试验安全;四是在安排加载分级时,应注意加载过程中其他截面内力亦应逐渐增加,且最大内力不应超过控制荷载作用下的最不利内力;五是根据具体条件决定分组加载的方法,最好每级加载后卸载,也可逐级加载,当达到最大荷载后再逐级卸载。

车辆荷载加载分级的方法:一是逐渐增加加载车数量;二是先上轻车后上重车;三是加载车位于内力影响线的不同部位;四是加载车分次装载重物。

加载稳定时间控制:为控制加、卸载稳定时间,应选择一个控制观测点(如简支梁为跨中挠度或应变测点),在每级加载(或卸载)后立即测读一次,计算其与加载前(或卸载前)测读值之差值 S_g,然后每隔 2 min 测读一次,计算 2 min 前后读数的差值 ΔS,并计算相对读数差值 m

$$m = \frac{\Delta S}{S_g} \tag{3-87}$$

当 m 值小于 1% 或小于量测仪的最小分辨值,即认为结构基本稳定,方可进行各观测点读数。主要控制截面最大内力荷载工况对应的荷载在桥上稳定时间不少于5 min,对尚未投入营运的新桥应适当延长加载稳定时间。

有些桥测点观测值稳定时间较长,如结构的实测变位(或应变)值远小于计算值,可将加载稳定时间定为20～30 min。

加载分级的计算:根据各荷载工况的加载分级,按弹性阶段计算结构各测点在不同荷载等级下的计算变位(或应变),以便对加载试验过程进行分析和控制。计算采用的材料弹性模量,如已做材料试验的用实测值,未做材料试验的可按规范规定取值。

3. 测点布置与观测

1)测点布设的原则

(1)在满足条件的前提下,各试验项目的测点数量和布置必须是充分、足够的;同时测点宜少不宜多,不要盲目设置测点,这样可以不浪费人力和仪器设备,还会使试验目的突出。

(2)测点位置要具有代表性,以便于分析和计算。

(3)为保证量测数据的可靠性,应该布置一定数量的校核性测点。

(4)测点的布置应有利于试验时操作和测读,安全和方便。安装在结构上的附着式仪表在荷载达到正常使用荷载的1.2～1.5倍时应该拆除,以免结构突然破坏,而使仪表受损。

2)测点布设

A. 挠度测点的布置

一般情况下,对挠度测点的布设要求能够测量结构的竖向挠度、侧向位移和扭转变形,应能给出受检跨及相邻跨的挠曲线和最大挠度。每跨一般需布设3～5个测点。挠度测试结果应考虑支点下沉修正,观测支座下沉量、墩台的沉降、水平位移与转角、连拱桥多个墩台的水平位移等。有时为了验证计算理论,需要实测控制截面挠度的纵向和横向影响线。对较宽的桥梁或偏载应取上下游平均值或分析扭转效应。

B. 结构应变测点的布设

应力应变测点的布设应测出内力控制截面沿竖向、横向的应力分布状态。对组合构件,应测出组合构件的结合面上下缘应变。梁的每个截面的竖向测点沿截面高度应不少于5个测点,包括上、下缘和截面突变处,应能说明平截面假定是否成立。横向截面抗弯应变测点应布设在截面横桥向应力可能分布较大的部位,沿截面上下缘布设,横桥向布设一般不少于3处,以控制最大应力的分布,宽翼缘构件应能给出剪力滞效应的大小。对于箱形断面,顶板和底板测点应布设“十”字应变花,而腹板测定应布设45°应变花,T形断面下翼缘可用单向应变片。

此外,一般还应实测控制断面的横向应力增大系数。当结构横向联系构件质量较差,联结较弱时,必须测定控制断面的横向应力增大系数。简支梁跨中截面横向应力增大系数的测定,既可采用观测跨中沿桥宽方向应变变化的方法,也可采用观测跨中沿桥宽方向挠度变化的方法来进行计算,或用两种方法互相校验。

C. 混凝土结构应变测点的布设

对于预应力混凝土结构,应变测点可用长标距(5×150 mm)应变片构成应变花贴在混凝土表面，而对部分预应力或钢筋混凝土结构，受拉区则应测受拉钢筋的拉应变，可凿开混凝土保护层直接在钢筋上设置拉应力测点，但在试验完后必须修复保护层。

当采用测定混凝土表面应变的方法来确定钢筋混凝土结构中钢筋承受的拉力时，考虑到混凝土表面已经和可能产生的裂缝对观测的影响，可用测定与钢筋同高度的混凝土表面上一定间距的两点间的平均应变来确定钢筋的拉应力。选择这两点的位置时，应使其标距大致等于裂缝的间距或裂缝间距的倍数。可以根据结构受力后的三种情况进行选择：

(1)预计混凝土加载后不会产生裂缝情况时，可以任意选择测定位置及标距，但标距不应小于4 倍混凝土最大粒径。

(2)加载前未产生裂缝，加载后可能产生裂缝的情况时，如图 3-72(a)所示选择相连的 20 cm、30 cm 两个标距。当加载后产生裂缝时，可分别选用 20 cm、30 cm 或 20 cm + 30 cm 标距的测点读数来适应裂缝间距。

(3)加载前已经产生裂缝，为避免加载后产生新裂缝的影响，可根据裂缝间距选择测点位置及间距。图 3-72(b)为用手持式应变仪时的测点布置图。为提高测试精度，也可增大标距，跨越两条以上的裂缝，但测点在裂缝间的相对位置仍应不变。

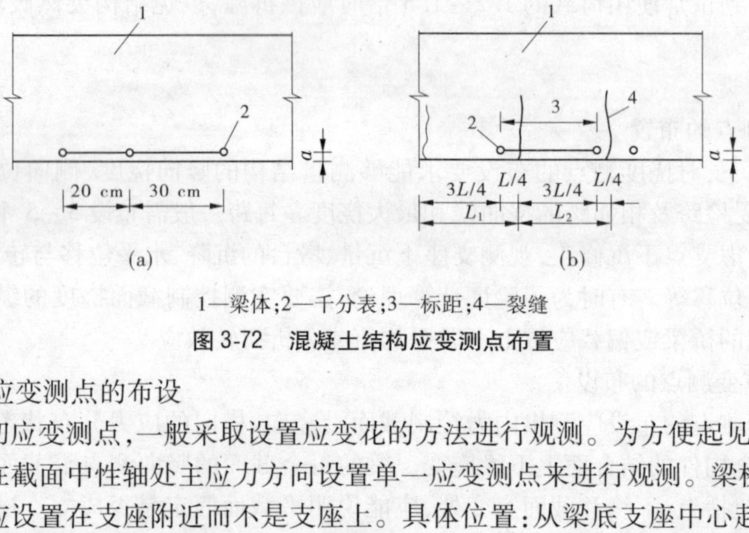

1—梁体；2—千分表；3—标距；4—裂缝

图 3-72 混凝土结构应变测点布置

D. 剪切应变测点的布设

对于剪切应变测点，一般采取设置应变花的方法进行观测。为方便起见，对于梁桥的剪应力也可在截面中性轴处主应力方向设置单一应变测点来进行观测。梁桥的实际最大剪应力截面应设置在支座附近而不是支座上。具体位置：从梁底支座中心起向跨中作与水平线成 45°斜线，此斜线与截面中性轴高度线相交的交点即为梁最大剪应力位置。可在这一点沿最大压应力或最大拉应力方向设置应变测点，距支座最近的加载点则应设置在 45°斜线与桥面的交点上。

E. 温度测点的布设

选择与大多数测点较接近的部位设置 1 ~ 2 处气温观测点，还可根据需要在桥梁主要测点部位设置一些构件表面温度观测点。

F. 常用桥梁的主要测点布置

主要测点的布设应能控制结构的最大应力(应变)和最大挠度(或位移)，测点的布设不宜过多，但要保证观测质量，几种常用桥梁体系的主要测点布设如下：

(1)简支梁桥：跨中挠度，支点沉降，跨中截面应变。

(2)连续梁桥:跨中挠度,支点沉降,跨中和支点截面应变。

(3)悬臂梁桥:悬臂端部挠度,支点沉降,支点截面应变。

(4)拱桥:跨中与 $L/4$ 处挠度,拱顶、$L/4$ 处和拱脚截面应变。

(5)斜拉桥:主梁中孔、跨中挠度,支点沉降,跨中截面应变;塔顶纵桥向最大水平位移,塔脚截面应变。

(6)悬索桥:加劲梁跨中与 $L/8$ 和 $3L/8$ 处挠度,支点沉降,跨中与 $L/8$ 和 $3L/8$ 处截面应变;塔顶纵桥向最大水平位移,塔脚截面应变。

(7)组合体系桥:根据组合体系所呈现的主要力学特征,结合上述各类桥梁的主要测点布置综合确定测点位置。

挠度观测测点一般布置在桥中轴线位置。截面抗弯应变测点应设置在截面横桥向应力可能分布较大的部位,沿截面上下缘布设,横桥向测点设置一般不少于3处,以控制最大应力的分布。

根据桥梁调查和检查工作的深度,综合考虑结构特点和桥梁状况等,可按需要加设测点。

3)测试观测

A. 位移的测量

一般的梁、板、拱、桁架结构的位移测定,主要是指挠度及其变形曲线的测定。挠度的测试断面,一般在1/8跨、1/4跨、1/2跨、3/4跨、7/8跨等位置布设测点,以便能测出挠度变形的特征曲线。对梁或板宽大于或等于100 cm的构件,应考虑在横截面两侧都布设测点,测值取两侧仪表读数的平均值。为了求得最大挠度值以及其变形特征曲线,测试中要设法消除支座沉降的影响。

常用的位移测量的仪器、仪表有各种类型的挠度计、百分表、位移传感器等。

在桥梁结构设计中的荷载横向分布系数,往往是以测定桥梁横断面各梁(或梁肋)挠度的方法推算出来的。具体做法是在特征断面(跨中或1/4跨断面)、所有各梁或梁肋布点测挠度,然后经过简单的数据处理,即可得到该断面的荷载横向分布特征值。

B. 应变的测量

试验结构的断面内力(弯矩、轴向力、剪力、扭矩)和断面应力分布,一般都是通过应变测定来反映的,所以应变值的正确测定是非常重要的。

应变的测量分为以下两种情况:

(1)已知桥梁结构的主应力方向。

对于承受轴向力的结构,如桁架中的杆件,测点应在平行于结构轴线的两个侧面,每处不少于2点。

对承受弯矩和轴向力共同作用的结构,如拱式结构的拱圈等,应在弯矩最大的位置处,平行轴线的两侧布点,每处不少于4点。

对承受弯矩作用的结构,如梁式结构,应在弯矩最大的位置处,沿截面上、下边缘布点或沿侧面梁高方向布点,每处不少于2点。

(2)未知桥梁结构的主应力方向。

在受弯构件中正应力和剪应力共同作用的区域、截面形状不规则或者有突变的位置,这些部位的主应力、剪应力的大小和方向都是未知的,当测定这些部位的平面应力状态时,一般按一定的 xy 坐标系均匀布点,每点按 3 个方向布设成一个应变花形式。再按此测出的应变确定主应力的大小和方向。

应变测试常用的仪器及仪表有千分表、杠杆引伸仪、手持应变仪、电阻应变仪等。

C. 裂缝的观测

对于钢筋混凝土梁,加载后在受拉区及时发现第一条裂缝是十分重要的。测定裂缝的仪器、仪表有刻度放大镜、塞尺、应变计、电阻应变仪等。

刻度放大镜可用来测定混凝土裂缝的宽度。最小刻度值为 0.01 ~ 0.1 mm,量程为 3 ~ 8 mm。使用时将放大镜的物镜对准需测定的裂缝,经过目测即可读出裂缝的宽度。

塞尺的用途是测定混凝土裂缝的深度,它是由一些不同厚度的薄钢片组成的。按裂缝宽度选择合适的塞尺厚度并插入裂缝中,根据塞尺插入的深度即可测得裂缝的深度。

用应变测量仪测量裂缝的出现或开裂荷载时,应在结构内力最大的受拉区,沿受力主筋方向连续布置电阻应变片或应变计,连续布置的长度不小于 2 ~ 3 个计算的裂缝间距或不小于 30 倍的主筋直径。在裂缝没有出现时,仪表的读数是有规律的,若在某级荷载作用下开裂,则跨越裂缝的仪表读数骤增,而相邻的其他仪表读数很小或出现负值。

在每级荷载下出现的裂缝或原有裂缝的开展,都要在结构上标明,用软铅笔在离裂缝 1 ~ 3 mm 处平行地描出裂缝的走向、长度和宽度,并注明荷载吨位。试验结束时,根据结构上的裂缝,绘出裂缝开展图。

加载过程应对结构控制点位移(或应变)、结构整体行为或薄弱部位破损实行监控,并随时向指挥人员汇报。要随时将控制点实测数值与计算结果进行比较,如实测值超过计算值较多,应暂停加载,查明原因后再决定是否继续加载。加载过程中应指定人员随时观察结构各部位(尤其是薄弱部位)可能产生的新裂缝,结构是否产生不正常的响声,加载时墩台是否发生摇晃现象等,如有这些情况,及时报告试验指挥人员,以便采取相应的措施。

加载过程中要注意观测原有裂缝较长、较宽的部位。测量裂缝的长度、宽度,并在混凝土表面沿裂缝走向进行描绘。观测加载过程中裂缝长度及宽度的变化情况,在混凝土表面进行描绘,并采用专门表格进行记录,将最后的检查情况填入裂缝观测记录表。

4. 加载控制

试验指挥人员在加载试验过程中应随时掌握各方面情况,对加载进行控制。既要取得良好的试验效果,又要确保人员、仪表设备及桥梁的安全,避免不应有的损失。

1) 加载的控制

应严格按设计的加载程序进行加载,荷载的大小、截面内力的大小都应由小到大逐渐增加,并随时做好停止加载和卸载的准备。

2) 测点的观测

对加载试验的控制点应随时观测、随时计算并将计算结果报告试验指挥人员,如实测值超过计算值较多,则应暂停加载,待查明原因再决定是否继续加载。试验人员如发现其他测点的测值有较大的反常变化,也应查找原因,并及时向试验指挥人员报告。

3）加载过程的观察

加载过程中应指定人员随时观察结构各部位可能产生的新裂缝，注意观察构件薄弱部位是否有开裂、破损，组合构件的结合面是否有开裂、错位，支座附近混凝土是否开裂，横隔板的接头是否拉裂，结构是否产生不正常的响声，加载时墩台是否发生摇晃现象等。如发生这些情况，应报告试验指挥人员，以便采取相应的措施。

5. 终止加载控制条件

发生下列情况时，应中途终止加载：

（1）控制测点应力值已达到或超过用弹性理论按规范安全条件反算的控制应力值时。

（2）控制测点变位（或挠度）超过规范允许值时。

（3）由于加载使结构裂缝的长度、宽度急剧增加，新裂缝大量出现，缝宽超过允许值的裂缝大量增多，对结构使用寿命造成较大的影响时。

（4）拱桥加载时，沿跨长方向的实测挠度曲线分布规律与计算值相差过大或实测挠度超过计算值过多时。

（5）发生其他损坏，影响桥梁承载能力或正常使用时。

试验荷载加载控制分析是一项相当严肃的重要工作，试验人员务必认真对待，仔细观测并对比分析，严格按照加载控制条件实施。

3.4.1.3　检测数据分析与判定

1. 试验结果与理论分析比较

为了评定结构整体受力性能，需对桥梁荷载试验结果与理论分析值比较，以检验新建桥是否达到设计要求的荷载标准，或者判断旧桥的承载能力。比较时可以将结构位移、应变等试验值与理论计算值列表进行比较，对结构在最不利荷载工况作用下主要控制测点的位移、应力的实测值与理论分析值，要分别绘出荷载—位移（$P \sim \Delta$）曲线、荷载—应力（$P \sim \sigma$）曲线，并绘出最不利荷载工况作用下位移沿结构（纵、横向）分布曲线和控制截面应变（沿高度）分布图，绘制结构裂缝分布图（对裂缝编号注明长度、宽度、初裂荷载以及裂缝发展情况）。为了量化，以及描述试验值与理论分析值比较的结果，此处引入结构校验系数

$$\eta = \frac{S_e}{S_s} \tag{3-88}$$

式中　S_e——试验荷载作用下量测的弹性变位（或应变）值；

S_s——试验荷载作用下的理论计算变位（或应变）值。

S_e 与 S_s 的比较可用实测的横截面平均值与计算值比较，也可考虑荷载横向不均匀分布而选用实测最大值与考虑横向增大系数的计算值进行比较。横向增大系数最好采用实测值，如无实测值也可采用理论计算值。

2. 荷载试验成果分析与承载能力评定

经过荷载试验的桥梁，应根据整理的试验资料分析结构的工作状况，进一步评定桥梁承载能力，为新建桥验收做出鉴定结论，或作为旧桥承载力鉴定检算的依据，并纳入桥梁承载能力鉴定报告和桥梁承载能力鉴定表。一般进行下列分析评定工作。

1)结构强度分析

结构控制断面实测最大应力(应变)可以成为评价结构强度的主要内容,常用校验系数η来说明。不同结构形式的桥梁,其η值常不相同。

挠度校验系数 = 实测跨中挠度/理论跨中挠度

应力校验系数 = 杆件实测弯曲应力/杆件理论弯曲应力

或　　应力校验系数 = 杆件实测轴向力/杆件理论轴向力

当$\eta=1$时,说明理论与实际相符。一般要求η值不大于1。η值越小,结构的安全储备越大。η值过大或过小都应该从多方面分析原因。如η值过大,可能说明组成结构的材料强度较低,结构各部分联结性较差,刚度较低等。如η值过小,可能说明材料的实际强度及弹性模量较高,梁桥的混凝土桥面铺装及人行道等与主梁共同受力,拱桥拱上建筑与拱圈共同作用,支座摩阻力对结构受力的有利影响,计算理论或简化的计算式偏于安全等。试验加载物的称量误差、仪表的观测误差等也对η值有一定影响。表3-35所列为常见η值参考表。

表3-35　桥梁校验系数常值表

桥梁类型	应变(或应力)校验系数	挠度校验系数	桥梁类型	应变(或应力)校验系数	挠度校验系数
钢筋混凝土板桥	0.20~0.40	0.20~0.50	预应力混凝土桥	0.60~0.90	0.70~1.00
钢筋混凝土梁桥	0.40~0.80	0.50~0.90	圬工拱桥	0.70~1.00	0.80~1.00

由于理论的变位(或应变)一般按线性关系计算,所以如测点实测弹性变位(或应变)与理论计算值成正比,其关系曲线接近于直线,说明结构处于良好的弹性工作状况。

测点在控制荷载工况作用下的相对残余变位(或应变)S_p/S_t值越小,说明结构越接近弹性工作状况。一般要求S_p/S_t值不大于20%,当S_p/S_t值大于20%时,应查明原因。如确系桥梁强度不足,应在评定时酌情降低桥梁承载能力。

η值应取控制截面内力最不利荷载工况时最大挠度测点进行计算。对于梁桥,可采用跨中最大正弯矩荷载工况的跨中挠度。对于拱桥,检算拱顶截面时,可采用拱顶最大正弯矩荷载工况时跨中挠度;检算拱脚截面时,可采用拱脚最大负弯矩荷载工况时$L/4$截面处挠度;验算$L/4$截面时用上述两者的平均值。如已安排$L/4$截面最大正、负弯矩荷载工况,则可采用该荷载工况时$L/4$截面挠度。

2)地基与基础

当试验荷载作用下墩台沉降、水平位移及倾角较小,符合上部结构检算要求,卸载后变位基本回复时,认为地基与基础在检算荷载作用下能正常工作。

当试验荷载作用下墩台沉降、水平位移及倾角较大或不稳定,卸载后变位不能回复时,应进一步对地基、基础进行探查、检算,必要时应对地基、基础进行加固处理。

3)结构的刚度要求

试验荷载作用下,主要测点挠度校验系数η应不大于1。各点的挠度不超过现行《公路圬工桥涵设计规范》(JTG D61—2005)与《公路钢筋混凝土及预应力混凝土桥涵设计规范》(JTG D62—2004)的有关规定。

4)裂缝

对于新建桥,试验荷载作用下预应力结构不应出现裂缝,钢筋混凝土结构裂缝不超过现行《公路圬工桥涵设计规范》(JTG D61—2005)容许值

$$\delta_{max} \leqslant [\delta] \tag{3-89}$$

对于旧桥试验荷载作用下绝大部分裂缝宽度应不大于规定中的允许值,荷载试验后所有裂缝应不大于表3-36规定的允许值。

表3-36　裂缝限值表

<table>
<tr><th>结构类型</th><th colspan="3">裂缝种类</th><th>允许最大缝宽(mm)</th><th>其他要求</th></tr>
<tr><td rowspan="5">钢筋混凝土梁</td><td colspan="3">主筋附近竖向裂缝</td><td>0.25</td><td></td></tr>
<tr><td colspan="3">腹板斜向裂缝</td><td>0.30</td><td></td></tr>
<tr><td colspan="3">组合梁结合面</td><td>0.50</td><td>不允许贯通结构面</td></tr>
<tr><td colspan="3">横隔板与梁体端部</td><td>0.30</td><td></td></tr>
<tr><td colspan="3">支座垫石</td><td>0.50</td><td></td></tr>
<tr><td rowspan="2">预应力混凝土梁</td><td colspan="3">梁体竖向裂缝</td><td>不允许</td><td></td></tr>
<tr><td colspan="3">梁体纵向裂缝</td><td>0.20</td><td></td></tr>
<tr><td rowspan="3">砖、石、混凝土拱</td><td colspan="3">拱圈横向</td><td>0.30</td><td>裂缝高度小于截面高度的1/2</td></tr>
<tr><td colspan="3">拱圈纵向</td><td>0.50</td><td>裂缝长度小于跨径的1/8</td></tr>
<tr><td colspan="3">拱波与拱肋结合处</td><td>0.20</td><td></td></tr>
<tr><td rowspan="8">墩台</td><td colspan="3">墩台帽</td><td>0.30</td><td></td></tr>
<tr><td rowspan="5">墩台身</td><td rowspan="2">经常受侵蚀性水影响</td><td>有筋</td><td>0.20</td><td rowspan="6">不允许贯通墩身截面的1/2</td></tr>
<tr><td>无筋</td><td>0.30</td></tr>
<tr><td rowspan="2">常年有水,但无侵蚀性水影响</td><td>有筋</td><td>0.25</td></tr>
<tr><td>无筋</td><td>0.35</td></tr>
<tr><td colspan="2">干沟或季节性有水河流</td><td>0.40</td></tr>
<tr><td colspan="3">有冻结作用部分</td><td>0.20</td><td></td></tr>
</table>

注:表中所列除特指外适用于一般条件,对于潮湿和空气中含有较多腐蚀性气体等条件下的缝宽限制应要求严格一些。

3.4.1.4　检测报告

在全部试验资料整理与分析的基础上编写桥梁结构静载试验报告,其主要内容应该包括下列各项。

1. 桥梁概况

桥梁概况简要介绍被试验桥梁的结构形式、构造特点、施工概况。若为旧桥,则说明旧桥的外观状况等,对于鉴定性试验,要说明在设计与施工中存在的技术问题,以及其对桥梁使用的影响等。对于科研性试验,还要说明设计中需要解决的计算理论问题等。文中要附上必要的结构简图。

2. 试验目的

根据试验对象的特点，要有针对性地说明结构静载试验所要达到的目的和要求。

3. 试验方案设计

根据荷载试验的目的，在试验方案设计中要说明以下主要内容：

(1)确定测试项目和测试方法、测点布置和仪器配备情况，并附以简图。

(2)试验荷载的形成情况(是标准车列或汽车荷载，还是模拟的等代荷载)。

(3)根据桥梁结构专用分析程序(或结构力学方法)在测试项目中的控制截面(内力、挠度、变形)影响线或影响面上，分别布置标准设计荷载和试验荷载，从而确定试验荷载效率 η_q，并通过调整试验荷载的布置(如载重车重量、车辆间距等)，来满足 η_q 在 0.8 ~ 1.05 间的要求。

(4)确定试验荷载工况种类，并分别以简图示出。

4. 试验日期和过程

试验日期和过程说明具体组织桥梁静载试验的起讫日期、试验准备阶段的情况，整个试验阶段的特殊问题及其解决办法，试验加载控制情况等。

5. 各项试验达到的精度

将本次试验中使用的各种仪器、仪表的类型、精度(最小读数)列表说明，同时说明试验中可能用到的夹具对试验精度的影响程度。

6. 试验资料整理与分析

资料分析时，将理论计算值、实测值以及有关的参考限值进行对比，说明理论与实践二者的符合程度，从中得出试验桥梁所具有的实际承载能力、抗裂性及使用的安全度，以及从试验中所发现的新问题。从现场检查的综合情况，说明试验桥梁的施工质量。对于一些科研性试验，还要从综合分析中说明设计计算理论的正确性和实用性，以及尚存在的未解决的问题。如果资料丰富，还可能经综合分析，提出简化计算公式等。

7. 试验记录摘录

试验记录摘录是将试验中所得的实测控制数据以列表或以曲线的形式表达出来。

8. 技术结论

根据综合分析的结果，得出最后的技术结论，对试验桥梁作出科学的评价。同时根据存在的问题，对新建桥梁提出改进设计或加强养护方面的建议，对旧桥提出加固方案或维修养护方面的建议。

9. 经验总结

经验总结是从桥梁荷载试验的角度，对本次试验的计划、程序、测试方法指出存在的不足并提出改进意见。

10. 图表信息

在报告的最后一般要附上有关具有代表性的图表、照片等。

3.4.2 桥梁动载试验

桥梁结构是以承受自重和各种车辆为主要荷载的结构物。桥梁的振动主要是由车辆荷载以一定速度在桥上通过而产生的，同时，车辆驶过桥梁时，由于桥面起伏不平或发动机的振动等，会使桥梁振动加剧。此外，人群荷载、风力、地震力、漂浮物或其他物体的撞击作用也会引起桥梁的振动。

为满足交通运输日益增长的需要，不但各种交通车辆的数量迅速增长，而且车辆的行驶速度和载重量也有很大提高。近年来由于计算理论不断完善，以及新结构形式或轻质高强材料的应用，都促使桥梁结构逐渐轻型化。因此，车辆荷载或其他动力荷载对桥梁结构的冲击和振动的影响，已成为桥梁工程中不容忽视的问题之一。

桥梁的振动问题，影响因素复杂，只靠理论分析不易得到实用的结果。一般需要采用与试验相结合的研究方法，而振动测试正是解决桥梁工程振动问题必不可少的手段。

桥梁的动载试验与静载试验相比具有其特殊性。引起结构产生振动的振源（又称输入，例如车辆、人群、阵风或地震力等）和结构的振动响应（又称输出），都是随时间而变化的，而且结构在动荷载作用下的响应与结构本身的动力特性有密切关系。动荷载产生的动力效应一般大于相应的静力效应；有时，甚至在一个不大的动力作用下，也可能使结构受到严重的损坏。

3.4.2.1　桥梁动载试验的目的及项目

1. 桥梁结构动载试验的目的

动载试验的目的在于研究公路桥梁的动力性能，该性能是判断桥梁营运状况和承载能力的重要指标之一。比如，动力系数是确定车轴荷载对桥梁动力作用的重要技术参数，直接影响到桥梁设计安全与经济性能。桥梁过大的振动或从心理学来说人们很敏感的振动，可引起乘客和行人的不舒适。桥梁自振频率处于某些范围时，可由外荷载（包括行驶车辆、行人、地震、风载、海浪冲击等）引起共振的危险。

2. 桥梁动载试验的项目

（1）测定结构在动荷载下的响应，即结构在动荷载作用下强迫振动的特性。

（2）测定桥跨结构的自振特性。

（3）测定动荷载本身的动力特性。

（4）疲劳性能试验。

3.4.2.2　检测仪器设备

动载试验量测动应变可采用动态电阻应变仪并配以记录仪器，量测振动可选用低频拾振器并配低频测振放大器及记录仪器，量测动挠度可选用电阻应变位移计配动态电阻应变仪及记录仪器。动载试验常用的仪器及技术参数见表3-37。

动载试验的测试系统，一般可采用电磁式测试系统、压电式测试系统、电阻应变式测试系统或光电测试系统。在选择测试系统时，应注意选择测振仪器的技术指标，使传感器、放大器、记录装置组成的测试系统的灵敏度、动态范围、幅频特性和幅值范围等技术指标满足被测结构动力特性范围的要求。测试仪表应不大于预计测量值的10%。

试验前，应对测试系统的灵敏度、幅频特性、相频特性、线性度等进行标定。标定测振仪的方法较多，常用的方法有分部标定法和系统标定法等。

表 3-37　动载试验常用的仪器及技术参数

<table>
<tr><th rowspan="2">测量内容</th><th colspan="2">测量系统</th><th colspan="2">数据采集分析系统</th><th rowspan="2">说明</th></tr>
<tr><th>仪器名称</th><th>适用范围</th><th>仪器名称</th><th>技术参数</th></tr>
<tr><td rowspan="2">应变</td><td>电阻应变计及动态应变仪</td><td>测量范围：±10 000 με
频率响应：0 ~ 10 kHz
可用于行车试验、跳车试验</td><td rowspan="8">（1）由计算机与相应软件构成的采集系统；
（2）磁带记录仪</td><td rowspan="8">（1）输入电压范围：0 ~ ±5（10）V。
（2）频率响应：0 ~ 5 kHz。
（3）采样频率不低于 1 kHz。
（4）可监视信号质量</td><td rowspan="2">可预埋或后装</td></tr>
<tr><td>光纤应变计及调制解调器</td><td>测量范围：±10 000 με
频率响应：0 ~ 10 kHz
可用于行车试验、跳车试验</td></tr>
<tr><td rowspan="2">位移</td><td>电阻应变式位移计及动态应变仪</td><td>测量范围：±10 000 με
频率响应：0 ~ 10 kHz
可用于行车试验、跳车试验</td><td>接触式测量，需要表架</td></tr>
<tr><td>光电位移测量装置</td><td>测量距离：500 m
测量范围：±25 m（当最大测距时）
频率响应：20 Hz
可用于行车试验、跳车试验</td><td>非接触式测量</td></tr>
<tr><td rowspan="4">动力特性参数</td><td>磁电式拾振器及放大器</td><td>测量范围：位移 ±20 mm
加速度：±0.5g
频率响应：0.3 ~ 20 Hz
可用于行车试验、跳车、脉动试验</td><td></td></tr>
<tr><td>应变式加速度计及动态应变仪</td><td>测量范围：±0.5g
频率响应：0 ~ 100 Hz
可用于行车试验、跳车试验</td><td rowspan="3"></td></tr>
<tr><td>压电式加速度计及电荷放大器</td><td>测量范围：±0.5g
频率响应：0.5 ~ 1 kHz
可用于行车试验、跳车试验，高灵敏度的也可用于脉动试验</td></tr>
<tr><td>伺服式加速度计及放大器</td><td>测量范围：±0.5g
频率响应：0 ~ 100 Hz
可用于行车试验、跳车试验、脉动试验</td></tr>
</table>

分部标定法是按传感器、放大器、记录器三部分分别标定其灵敏度 K_S、K_F、K_R，则测试系统总的灵敏度 K 可按下式计算

$$K = K_S K_F K_R \tag{3-90}$$

分部标定工作比较麻烦，但使用较灵活，标定时应注意各级仪器之间的匹配，否则会增大误差。

系统标定把传感器、放大器、记录仪看成是一个整体，标定输入振动量与输出电量或记录值的关系，得到整套仪器的灵敏度和频率特性关系等，一般在振动台上进行。系统标定工作简单，结果可靠，误差小。但一旦标定好，传感器、放大器、记录仪的对应关系不能改变，使用时不够灵活。

友情提示

在动载试验中安装和使用仪器设备时应注意以下几点：

(1)动态测试仪器，由于存在频响、阻抗匹配及相位等问题，应至少保证一年整机标定一次。在振动台等条件具备的情况下，最好是在测试前后各标定一次，以便取得准确的响应值，标定内容至少应做频响特性、幅值线性两项试验，并绘成图形。

(2)每次动态测试前应进行现场的灵敏度比对和相位一致性试验。

(3)振动测量应尽量测定位移(动位移)值和加速度值。前者反映刚度，后者反映动荷载。因此，尽量采用位移传感器和加速度传感器，尽量少用微积分线路(尤其避免二次微积分)，以提高测定值精度。

(4)振动测量应包括三维空间值，即桥轴水平向、横桥水平向和横桥垂直向。在记录与分析中亦应明确标明，工况记录要详细准确。

(5)在正式测试时，项目负责人应检查无载状态下应变仪各测点的零状态是否良好，其变化不超过 $\pm 5\ \mu\varepsilon$。

3.4.2.3　现场检测技术

1. 准备工作

动载试验前，首先应按照试验方案进行准备工作，其内容包括：

(1)收集与试验桥梁有关的设计资料和图纸，详细研究，慎重选择或确定试验荷载。

(2)现场调查桥上和桥两端线路状态、线路容许速度、车辆和列车实际过桥速度及其他激振措施状态。

(3)了解有关试验部位情况，以确定测试脚手架搭设位置、导线的布设方法及仪器安放位置。

(4)对拟测试的项目和测试断面，应按实际荷载和截面尺寸预先算出应力、位移、结构内振频率等，以便及时与实测值进行比较。

2. 动载试验加载方案与实施

桥梁动载试验的激振方法应根据桥梁的结构型式和刚度，选择效果好、易实施的方法。桥梁常用的激振方法主要有：

(1)自振法(瞬态激振法)。自振法是使桥梁产生有阻尼的自由衰减振动，记录到的振动图形是桥梁的衰减振动曲线。

(2)共振法(强迫振动法)。共振法是利用激振器对结构施加激振力，使结构产生强迫振动，改变激振力的频率而使结构产生共振现象，并借助共振现象来确定结构的动力特性。

(3)脉动法。脉动法是利用附近车辆或机器等的振动而引起结构产生微小而不规则振动的方法。脉动能够明显地反映出结构的固有频率,常用于大跨度悬吊结构、索塔以及具有分离式拱肋的大跨度下承式或中承式拱桥。

3. 桥梁动载试验的测试内容

桥梁动载试验一般包括跑车试验、跳车试验、制动试验和脉动试验。试验时,宜从动力响应小的测试项目做起,即先进行脉动试验,然后进行跑车试验,再进行跳车试验,有需要时再进行制动试验。

1)跑车试验(无障碍行车试验)

跑车试验的试验荷载,采用接近于标准荷载的单辆载重汽车来充当(见图 3-73)。试验时,让单辆载重汽车分偏载和中载两种情形,以不同车速匀速通过桥跨结构,测定桥跨结构主要控制截面测点的动应力和动挠度时间历程响应曲线。

动载试验一般安排标准汽车车列(对小跨径桥也可用单排车)在不同车速时的跑车试验,跑车速度一般定为在最高设计车速下的若干等级,比如 5 km/h、10 km/h、20 km/h、30 km/h、40 km/h、50 km/h、60 km/h 等。当车在桥上时为车桥联合振动,当车跨出桥后为自由衰减振动。应测量不同行驶速度下控制断面(一般取跨中或支点处)的动应变和动挠度,记录时间一般以波形完全衰减为止。测试时需记录轴重、车速,并在时程曲线上标出首车进桥和尾车出桥的对应时间。动载测试一般应试验三组,在临界速度时可增跑几趟。全面记录动应变和动位移。

图 3-73　跑车试验现场

进行跑车试验时,要较准确地控制试验车辆的车速,并根据测试传感器的布置,确定试验车辆行驶途中进行数据采集的起止位置,以免测试数据产生遗漏。

2)跳车试验(有障碍试验)

在预定激振位置设置一块 15 cm 高的直角三角木,斜边朝向汽车。一辆满载重车以不同速度行驶,后轮越过三角木由直角边落下后,立即停车(见图 3-74)。此时桥跨结构的振动是带有一辆满载重车附加质量的衰减振动。在数据处理时,附加质量的影响应给以修正。跳车的动力效应与车速和三角木放置的位置有关。随车速的增加,桥跨结构的动位移、动应力会增加,从而冲击系数也会加大,跳车记录时间与跑车相同。

3)刹车试验(制动试验)

按实际情况,有时需进行制动试验,测定桥梁结构在制动力作用下的响应,以了解桥梁承受活载水平力的性能。制动试验是以行进车辆突然停止作为激振源,可以以不同车速停在预定位置。制动可以顺桥向和横桥向进行。一般横桥向由于桥面较窄,难以加速到预定车速。制动试验数据同样需要进行附加质量影响的修正。制动的位移时程曲线可读取自振特性和阻尼特性数据。不过此时是有车的质量参与衰减振动,阻尼也非单纯桥跨结构的阻尼。制动记录项目与跑车相同,对记录的信号(包括振幅、应变或挠度等)进行频谱分析,可以得到相应的强迫振动频率等一系列参数。在进行制动试验时,对车辆荷载的行驶速度及制动位置等均应作专门的考虑。

图 3-74　跳车试验现场

4）脉动试验

脉动试验是在桥面无任何交通荷载以及桥址附近无规则振源的情况下，测定桥跨结构由于桥址处风荷载、地脉动、水流等随机荷载激振而引起桥跨结构的微幅振动响应，测得结构的自振频率、振型和阻尼比等动力学特征。

脉动试验是使用高灵敏度的传感器和放大器测量结构在环境振动作用下的振动，然后对其进行谱分析，求出结构自振特性的一种方法，其记录时间一般不宜少于40 min。环境振动是随机的、多种振动的叠加，它输出的能量在相当宽的频段是差不多相等的，而结构在环境（如风、水流、机动车、人的活动等引起的振动）的激励下振动时，由于相位的原因，使得和结构自振频率相同或接近的振动被放大，所以对记录到的数据进行多次平均谱分析，即可得到结构的自振频率及振型。

为了尽可能测出高阶频率，应当先估算结构振型，以便在结构的敏感点布置拾振器。为了进行动力分析或风、地震响应分析，对不同桥型，测量自振频率的阶数可以不同：斜拉桥、悬索桥不少于15阶，简支梁、连续梁、刚构和拱桥不少于9阶。

4. 桥梁动载试验的效率

动载试验的效率定义为

$$\eta_d = \frac{S_d}{S} \tag{3-91}$$

式中　S_d——动载试验荷载作用下控制截面最大计算内力值；

S——标准汽车荷载作用下控制截面最大计算内力值（不计入汽车荷载冲击系数）。

η_d 值一般取为1，动载试验的效率不仅取决于试验车型及车重，而且取决于实际跑车时的车间距。因此，在动载试验跑车时应注意保持试验车辆之间的间距，并应实际测定跑车时的车间距以作为修正动载试验效率 η_d 的计算依据。

5. 桥梁动载试验的测点布置

1）拾振器的布置

测点拾振器一般按照结构振形形状，在变位较大的部位布置测点，尽可能避开各阶振形的节点，以免丢失模态。

2）动应变测点的布置

动应变测点一般应布置在结构产生最大拉应变的截面处，并注意温度补偿。

3.4.2.4　检测数据分析与判定

桥梁结构动力性能的各个参数，如固有频率、阻尼比、振形、动力冲击系数等以及动力响应的大小，是宏观评价桥梁结构的整体刚度、运营性能的重要指标，也是一些规范评价桥梁安全运营性能的主要尺度。

1. 试验数据分析

桥梁结构的动力特性常用的分析处理方法可以分为时域分析和频域分析两种。时域分析是直接对时程曲线进行分析，可以得到阻尼比、振型、冲击系数等参数；频域分析是把时域信号通过傅立叶变换进行数学处理后，从而确定结构的频率和频率分布特性。

1）荷载效率

行车试验的动载试验荷载效率计算式为

$$\eta_{dyn} = \frac{S_{dyn}}{S} \tag{3-92}$$

式中 S_{dyn}——动载试验荷载作用下控制截面最大内力或变位计算值；

S——标准汽车荷载作用下控制截面最大内力或变位计算值（不计汽车荷载冲击系数）。

2）动力增大系数

实测的活载动力增大系数$(1+\mu)$，可根据记录的测点动挠度或动应变时间历程曲线进行整理分析，按式(3-93)计算

$$1+\mu = \frac{S_{max}}{S_{mean}} \tag{3-93}$$

式中 S_{max}——在动荷载作用下该测点最大挠度（或应变）值；

S_{mean}——相应的静荷载作用下该测点最大挠度（或应变）值。

$$S_{mean} = \frac{1}{2}(S_{max} + S_{min}) \tag{3-94}$$

式中 S_{min}——与S_{max}相应的最小挠度（或应变值）。

3）冲击系数

实测的活载冲击系数可按式(3-95)计算

$$\mu = \frac{S_{max} - S_{min}}{S_{mean} + S_{min}} \tag{3-95}$$

式中各符号意义同前。

根据不同车速的活载冲击系数或动力增大系数，绘制活载冲击系数或动力增大系数与车速的关系曲线，并求出活载冲击系数的最大值。

4）自振频率

（1）结构自振频率，可根据桥梁跳车激振试验测记的测点余振响应信号分析而得，也可根据脉动试验测记的测点随机振动响应信号分析而得，还可根据行车试验测记的测点动挠度或动应变余振曲线分析而得。

（2）对跳车激振试验，当激振荷载对结构振动具有附加质量影响时，可按式(3-96)计算结构自振频率

$$f_0 = f\sqrt{\frac{M_0 + M}{M_0}} \tag{3-96}$$

式中 f_0——结构的自振频率；

f——有附加质量影响的实测自振频率；

M_0——结构在激振处的换算质量；

M——附加质量。

5）阻尼比

（1）桥梁结构的阻尼比，可根据跳车激振试验或行车试验测记的测点余振相应信号（振动衰减曲线），按式（3-97）进行计算

$$D_r = \frac{1}{2m\pi} \ln \frac{A_i}{A_{i+m}} \tag{3-97}$$

式中　D_r——测点阻尼比；

m——在振动衰减曲线上量取的波形数；

A_i——在振动衰减曲线上量取的第 i 个波形的幅值；

A_{i+m}——在振动衰减曲线上量取的第 $i+m$ 个波形的幅值。

（2）桥梁结构阻尼比也可根据频谱分析得出的测点自功率谱图，用半功率点宽带按式（3-98）计算

$$D_r = \frac{B_i}{2f_i} \tag{3-98}$$

式中　B_i——第 i 阶自振频率相应的半功率点宽带，即 0.707 倍功率谱峰值所对应的频率差；

f_i——第 i 阶自振频率。

6）振型

结构的振型是结构相应于各阶固有频率的振动形式，一个振动系统振型的数目与其自由度数目相等。桥梁结构是一个具有连续分布质量的体系，也就是说，是一个无限多自由度体系，因此其固有频率及相应的振型也有无限多个。但是对于一般的桥梁结构，第一固有频率即基频对结构的动力分析才是重要的。对于较复杂的动力分析问题，也仅需前面几个固有频率。

2. 试验成果分析

在实际测试中，通常通过以下几个方面来评价桥梁结构的动力性能。

（1）当动载试验的效率 η_d 接近 1 时，不同车速下实测的冲击系数最大值可用于结构的强度和稳定性验算。

（2）实测的活载冲击系数应满足下列条件

$$\mu_t \eta_{dyn} \leqslant \mu_c \tag{3-99}$$

式中　μ_c——设计采用的冲击系数；

μ_t——行车试验实测的最大冲击系数；

其他符号意义同前。

（3）行车试验实测的桥跨结构最大变位控制测点的垂直振幅标准值 A_{ct}（等于局部离差平方的二次根）宜小于表 3-38 所列的限值。

（4）结构的自振频率、活载强迫振动频率及阻尼系数等对桥梁承载能力的影响可参考其他有关资料进行分析。实测的简支梁桥桥跨结构的一阶竖弯自振频率一般不应大于 3.0 Hz，否则认为桥跨总体刚度较差。

表 3-38　桥跨结构振幅标准值限值

桥型及跨度	允许振幅标准值(mm)
跨度 20 m 以下的钢筋混凝土梁桥	0.3
跨度为 20 ~ 45 m 的预应力混凝土梁桥	1.0
跨度为 60 ~ 70 m 的连续梁桥和 T 形刚构	3.0 ~ 5.0
跨度为 30 ~ 125 m 的钢梁桥和组合梁桥	2.0 ~ 3.0

3.4.2.5　检测报告

一般情况下,桥梁荷载试验报告应同时包括静载试验与动载试验两部分内容。在静载试验内容的基础上,另外增加动载试验内容,从而形成完整的荷载试验报告。

在全部动载试验资料整理与分析处理的基础上,编写桥梁结构动载试验部分报告。其主要内容应该包括下列各项。

1. 试验目的

根据试验对象的特点,要有针对性地说明结构动载试验所要达到的目的和要求。

2. 试验依据

说明结构动载试验所依据的相关规范、规程或技术文件。

3. 试验方案

根据动载试验目的,在试验方案设计中要说明以下主要内容:

(1)测试项目和测试方法、测点布置和仪器配备情况,并附以简图。

(2)试验荷载的形式(标准车列或汽车荷载)以及选择何种激振方法(试验汽车跳车、跑车或其他激振形式)。

(3)根据桥梁结构动力分析专用程序计算动载试验荷载效率 η_d,并通过调整动载试验荷载的布置(如载重车重力、车辆间距等),满足 $\eta_d \approx 1.0$ 的要求。

4. 试验过程说明

按照试验计划大纲的内容,简要介绍试验实施概况。说明具体组织桥梁动载试验的起始日期、试验准备阶段的情况、整个试验阶段的特殊问题及其解决方法。

5. 各项试验达到的精度

将试验中使用的各种仪器及仪表的类型、参数、检定证书、测量精度(最小读数)、标定情况等列表说明,同时还要说明试验中可能使用的夹具、传感器等对试验精度的影响程度。

6. 试验成果与分析

依据桥梁结构动载试验项目,对试验成果进行分析与评定,将理论计算值与实测值进行对比,说明理论与实践的符合程度,从中得出试验桥梁所具有的实际结构动力特性及桥梁营运状况,以及从试验中所发现的问题。绘制结构振型、冲击系数与不同车速的关系分析图等。

7. 试验记录摘录

将试验中所实测的控制数据以列表或曲线的形式表达出来。

8. 技术结论

根据综合分析的结果，得出最后的技术结论，对试验桥梁做出科学的评价，同时根据存在的问题，对新建桥提出改进设计或加强养护方面的建议；对旧桥提出加固方案或维修养护甚至是拆除重建方面的建议。

9. 图表信息

在报告的最后，一般应附上具有代表性的动载记录图表。

项目实训

实训项目一　基本知识训练

一、填空题

1. 桥梁静载试验时间最好选择在(　　　　　)。

2. 某桥梁静载试验荷载作用下控制截面内力计算值为 200 kN，控制设计内力值为 180 kN，冲击系数 $1+\mu=1.2$，则静载试验系数为(　　　)。

3. 桥梁荷载试验挠度观测点横桥向测点设置一般不少于(　　　)。

4. 桥梁荷载试验荷载在桥上的稳定时间不少于(　　　)。

5. 桥梁荷载试验在控制荷载工况下相对残余变位一般不大于(　　　)。

6. 对于一般的桥梁结构，基频取(　　　　　　　　)。

7. 桥梁动载试验控制荷载为(　　　)。

8. 当需要在现场长期连续观测结构的应变时，选用(　　　　　　　)比较合适。

二、多选题

1. 简支梁主要测点应布设在(　　　)处。

A. 跨中挠度　　B. 支点沉降　　C. 支点水平位移

D. 跨中应变　　E. 支点应变

2. 桥梁静载试验需测量(　　　)。

A. 应力　　B. 应变　　C. 位移

D. 倾角　　E. 裂缝

3. 桥梁荷载试验，试验数据修正包括(　　　)。

A. 测值修正　　B. 温度修正　　C. 支点沉降修正

D. 加载方式修正　　E. 时间修正

4. 桥梁荷载试验进行工作状况评价指标包括(　　　)。

A. 检验系数　　B. 实测值与理论值关系　　C. 相对残余变位

D. 动载性能　　E. 裂缝

5. 桥梁荷载试验评定内容包括(　　　)。

A. 工作状况　　B. 结构强度和稳定性　　C. 地基与基础

D. 结构刚度　　　　　　　　　　E. 裂缝

6. 桥梁动载试验测定结构的动力特性包括(　　)。

A. 自振频率　　　　　　　　　　B. 阻尼　　　　　　　　　　C. 振型

D. 动位移　　　　　　　　　　E. 动应力

三、简答题

1. 检测常用桥梁的挠度、应变时,应该如何布设测点?
2. 静载试验的量测项目有哪些?选用哪些仪器量测?
3. 如何测量梁桥的位移?常用的仪器有哪些?
4. 如何测量应变?如何观测裂缝?
5. 静载试验加载过程主要观测内容及终止加载的条件是什么?
6. 桥梁结构动载试验的基本任务是什么?
7. 进行桥梁动载试验时需要用哪些主要设备?测试系统如何选配?
8. 应根据什么来选择桥梁动载试验的激振方法?具体方法如何?
9. 桥梁动载试验报告应包括哪些内容?

实训项目二　职业能力与素质综合训练

由授课教师提供一份桥梁静载试验检测报告,学生完成以下任务:

1. 依据检测报告确定检测流程。
2. 根据报告写出应变片的粘贴工艺。
3. 进行数据分析。

【实训要求】

能力目标:

1. 能够掌握静载试验的试验流程。
2. 能够进行应变片的粘贴。
3. 能够对试验数据进行分析。

素质目标:

培养坚持原则、忠于职守、作风正派、秉公办事的作风,要以数据说话;形成认真、严谨和科学的态度,具有较强的团队意识;树立质量第一的工程意识。

学习任务 3.5　桥梁全桥检测

知识目标

1. 了解桥梁成桥检测的目的和意义。
2. 掌握成桥的外观普查项目。
3. 掌握桥梁详细检查的几种常用方法。

岗位任务

工作任务表

能力目标	主讲内容	学生完成任务	评价标准	
能够根据成桥的外观普查项目填写相应表格	桥梁一般检查的内容与要点及检查后应提交的文件，混凝土旧桥常见病害	根据成桥外观普查项目填写相应表格	优秀	具有认真、严谨和科学的态度，团队意识强；熟练掌握桥梁外观检测知识点，能够正确填写外观普查项目相应表格
			良好	具有认真、严谨和科学的态度，团队意识强；熟练掌握桥梁外观检测知识点，能够填写外观普查项目相应表格，但需补充
			合格	具有较认真的态度，但工作不够严谨，团队意识一般；桥梁外观检测知识点掌握欠熟练，在教师的指导下能够填写外观普查项目相应表格
能够运用各种检测仪器进行成桥的详细检查，并作出相关鉴定	详细检查包括的内容	运用各种检测仪器进行成桥的详细检查，并能作出相关鉴定	优秀	具有认真、严谨和科学的态度，团队意识强；熟练掌握桥梁详细检查知识点，能够运用各种检测仪器进行成桥的详细检查，并能作出相关鉴定，正确无误
			良好	具有认真、严谨和科学的态度，团队意识强；熟练掌握桥梁详细检查知识点，能够运用各种检测仪器进行成桥的详细检查，并能作出相关鉴定，基本正确，需要少部分补充
			合格	具有较认真的态度，但工作不够严谨，团队意识一般；桥梁详细检查知识点掌握欠熟练，能够很好地运用各种检测仪器进行成桥的详细检查，作出的相关鉴定需完善

3.5.1 桥梁检测的目的及意义

交通运输事业的飞速发展，为公路桥梁建设提供了良好的发展机遇。在加快公路桥梁建设的同时，必须依靠科技进步，提高工程质量；另外，随着我国交通事业的不断发展，大量低等级公路被改建扩建，服役桥梁能否继续使用已成为公路建设决策部门的一件大事。

所以，无论对于新建桥梁还是在役桥梁，对其进行检测评价都具有十分重要的意义。

(1)桥涵施工完成后需全面检测进行质量等级评定，必要时还需要进行荷载试验，以对结构整体受力性能是否达到设计文件和标准规范的要求做出评价。

(2)对于新桥型结构、新材料、新工艺，必须通过试验检测鉴定其是否符合国家标准和设计文件的要求，同时为完善设计理论和施工工艺积累实践资料。

(3)对旧桥进行综合评定，为相应的技术改造或拆除改建的决策提供依据，对桥梁进行包括荷载试验在内的检测是必不可少的工作。

总之，桥梁检测对推动我国桥梁建设水平，确保桥梁工程施工质量，提高建设投资效益,保障人民生命财产安全,都具有十分重要的意义。

3.5.2 公路桥梁检查的内容

公路桥梁检查一般包含以下四方面的内容:

(1)桥梁调查。

(2)桥梁一般检查。

(3)桥梁详细检查。

(4)桥梁荷载试验。

3.5.2.1 桥梁调查与一般检查

1. 桥梁调查

(1)对需要鉴定的桥梁应进行实地考察,以初步了解桥梁的技术状况和主要存在的问题。

(2)应全面收集有关桥梁设计、施工、监理和运营、养护、试验检测以及维修加固等方面的技术资料。

(3)应向相关人员调查了解桥梁病害史,使用中的特别事件,限重限速原因,交通状况,今后改扩建计划,水文、气候、环境等方面情况。

知识拓展

桥梁有关技术资料的收集重点包括:

(1)设计资料:设计计算书及有关设计图纸;修改设计计算书及有关图纸;桥位地质钻探资料及图纸。

(2)竣工资料:工程图纸及其说明书;勘查试验资料及施工记录;地基与基础试验资料;竣工验收有关资料。

(3)维修、养护及加固资料:历史上通过重车的车型、载重及桥梁工作状况资料;经常通过车辆的车型、载重及交通量;历次桥梁调查、维修、加固等有关资料、图纸、照片。

(4)过去所做桥梁加载试验报告。

2. 桥梁一般检查

桥梁一般检查是对结构及其附属设施的所有构件或部位进行彻底、视觉和系统的检查,记录所缺损的部位、范围和程度。

1)桥梁一般检查的目的

桥梁一般检查以目测观察为主,辅以测量仪器,必须按照规范程序接近各部件,仔细检查其缺损情况,并完成以下工作:

(1)现场校核桥梁基本数据。

(2)记录各部件缺损状况并作出技术状况评分。

(3)判断缺损原因,估定维修范围及方式。

(4)难以判断损坏原因和程度的部件,提出详细检查(特殊检查)的要求。

(5)对损坏严重、危及安全运行的桥梁,提出限制交通或改建的建议。

(6)根据桥梁的技术状况，确定下次检查时间。

在进行大中型桥梁的一般检查时，应设立永久性观测点进行控制检测。大中型桥梁控制检测的项目及永久性检测点见表3-39。

表3-39　桥梁永久性检测点和检测项目

检测项目		检测点
1	墩台身、索塔、锚碇的高程	墩台身(距地面或常水位0.5～2 m)、桥台侧墙尾部、顶面和锚碇的上下游各1～2点
2	墩台身、索塔倾斜度	墩台身(距地面或常水位0.5～2 m)上、下游两侧各1～2点
3	桥面高程	沿行车道两边(靠缘石处)，按每孔跨中、L/4、支点等不少于5个位置(10个点)，测点应固着于桥面板上
4	拱桥桥台、吊桥锚碇水平位移	在拱座及锚碇的上、下游两侧各1点
5	吊桥索卡滑移	在索卡处设1点

注：1. 上下行分离式桥按2座桥分别设点；

2. 倾斜度测点应用上下相距0.5～1 m的2点标记检测；

3. 永久性测点宜用统一规格的圆头锚钉和在铝板上用钢印编号，或靠地固着于被测部位上；

4. 所有测点的位置和编号，以及检测数据必须在桥梁总体图和数据表中注明，并归档。

2)桥梁一般检查的内容与要点

A. 桥面系构造的检查

(1)桥面铺装层纵横坡是否顺适，有无严重的裂缝(龟裂、纵横裂缝)、坑槽、波浪、桥头跳车、防水层漏水。

(2)伸缩缝是否有异常变形、破损、脱落、漏水，是否造成明显的跳车。

(3)人行道构件、栏杆、护栏有无撞坏、断裂、错位、缺件、剥落、锈蚀等。

(4)桥面排水是否顺畅，泄水管是否完好、畅通，桥头排水沟功能是否完好，锥坡有无冲蚀、塌陷。

(5)桥上交通信号、标志、标线、照明设施是否腐蚀、老化、失效，是否需要更换，是否适用。

(6)检查桥上避雷装置是否完善，检测避雷系统性能是否良好。

(7)桥上航空灯、航道灯是否完好，能否保证经常照明。结构物内供养护检修的照明系统是否完好。

(8)桥上的通信、供电线路及设备是否完好。

B. 钢筋混凝土和预应力混凝土桥的检查

(1)梁端头、底面是否清洁，是否生长苔藓、杂草等植物，箱形梁的腹腔内是否有积水，通风是否良好。

(2)混凝土有无裂缝、挂白、表面风化、剥落、露筋和钢筋锈蚀，有无活性集料硅碱反应引起的整体龟裂现象。

(3)预应力钢束锚固区段混凝土有无开裂，沿预应力筋的混凝土表面有无纵向裂缝，有无严重碳化。

(4)梁(板)式结构主要检查梁(板)跨中、支点、变截面处、悬臂端牛腿或中间铰部位;刚构和桁架结构主要检查刚构固结处和桁架节点部位的混凝土开裂与钢筋锈蚀等缺损状况。

(5)装配式梁桥应注意联结部位的缺损状况。

①组合梁的桥面板与梁的结合部位,以及桥面板之间的接头处混凝土有无开裂、渗水;

②梁(板)接缝、跨节、支点、变截面处、悬臂端牛腿或中间铰部混凝土有无开裂和钢筋锈蚀;

③横向联结构件是否开裂,连接钢板的焊缝有无锈蚀、断裂,边梁是否有横移或向外倾斜。

C. 拱桥的检查

(1)主拱圈的拱板或拱肋是否开裂。钢筋混凝土拱有无露筋、钢筋锈蚀等缺损状况。圬工拱桥砌块有无压碎、局部掉块,砌缝有无脱离或脱落、渗水,表面有无苔藓、草木滋生,拱铰工作是否正常。空腹拱的小拱有无变形、开裂、错位,立墙或立柱有无倾斜、开裂。

(2)拱上立柱(或立墙)上下端、盖梁和横系梁的混凝土有无开裂、剥落、露筋和锈蚀。中、下承式拱桥的吊杆上下锚固区的混凝土有无开裂、渗水,吊杆锚头附近有无锈蚀现象,外罩是否有裂纹,锚头夹片、楔头是否发生滑移,吊杆钢索有无断丝。用型钢或钢管混凝土芯的劲性骨架拱桥还要检查混凝土是否沿骨架出现纵向或横向裂缝。

(3)拱的侧墙与主拱圈间有无脱落,侧墙有无鼓突变形、开裂,实腹拱拱上填料有无沉陷。肋拱桥的肋间是否有横向联结开裂、表面剥落、钢筋外露、锈蚀等缺损。

(4)双曲拱桥还应注意检查拱肋间横向联结拉杆是否松动或断裂,拱波与拱肋结合处是否开裂、脱开,拱波之间砂浆是否松散脱落,拱波顶是否开裂、渗水等。

(5)薄壳拱桥应检查壳体纵、横向及斜向裂缝、系杆裂缝等。

(6)系杆拱还应检查系杆是否开裂,无混凝土包裹的系杆是否有锈蚀。

(7)钢管混凝土拱桥裸露部分的钢管及构件检查参见钢桥检查有关内容,同时应检查混凝土是否填充密实。通常可用敲击法,以手锤敲击四周依次延及全拱,判断管内混凝土是否填充密实、黏附良好。

D. 钢桥的检查

(1)构件(特别是受压构件)是否扭曲变形、局部损伤。

(2)铆钉和螺栓有无松动、脱落或断裂,节点是否滑动错裂。

(3)焊缝边缘(热影响区)有无裂纹或脱开。

(4)油漆层是否有裂纹、起皮、脱落,构件是否有腐蚀生锈。

(5)钢箱梁腹腔等封闭环境的湿度是否符合要求,除湿设施是否正常工作。

E. 跨线桥与高架桥的检查

跨线桥、高架桥的结构检查同其他一般公路桥梁。跨线桥还应检查通道内有无积水,机械排水的泵站是否完好,排水系统是否畅通,高架桥还应检查防抛网、隔音墙是否完好。

跨线桥和高架桥下的道路面是否完好,有无非法占用情况等。

F. 支座的检查

(1)支座组件是否完好、清洁、断裂、错位、脱空。

(2)活动支座是否灵活,实际位移量是否正常,固定支座的锚销是否完好。

(3)支承垫石是否有裂缝。

(4)简易支座的油毡是否老化、破裂或失效,垫层厚度是否满足位移要求。

(5)橡胶支座是否老化、开裂,有无过火的剪切变形和压缩变形,各夹层钢板之间的橡胶层外凸是否均匀。

(6)四氟板支座是否脏污、老化,四氟乙烯板是否完好,橡胶块是否滑出钢板。

(7)盆式橡胶支座的固定螺栓是否剪断,螺母是否松动,钢盆外露部分是否锈蚀,防尘罩是否完好。

(8)组合式钢支座是否干涩、锈蚀,固定支座板的锚栓是否紧固,销板或销钉是否完好。

(9)摆柱支座各组件相对位置是否准确,受力是否均匀;辊轴支座的辊轴是否出现不允许的爬动、歪斜;摇轴支座的辊轴是否倾斜。

(10)钢筋混凝土摆柱支座的柱体有无混凝土脱皮、开裂、露筋,钢筋及钢板有无锈蚀。

G. 墩台与基础的检查

(1)有否滑动、倾斜、下沉或冻胀。

(2)台背填土有无沉降、裂缝或挤压隆起。

(3)混凝土墩台及帽梁有无冻胀、风化、腐蚀、开裂、剥落、露筋等。

(4)石砌墩台有无砌块断裂、通缝脱开、变形,砌体泄水孔是否堵塞,防水层是否损坏。

(5)墩台顶面是否清洁,有无泥土杂物堆积、滋生草木,伸缩缝处是否漏水。

(6)基础下是否发生不许可的冲刷或掏空现象。扩大基础的地基有无侵蚀,桩基顶端在水位涨落、干湿交替变化处有无冲刷磨损、颈缩、露筋,有无环状冻裂现象,有无受到污水、咸水或生物的腐蚀。必要时,对大桥、特大桥的深水基础应派潜水员潜水检查。

H. 调治构造物的检查

调治构造物的检查包括结构是否完好,功能是否适用,桥位段河床是否有明显的冲淤及漂浮物堵塞现象。

桥梁检查中常见的各种缺损均应在现场用油漆等将其范围及日期标记清楚。发现三类以上桥梁和有严重缺损及难以判断损坏原因与程度的桥梁,应做影像记录,并附病害状况说明。

3)桥梁一般检查后应提交的文件

(1)典型缺损和病害的影像记录及说明。缺损状况的描述应采用专业标准术语,说明缺损的部位、类型、性质、范围、数量和程度等。

(2)两张总体照片。一张桥面正面照片,一张桥梁上游侧立面照片。桥梁改建后应重新照一次。如果桥梁拓宽改造后,上、下游桥梁结构不一致,还要有下游侧立面照片。

(3)一般检查报告。该报告应包括下列内容:

①桥梁的小修保养情况;

②桥梁的表观缺损情况与主要存在问题；

③需要大中修或改建的桥梁计划，说明修理的项目、拟用的修理方案、估计费用和实施时间；

④详细检查（特殊检查）的需求，说明检验的项目和理由；

⑤需限制桥梁交通的建议报告。

3. 一般评定

全桥总体技术状况等级评定，可采用考虑桥梁各部件权重的综合评定方法，也可按重要部件最差的缺损状况评定，或对照桥梁技术状况评定标准进行评定。

1）桥梁各部件技术状况的评定方法

（1）根据缺损程度（大小、多少或轻重）、缺损对结构使用功能的影响程度（无、小、大）和缺损发展变化状况（趋向稳定、发展缓慢、发展较快）等几个方面，以累加评分方法对各部件缺损状况作出等级评定。评定方法见表3-40。

表3-40　桥梁部件缺损状况评定方法

<table>
<tr><td colspan="3">缺损状况及标度</td><td colspan="6">组合评定标准</td></tr>
<tr><td colspan="2" rowspan="4">缺损程度及标度</td><td rowspan="3">程度</td><td colspan="6">小大</td></tr>
<tr><td colspan="6">少多</td></tr>
<tr><td colspan="6">轻度严重</td></tr>
<tr><td>标度</td><td colspan="6">0 1 2</td></tr>
<tr><td rowspan="3">缺损对结构使用功能的影响程度</td><td>无，不重要</td><td>0</td><td colspan="6">0 1 2</td></tr>
<tr><td>小，次要</td><td>+1</td><td colspan="6">1 2 3</td></tr>
<tr><td>大，重要</td><td>+2</td><td colspan="6">2 3 4</td></tr>
<tr><td colspan="3">以上两项评定组合标度</td><td colspan="6">0 1 2 3 4</td></tr>
<tr><td rowspan="3">缺损发展变化状况的修正</td><td>趋势稳定</td><td>−1</td><td colspan="6">0 1 2 3</td></tr>
<tr><td>发展缓慢</td><td>0</td><td colspan="6">1 2 3 4</td></tr>
<tr><td>发展较快</td><td>+1</td><td colspan="6">1 2 3 4 5</td></tr>
<tr><td colspan="3">最终评定结果</td><td>0</td><td>1</td><td>2</td><td>3</td><td>4</td><td>5</td></tr>
<tr><td colspan="3" rowspan="2">桥梁技术状况及分类</td><td>完好</td><td>良好</td><td>较好</td><td>较差</td><td>差的</td><td>危险</td></tr>
<tr><td colspan="2">一类</td><td>二类</td><td>三类</td><td>四类</td><td>五类</td></tr>
</table>

注：“0”表示完好状态，或表示没有设置的构件部位，当缺损程度标度为“0”时，不再进行叠加；“5”表示危险状态，或表示原未设置，而调查表明需要补设的部件。

（2）重要部件（如墩台与基础、上部承重构件、支座）以其中缺损最严重的构件评分；其他部件，根据多数构件缺损状况评分。

（3）推荐的各部件权重见表3-41。各地区也可根据本地区的环境条件和养护要求，采用桩基评估法修订各部件的权重。

表3-41　推荐桥梁部件权重及综合评定方法

<table>
<tr><th>部件</th><th>部件名称</th><th>权重</th><th>桥梁技术状况评定方法</th></tr>
<tr><td>1</td><td>翼墙、环墙</td><td>1</td><td rowspan="17">(1)综合评定采用下列计算式：
$$D_r = 100 - \frac{\sum_{i=1}^{n} R_i W_i}{5}$$
式中　R_i——按表3-40方法对各部件确定的评定标度(0 ~ 5)；
W_i——各部件权重，$\sum W_i = 100$；
D_r——全桥结构技术状况评分(0 ~ 100)，评分高表示结构状况好，缺损少。
(2)评定分类采用下列界限：
$D_r \geqslant 88$　一类
$60 \leqslant D_r < 88$　二类
$40 \leqslant D_r < 60$　三类
$40 > D_r$　四类、五类
$D_r \geqslant 60$的桥梁，并不排除其中有评定标度$R_i \geqslant 3$的部件，仍有维修的需要</td></tr>
<tr><td>2</td><td>锥坡、护坡</td><td>1</td></tr>
<tr><td>3</td><td>桥台及基础</td><td>23</td></tr>
<tr><td>4</td><td>桥墩及基础</td><td>24</td></tr>
<tr><td>5</td><td>地基冲刷</td><td>8</td></tr>
<tr><td>6</td><td>支座</td><td>3</td></tr>
<tr><td>7</td><td>上部主要承重构件</td><td>20</td></tr>
<tr><td>8</td><td>上部一般承重构件</td><td>5</td></tr>
<tr><td>9</td><td>桥面铺装</td><td>1</td></tr>
<tr><td>10</td><td>桥头与路基连接部</td><td>3</td></tr>
<tr><td>11</td><td>伸缩缝</td><td>3</td></tr>
<tr><td>12</td><td>人行道</td><td>1</td></tr>
<tr><td>13</td><td>栏杆、护栏</td><td>1</td></tr>
<tr><td>14</td><td>灯具、标志</td><td>1</td></tr>
<tr><td>15</td><td>排水设施</td><td>1</td></tr>
<tr><td>16</td><td>调治构造物</td><td>3</td></tr>
<tr><td>17</td><td>其他</td><td>1</td></tr>
</table>

2)桥梁技术状况评定等级

桥梁技术状况评定等级分为一类、二类、三类、四类、五类。桥梁总体及部件技术状况评定标准见表3-42，其余详见《公路桥涵养护规范》(JTG H11—2004)中“桥梁技术状况评定标准”。

4. 混凝土旧桥常见病害

各种桥梁在制造及运营期间都可能产生不同的缺损(亦称缺陷)。普通钢筋混凝土及预应力钢筋混凝土是桥梁结构中常用的材料，在制造和运营期间可能产生裂缝、保护层剥落、露筋、蜂窝、麻面、防水层及伸缩缝失效等。它们的危害程度与缺损的类型、发展性质及出现的部位有关，有时对结构的耐久性及载重等级影响较大。了解混凝土的病害特征，加强日常养护、维修，有利于提高桥梁耐久性。现将混凝土旧桥的常见病害归纳如下。

表 3-42　桥梁技术状况评定标准(部分)

部位	一类	二类	三类	四类	
	完好、良好状态	较好状态	较差状态	坏的状态	危险状态
总体评定	1. 重要部件功能与材料均良好。 2. 次要部件功能良好,材料有少量(3%以内)轻度缺损或污染。 3. 承载能力和桥面行车条件符合设计指标。 4. 只需日常清洁保养	1. 重要部件功能良好,材料有局部(3%以内)轻度缺损或污染,裂缝宽小于限值。 2. 次要部件有较多(10%以内)中等缺损或污染。 3. 承载能力和桥面行车条件达到设计指标。 4. 需进行小修、保养	1. 重要部件材料有较多(10%以内)中等缺损,裂缝宽超限值,或出现轻度功能性病害,但发展缓慢,尚能维持正常使用功能。 2. 次要部件有大量(10% ~ 20%)严重缺损,功能降低,进一步恶化将不利于重要部件和影响正常交通。 3. 承载能力比设计降低10%以内,桥面行车不舒适。 4. 需要进行中修	1. 重要部件材料有大量(10% ~ 20%)严重缺损,裂缝宽超限值,裂缝间距小于计算值,风化、剥落、露筋、锈蚀严重,或出现中等功能性病害,且发展较快,结构变形小于或等于规范值,功能明显降低。 2. 承载能力比设计降低10% ~ 25%,必要时限速或限载通过。 3. 要通过特殊检查,确定大修、加固或更换构件的措施	1. 重要部件出现严重的功能性病害,且有继续扩张现象,关键部位的部分材料强度达到极限。出现部分钢筋断裂、混凝土压碎或压杆失稳变形的破损现象,变形大于规范值,结构的强度、刚度、稳定性和动力响应不能达到平时交通安全通行的要求。 2. 承载能力比设计能力降低25%以上,必须降低通行荷载与车速,或封闭交通。 3. 要通过特殊检查,确定处置对策
墩台与基础	1. 墩台各部分完好。 2. 基础及地基状况良好	1. 墩台部分基本完好。 2. 3%以内的表面有风化麻面,短细裂缝,缝宽小于限值,砌体灰缝脱落。 3. 表面长有苔藓、杂草。 4. 基础无冲蚀现象	1. 墩台3% ~ 10%的表面有各种缺损,裂缝宽超限值,有风化、剥落、露筋、锈蚀现象;砌体灰缝脱落,局部变形等。 2. 出现轻微的下沉、倾斜滑动等现象,发展缓慢或趋向稳定。 3. 基础有局部冲蚀现象,桩基顶段被磨损	1. 墩台10% ~ 20%的表面有各种缺损,裂缝宽而密,剥落、露筋、锈蚀严重,砌体大面积松动、变形。 2. 墩台出现下沉倾斜、滑动、冻起现象,台背填土有沉降裂缝或挤压隆起,变形发展较快,变形小于等于规范值。 3. 基础冲刷大于设计值,基底冲空面在10% ~ 20%内。桩基顶段被侵蚀、露筋、颈缩,或有环状冻裂、木桩腐朽。蛀蚀严重	1. 墩台不稳定及下沉。倾斜、滑动、冻起现象严重,变形大于规范值,造成上部结构和桥面变形过大,不能正常行车。 2. 墩台、基桩出现结构性裂缝,裂缝有开合现象。 3. 基底冲刷面达20%以上,冲刷深度大于设计值,地基失效,承载能力降低,桥台岸坡滑移

续表 3-42

部位	一类	二类	三类	四类	
	完好、良好状态	较好状态	较差状态	坏的状态	危险状态
支座	1. 各部分清洁、完好、位置正确。 2. 活动支座伸缩与转动正常	1. 支座有尘土堆积，略有腐蚀。 2. 支座滑动面干涩	1. 钢座固定螺栓松动，锈蚀严重。 2. 橡胶支座开始老化。 3. 混凝土支座有剥落、露筋、锈蚀现象	1. 钢支座的主件出现断裂。 2. 橡胶支座出现老化开裂。 3. 混凝土支座出现碎裂。 4. 活动支座坏死，能活动。 5. 支座错位过大，有倾倒脱落的危险	支座错位、变形、破损严重，已失去正常支撑功能，使上下部件结构受到异常约束，造成支撑部位的缺损和桥面的不平顺
砖石混凝土上部结构	1. 结构完好，无渗水，无污染。 2. 次要部位有少量短细裂纹，裂纹宽度小于限值	1. 结构基本完好。 2. 3% 以内的表面有风化、麻面、短细裂缝。裂缝宽小于限值，砌缝灰浆脱落。 3. 上下游侧表面有水迹污染，砌缝滋生草木	1. 结构 3%～10% 的表面有各种缺损，裂缝宽超限值，有风化、锈蚀、剥落、露筋，桥面板裂缝渗水。 2. 石砌拱桥砌体灰缝脱落，局部松动、外鼓。 3. 横向连接件断裂、脱焊或松动，边梁或边拱肋有横移或外倾迹象	1. 结构 10% ～20% 的表面有各种缺损，重点部位出现接近全截面的开裂，裂缝宽超限值，间距小于计算值，顺主筋方向有纵向裂缝，钢筋锈蚀和混凝土剥落严重。桥面开裂渗水严重，砌体有较大松动、变形。 2. 结构存在永久变形，变形小于或等于规范值，桥面竖向呈波形。 3. 支座脱落，桥面呈锯齿状	1. 结构永久变形大于规范值。 2. 重点部位处全截面开裂，部分钢筋屈服或断裂，混凝土压碎。主拱圈出现四铰不稳定结构。 3. 受压部件有严重的横向扭曲变形。 4. 结构的振动或摆动过大，行车和行人有不安全感。 5. 承载能力比设计降低 25% 以上

1）裂缝

裂缝是钢筋混凝土桥梁及圬工拱桥中普遍存在的一种缺陷和主要病害。一般裂缝有两种类型：一种是由于桥梁结构承载力或刚度不足，在荷载作用下产生的裂缝通常有纵向裂缝和横向裂缝两种；另一种是施工时由于质量缺陷而出现的裂缝，这种裂缝通常产生在钢筋混凝土桥梁中及石拱桥的灰缝部位。由于裂缝是桥梁的重大病害之一，因此不管是哪一种裂缝，只要裂缝的宽度和数量超出规范允许的范围与限度，都会导致结构恶化，影响桥梁的承载能力和使用寿命，应该引起高度重视，及时进行修补。

A. 裂缝成因

分析裂缝的成因，可为裂缝的危害性评定及裂缝修复提供依据。混凝土开裂的原因很多，但归纳起来基本上是以下四个方面的原因：设计考虑不周、材料使用不当、施工质量达不到要求及外界环境的不良影响。为了提高混凝土结构的质量,在表3-43中列出了混凝土结构裂缝形成的主要原因,以便从各方面努力,减少裂缝的产生。

表3-43　混凝土结构裂缝形成的主要原因

类别			序号	原因
荷载及计算	荷载	永久荷载	1	超过设计荷载
		可变荷载	2	载货量增大,超载
	构造、设计、计算		3	结构形式或桥形布置不合理
			4	断面急变,各部分比例不当
			5	使用计算程序或输入数据不妥,计算有误
材料施工	水泥		6	水泥质量不好,凝结、膨胀不正常
			7	大体积混凝土水化热高
	集料		8	材料不合格或级配不良
			9	含泥量过高,清洗不充分
			10	碱—集料反应
	混凝土		11	混凝土中的外加剂不当或过量
			12	混凝土的质量不好,有沉缩或泌水现象
			13	混凝土的收缩
	混凝土	拌和	14	拌和料拌和不均匀
		运输	15	混凝土运输时间过长、水分蒸发过多
		浇筑	16	浇筑顺序不当
			17	浇筑速度过快
		振捣	18	振捣不密实、不均匀
			19	硬化前受振动或过早受力
		养护	20	养护初期急剧干燥、失水
			21	养护初期受冻
		接头	22	接头处理不当
	钢筋		23	钢筋质量欠佳或数量不够
			24	保护层厚度不足或厚度过大
	模板		25	模板刚度不足,变形过大
			26	漏浆或渗水
			27	过早拆模
	支架		28	支架间距过大或产生不均匀沉降
使用环境	湿度与温度		29	温度或湿度急剧变化
			30	构件两面温、湿度相差过大,内、外温差过大
	化学作用		31	酸或盐类的化学作用
			32	碳化引起的钢筋锈蚀
			33	氯化物引起的钢筋锈蚀

B. 梁式桥的常见裂缝

桥梁裂缝是桥梁缺陷的集中表现，也是桥梁中最常见的病害。大量的工程实践和理论分析表明，钢筋混凝土构件基本上都是带缝工作的。在桥梁结构中，当受拉区的应力超过混凝土或砂浆的实际抗拉强度时，必然会出现裂缝。只是一般的裂缝很细很短，对结构的使用没有大的危害，混凝土有了细小裂缝，钢筋才能发挥作用。裂缝宽度的限值应满足《公路桥涵养护规范》（JTG H11—2004）的相关要求，裂缝限值见表3-44。

表3-44　裂缝限值

<table>
<tr><th>结构类型</th><th colspan="2">裂缝部位</th><th>允许最大缝宽（mm）</th><th>原　因</th></tr>
<tr><td rowspan="5">钢筋混凝土梁</td><td colspan="2">主筋附近竖向裂缝</td><td>0.25</td><td></td></tr>
<tr><td colspan="2">腹板斜向裂缝</td><td>0.30</td><td></td></tr>
<tr><td colspan="2">组合梁结合面</td><td>0.50</td><td></td></tr>
<tr><td colspan="2">横隔板与梁体端部</td><td>0.30</td><td></td></tr>
<tr><td colspan="2">支座垫石</td><td>0.50</td><td>不允许贯通结合面</td></tr>
<tr><td rowspan="2">预应力混凝土梁</td><td colspan="2">梁体竖向裂缝</td><td>不允许</td><td></td></tr>
<tr><td colspan="2">梁体纵向裂缝</td><td>0.20</td><td></td></tr>
<tr><td rowspan="3">砖、石、混凝土拱</td><td colspan="2">拱圈横向</td><td>0.30</td><td></td></tr>
<tr><td colspan="2">拱圈纵向</td><td>0.50</td><td></td></tr>
<tr><td colspan="2">拱波与拱肋结合处</td><td>0.20</td><td></td></tr>
<tr><td rowspan="7">墩、台</td><td colspan="2">墩、台帽</td><td>0.30</td><td>裂缝高小于界面高1/2</td></tr>
<tr><td rowspan="5">墩、台</td><td>0.20</td><td>0.20</td><td>裂缝长小于1/8跨长</td></tr>
<tr><td>0.30</td><td>0.30</td><td></td></tr>
<tr><td>0.25</td><td>0.25</td><td></td></tr>
<tr><td>0.35</td><td>0.35</td><td></td></tr>
<tr><td>0.40</td><td>0.40</td><td></td></tr>
<tr><td colspan="2">有冻结作用部分</td><td>0.20</td><td></td></tr>
</table>

当裂缝宽度在限定值以内时，大气中的湿气、水分一般难以大量渗透到钢筋上，因而钢筋不会遭到严重锈蚀，结构的耐久性也不会因此而受到明显影响。当裂缝超过规范要求时应进行修补，以保证结构的耐久性。

在预应力混凝土梁中，裂缝的危害性更大，湿气、水分渗透到钢丝上，引起钢丝锈蚀。由于钢丝的直径比钢筋的直径小得多，锈蚀对钢丝的影响比钢筋厉害得多，因而在预应力混凝土梁中对裂缝控制更加严格。对于潮湿的空气中含有较多腐蚀性气体时，缝宽的限制亦应要求严格一些。由于裂缝的影响而降低结构的承载能力，在桥梁实践中是司空见惯的事。

梁式桥中能出现的裂缝很多，下面主要通过钢筋混凝土简支梁（板）桥介绍梁式桥常见的裂缝。

(1)梁(板)受拉区的竖向裂缝。简支梁(板)的竖向裂缝,是由正弯矩引起的,一般在梁(板)的跨中附近,从梁(板)的受拉区边缘,大致从主筋垂直的方向向上延伸。裂缝宽度一般在0.03~0.2 mm,裂缝之间的最小间距为0.05~0.2 mm。

对于连续梁,除了跨中附近有自下而上的竖向裂缝,中间支点附近还会出现自上而下的由负弯矩引起的竖向裂缝。

上述裂缝主要是梁(板)受荷载作用产生的弯矩裂缝。根据桥梁荷载试验的实际观察,在较大的加载下,原来延伸较长的裂缝,长度和宽度都有缓慢的增加。卸载之后,这些裂缝的宽度基本上可以恢复到原来的状态。

竖向裂缝,是钢筋混凝土梁式桥中不可避免的。一般认为,只要这类裂缝在梁(板)侧面的延伸长度达不到计算截面的中性轴,而其最大宽度又在0.2 mm的范围内,当属正常裂缝。对于图中的正弯矩裂缝,一般可不进行处理,但对负弯矩裂缝,因易受雨水的影响,即使裂缝宽小于0.2 mm,亦应采取防水措施,避免因雨水侵蚀而加速钢筋锈蚀。当桥台沉陷时,连续梁中墩顶部的负弯矩裂缝更应给予足够的重视。

(2)斜裂缝。梁式桥中的斜裂缝有两种:一种是由主拉应力引起的梁腹板上的斜裂缝,另一种是由于斜截面抗弯能力较弱所引起的斜裂缝。

第一种斜裂缝多发生在梁支点附近的腹板上,主要是由主拉应力过大而产生的。裂缝一般从端横隔板内侧开始,沿45°~60°方向的斜线向上攀升。裂缝的宽度是两头小而中间大,在到达梁的上下缘之前就消失了。因为梁的上下缘一般有较多的纵向主筋(或纵向钢束),它有抑制斜裂缝的作用,因而斜裂缝在到达这些主筋或钢束之前,一般会消失。

上述裂缝产生的原因是:在车辆荷载作用下,在靠近支点的腹板上,剪力大而弯矩小,由于产生的主拉应力超过了混凝土的抗拉强度,则在梁的腹板中出现斜裂缝,这类裂缝在预应力钢筋混凝土梁中特别危险,可以明显降低梁的承载能力。

造成斜裂缝宽度较大的主要原因是斜筋(或箍筋)不足,对于预应力钢筋混凝土梁,则往往是斜向钢束起弯过早,梁端缺少斜向钢束所致。在前一个时期,有一些预应力梁(主要是连续梁),梁端出现了比较严重的斜裂缝,给修复加固造成了较大的困难,今后必须予以重视。

第二种斜裂缝又称弯剪斜裂缝,是斜截面抗弯能力较弱所引起的。它与主拉应力产生的斜裂缝有明显的不同,弯剪斜裂缝与由梁中正弯矩产生的竖向裂缝相似,裂缝由梁底向腹板延伸,裂缝的宽度是下面大、上面小,而不像主拉应力所产生的斜裂缝是中间大、两头小。

(3)钢筋锈蚀引起的顺筋裂缝。由于混凝土质量较差或保护层厚度不足,二氧化碳侵蚀碳化至钢筋表面,使钢筋周围混凝土碱度降低,或由于氯化物侵入,钢筋周围氯离子含量较高,均可引起钢筋表面氧化膜破坏,钢筋中铁离子与侵入到混凝土中的氧气和水分发生腐蚀反应,其锈蚀物氢氧化铁体积比原来增长2~4倍,导致保护层混凝土开裂,沿钢筋纵向产生裂缝,其最大延伸长度可达到梁跨度的一半,裂缝宽度可达4 mm,危害极大。

C. 拱式桥的常见裂缝

拱式桥的形式很多，但裂缝较多而又有代表性的，当数双曲拱桥。拱桥中有共性的裂缝，双曲拱桥基本上都有，而双曲拱桥中的有些裂缝其他拱桥就没有。下面以双曲拱桥为例，介绍拱式桥中常见的裂缝。

(1)拱桥的径向裂缝。拱桥的径向裂缝经常发生在拱脚和拱顶两个部位，其方向与拱轴线垂直。

拱脚附近的径向裂缝是由负弯矩引起的，上宽下窄垂直于拱轴线向下延伸。当拱背布置有纵向钢筋时，从拱脚截面上缘开始，可出现几条大致平行的裂缝。裂缝宽度最大的一条在拱脚，向1/4跨方向逐渐减小。如裂缝宽度超过0.25 mm，应视为不正常裂缝。当拱背无钢筋时，裂缝的宽度往往较大，但缝数较少。

拱顶附近的径向裂缝是由正弯矩引起的。裂缝下宽上窄，沿竖直方向向上延伸。裂缝宽度拱顶较大，向1/4跨方向逐渐减小以至消失。这种裂缝还会引起拱顶下沉。

拱圈的径向裂缝是拱桥中最常见的裂缝。建造拱桥时，应提高质量，采取有效措施，避免产生裂缝。但在已建成的拱桥中，拱脚、拱顶出现了径向裂缝时，不要看得过于严重，只要拱脚、拱顶处的径向裂缝没有到达截面的中性轴，不会明显降低拱的承载能力，并无垮塌的危险，一般可以(或者通过加固)继续利用。拱圈有径向裂缝，未经论证，不能作为拆除拱桥的理由。

下面分析产生径向裂缝的主要原因：

①截面整体性差；

②温度下降与混凝土收缩和墩、台变位的影响。

(2)拱圈的纵向裂缝。拱圈宽度较大(8～10 m以上)的圬工拱桥和双曲拱桥中，常见拱圈出现纵向裂缝，这种裂缝通常在桥面中线附近顺跨径方向延伸，严重时有贯通全桥、将拱圈“一分为二”之势。当拱圈宽度很大(≥20 m)时，还可能出现第二条纵向裂缝。

产生这种裂缝的主要原因是：

①拱圈截面的形式不够合理，截面不能适应热胀冷缩变化规律；

②横向联系比较薄弱，荷载横向分布很不均匀；

③拱圈的砌筑质量不符合要求。

(3)拱肋与拱波结合面上的环向裂缝。拱肋与拱波结合面上的环向裂缝，仅发生在双曲拱桥中。环向裂缝的最大宽度一般是在拱脚和拱顶，从拱脚和拱顶向1/4跨裂缝逐渐减小以至消失。不同部位的环向裂缝有不同的原因。拱脚附近的环向裂缝主要是肋、波之间的抗剪能力很弱，拱脚剪力较大所引起的；而拱顶附近的环向裂缝，则是拱肋受拉时产生了径向拉力，而肋、波间抗拉能力很小所产生的。

早期采用矩形拱肋的双曲拱桥，肋、波、板的结合面非常薄弱，特别是采用无支架吊装施工时，在吊装过程中施工人员需要在拱肋上来回行走，使拱肋顶面不清洁甚至沾上了油污，截面实际抗剪和抗拉的能力都很小，因而这个结合面上很容易出现环向裂缝。严重时拱肋与拱波完全脱开，使按组合截面计算的主拱圈变成了叠合截面，大大地降低了桥梁的承载能力，其后果比较严重。

后期采用倒T形拱肋的双曲拱桥，肋、波、板结合较好，只要桥台无明显变位，施工时又能保证质量，采用这种截面形式可以避免肋、波之间出现环向裂缝。

D. 裂缝评定

对于旧桥，试验荷载作用下绝大部分裂缝宽度应不大于表 3-44 规定的允许值。当结构具有足够的承载能力但裂缝宽度超过表 3-44 中规定时，应采取防护措施以保证结构的耐久性。当结构裂缝发展严重或裂缝仍在继续发展时，应从上部构造本身和地基基础两方面查明原因，对桥梁采取有效的加固措施。

2）桥面系常见病害

桥面系直接承受车辆荷载，最容易产生病害，也是设计时最容易忽略的部位。桥面系不但影响桥梁的美观，还决定着桥梁的耐久性，尤其是对于预制梁的上部结构，桥面铺装的损坏、伸缩缝的损坏都会引起梁体的损坏，引起单梁受力甚至破坏。现将桥面系的几种常见病害介绍如下。

A. 桥面铺装层损坏

对于沥青类铺装层所产生的缺陷，主要有泛油、松散、露骨、裂缝、壅包、车辙、拉断和脱落等。对于水泥混凝土铺装层所产生的缺陷，主要是磨光、裂缝、脱皮及松散破碎等。

B. 人行道构件损坏

人行道构件损坏主要包括人行道铺装的开裂、破损及缺失等。

C. 栏杆或防撞墙损坏

栏杆或防撞墙损坏主要包括栏杆的断裂，混凝土脱落、剥落，钢管锈蚀等。

D. 伸缩缝损坏失效

伸缩缝的损坏主要包括伸缩缝的缺失、软性填料的老化脱落、钢板断裂及钢板和角钢的焊缝破裂等。

3）上部结构常见病害

A. 上部主要承重构件破损

上部主要承重构件破损主要表现在由于钢筋锈蚀严重，T 形梁腹板下缘、翼缘底部、空心板底面及拱肋底部由于钢筋锈蚀引起纵向通长裂缝，并引起混凝土大面积胀鼓、钢筋保护层剥落；承重构件混凝土表面侵蚀严重，呈现疏松、风化现象。

B. 上部一般承重构件破损

上部一般承重构件破损主要表现在横隔梁缺失；横隔梁钢板连接处混凝土剥落，钢板外露或连接横隔梁钢板锈蚀损坏。

4）下部结构常见病害

下部结构的常见病害表现在：墩台表面裂缝，混凝土表面出现侵蚀、蜂窝麻面，基础外露、侵蚀严重等。

5. 桥梁承载能力检算

1）遵循的规范

桥梁的承载能力检算，主要应按照《公路桥涵设计通用规范》（JTG D60—2004）、《公路圬工桥涵设计规范》（JTG D61—2005）、《公路钢筋混凝土及预应力混凝土桥涵设计规范》（JTG D62—2004）、《公路桥涵地基与基础设计规范》（JTG D63—2007）及其他有关规范进行，也可应用已被科研证实能挖掘桥梁潜力的、可靠的分析计算方法。

2）检算荷载的采用

一般应按桥梁所在路线近期载重要求（汽车与人群、平板挂车、履带车），按《公路工程技术标准》（JTG B01—2003）的荷载等级进行检算。

当桥梁需要临时通过特殊重型车辆荷载，且重型车辆产生的荷载效应大于该桥近期要求达到的标准荷载等级的荷载效应时，可按重型车辆的载重要求直接检算桥梁。

3）承载能力检算

为了充分利用旧桥，如按规范要求布置挂车或履带车检算桥梁承载能力不能通过时，也可采取限制车辆的运行路线（如加大车轮边缘与路缘石的间距）、车间距、车速等措施进行承载能力检算。

4）检算要点

根据桥梁的实际状况，参考以往的设计计算资料，着重进行结构主要控制截面、结构薄弱部位的检算。除结构裂缝发展严重、刚度显著降低的旧桥外，一般可不必检算桥梁的刚度。多孔桥结构相同、跨径相同的孔，应选择受力最不利与损坏较严重的孔进行检算。

检算时应以实际调查的结构各部尺寸及材料强度为依据，若实际调查值与设计值相差不大，仍可按设计值进行检算。如质量问题严重的构件，应根据检查资料进行强度折减。

梁式桥桥面铺装混凝土与梁体结合较好时，可考虑其参与共同受力。组合梁桥如接合面产生开裂、错位等现象，应对其组合截面进行适当的折减。

钢筋混凝土梁桥缺乏主梁配筋资料时，可参考同年代类似桥梁及图纸进行承载能力估算。最好以仪器探测的主筋尺寸、位置及数量作为检算依据。

砖石及混凝土拱桥主拱圈如已开裂，应检算开裂处的局部受力，若裂缝高度超过截面中性轴，内力计算时开裂处应作为铰接点处理。

拱桥拱上建筑的联合作用应予以考虑。可根据拱上建筑的类型、完好程度及所检算的截面位置等区别对待。

当墩、台发生不均匀沉降、滑移或倾斜时，应对地基承载能力进行检算，并检算对超静定上部结构内力的影响。

计算永久荷载时，应采用桥梁经养护、维修、加固后的实际恒载重量。

3.5.2.2　桥梁详查

1. 桥梁详细检查的目的

仅通过桥梁普查，并不能够对旧桥材料状况及结构整体耐久性进行评定，尤其对那些原始设计资料不足的旧桥，更是如此。所以，在旧桥检测中还需要对桥梁结构采用一些专门的技术和检测设备进行深入而细致的检测，其中包括通过无损和半破损的技术来检测混凝土的强度、确定混凝土中钢筋分布和保护层厚度、混凝土内部缺陷的超声法检测、钢筋锈蚀电位的检测及钢结构的无损检测等。

2. 详细检查的内容

（1）结构材料及缺损状况的检测。主要包括结构缺损程度检测、材料物理与力学性能检测和材料腐蚀状况及化学性能测试等。

（2）结构功能状况检测。主要包括结构固有模态参数测定、结构几何形态测量、横载变异状况调查及墩、台基础变位调整等。

公路旧桥常见的检测项目见表3-45。

表3-45 公路旧桥常见的检测项目

序号	常见检测项目	序号	常见检测项目
1	桥梁结构重力变异状况调查	9	混凝土电阻率的检测
2	桥梁几何形态参数的测定	10	混凝土碳化深度测量
3	结构构件表观状况详细检查	11	混凝土结构中钢筋分布状况及保护层厚度的检测
4	结构构件材质强度检测	12	桥梁结构模态参数的测定
5	结构构件内部缺陷与表层损伤的测定	13	索结构索力的测定
6	裂缝深度检测	14	桥梁基础与墩台变位情况的调查
7	钢筋锈蚀电位测量	15	地基与基础的检验
8	混凝土中氯离子含量的测定		

3. 详细检查后做出的鉴定

详细检查应根据桥梁的破损状况和性质，采用仪器和设备，进行专门的检测与检验，针对桥梁现状进行检算分析，形成结论性鉴定意见。

(1)桥梁结构材料缺损状况。包括对材料物理、化学性能、材料损坏程度及缺损原因的测试鉴定。

(2)桥梁结构承载能力。包括对结构强度、稳定性和刚度的检算分析与荷载试验需求确定。

(3)桥梁防灾能力。包括桥梁抗洪水、抗流冰能力以及地质灾害影响的检测鉴定。

桥梁材料缺损状况鉴定，可根据鉴定要求和缺损的类型、位置，选择表面测量、无破损检测技术和局部取试样等可靠有效的方法，试样应在有代表性构件的次要部位获取；桥梁结构承载能力鉴定，一般采用在详细检查的基础上通过结构检算分析，必要时结合荷载试验的方法；桥梁抗灾能力鉴定，一般采用现场测试和检算的方法，特别重要的桥梁可进行模拟试验。

4. 详细检查的报告包括的内容

(1)概述检查的一般情况。包括桥梁的基本情况，检查的组织、时间、背景和工作过程等。

(2)目前桥梁技术状况的描述。包括现场调查，检测项目及方法、检测数据与分析结果、桥梁技术状况评价等。

(3)结构材料缺损状况鉴定、桥梁结构承载能力鉴定、桥梁抗灾能力鉴定情况等。

(4)详细阐述检查部位的损坏程度及原因，并提出结构部件和总体的维修、加固或改建的建议方案。

3.5.3 桥梁检测工作途径

桥梁检测工作应按规定程序进行，其一般途径如图3-75所示。

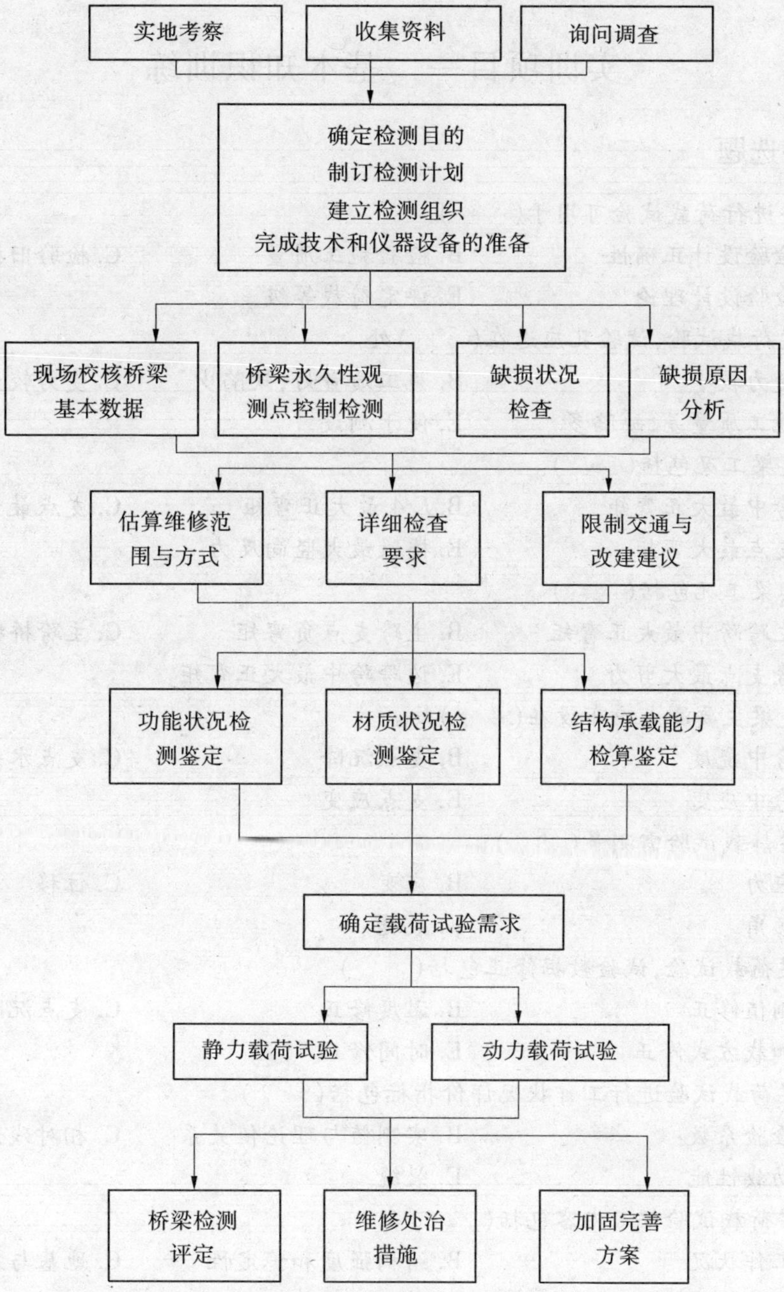

图 3-75　全桥检查工作途径

项目实训

实训项目一　基本知识训练

一、多选题

1. 桥梁进行荷载试验可用于(　　)。
A. 检验设计正确性　B. 检验施工质量　C. 检验旧桥承载力
D. 检验设计理论　E. 评定荷载等级
2. 桥梁荷载试验,试验孔应选在(　　)处。
A. 受力较小　B. 施工质量好,缺陷少　C. 受力较大
D. 施工质量差,缺陷多　E. 便于测设
3. 简支梁工况包括(　　)。
A. 跨中最大正弯矩　B. *L*/4 最大正弯矩　C. 支点最大剪力
D. 支点最大弯矩　E. 桥墩最大竖向反力
4. 连续梁工况包括(　　)。
A. 主跨跨中最大正弯矩　B. 主跨支点负弯矩　C. 主跨桥墩最大反力
D. 跨支点最大剪力　E. 边跨跨中最大正弯矩
5. 简支梁主要测点应布设在(　　)处。
A. 跨中挠度　B. 支点沉降　C. 支点水平位移
D. 跨中应变　E. 支点应变
6. 桥梁静载试验需测量(　　)。
A. 应力　B. 应变　C. 位移
D. 倾角　E. 裂缝
7. 桥梁荷载试验,试验数据修正包括(　　)。
A. 测值修正　B. 温度修正　C. 支点沉降修正
D. 加载方式修正　E. 时间修正
8. 桥梁荷载试验进行工作状况评价指标包括(　　)。
A. 检验系数　B. 实测值与理论值关系　C. 相对残余变位
D. 动载性能　E. 裂缝
9. 桥梁荷载试验评定内容包括(　　)。
A. 工作状况　B. 结构强度和稳定性　C. 地基与基础
D. 结构刚度　E. 裂缝
10. 桥梁动载试验测定结构的动力特性包括(　　)。
A. 自振频率　B. 阻尼　C. 振型
D. 动位移　E. 动应力

二、简答题

1. 什么叫桥梁的详细检查？

2. 什么情况下应做详细检查？

3. 详细检查包括哪些方面的内容？

实训项目二　职业能力与素质综合训练

授课教师带领学生去已建成的桥梁上进行桥梁的详细检查，学生的任务如下：

1. 检测桥梁结构材料及缺损状况；

2. 桥梁详细检查后作出鉴定；

3. 出具桥梁详细检查的报告。

【实训要求】

能力目标：

1. 能够运用仪器对结构的材料和缺损状况进行检测；

2. 能够根据相应规范在详细检查后作出鉴定；

3. 能够写出桥梁详细检查的报告。

素质目标：

培养坚持原则、忠于职守、作风正派、秉公办事的作风，要以数据说话；形成认真、严谨和科学的态度，具有较强的团队意识；树立质量第一的工程意识。

附　录

附录 1　回弹法测区混凝土强度换算表

测区混凝土强度换算表

平均回弹值 R_m	测区混凝土强度换算值 $f^c_{cu,i}$(MPa) 平均碳化深度值 d_m(mm)												
	0	0.5	1.0	1.5	2.0	2.5	3.0	3.5	4.0	4.5	5.0	5.5	≥6.0
20.0	10.3	10.1											
20.2	10.5	10.3	10.0										
20.4	10.7	10.5	10.2										
20.6	11.0	10.8	10.4	10.1									
20.8	11.2	11.0	10.6	10.3									
21.0	11.4	11.2	10.8	10.5	10.0								
21.2	11.6	11.4	11.0	10.7	10.2								
21.4	11.8	11.6	11.2	10.9	10.4	10.0							
21.6	12.0	11.8	11.4	11.0	10.6	10.2							
21.8	12.3	12.1	11.7	11.3	10.8	10.5	10.1						
22.0	12.5	12.2	11.9	11.5	11.0	10.6	10.2						
22.2	12.7	12.4	12.1	11.7	11.2	10.8	10.4	10.0					
22.4	13.0	12.7	12.4	12.0	11.4	11.0	10.7	10.3	10.0				
22.6	13.2	12.9	12.5	12.1	11.6	11.2	10.8	10.4	10.2				
22.8	13.4	13.1	12.7	12.3	11.8	11.4	11.0	10.6	10.3				
23.0	13.7	13.4	13.0	12.6	12.1	11.6	11.2	10.8	10.5	10.1			
23.2	13.9	13.6	13.2	12.8	12.2	11.8	11.4	11.0	10.7	10.3	10.0		
23.4	14.1	13.8	13.4	13.0	12.4	12.0	11.6	11.2	10.9	10.4	10.2		
23.6	14.4	14.1	13.7	13.2	12.7	12.2	11.8	11.4	11.1	10.7	10.4	10.1	
23.8	14.6	14.3	13.9	13.4	12.8	12.4	12.0	11.5	11.2	10.8	10.5	10.2	
24.0	14.9	14.6	14.2	13.7	13.1	12.7	12.2	11.8	11.5	11.0	10.7	10.4	10.1
24.2	15.1	14.8	14.3	13.9	13.3	12.8	12.4	11.9	11.6	11.2	10.9	10.6	10.3
24.4	15.4	15.1	14.6	14.2	13.6	13.1	12.6	12.2	11.9	11.4	11.1	10.8	10.4

续表

平均回弹值 R_m	测区混凝土强度换算值 $f^c_{cu,i}$（MPa）												
	平均碳化深度值 d_m（mm）												
	0	0.5	1.0	1.5	2.0	2.5	3.0	3.5	4.0	4.5	5.0	5.5	≥6.0
24.6	15.6	15.3	14.8	14.4	13.7	13.3	12.8	12.3	12.0	11.5	11.2	10.9	10.6
24.8	15.9	15.6	15.1	14.6	14.0	13.5	13.0	12.6	12.2	11.8	11.4	11.1	10.7
25.0	16.2	15.9	15.4	14.9	14.3	13.8	13.3	12.8	12.5	12.0	11.7	11.3	10.9
25.2	16.4	16.1	15.6	15.1	14.4	13.9	13.4	13.0	12.6	12.1	11.8	11.5	11.0
25.4	16.7	16.4	15.9	15.4	14.7	14.2	13.7	13.2	12.9	12.4	12.0	11.7	11.2
25.6	16.9	16.6	16.1	15.7	14.9	14.4	13.9	13.4	13.0	12.5	12.2	11.8	11.3
25.8	17.2	16.9	16.3	15.8	15.1	14.6	14.1	13.6	13.2	12.7	12.4	12.0	11.5
26.0	17.5	17.2	16.6	16.1	15.4	14.9	14.4	13.8	13.5	13.0	12.6	12.2	11.6
26.2	17.8	17.4	16.9	16.4	15.7	15.1	14.6	14.0	13.7	13.2	12.8	12.4	11.8
26.4	18.0	17.6	17.1	16.6	15.8	15.3	14.8	14.2	13.9	13.3	13.0	12.6	12.0
26.6	18.3	17.9	17.4	16.8	16.1	15.6	15.0	14.4	14.1	13.5	13.2	12.8	12.1
26.8	18.6	18.2	17.7	17.1	16.4	15.8	15.3	14.6	14.3	13.8	13.4	12.9	12.3
27.0	18.9	18.5	18.0	17.4	16.6	16.1	15.5	14.8	14.6	14.0	13.6	13.1	12.4
27.2	19.1	18.7	18.4	17.6	16.8	16.2	15.7	15.0	14.7	14.1	13.8	13.3	12.6
27.4	19.4	19.0	18.7	17.8	17.0	16.4	15.9	15.2	14.9	14.3	14.0	13.4	12.7
27.6	19.7	19.3	19.0	18.0	17.2	16.6	16.1	15.4	15.1	14.5	14.1	13.6	12.9
27.8	20.0	19.6	19.2	18.2	17.4	16.8	16.3	15.6	15.3	14.7	14.2	13.7	13.0
28.0	20.3	19.7	19.5	18.4	17.6	17.0	16.5	15.8	15.4	14.8	14.4	13.9	13.2
28.2	20.6	20.0	19.7	18.6	17.8	17.2	16.7	16.0	15.6	15.0	14.6	14.0	13.3
28.4	20.9	20.3	20.0	18.8	18.0	17.4	16.9	16.2	15.8	15.2	14.8	14.2	13.5
28.6	21.2	20.6	20.2	19.1	18.2	17.6	17.1	16.4	16.0	15.4	15.0	14.3	13.6
28.8	21.5	20.9	20.5	19.4	18.5	17.8	17.3	16.6	16.2	15.6	15.2	14.5	13.8
29.0	21.8	21.1	20.8	19.6	18.7	18.1	17.5	16.8	16.4	15.8	15.4	14.6	13.9
29.2	22.1	21.4	21.1	19.9	19.0	18.3	17.7	17.0	16.6	16.0	15.6	14.8	14.1
29.4	22.4	21.7	21.3	20.2	19.3	18.6	17.9	17.2	16.8	16.2	15.8	15.0	14.2
29.6	22.7	22.0	21.6	20.4	19.5	18.8	18.2	17.5	17.0	16.4	16.0	15.1	14.4
29.8	23.0	22.3	21.9	20.7	19.8	19.1	18.4	17.7	17.2	16.6	16.2	15.3	14.5
30.0	23.3	22.6	22.2	21.0	20.0	19.3	18.6	17.9	17.4	16.8	16.4	15.4	14.7
30.2	23.6	22.9	22.5	21.2	20.3	19.6	18.9	18.2	17.6	17.0	16.6	15.6	14.9

续表

平均回弹值 R_m	测区混凝土强度换算值 $f^c_{cu,i}$（MPa）												
	平均碳化深度值 d_m（mm）												
	0	0.5	1.0	1.5	2.0	2.5	3.0	3.5	4.0	4.5	5.0	5.5	≥6.0
30.4	23.9	23.2	22.8	21.5	20.6	19.8	19.1	18.4	17.8	17.2	16.8	15.8	15.1
30.6	24.3	23.6	23.1	21.9	20.9	20.2	19.4	18.7	18.0	17.5	17.0	16.0	15.2
30.8	24.6	23.9	23.4	22.0	21.2	20.4	19.7	18.9	18.2	17.7	17.2	16.2	15.4
31.0	24.9	24.2	23.7	22.4	21.4	20.7	19.9	19.2	18.4	17.9	17.4	16.4	15.5
31.2	25.2	24.4	24.1	22.4	21.7	20.9	20.2	19.4	18.6	18.1	17.6	16.6	15.7
31.4	25.6	24.8	24.3	23.0	22.0	21.2	20.5	19.7	18.9	18.4	17.8	16.9	15.8
31.6	25.9	25.1	24.6	23.3	22.3	21.5	20.7	19.9	19.2	18.6	18.0	17.1	16.0
31.8	26.2	25.4	24.9	23.6	22.5	21.7	21.0	20.2	19.4	18.9	18.2	17.3	16.2
32.0	26.5	25.7	25.3	23.9	22.8	22.0	21.2	20.4	19.6	19.1	18.4	17.5	16.4
32.2	26.9	26.1	25.6	24.2	23.1	22.3	21.5	20.7	19.9	19.4	18.6	17.7	16.6
32.4	27.2	26.4	25.9	24.5	23.4	22.6	21.8	20.9	20.1	19.6	18.8	17.9	16.6
32.6	27.6	26.8	26.2	24.8	23.7	22.9	22.1	21.3	20.4	19.9	19.0	18.1	16.8
32.8	27.9	27.1	26.5	25.1	24.0	23.2	22.3	21.5	20.6	20.1	19.2	18.3	17.0
33.0	28.2	27.4	26.8	25.5	24.3	23.4	22.6	21.7	20.9	20.3	19.4	18.5	17.2
33.2	28.6	27.7	27.1	25.7	24.6	23.7	22.9	22.0	21.2	20.5	19.6	18.7	17.6
33.4	28.9	28.0	27.4	26.0	24.9	24.0	23.1	22.3	21.4	20.7	19.8	18.9	17.8
33.6	29.3	28.4	27.7	26.4	25.2	24.2	23.3	22.6	21.7	20.9	20.0	19.1	18.0
33.8	29.6	28.7	27.7	26.6	25.4	24.4	23.5	22.8	21.9	21.1	20.2	19.3	18.2
34.0	30.0	29.1	28.0	26.8	25.6	24.6	23.7	23.0	22.1	21.3	20.4	19.5	18.3
34.2	30.3	29.4	28.3	27.0	25.8	24.8	23.9	23.2	22.3	21.5	20.6	19.7	18.4
34.4	30.7	29.8	28.6	27.2	26.0	25.0	24.1	23.4	22.5	21.7	20.8	19.8	18.6
34.6	31.1	30.2	28.9	27.4	26.2	25.2	24.3	23.6	22.7	21.9	21.0	20.0	18.8
34.8	31.8	30.5	28.2	27.6	26.4	25.4	24.5	23.8	22.9	21.9	21.2	20.2	19.0
35.0	31.8	30.8	29.6	28.0	26.7	25.8	24.8	24.0	23.2	22.3	21.4	20.4	19.2
35.2	32.1	31.1	29.9	28.2	27.0	26.0	25.0	24.2	23.4	22.5	21.6	20.6	19.4
35.4	32.5	31.5	30.2	28.6	27.3	26.3	25.4	24.4	23.7	22.8	21.8	20.8	19.6
35.6	32.9	31.9	30.6	29.0	27.6	26.6	25.7	24.7	24.0	23.0	22.0	21.0	19.8
35.8	33.3	32.3	31.0	29.3	28.0	27.0	26.0	25.0	24.3	23.3	22.2	21.2	20.0
36.0	33.6	32.6	31.2	29.6	28.2	27.2	26.2	25.2	24.5	23.5	22.4	21.4	20.2

续表

平均回弹值 R_m	测区混凝土强度换算值 $f^{c}_{cu,i}$(MPa)												
	平均碳化深度值 d_m(mm)												
	0	0.5	1.0	1.5	2.0	2.5	3.0	3.5	4.0	4.5	5.0	5.5	≥6.0
36.2	34.0	33.0	31.6	29.9	28.6	27.5	26.5	25.5	24.8	23.8	22.6	21.6	20.4
36.4	34.4	33.4	32.0	30.3	28.9	27.9	26.8	25.8	25.1	24.1	22.8	21.8	20.6
36.6	34.8	33.8	32.4	30.6	29.2	28.2	27.1	26.1	25.4	24.4	23.0	22.0	20.9
36.8	35.2	34.1	32.7	31.0	29.6	28.5	27.5	26.4	25.7	24.6	23.2	22.2	21.1
37.0	35.5	34.4	33.0	31.2	29.8	28.8	27.7	26.6	25.9	24.8	23.4	22.4	21.3
37.2	35.9	34.8	33.4	31.6	30.2	29.1	28.0	26.9	26.2	25.1	23.7	22.6	21.5
37.4	36.3	35.2	33.8	31.9	30.5	29.4	28.3	27.7	26.5	25.4	24.0	22.9	21.8
37.6	36.7	35.6	34.1	32.3	30.8	39.7	28.6	27.5	26.8	25.7	24.2	23.1	22.0
37.8	37.1	36.0	34.5	32.6	31.2	30.0	28.9	27.8	27.1	26.0	24.5	23.4	22.3
38.0	37.5	36.4	34.9	33.0	31.5	30.3	29.2	28.1	27.4	26.2	24.8	23.6	22.5
38.2	37.9	36.8	35.2	33.4	31.8	30.6	29.5	28.4	27.7	26.4	24.0	23.9	22.7
38.4	38.3	37.2	35.6	33.7	32.1	30.9	29.8	28.7	28.0	26.8	25.3	24.1	23.0
38.6	38.7	37.5	36.0	34.1	32.4	31.2	30.1	29.0	28.3	27.0	25.5	24.4	23.2
38.8	39.1	37.9	36.4	34.4	31.7	31.5	30.4	29.3	28.5	27.2	25.8	24.6	23.5
39.0	39.5	38.2	36.7	35.7	33.0	31.8	30.6	29.6	28.8	27.4	26.0	24.8	23.7
39.2	39.9	38.5	37.0	35.0	33.3	32.1	30.8	29.8	29.0	27.6	26.2	25.0	24.0
39.4	40.3	38.8	37.3	35.3	33.6	32.4	31.0	30.0	29.2	27.8	26.4	25.2	24.2
39.6	40.7	39.1	37.6	35.6	33.9	32.7	31.2	30.2	29.4	28.0	26.6	25.4	24.4
39.8	41.2	39.6	38.0	35.9	34.2	33.0	31.4	30.5	29.7	28.2	26.8	25.6	24.7
40.0	41.6	39.9	38.3	36.2	34.5	33.3	31.7	30.8	30.0	28.4	27.0	25.8	25.0
40.2	42.0	40.3	38.6	36.5	34.8	33.6	32.0	31.1	30.2	28.6	27.3	26.0	25.2
40.4	42.4	40.7	39.0	36.9	35.1	33.9	32.3	31.4	30.5	28.8	27.6	26.2	25.4
40.6	42.8	41.1	39.4	37.2	35.4	34.2	32.6	31.7	30.8	29.1	27.8	26.5	25.7
40.8	43.3	41.6	39.8	37.7	35.7	34.5	32.9	32.0	31.2	29.4	28.1	26.8	26.0
41.0	43.7	42.0	40.2	38.0	36.0	34.8	33.2	32.3	31.5	29.7	28.4	27.1	26.2
41.2	44.1	42.3	40.6	38.4	36.3	35.1	33.5	32.6	31.8	30.0	28.7	27.3	26.5
41.4	44.5	42.7	40.9	38.7	36.6	35.4	33.8	32.9	32.0	30.3	28.9	27.6	26.7
41.6	45.0	43.2	41.4	39.2	36.9	35.7	34.2	33.3	32.4	30.6	29.2	27.9	27.0
41.8	45.4	43.6	41.8	39.5	37.2	36.0	34.5	33.6	32.7	30.9	29.5	28.1	27.2

续表

平均回弹值 R_m	测区混凝土强度换算值 $f^{c}_{cu,i}$(MPa)												
	平均碳化深度值 d_m(mm)												
	0	0.5	1.0	1.5	2.0	2.5	3.0	3.5	4.0	4.5	5.0	5.5	≥6.0
42.0	45.9	44.1	42.2	39.9	37.6	36.3	34.9	34.0	33.0	31.2	29.8	28.5	27.5
42.2	46.3	44.4	42.6	40.3	38.0	36.6	35.2	34.3	33.3	31.5	30.1	28.7	27.8
42.4	46.7	44.8	43.0	40.6	38.3	36.9	35.5	34.6	33.6	31.8	30.4	29.0	28.0
42.6	47.2	45.3	43.4	41.1	38.7	37.3	35.9	34.9	34.0	32.1	30.7	29.3	28.3
42.8	47.6	45.7	43.8	41.4	39.0	37.6	36.2	35.2	34.3	32.4	30.9	29.5	28.6
43.0	48.1	46.2	44.2	41.8	39.4	38.0	36.6	35.6	34.6	32.7	31.3	29.8	28.9
43.2	48.5	46.6	44.6	42.2	39.8	39.3	36.9	35.9	34.9	33.0	31.5	30.1	29.1
43.4	49.0	47.0	45.1	42.6	40.2	38.7	37.2	36.3	35.3	33.3	31.8	30.4	29.4
43.6	49.4	47.4	45.4	43.0	40.5	39.0	37.5	36.6	35.6	33.6	32.1	30.6	29.6
43.8	49.9	47.9	45.9	43.4	40.9	39.4	37.9	36.9	35.9	33.9	32.4	30.9	29.9
44.0	50.4	48.4	46.4	43.8	41.3	39.8	38.3	37.3	36.3	34.3	32.8	31.2	30.2
44.2	50.8	48.8	46.7	44.2	41.7	40.1	38.6	37.6	36.6	34.5	33.0	31.5	30.5
44.4	51.3	49.2	47.2	44.6	42.1	40.5	39.0	38.0	36.9	34.9	33.3	31.8	30.8
44.6	51.7	49.6	47.6	45.0	42.4	40.8	39.3	38.3	37.2	35.2	33.6	32.1	31.0
44.8	52.2	50.1	48.0	45.4	42.8	41.2	39.7	38.6	37.6	35.5	33.9	32.4	31.3
45.0	52.7	50.6	48.5	45.8	43.2	41.6	40.1	39.0	37.9	35.8	34.3	32.7	31.6
45.2	53.2	51.1	48.9	46.3	43.6	42.0	40.4	39.4	38.3	36.2	34.6	33.0	31.9
45.4	53.6	51.5	49.4	46.6	44.0	42.3	40.7	39.7	38.6	36.4	34.8	33.2	32.2
45.6	54.1	51.9	49.8	47.1	44.4	42.7	41.1	40.0	39.0	36.8	35.2	33.5	32.5
45.8	54.6	52.4	50.2	47.5	44.8	43.1	41.5	40.4	39.3	37.1	35.5	33.9	32.8
46.0	55.0	52.8	50.6	47.9	45.2	43.5	41.9	40.8	39.7	37.5	35.8	34.2	33.1
46.2	55.5	53.3	51.1	48.3	45.5	43.8	42.2	41.1	40.0	37.7	36.1	34.4	33.3
46.4	56.0	53.8	51.5	48.7	45.9	44.2	42.6	41.4	40.3	38.1	36.4	34.7	33.6
46.6	56.5	54.2	52.0	49.2	46.3	44.6	42.9	41.8	40.7	38.4	36.7	35.0	33.9
46.8	57.0	54.7	52.4	49.2	46.7	45.0	43.3	42.2	41.0	38.8	37.0	35.3	34.2
47.0	57.5	55.2	52.9	50.0	47.2	45.2	43.7	42.6	41.4	39.1	37.4	35.6	34.5
47.2	58.0	55.7	53.4	50.5	47.6	45.8	44.1	42.9	41.8	39.4	37.7	36.0	34.8
47.4	58.5	56.2	53.8	50.9	48.0	46.2	44.5	43.3	42.1	39.8	38.0	36.3	35.1
47.8	59.5	57.1	54.7	51.8	48.8	47.0	45.2	44.0	42.8	40.5	38.7	36.9	35.7
48.0	60.0	57.6	55.2	52.2	49.2	47.4	45.6	44.4	43.2	40.8	39.0	37.2	36.0

续表

平均回弹值 R_m	测区混凝土强度换算值 $f^c_{cu,i}$(MPa)												
	平均碳化深度值 d_m(mm)												
	0	0.5	1.0	1.5	2.0	2.5	3.0	3.5	4.0	4.5	5.0	5.5	≥6.0
48.2		58.0	55.7	52.6	49.6	47.8	46.0	44.8	43.6	41.1	39.3	37.5	36.3
48.4		58.6	56.1	53.1	50.0	48.2	46.4	45.1	43.9	41.5	39.6	37.8	36.6
48.6		59.0	56.6	53.5	50.4	48.6	46.7	45.5	44.3	41.8	40.0	38.1	36.9
48.8		59.5	57.1	54.0	50.9	49.0	47.1	45.9	44.6	42.2	40.3	38.4	37.2
49.0		60.0	57.5	54.4	51.3	49.4	47.5	46.2	45.0	42.5	40.6	38.8	37.5
49.2			58.0	54.8	51.7	49.8	47.9	46.6	45.4	42.8	41.0	39.1	37.8
49.4			58.5	55.3	52.1	50.2	48.3	47.1	45.8	43.2	41.3	39.4	38.2
49.6			58.9	55.7	52.5	50.6	48.7	47.4	46.2	43.6	41.7	39.7	38.5
49.8			59.0	56.2	53.0	51.0	49.1	47.8	46.5	43.9	42.0	40.1	38.8
50.0			59.9	56.7	53.4	51.4	49.5	48.2	46.9	44.3	42.3	40.4	39.1
50.2				57.1	53.8	51.9	49.9	48.5	47.2	44.6	42.6	40.7	39.4
50.4				57.6	54.3	52.3	50.3	49.0	47.7	45.0	43.0	41.0	39.7
50.6				58.0	54.7	52.7	50.7	49.4	48.0	45.4	43.4	41.4	40.0
50.8				58.5	55.1	53.1	51.1	49.8	48.4	45.7	43.7	41.7	40.3
51.0				59.0	55.6	53.5	51.5	50.1	48.8	46.1	44.1	42.0	40.7
51.2				59.4	56.0	54.0	51.9	50.5	49.2	46.4	44.4	42.3	41.0
51.4				59.9	56.4	54.4	52.3	50.9	49.6	46.8	44.7	42.7	41.3
51.6					56.9	54.8	52.7	51.3	50.0	47.2	45.1	43.0	41.6
51.8					57.3	55.2	53.1	51.7	50.3	47.5	45.4	43.3	41.8
52.0					57.8	55.7	53.6	52.1	50.7	47.9	45.8	43.7	42.3
52.2					58.2	56.1	54.0	52.5	51.1	48.3	46.2	44.0	42.6
52.4					58.7	56.5	54.4	53.0	51.5	48.7	46.5	44.4	43.0
52.6					59.1	57.0	54.8	53.4	51.9	49.0	46.9	44.7	43.3
52.8					59.6	57.4	55.2	53.8	52.3	49.4	47.3	45.1	43.6
53.0					60.0	57.8	55.6	54.2	52.7	49.8	47.6	45.4	43.9
53.2						58.3	56.1	54.6	53.1	50.2	48.0	45.8	44.3
53.4						58.7	56.5	55.0	53.5	50.5	48.3	46.1	44.6
53.6						59.2	56.9	55.4	53.9	50.9	48.7	46.4	44.9
53.8						59.6	57.3	55.8	54.3	51.3	49.0	46.8	45.3
54.0							57.8	56.3	54.7	51.7	49.4	47.1	45.6

续表

平均回弹值 R_m	测区混凝土强度换算值 $f^c_{cu,i}$（MPa）												
	平均碳化深度值 d_m（mm）												
	0	0.5	1.0	1.5	2.0	2.5	3.0	3.5	4.0	4.5	5.0	5.5	≥6.0
54.2							58.2	56.7	55.1	52.1	49.8	47.5	46.0
54.4							58.6	57.1	55.6	52.5	50.2	47.9	46.3
54.6							59.1	57.5	56.0	53.2	50.5	48.2	46.6
54.8							59.5	57.9	54.6	53.6	50.9	48.5	47.0
55.0							59.9	58.4	56.8	54.0	51.3	48.9	48.3
55.2								58.8	57.2	54.4	51.6	49.3	47.7
55.4								59.2	57.6	54.8	52.0	49.6	48.0
55.6								59.7	58.0	55.2	52.4	50.0	48.4
55.8									58.5	55.6	52.8	50.3	48.7
56.0									58.9	56.0	53.2	50.7	49.1
56.2									59.3	56.4	53.5	51.1	49.4
56.4									59.7	56.8	53.9	51.4	49.8
56.6										57.2	54.3	51.8	50.1
56.8										57.6	54.7	52.2	50.5
57.0										58.0	55.1	52.5	50.8
57.2										58.4	55.5	52.9	51.2
57.4										58.9	55.9	53.3	51.6
57.6										59.3	56.3	53.7	51.9
57.8										59.7	56.7	54.0	52.3
58.0											57.0	54.4	52.7
58.2											57.4	54.8	53.0
58.4											57.8	55.2	53.4
58.6											58.2	55.6	53.8
58.8											58.6	55.9	54.1
59.0											59.0	56.3	54.5
59.2											59.4	56.7	54.9
59.4											59.8	57.1	55.2
59.6												57.5	55.6
59.8												57.9	56.0
60.0												58.3	56.4

附录2 桥梁测试截面布置示意图

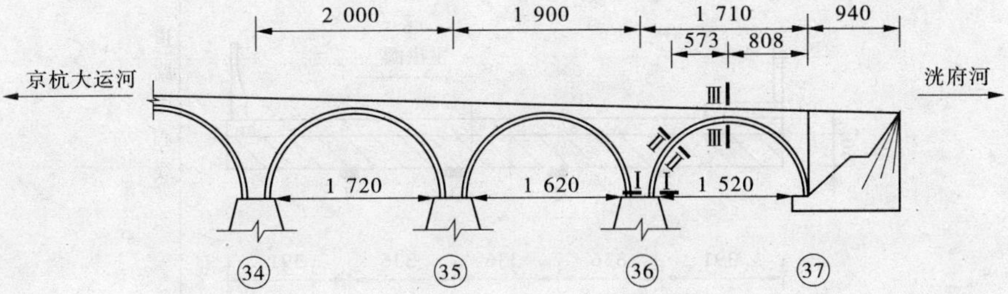

第37孔测试断面 （单位:cm）

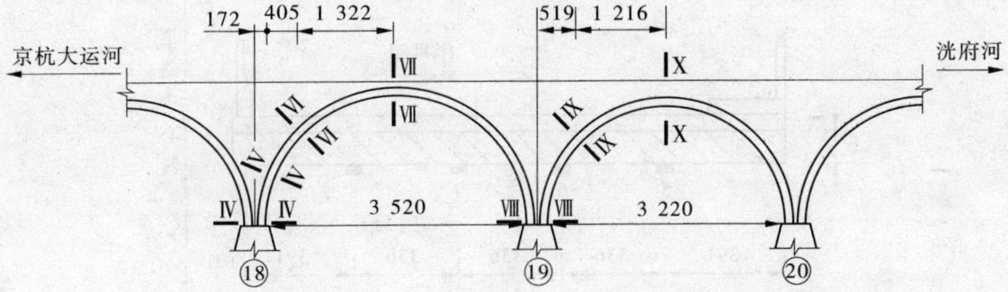

第19孔测试断面 （单位:cm） 第20孔测试断面 （单位:cm）

附录3 测点布置示意图

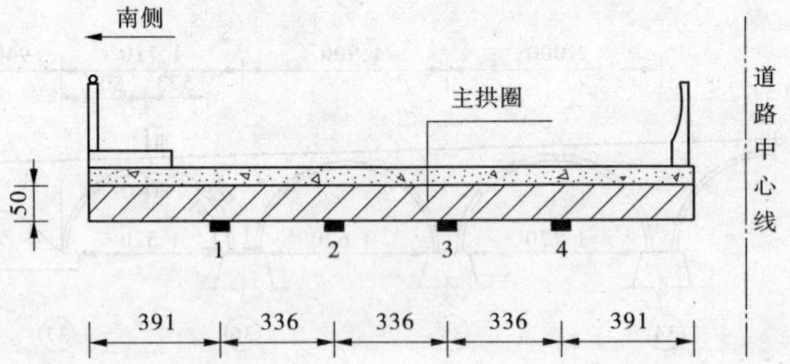

Ⅰ—Ⅰ截面(第37孔拱脚) (单位:cm)

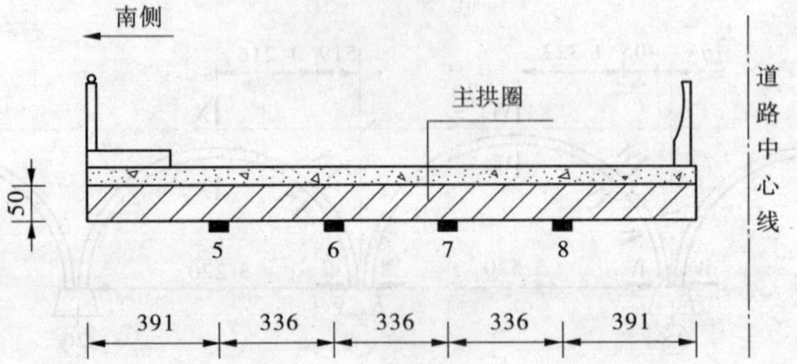

Ⅱ—Ⅱ截面(第37孔 *L*/4拱) (单位:cm)

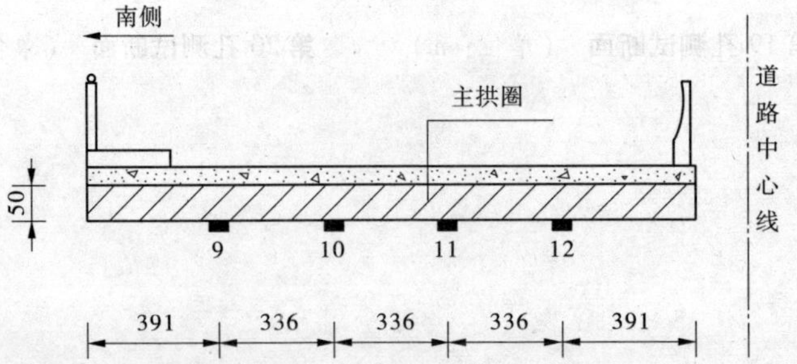

Ⅲ—Ⅲ截面(第37孔拱顶) (单位:cm)

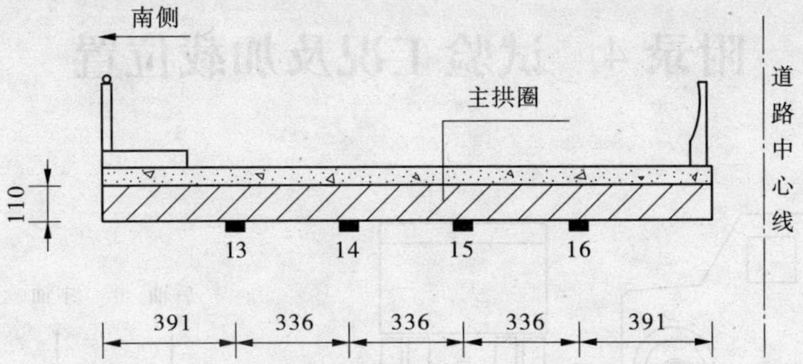

Ⅳ—Ⅳ截面(第 19 孔拱脚)　(单位:cm)

附录4　试验工况及加载位置

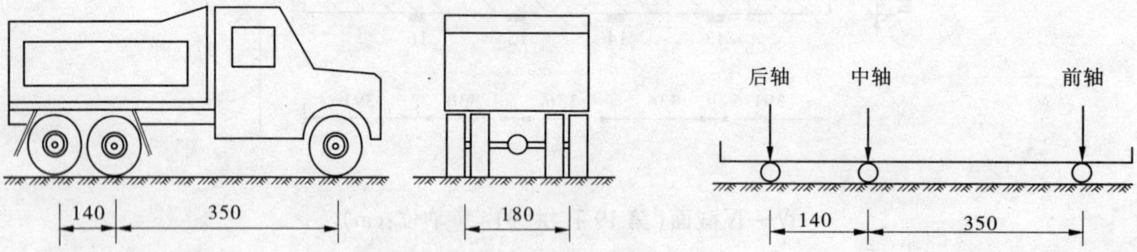

试验加载重车示意图　（单位:cm）

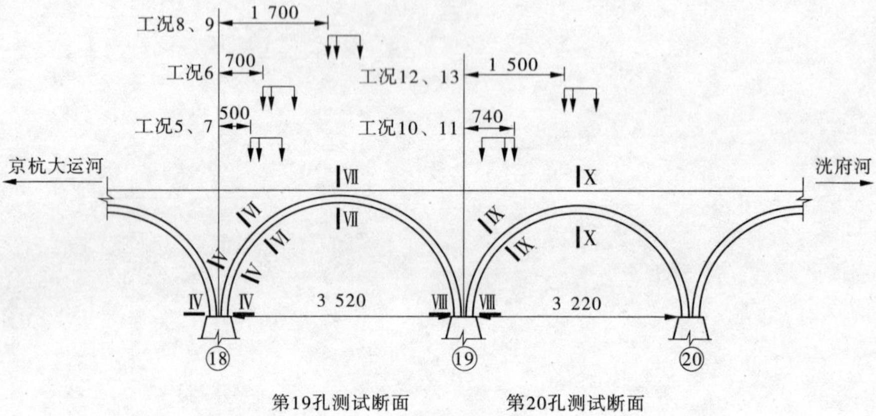

试验荷载纵桥向位置布置示意图　（单位:cm）

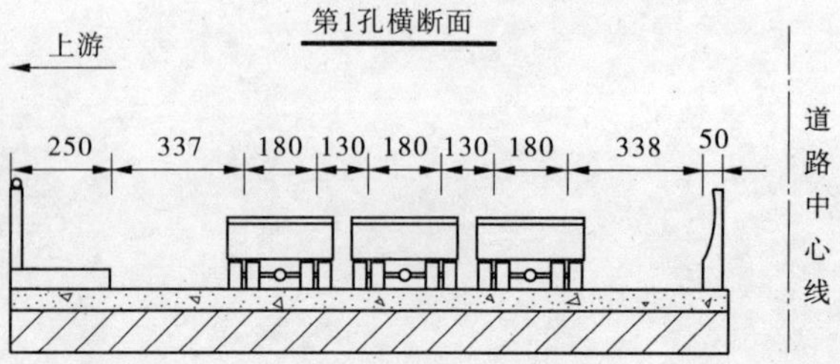

横桥向中载示意图　（单位:cm）

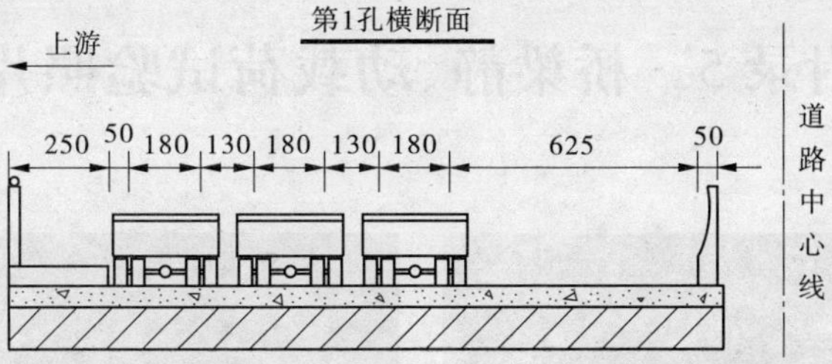

横桥向偏载示意图 （单位:cm）

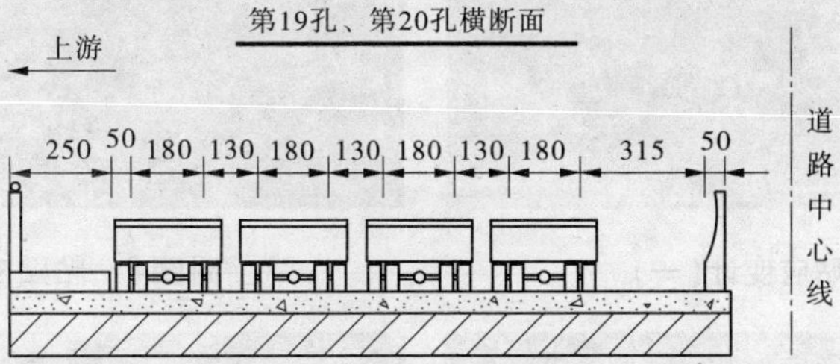

横桥向偏载示意图 （单位:cm）

附录5　桥梁静、动载荷试验照片

附图1　粘贴应变计(一)

附图2　粘贴应变计(二)

附图3　静态数据采集仪

附图4　机电百分表

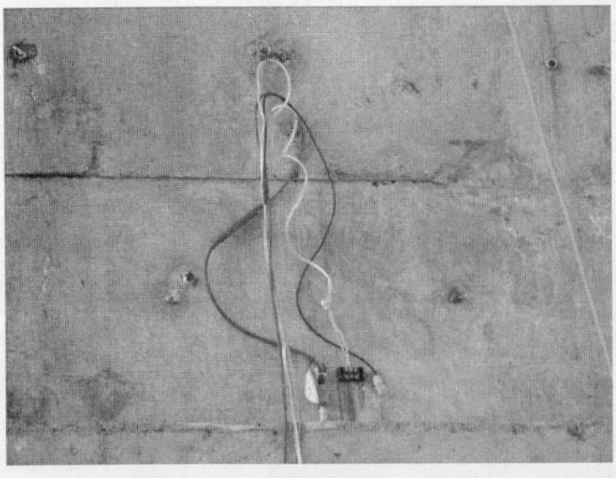

附图5　粘贴应变计(三)

附图6　数据采集(一)

附图 7　加载车就位(一)

附图 8　加载车就位(二)

附图 9　粘贴应变计(四)

附图 10　粘贴应变计(五)

附图 11　加载车中载就位

附图 12　加载车偏载就位(一)

附图 13　加载车偏载就位(二)

附图 14　数据采集(三)

附图 15　动态数据采集系统(一)

附图 16　动态数据采集系统(二)

附图 17　放置拾振器

附图 18　安置拾振器

附录6　教学参考意见

1. 课程定位

公路工程检测技术是道桥与市政工程专业及其职业岗位(群)的专业核心课程之一,是一门实践性和应用性较强的课程,基于“项目导向、任务驱动”的“校企合作、理实一体化”教学模式,培养“懂规范、精检测、会管理、高素质”面向公路工程检测第一线的高素质技能型人才。

针对职业岗位(群)典型工作任务,强化学生公路工程施工现场检测的技能训练,使学生正确认知公路工程施工现场及健康体检的检测项目,熟练使用公路工程现场检测的仪器设备,掌握公路工程施工现场及健康体检的检测项目的方案拟定、检测过程、数据处理、检测报告等技能。

本课程集理实于一体,是教学难度较大的一门课程,在结合公路工程检测相关执业资格考试内容和典型检测工程案例的基础上,对公路工程检测基础、路基路面工程检测、桥梁工程检测等 3 个学习情境(共计 14 个典型学习任务)的知识与技能进行了系统的阐述。

前导课程为《工程数学》《公路工程测量技术》《工程地质与土力学》《道路建筑材料》《路基路面工程》《桥梁工程》,后续衔接道桥与市政工程专业及其专业群类的生产实习。

2. 职业能力要求

(1)能够按工程质量规范(规程)要求实施道路桥梁工程检测。

(2)具备对于一般路桥工程质量控制的能力。

(3)能根据不同的工程项目和实际环境条件的不同,具有评价工程项目质量优劣的能力。

(4)初步具备应用计算机软件进行道路与桥梁工程检测技术的能力。

3. 学习目标

通过本课程的教学,培养学生在学习公路工程检测基础、路基路面工程检测、桥梁工程检测等项目基本理论的基础上,通过各项目的综合实训和理实一体化教学实习,能正确运用国家现行标准、检测规范、规程解决道路桥梁工程中的施工及检测技术问题。

(1)专业能力目标。

①能够对各类道路的不同结构进行质量检测。

②能够对桥涵工程质量实施有效控制。

③能够对检测成果进行科学分析,得出相关结论。

(2)方法能力目标。

①能自主学习新知识、新技术。

②能通过各种媒体资源查找所需信息。

③能独立制订工作计划并进行实施。

④能运用所学知识解决实际问题。

⑤具有决策、规划能力。

⑥具备整体与创新思维能力。

⑦能灵活处理施工质量出现的各种特殊情况，具备质量控制能力。

⑧能够从工作岗位获取新的知识，胜任工作岗位。

⑨具备吃苦耐劳、团结协作、勇于创新的精神。

⑩具有合作精神和管理协调能力，具备优良的职业道德修养，能遵守职业道德规范，具有良好的心理素质。

(3)社会能力目标。

①培养不怕苦、不怕脏的敬业精神。

②树立质量第一的工程意识。

③形成科学、严谨、规范、"实事求是"的工作作风。

④培养自主学习的能力，树立终身学习的理念。

⑤锻炼在复杂工程环境中做事、与人合作、公平竞争的能力。

⑥培养坚持原则、忠于职守、作风正派、秉公办事的作风，要以数据说话。

4. 教学方法与手段

(1)教学方法。

为培养学生具备公路工程质量检测技术人员的岗位职业能力，实现与企业岗位工作"零距离"对接，结合课程内容和学生特点灵活运用了多种教学方法。

①案例教学法。通过大量案例的分析及学习，使学生有更多思考和创新的空间，使其在分析问题、解决问题等技能方面的训练得到强化。案例教学是以案例讨论、案例分析为主要内容，师生之间的关系是互动的、平等的。在教学当中，学生是主体中心，以学生的自主思考和自主分析为主，教师只是引导者，引导学生去探讨案例中复杂的、深层的、有争议的问题，协助学生讨论分析。通过这样的互动与引导，让学生自己体会如何思考、如何分析和解决问题。例如在讲述"路面平整度检测"这部分内容时，运用案例教学法可大大提高课程的教学效果。

②小组讨论法。将学生分为若干个小组，以小组为单位完成工作任务，并按照"六步法"完成工作任务，培养学生的团队协作精神，在完成工作任务的过程中潜移默化地提高学生知识应用能力和实践动手能力，进一步提高学生学习的主动性和积极性。例如，在完成"路基压实度"项目任务时，将学生以4~5人/组进行分组，采用协作学习方式完成。教师先提出压实度对工程的重要性及其压实度导致的相关问题。每组学生针对该任务内容彼此讨论和交流，在协同完成任务的过程中，学生能够发挥各自的认知能力，相互帮助、相互提示和分工合作，学生可以是学习者，也可以是指导者，角色可以互换，以最优答案完成此任务的学习。

③角色扮演教学法。这是一种情景模拟活动，是指根据被试者可能担任的职务，编制一套与工作实际内容相似的测试项目，将被试者安排在模拟的、逼真的工作环境中，要求被试者处理可能出现的各种问题，用多种方法来测评其心理素质、潜在能力的一系列方法。角色扮演教学法可以提高学生学习的兴趣，有利于理论与实践的结合，有助于学生情感、态度、价值观的教育。

此外,在教学中,根据不同的教学内容,本课程还广泛采用项目教学法、引导文教学法、讲授教学法、示范教学法、模拟现场式教学法、启发引导式教学法等。

(2)教学手段。

综合采用了很多现代化的教学手段,包括多媒体教学、网络教学、虚实结合实训教学等。

①多媒体教学手段。运用多媒体技术教学,给学生以视觉、听觉等多种感官的综合刺激,极易吸引学生的注意力,通过多种感官刺激使学生获取知识,符合学生的认知规律,避免了学生由于对知识难以理解而产生厌学情绪。

②网络教学手段。学生可以利用课程网站中提供的教案、课件、教学录像、教学案例、相关资源链接等教学资源进行自主学习;也可以通过网站、QQ、电子邮件、MSN 等,交流讨论学习中的问题,还可以通过网络进行自我测试,使教学内容得到了补充和拓展。

③虚实结合实训教学手段。依托模拟实训平台,通过公路工程质量现场检测的虚拟检测动画进行模拟实训,再到真实工程情境实训,提高了教学效果及实训效率,降低了教学成本。

5. 教师的基本要求

(1)具有试验检测工程师及相关的职业资格。

(2)较丰富的理论教学和工程实践经验。

(3)能独立完成课堂讲授、现场演练和案例教学。

(4)具备公路工程检测技术的理论知识和实践能力。

(5)具备道桥与市政工程专业全部学习领域的知识内容,除熟悉该学习领域知识外,还要了解其他学习领域的知识内容。

6. 教学条件的基本要求

实践教学是本课程的重要教学环节,从理论联系实际出发,在校内应建立以工程生产一线高素质技能型人才为教学培养目标的实训基地。实训基地应做到统筹规划、布点合理、功能明确,为课程的实践教学提供真实的工程环境,能够满足学生了解企业实际、体验企业文化的需要。

(1)理实一体化综合实训室。建设公路工程质量检测专门的理实一体化教室,需要面积约 200 m^2,50 m^2 检测仪器管理室,一体化教室应配备多媒体设备。

(2)路基路面工程检测实训场。室外路基压实度和土基回弹模量场地,200 m^2;水泥混凝土路面、沥青混凝土路面,面积不少于 4 000 m^2,可进行路面强度、弯沉、平整度、抗滑性能等检测。

(3)桥梁工程检测实训场。具有桥涵地基、桩基、预制成品梁及完整桥梁实体实训场,面积不少于 2 000 m^2,可进行地基承载力、桩基完整性等性能检测,同时可以进行全桥的载荷试验及检测。

同时,还应具备与课程理论和实践教学相匹配的图书馆、多媒体教室、校外实训基地、施工现场等校内外实训环境。

7. 课程设计与教学设计

课程总学时为 78,其中理论学时 46,实训学时 32。根据道桥与市政工程专业人才培养目标对《公路工程检测技术》课程的要求，确定如下主要的学习内容和教学模式。

教学内容及学时分配

学习情景	学习任务名称	任务描述	参考学时		备注
			理论	实践	
公路工程检测基础	学习任务1.1	公路工程检测简介	2		
	学习任务1.2	公路工程检测数据处理	4		
路基路面工程检测	学习任务2.1	路基路面几何尺寸检测	4	2	
	学习任务2.2	路基路面压实度检测	2	6	
	学习任务2.3	路基路面承载力和强度检测	4	4	
	学习任务2.4	路面平整度检测	2	2	
	学习任务2.5	路面抗滑性能检测	2	2	
	学习任务2.6	沥青路面渗水系数检测	2	2	
	学习任务2.7	路面外观检测	2	2	
桥梁工程检测	学习任务3.1	桥涵地基承载力检测	4	4	
	学习任务3.2	钻孔灌注桩检测	6	4	
	学习任务3.3	钢筋混凝土构件检测	6	4	
	学习任务3.4	桥梁荷载试验	4		
	学习任务3.5	桥梁全桥检测	2		
合计			46	32	

参考答案

学习任务 1.1

实训项目一

一、单选题

1. C　2. D　3. A　4. C　5. B

二、多选题

1. ABC　2. ABD　3. AD　4. ABC　5. ABCD

三、简答题(略)

实训项目二(略)

学习任务 1.2

实训项目一

一、单选题

1. B　2. A　3. A　4. B　5. C

二、多选题

1. BCD　2. BC　3. ABC　4. ABD　5. ABCD

三、简答题(略)

实训项目二(略)

学习任务 2.1

实训项目一

一、单选题

1. C　2. C　3. B　4. D　5. A

二、多选题

1. ACD　2. BC　3. ABCD　4. ABC　5. AB

三、简答题(略)

实训项目二(略)

学习任务 2.2

实训项目一

一、单选题

1. C　2. A　3. C　4. A　5. D

二、多选题

1. ACD　2. BC　3. ABCD　4. AB　5. BCD

三、简答题(略)

实训项目二(略)

学习任务 2.3

实训项目一

一、单选题

1. B　2. C　3. B　4. B　5. A　6. B　7. B　8. D　9. B　10. C

二、多选题

1. AC　2. AB　3. BCD　4. ABD　5. ABCD

三、简答题(略)

实训项目二(略)

学习任务 2.4

实训项目一

一、单选题

1. B　2. B　3. A　4. A　5. B

二、多选题

1. ABCD　2. ACD　3. ABCD　4. BCD

三、简答题(略)

实训项目二(略)

学习任务 2.5

实训项目一

一、单选题

1. C　2. B　3. A　4. B　5. B　6. A　7. B　8. C　9. A　10. A

二、多选题

1. ABCD 2. AC 3. ABC 4. ABC 5. BC

三、简答题(略)

实训项目二(略)

学习任务 2.6

实训项目一(略)

实训项目二(略)

学习任务 2.7

实训项目一(略)

实训项目二(略)

学习任务 3.1

实训项目一

一、不定项选择题

1. D 2. B 3. BD 4. ABCD 5. AB

二、判断题

1. × 2. √ 3. √ 4. √ 5. × 6. ×

三、简答题(略)

实训项目二(略)

学习任务 3.2

实训项目一

一、单选题

1. A 2. A 3. C 4. C 5. D

二、判断题

1. × 2. √ 3. × 4. √ 5. ×

三、多选题

1. ABCD 2. ABD 3. AD 4. ABCD 5. ABCD 6. ACD

四、简答题(略)

实训项目二(略)

学习任务3.3

实训项目一

一、单选题

1. C　2. A　3. B　4. C　5. C　6. C　7. A

二、多选题

1. ABCD　2. AB

三、简答题(略)

实训项目二(略)

学习任务3.4

实训项目一

一、填空题

1. 20:00 ~ 次日6:00　2. 0.93　3. 3处　4. 5 min　5. 20%　6. 第一阶固有频率　7. 汽车　8. 手持式应变仪

二、多选题

1. ABD　2. ABCDE　3. ABC　4. ABCD　5. ABCDE　6. ABC

三、简答题(略)

实训项目二(略)

学习任务3.5

实训项目一

一、多选题

1. ABCDE　2. ACDE　3. ABCE　4. ABCDE　5. ABD　6. ABCDE　7. ABC　8. ABCD　9. ABCDE　10. ABC

二、简答题(略)

实训项目二(略)

参 考 文 献

[1] 金桃,张美珍. 公路工程检测技术[M]. 3 版. 北京:人民交通出版社,2009.
[2] 赵卫平. 路基路面检测技术[M]. 北京:人民交通出版社,2006.
[3] 王立军,周广宇,李旭丹. 公路工程检测[M]. 郑州:黄河水利出版社,2012.
[4] 赵忠义,王建华. 公路工程试验检测工程师手册[M]. 2 版. 北京:人民交通出版社,2006.
[5] 张超,郑南翔,王建设. 路基路面试验检测技术[M]. 北京:人民交通出版社,2004.
[6] 和松.《公路路基路面现场测试规程》释义手册[M]. 北京:人民交通出版社,2008.
[7] 周诸恩. 公路工程现场检测技术[M]. 北京:人民交通出版社,2001.
[8] 徐培华,陈忠达. 路基路面试验检测技术[M]. 北京:人民交通出版社,2000.
[9] 费业泰. 误差理论与数据处理[M]. 北京:机械工业出版社,2010.
[10] 张俊平,姚玲森. 桥梁检测[M]. 北京:人民交通出版社,2002.
[11] 朱芳芳. 桥涵工程检测技术[M]. 北京:人民交通出版社,2010.
[12] 夏连学,宁金成. 公路与桥梁结构检测[M]. 郑州:黄河水利出版社,1999.
[13] 张美珍. 桥梁工程检测技术[M]. 北京:人民交通出版社,2007.
[14] 王建华,孙胜江. 桥涵工程试验检测技术[M]. 2 版. 北京:人民交通出版社,2010.
[15] 刘自明. 桥梁工程检测手册[M]. 北京:人民交通出版社,2002.
[16] 张羽峰,朱晓文. 桥梁工程试验检测技术手册[M]. 北京:人民交通出版社,2009.
[17] 郭发忠. 桥梁工程技术[M]. 2 版. 北京:人民交通出版社,2010.
[18] 范立础. 桥梁工程技术[M]. 2 版. 北京:人民交通出版社,1999.
[19] 胡大林. 桥涵工程试验检测手册[M]. 北京:人民交通出版社,2001.
[20] 宋一凡. 公路桥梁荷载试验与结构评定[M]. 北京:人民交通出版社,2002.
[21] 交通部公路科学研究所. 大跨径混凝土桥梁试验方法[M]. 北京:人民交通出版社,1982.
[22] 国家认证认可监督管理委员会. 实验室资质认定工作指南[M]. 北京:中国计量出版社,2007.
[23] 交通部公路科学研究所. STG/T J21—2011 公路桥梁承载能力检测评定规程[S]. 北京:人民交通出版社,2011.
[24] 中华人民共和国交通部. JTG F80/1—2012 公路工程质量检验评定标准[S]. 北京:人民交通出版社,2012.
[25] 中华人民共和国交通运输部. JTG E60—2008 公路路基路面现场测试规程[S]. 北京:人民交通出版社,2008.
[26] 中华人民共和国交通部. JTG B01—2003 公路工程技术标准[S]. 北京:人民交通出版社,2003.
[27] 中国标准化研究院. GB/T 8170—2008 数值修约规则与极限数值的表示与判定[S]. 北京:中国标准出版社,2009.
[28] 交通运输部公路科学研究院. JTG/T H21—2011 公路桥梁技术状况评定标准[S]. 北京:中国标准出版社,2011.
[29] 中华人民共和国交通运输部. JTG/T F50—2011 公路工程竣(交)工验收办法[S]. 北京:中国标准出版社,2011.
[30] 中交公路规划设计院. JTG D62—2004 公路钢筋混凝土及预应力混凝土桥涵设计规范[S]. 北京:

人民交通出版社,2004.
[31] 中交公路规划设计院. JTG D63—2007 公路桥涵地基与基础设计规范[S]. 北京:人民交通出版社,2007.
[32] 交通部公路研究院. JTG E40—2007 公路土工试验规程[S]. 北京:人民交通出版社,2007.
[33] 中华人民共和国住房和城乡建设部. JTG C20—2011 公路工程地质勘察规范[S]. 北京:人民交通出版社,2011.
[34] 交通运输部. JTG/T F50—2011 公路桥涵施工技术规范[S]. 北京:人民交通出版社,2011.
[35] 中国建筑科学研究院. JTG 106—2003 建筑基桩检测技术规范[S]. 北京:中国建筑工业出版社,2003.
[36] 浙江省交通厅工程质量监督站. JTG/T F81 - 01—2004 公路工程基桩动测技术规程[S]. 北京:人民交通出版社,2004.
[37] 陕西省建筑科学研究设计院,上海同济大学. CECS 21—2000 超声波检测混凝土缺陷技术规程[S]. 北京:中国工程建设标准化办公室,2000.
[38] 陕西省建筑科学研究设计院. JTJ T23—2011 回弹法检测混凝土抗压强度技术规程[S]. 北京:人民交通出版社,2011.
[39] 交通运输部. JTG H20—2007 公路技术状况评定标准[S]. 北京:人民交通出版社,2007.
[40] 中华人民共和国交通运输部. JTG F10—2006 公路路基施工技术规范[S]. 北京:人民交通出版社,2006.